2013年度教育部专业综合改革试点
——社会学专业建设项目资助

西北少数民族非物质文化遗产概览

王瑞华　王　雪　郑　艳 编著

中国社会科学出版社

图书在版编目（CIP）数据

西北少数民族非物质文化遗产概览／王瑞华，王雪，郑艳编著．—北京：
中国社会科学出版社，2015.3
ISBN 978 – 7 – 5161 – 5672 – 8

Ⅰ．①西…　Ⅱ．①王…②王…③郑…　Ⅲ．①少数民族—民族文化—
文化遗产—介绍—西北地区　Ⅳ．①K280.4

中国版本图书馆 CIP 数据核字(2015)第 041691 号

出 版 人　赵剑英
责任编辑　田　文
特约编辑　金　泓
责任校对　周　昊
责任印制　王　超

出　　　版　中国社会科学出版社
社　　　址　北京鼓楼西大街甲 158 号（邮编 100720）
网　　　址　http://www.csspw.cn
　　　　　　中文域名:中国社科网　　010 – 64070619
发 行 部　010 – 84083685
门 市 部　010 – 84029450
经　　　销　新华书店及其他书店

印刷装订　三河市君旺印务有限公司
版　　　次　2015 年 3 月第 1 版
印　　　次　2015 年 3 月第 1 次印刷

开　　　本　710 × 1000　1/16
印　　　张　26.75
插　　　页　2
字　　　数　452 千字
定　　　价　75.00 元

凡　例

　　以《国家级非物质文化遗产名录》为纲，选取经文化部认定的国家级非物质文化遗产项目进行梳理。

　　以地域为限，主要范围为普遍意义上之西北地区（即陕西、甘肃、宁夏、青海、新疆五省区）。

　　以民族为线，主要涉及西北地区各少数民族（回、藏、土、裕固、保安、东乡、撒拉、锡伯、蒙古、哈萨克、塔塔尔、俄罗斯、塔吉克、达斡尔、维吾尔、柯尔克孜、乌孜别克）。

　　对于西北地区两个以上的少数民族皆有之非物质文化遗产项目，特设"多民族共享"一栏列出。

　　对于同一非物质文化遗产项目分再小一级行政单位者及分批次列出者进行统合，于一条目中列出。

目　录

陕 西

回 族

同盛祥牛羊肉泡馍制作技艺

项目名称：同盛祥牛羊肉泡馍制作技艺

项目类别：传统工艺

项目编号：Ⅷ－165

申报单位：陕西省西安市

批准时间：2008 年（第二批国家级非物质文化遗产）

简介：

牛羊肉泡馍是西安最具特色、最有影响的食物，牛羊肉泡馍的烹制和吃法与一般膳馔不同，不仅要求厨师在烙馍、煮肉、切肉、煮馍等环节上技艺精湛，一丝不苟，而且要求食客与厨师密切配合，讲究"会掰馍""会吃"。制作工艺除了烙馍外，分为骨肉处理、煮肉、捞肉、切肉、掰馍、煮馍六道工序。煮熟后肉的部位分为肥肋、腱子、头皮、羊眼、口条、蹄筋、肚头等。既可单选一种，也可兼要多种。经切配师傅根据顾客选定的肉逐碗配好，每份 100 克，装入碟内。配好后再由服务员将泡馍碗端回桌上，逐人逐碗核对，叫作"看菜"。有个别食客想多吃些肉，也可以再要一份同煮，叫作"双合"。

传统的煮馍方法，除"单做"（将牛羊肉烩成汤，由食者自泡自食）外，还有三种：（1）干泡。煮出的馍，筋而韧，绵而酽，碗内无汤汁，馍肉吃完汤即完。（2）口汤。煮出来的馍，酥而绵，吃完馍肉后，碗内仅剩一大口汤汁，故得名"口汤"。（3）水围城。宽汤大煮，煮出来的馍、筋、光、散，碗里汤汁多，中间是馍肉，周围是汤汁，故称"水围城"。食客可根据自己的喜好选择。

吃泡馍，先要学会掰馍。除了厨师的精湛技艺外，还必须有食客的密切配合，也就是食客要有掰馍的基本功。掰馍的标准与否，直接关系到泡馍的质量。不能太大，太大了煮不透，汤汁难以入味；也不能太小，太小了则会煮成糊状，以掰成蜜蜂头大小为佳。

泡馍端来后还要会吃。不能用筷子来回翻搅，要从一边一点一点地"蚕食"。这样才能品出泡馍肉烂、味浓、汤鲜、醇香、肥而不腻的韵味来。吃时还要佐以香菜、用香油浸泡的辣椒酱以及糖蒜。事后喝碗"高汤"（用原汤、粉丝、味精烩制而成）和香茶两杯，以助消化。

传说，牛羊肉泡馍是在公元前 11 世纪"牛羊羹"的基础上演化而来的。西周时曾将"牛羊羹"列为国王、诸侯的"礼馔"；隋代谢讽的《食经》中就有一款美馔叫"细供没忽羊羹"；据《宋书》记载，南北朝时，毛修之因向宋武帝献上这一绝味，武帝竟封其为太官吏，后又升为尚书光禄大夫。元朝初年，由西域引进的一种圆形的小面饼"吐尔木"（阿拉伯语）在回族中出现。"吐尔木"易储耐煮，由于谐音后被译为"坨坨馍"。做好的坨坨馍有着"虎背金圈菊花心"的外形特点，而且筋韧、甜绵、耐煮，掰碎后入肉汤旺火煮而不散，块与块之间互不粘连。

同盛祥创建于 1920 年，回民张文祥兄弟三人在竹笆市南头开设，是经营牛羊肉泡馍的老字号清真饭店，厨师现场烹制泡馍、介绍泡馍制作程序及相关典故等，逐步形成了具有特色和个性的餐饮服务模式，成为西安清真宴席的精品之一。改革开放后，同盛祥迎来了发展的鼎盛时期。如今的同盛祥经营面积达 2510 平方米，拥有资金超过3000 万元。同盛祥牛羊肉泡馍也以"料重味醇、肉烂汤浓、馍筋光滑、香气四溢、口味纯正"的独特风味闻名古城，享誉海内外。同盛祥所经营的牛羊肉泡馍，选料考究，加工精细，在西安久负盛名，有"正宗牛羊肉泡馍"之美誉。1989 年获商业部"金鼎"奖，并被列入国宴。

参考资料：

1. 西安市莲湖区地方志编纂委员会编：《莲湖区志》，三秦出版社 2001 年版。

2. 吴国栋编著：《西安特色小吃向导》，西安出版社 2007 年版。

3. 陕西省文化厅、陕西省非物质文化遗产保护中心编：《陕西省第一批非物质文化遗产名录图典》，陕西人民美术出版社 2008 年版。

甘 肃

藏 族

藏族民歌（华锐藏族民歌、甘南藏族民歌）

项目名称：藏族民歌（华锐藏族民歌、甘南藏族民歌）

项目类别：传统音乐

项目编号：Ⅱ－115

申报单位：甘肃省天祝藏族自治县、甘南藏族自治州

批准时间：2008 年（第二批国家级非物质文化遗产）

简介：

藏族是一个能歌善舞的民族，早在藏文字创始之前，藏族先民就创作了大量民歌在民间口耳相传，形成了藏族独特的民歌文化。

华锐藏族民歌

华锐藏族民歌是藏族民歌中的一支，主要流传于甘肃省天祝藏族自治县。

天祝藏族自治县隶属于甘肃省武威市，地处河西走廊和祁连山东端，素有"河西走廊门户"之称。全县总面积 7100 余平方公里，总人口约 23 万，是一个以藏族为主体的多民族聚居区，主要生活着藏族、汉族、土族、蒙古族等 16 个民族。

华锐藏族民歌以藏语演唱，根据演唱习惯和传统，可以分为家曲和山曲两大类。家曲，也称"勒"或"酒曲"，可以在家中或者野外演唱，不同性别、不同年龄、不同辈分的人可以一起演唱。家曲内容比较宽泛，句数不定，少则三五句，多则十余句，但每句的音节数量相等，句与句之间、段与段之间讲究对仗，有较为稳定的程式。山曲，又称"拉伊"或"野曲"，一般只能在野外演唱，且兄妹之间不能唱，长辈

在场时也不能唱。山曲主要吟咏爱情，一般都是即兴编词演唱，歌词少则四句，多则十余句或更多，一般为三段体，其中前两段比兴，后一段点题。

华锐藏族民歌内容非常丰富，根据民歌内容的不同，可以分为劳动歌、生活歌、学问歌、历史歌、情歌、叙事歌、舞蹈歌等。劳动歌以反映劳动生活、传授劳动技能为主，主要是在平时的劳动生活中演唱，代表性民歌有《打墙歌》《擀毡歌》《打青稞歌》《挤奶歌》等。生活歌内容比较宽泛，主要包括在节日宴会上演唱的酒曲，反映乞讨生活的乞讨歌，反映新生活的新民歌，反映生产生活习俗的长歌如《青稞歌》《绵羊歌》《服饰歌》《白牦牛歌》等。学问歌主要有《医药歌》和《天文历算歌》两类，其中《医药歌》采用一问一答的方式介绍古代藏族医药学的相关知识，《天文历算歌》介绍藏族天文历算方面的知识，是研究藏族古代医药学和天文历法的重要资料。历史歌主要讲述藏族的历史和英雄人物的事迹，代表性民歌有《创世纪》《珠东论战》《格萨尔大王歌》等，尤其是《创世纪》在天祝藏区流传很广，影响颇大。情歌以爱情和婚姻为吟咏主题，数量众多，流传广泛，分类细致，有见面歌、迎接歌、说理歌、嬉戏歌、相恋歌、问询歌、讽喻歌、别离歌、思念歌等。叙事歌以某一事件为叙述主题，有人物和较为完整的情节。在华锐藏区流传的主要有《拉央与英措》《拉壮丁》《孔雀》《白天鹅与花鸳鸯》等，数量不太多，且现在大多已经失传。舞蹈歌主要是在跳民族舞，如则柔、锅庄时所唱的民歌。

华锐藏族民歌歌词生动精练，旋律优美动听，曲调悠长婉转，体现了华锐藏族独特的审美情趣，不愧是藏族民歌中的杰出代表。虽然历史上华锐藏族曾有以文字的方式记录和传承民歌的传统，但大部分民歌依然是口耳相传。随着社会的发展，民族语言和生活习惯备受冲击，华锐藏族民歌也受到了很大影响。为了保护华锐藏族民歌，天祝藏族自治县成立了"藏语言文字工作办公室"，寻访民间艺人，录制音、视频材料，搜集整理民歌及民歌曲调，整理出版了《藏曲珠海之宝》《华锐民歌词曲精粹》等民歌文本资料，同时加大对华锐藏族民歌的宣传力度，广泛教授华锐藏语及民歌，推进民歌进校园活动，以更好地保护华锐民歌，传承华锐藏族文化。

甘南藏族民歌

甘南藏族民歌是藏族民歌中的一支，主要形成并流传于甘肃省甘南藏族自治州。

甘南藏族自治州位于甘肃省西南部，与四川、青海相邻，是全国十个藏族自治州之一，总面积约 4.5 万平方公里，总人口约 73 万，是一个以藏族为主体的多民族聚居区。

甘南藏族民歌内容丰富，种类繁多，大致可以分为"勒""拉伊""格尔""栋令""艾旱瓦罗"和"西贝勒"等几种类型。

"勒"是甘南藏族民歌中流传最广的一种，既可以在逢年过节、亲友聚会、婚礼等喜庆场合演唱，也可以在日常放牧劳作时演唱。曲调节奏灵活，歌词内容丰富生动，可以分为引歌、颂歌、逗乐歌、悲歌、对歌、吉祥歌等不同类型。在演唱风格上，牧区民歌表现出辽阔高亢的特色，农区则更显细腻和流畅。在演唱方式上，可以独唱、二人合唱，也可以众人轮唱。歌词多为三段式，每段两句，每句七到九个字。甘南地区比较有代表性的有夏河的《阿香唠唠》、迭部的《滩数家乡的金滩大》等。

"拉伊"即情歌，又称山曲、山歌，是甘南藏族民歌中又一重要类型，主要表现青年男女的爱慕之情，多在田间、草原演唱，分独唱和对唱两种。拉伊歌词精练、灵活、生动，情感真实、热烈奔放，曲调高亢、细腻、婉转，具有极高的艺术价值。格式一般为两段式或三段式，每段两句或四句，每句六到七个字。

"格尔"意为"圆舞歌"，是一种载歌载舞、无伴奏、集体演唱的民歌形式，歌词多为三段式，一般在婚嫁、节庆、祭祀等场合演唱，参加人数众多，场面壮观。

"栋令"主要见于牧区，意为弹唱。演唱时以一种名为"扎年"的乐器伴奏，歌词内容广泛，有唱有白，一般为多段体叙事诗。

"艾旱瓦罗"即劳动歌，主要表现人们的劳动生活场景，如播种歌、碾场歌、割田歌、挤奶歌、打酥油歌、擀毡歌、放牧歌等。这类民歌节奏鲜明，一般在集体劳作时演唱，有独唱、齐唱和一领众和等多种演唱形式。

"西贝勒"即儿歌，其曲调活泼，内容生动，极具童真童趣。

甘南藏族民歌大部分属五声音阶，少部分属六声音阶，曲调悠长宽广，旋律婉转优美，节奏丰富。歌词生动形象，格律严谨，内容广泛，既有传统歌词，又有旧调新词，歌词内容具有较浓的神化色彩，是甘南藏族智慧和文化传统的结晶。在历史上，甘南藏族民歌一直采用口耳相传的方式在民间流传，歌词和曲调均无文字传承，再加上现代文化和生活方式的冲击，甘南藏族民歌的传承前景不容乐观。从 2005 年开始，甘南藏族自治州政府致力于搜集、记录和整理甘南藏族民歌的歌词曲调，组织民间民歌赛歌会，出版各类民歌选集和电子音像出版物，在甘南藏族民歌的传承和保护方面取得了一定的成果。

参考资料：

1. 甘南藏族自治州文化局编：《藏族民间歌曲选》，青海民族出版社 1988 年版。
2. 石为怀主编：《甘南藏族民俗》，甘肃文化出版社 2007 年版。
3. 梁福林编著：《甘肃民间民歌选》，兰州大学出版社 2009 年版。
4. 乔高才让主编：《天祝藏族民俗》，甘肃文化出版社 2010 年版。
5. 温丽云：《刍议甘南藏族民歌的艺术形式》，《飞天》2010 年第 24 期。

佛教音乐（拉卜楞寺佛殿音乐道得尔）

项目名称： 佛教音乐（拉卜楞寺佛殿音乐道得尔）

项目类别： 传统音乐

项目编号： Ⅱ－138

申报单位： 甘肃省夏河县

批准时间： 2008 年（第二批国家级非物质文化遗产）

简介：

拉卜楞寺位于甘肃省甘南藏族自治州夏河县境内，为藏传佛教格鲁派的六大寺院之一。该寺历史悠久，规模宏大，是当地藏族宗教、文化和教育中心。寺内不仅保存有大量佛像、经文、壁画、唐卡等珍贵文物，而且还保留了丰富的传统音乐，"道得尔"便是其中的一种。

道得尔，意为"有序的音列"，是安多藏语对佛殿音乐的俗称。道得尔原指古代藏族民间和王宫以管乐和打击乐相结合的一种传统音乐，后来逐步转化为仅限于宗教场所的音乐形式，成为寺院宗教活动的一部分。

拉卜楞寺佛殿音乐道得尔的历史可以追溯至 18 世纪拉卜楞寺建寺之初，距今已有约三百年的时间。后来经过历代嘉木样大师的提倡、补充和完善，在古代藏族乐舞艺术的基础上，吸收汉族宫廷音乐和五台山寺庙音乐的某些特征，形成了颇具规模和特色的佛殿音乐。道得尔的演奏乐队"道得尔巴"也成为寺主嘉木样大师的四大仪仗队之一①，专门负责在嘉木样活佛本人参加祭礼朝拜、册尊典礼、受贺摩顶、起居迎送等佛事活动时进行伴奏。

关于道得尔巴正式建立的时间，主要有建立于嘉木样二世时期和四世时期两种说法。关于乐队的建制，早期乐队由十人组成，一般包括骨笛两人、笙两人、管子两人、云锣两人、钹一人和鼓一人。到了五世嘉木样时期，乐队扩充至 24 人，又引进了扬琴、高胡、四胡等乐器。"文化大革命"期间，拉卜楞寺佛殿音乐道得尔陷入低迷，直到改革开放之后才又开始重新组建道得尔巴，乐队人数约 17 人。关于道得尔的演奏乐器，在寺院中属于法器的一种，惯称为"称赞用的法器"，拉卜楞寺佛殿音乐道得尔最初使用的乐器种类较少，主要是笛子、笙、云锣、钹、鼓等，后来乐器种类不断丰富，囊括了打击乐器大鼓、小钹、铃杵，管乐器法螺、骨笛、唢呐、大号、笙和弦乐器马头琴、扬琴、四胡等。关于道得尔巴的演奏形式，以立奏为主，此外还有行奏式和坐立奏综合式和马上骑奏式等，分别适用于不同的演奏场合。

道得尔巴演奏的曲谱主要有十个，即"姜怀龙索""万年欢""五台山""孝卡麻尔""喇嘛达真""智布钦加居""仁钦恰尔帕""堆澎""巴华尔""投金千宝"。其中"万年欢"被认为源自清代宫廷音乐，而"五台山"源自五台山寺庙音乐。拉卜楞寺保留有记载上述曲调的纸质曲谱，该曲谱用藏文正楷体书写，该寺乐人称为"切冈来"谱。乐谱一般不外传，只供道得尔巴的僧人专用。

道得尔音乐在调式方面以徵调式为主，演奏时以笛子为主干乐器演奏主旋律，其余各种乐器相互配合，曲调舒缓悠长，旋律典雅流畅，节奏规整，给人以古朴、庄严、肃穆之感。

总之，拉卜楞寺佛殿音乐以其鲜明的宗教特征和民族特色，深受安多藏区民众的喜爱，其中既保留着藏族音乐的古老风貌，又是藏汉文化交流融合的生动见证，是研究安多藏区历史、宗教和音乐文化的重要参考资料。

---

① 其余三个仪仗队分别为香火队、伞盖队和旗队。

参考资料：

1. 苗滋庶、李耕、曲又新、罗发西编：《拉卜楞寺概况》，甘肃民族出版社 1987 年版。

2. 丹曲：《拉卜楞寺佛殿音乐初探》，《西北民族研究》1991 年第 1 期。

3. 索代编著：《拉卜楞寺佛教文化》，甘肃民族出版社 1992 年版。

4. 甘肃省民族研究所、甘肃省藏学研究所编：《拉卜楞寺与黄氏家族》，甘肃民族出版社 1995 年版。

5. 郝毅、张小莹：《拉卜楞寺文化与艺术》，甘肃文化出版社 2001 年版。

6. 薛艺兵：《甘南拉卜楞寺的道得尔音乐及其藏文工尺谱》，载《在音乐表象的背后——薛艺兵音乐学术论文集》，上海音乐学院出版社 2004 年版。

傩舞（文县池哥昼）

项目名称：傩舞（文县池哥昼）

项目类别：传统舞蹈

项目编号：Ⅲ－7

申报单位：甘肃省文县

批准时间：2008 年（第一批国家级非物质文化遗产扩展项目）

简介：

池哥昼，又名"池哥蹈""仇池舞""鬼面子""十二象""跳曹盖"等，是白马藏人的一种传统舞蹈，其中"池歌"意为面具，"昼"意为舞动、跳舞，池歌昼即跳面具舞之意。池哥昼是一种古老的舞蹈种类，源自古代的原始祭祀舞蹈，与图腾崇拜关系密切。

在甘肃省文县，池哥昼是白马藏人春节期间的重要民俗活动，活动时间一般为正月十二至正月十八左右。一般而言，池哥昼的表演人员共九人，均为男性，分别扮演"池哥""池母""知玛"和"知玛淹摆"。"池哥"共四人，分别扮演四位山神（依次为龙王、天王、金刚和门神），相传他们是白马人的祖先达马的四个儿子。他们头插"马头"① 和两根锦鸡尾羽，身穿翻毛羊皮袄，脚穿长筒毡靴，身后缀羊皮卷成的尾饰，身背一串铜铃，手持木剑和牛尾拂尘。"池哥"外形粗犷，舞步遒劲有力，舞姿主要表现杀野猪、打老虎、剥猴皮等动作。"池母"为两人，分别扮演音姿和慈母两位菩萨，相传她们是玉皇大帝的两个女儿。"池母"身穿宽袖对襟长裙，手持花手巾，舞姿优雅飘逸，内容以模仿种庄稼和做家务活为

---

① 马头，即用红、黄、绿、白色纸折成的扇形头饰。

主。"池哥"和"池母"在舞蹈中都要佩戴木质彩绘面具,这种面具选用质地细腻柔韧的椴木或者麻柳制成,其中"池哥"的面具多为国字脸、鹰钩鼻、眉毛倒竖、怒目圆睁、獠牙咧嘴、耳长下垂,眉心处有一纵目,色调以红、黄、蓝(绿)、黑、白五色为主,面目狰狞可怖。"池母"的面具呈申字形、丹凤眼、细长眉、嘴角上翘,色彩以黄色或粉色为主,显得圆润饱满,慈眉善目。"知玛"两人,为夫妻,其中丈夫头戴草帽,身穿麻布长衫,妻子身着普通民族服装。"知玛淹摆"一人,身穿普通民族服装。"知玛"和"知玛淹摆"为丑角,脸抹锅底灰,不戴面具,他们没有固定的表演模式,而是插科打诨,多为即兴表演。

每年正月十二,各村寨召开村民会议,商议部署池哥昼表演人选等相关事宜。正月十三,全村男女老幼身着节日盛装,在表演场地集合,观看池哥昼表演。在三声土炮之后,随着锣鼓声起,三个丑角大呼三声登场,示意表演开始。"池哥""池母"按照固定的舞步上场表演。围观的青年男女手挽手围成圆圈,跟随池哥昼的表演边唱边跳,场面热闹非凡。场地表演结束之后,表演队伍在一片鼓乐和鞭炮声中开始挨家挨户进行为期一到两天的表演。表演的线路要按照世俗的规定,轮流上门,不能随意改动。每到一家,炮手放三声"进门炮",主人家燃放鞭炮迎接。舞队进院之后,先围绕饭桌跳一圈,然后主人将"池哥""池母"迎入屋内,请其在正堂坐定,烧香唱歌敬酒,用最好的食物款待他们,"知玛"和"知玛淹摆"在院内做各种杂耍表演,对唱酒歌。随后舞者在屋内和院内进行表演并为主人家驱疫祈祥。舞蹈队离开时,炮手放"起身炮",主人家将美酒交给会首,装在随身的木桶里,将馍和肉交给"知玛淹摆",这些东西将会留到正月十七全村人一起享用。之后舞队将到别家做同样的表演。

正月十八左右,人们聚集在一起,祈祷来年的平安和丰收,将面具、服装和道具交由专人统一保管,待来年池哥昼时再次取出,期间不得随意擅动,池哥昼活动结束。

参考资料:

1. 王国基:《甘肃文县白马氏人的"池哥昼"》,载曲六乙、陈达新主编《傩苑——中国梵净山傩文化研讨会论文集》,中国戏剧出版社 2003 年版。

2. 邱正保、邱雷生、田佐主编:《陇南白马人民俗文化研究·论文卷》,甘肃人民出版社2009 年版。

3. 蒲向明：《陇南白马人傩舞戏现状考察——兼及"池哥昼"源流考证》，《甘肃高师学报》2012 年第 3 期。

4. 豆海红：《陇南白马藏族池哥昼傩面具色彩文化成因探析》，《广西师范学院学报》（哲学社会科学版）2012 年第 4 期。

5. 曾红兵：《文县白马藏族"池哥昼"》，《丝绸之路》2012 年第 19 期。

多地舞

项目名称： 多地舞

项目类别： 传统舞蹈

项目编号： Ⅲ－90

申报单位： 甘肃省舟曲县

批准时间： 2008 年（第二批国家级非物质文化遗产）

简介：

多地舞，又叫"罗罗舞""朵迪舞"，意为绕圈的歌舞，是流行于甘肃省甘南藏族自治州舟曲县的一种藏族传统舞蹈，主要分布在舟曲县巴藏乡、憨班乡、立节乡、丰叠乡、八楞乡、武坪乡、博峪乡一带的藏族村寨。根据当地史志的记载，多地舞距今已有一千多年的历史，是藏文化与羌文化融合的产物，是一种集诗、歌、舞于一体的表演性歌舞，以藏语演唱，一般在岁时节庆及祭祀、丰收等喜庆场合表演。

多地舞一般在藏族村寨内部代代相传，因地域不同，各村寨歌舞的形式及风格也有所差别，形成了不同的种类。根据表现形式和地域特征，主要分为"赖萨多地""格班多地""贡边多地""萨热多地""姜拉多地""玛西多地""朱玛多地"等十余种。

"赖萨多地"是逢年过节时在家中或户外跳的舞蹈，参加者以女性为主，无年龄限制，但要求身着传统服饰。歌词内容以祝福为主，基本形式为众人牵手或挽臂围成圆圈边唱边跳。

"格班多地"一般在农历七月十五庆贺丰收时跳，而灾年或者歉收时禁跳，所以又称"丰收舞"。大家手拉手围成圆圈，半圈为一组，共分两组，分别交替对唱，节奏不断加快，同时脚下顿地，直至速度快到大部分人跟不上时自然结束。歌词内容以民族历史、农牧业知识、天文地理知识和祖先事迹等为主。

"贡边多地"是舟曲县博峪乡独有的舞蹈，一般在当地藏族特有的节日——"采花节"当天举行，所以又称"采花节舞"。舞蹈形式为头上或腰间佩戴鲜花的藏族妇女在林间草地上拉手围成圆圈唱歌跳舞，以示庆祝和祈福。

"萨热多地"又叫"马铃舞"，多为男子群舞，但也有个别村寨为女子群舞或者男女混合群舞。"萨热多地"的歌词以祝福为主，一般在村寨的打麦场表演。舞者面对面排成两排，手持大小不一的一串马铃，对唱后摇动马铃相互穿插来回跳跃，也有的同时将马铃系在舞者脚腕上，顿足踩节旋转腾跃。

"姜拉多地"又称"嘉热"，在逢年过节或者庆贺丰收时都可以跳。演唱内容极为丰富，有创世纪史、民族历史、村寨历史、文化风俗的来历、十二生肖、二十四节气、动植物的生长规律、农耕知识、伦理道德、生活常识等。舞蹈以女子圆圈舞为主，男子则在外围"摆阵"。

"玛西多地"简称"玛"，又称"摆阵舞"或"武舞"，为男子群舞。舞蹈时全村男子排成一行，领头者手持挑着肉的长矛，众舞者以身体动作模拟祖先战斗、防御和祭祀等情形。

"朱玛多地"又称"猴子舞"，舞蹈以模仿猴子的动作为主，认为祖先是由猴子变化而来的，所以将猴子视为祖先和神灵加以膜拜。

在多地舞保存情况较好的上河区①，多地舞拥有比较完整的表演程式和比较固定的成套乐曲，主要包括"多地""嘉让""甸录"三部分。

"多地"以表示祖先开天辟地的动作（头顶三下、脚顿三下）起始，之后依次表现日月星辰、山川湖海的来历，歌唱自然美景，认为多地舞源自大自然，并细说多地舞在天空、云层、山峰、森林、草原、湖海的不同跳法，并颂扬这些自然景象对民族的好处。舞蹈动作以平挪顿步、旋转摆腿为主。

"嘉让"又称"嘉热"，是一种以妇女为主的集体舞，主要说唱部族的渊源和历史。人们手挽手，形成一个面朝圆心的圆圈，一人摇铃领唱，众人和声或轮班唱和，歌声节奏和舞步越来越快，直到不能再快时停止，圆圈散开，众人列为两排。

对唱结尾的"甸录"，节奏较为缓和，抒情性较强，人们相互牵手转圈，间或回旋曲膝顿足，歌唱内容以赞美家乡、美好生活等为主。

①　上河区，舟曲县藏族聚居地之一。地处白龙江上游，舟曲县城以西，主要包括曲瓦、黑峪、巴藏等地。

　　受舟曲县藏族生活环境和习俗的影响，多地舞表现出不同于其他民族和地区舞蹈的特征，如女性舞蹈动作以腰部以下的动作为主，以身体的俯仰、臀体的转动、膝胯的颤摆为特色，上肢动作较为简单，开张幅度较小，凸显女性身体曲线的柔美，表现出山地藏民内敛、宁静的性情。

　　在表演多地舞时，各地都要求舞者穿着精心准备的藏族传统服饰。根据舟曲县藏族聚居地的不同，传统服饰也有所不同，但大都以黑色为主基调，服饰形制庄重美观。"妇女头缠200枚的一圈铜钱或黑布帕子，身着粗白麻布或粗黑布长衫，外套褐子坎肩，腰系染色（红、蓝、黑）毛织宽腰带，胸挂平缀红黄相间的布条，裤子与汉族宽腰裤略同，足登麻布长筒半皮底的'罗踢'。节日期间妇女胸佩银盘、银耳环、玛瑙坠、足登圆口薄底的绣花缎鞋。男女膝下皆以白布绑腿，男着蓝袍，腰系数条锦带。"①

　　总之，多地舞种类多样，内容丰富，风格古朴自然，承载着舟曲藏族的民族历史和传统风俗，具有极高的艺术和民俗价值。

参考资料：

1. 甘肃省舟曲县地方史志编纂委员会编：《舟曲县志》，生活·读书·新知三联书店1996年版。

2. 马盛德、胡晶莹：《寻找远古的记忆——甘肃舟曲的"朵迪舞"》，《艺术评论》2007年第6期。

3. 胡晶莹、康玉岩：《田野中开放的"朵迪"》，《中华文化画报》2007年第7期。

4. 刘原平：《浅谈舟曲藏族民间舞蹈的美学特征》，《中国科技财富》2010年第8期。

5. 谈爱芳：《舟曲藏族民间歌舞"朵迪"探析》，《音乐创作》2011年第1期。

6. 王海春：《舟曲多地舞》（http://wenku.baidu.com/link? url = DoS zhyXFwhQGrVjstenkT7_ xfqObm2KSVgP4dFJUoPPcPsYPlK59W1KakemCS zol_ mdno7TvX_ HpeV3h_ Ubk3ygkZNKX8g CF4ZaHkA_ lbQq)。

巴郎鼓舞

项目名称：巴郎鼓舞

项目类别：传统舞蹈

项目编号：Ⅲ－91

---

① 马盛德、胡晶莹：《寻找远古的记忆——甘肃舟曲的"朵迪舞"》，《艺术评论》2007年第6期。

申报单位：甘肃省卓尼县

批准时间：2008 年（第二批国家级非物质文化遗产）

简介：

巴郎鼓舞，又叫"沙目舞""莎姆舞"或"莎目舞"，主要流行于甘肃省甘南藏族自治州卓尼县藏巴哇、洮砚、柏林一带，是一种集诗、歌、舞于一体的藏族传统舞蹈。巴郎鼓舞距今已有一千多年的历史，其起源与古羌人的原始祭祀活动和吐蕃宗教法舞有着密切的关系，具有祭祀和娱乐的双重内涵[1]。

"巴郎"意为皮鼓，是巴郎鼓舞的伴奏乐器，造型与拨浪鼓十分相似。鼓面直径约一尺，厚两到三寸，双面蒙以羊皮、马皮或牛皮；鼓柄长一尺到一尺五寸之间；鼓身两侧用半尺长的细绳系有两个布质小圆球，在摇动时击打鼓面以发出"咚咚"之声。

巴郎鼓舞只在每年春节期间表演，当地人将表演巴郎鼓舞的岁末年初看作是一年中最吉利的时节，称为"曼拉节"。届时，各个村寨都会组织自己的"沙目队"，不仅要在本村寨中唱跳巴郎鼓舞，还要到邻村去参加曼拉节。巴郎鼓舞男女老少皆可跳，并没有年龄、性别的限制，但是要求男女必须分开跳，而且男女所跳的舞蹈种类、动作、唱词和曲调等有所不同。

每年正月初[2]，人们会在黄昏时在"沙目场"上点起篝火，摆上供村寨中年长者落座的桌椅板凳，待村人集齐时，由"鲁哇"[3]宣布表演开始。男性舞者（藏语称"春巴"）围着篝火，左手搭在前面舞者的肩膀上，右手摇动巴郎鼓，合着鲁哇的歌词和节奏顺时针慢慢转圈起舞，一时间鼓声四起，歌声悠扬，舞步整齐雄劲，显现出一派热闹的新年景象。

本村表演结束之后，沙目队还要到邻村拜访并跳巴郎鼓舞。邻村会事先作好接待的准备，在沙目场上燃起篝火。沙目队到达后，主客两队唱跳序曲《及柔》，然后演出《苦松加里》，以一问一答的方式各跳三圈，以示相互问候。之后唱跳《沙娄梅娄》以示正式开始，随后依次表演《春

---

① 温丽云：《卓尼藏族民间歌舞——巴郎鼓舞艺术探寻》，《科技信息》2011 年第 9 期。

② 关于巴郎鼓舞正式开始的时间，有正月初二和正月初五两种说法，此处存疑。

③ 鲁哇，藏语，指巴郎鼓舞的组织者和领唱者，一般由村寨中德高望重、掌握丰富歌词内容、舞艺娴熟的长者担任。

芽撒》《春柱》《吉热腾》《尼给刀羊》等。歌词内容丰富，有的祈求神灵庇佑、有的表达新年祝福、有的针砭时弊、有的歌颂家乡美景、有的赞美好人好事。演唱完毕，主队将来访的沙目队请进大厅，用青稞酒和美食款待来宾，双方以歌对唱问答。第二天清晨，双方再次聚会在沙目场上唱跳《盖路》，在祝福声中互相道别。

曼拉节期间，村寨中的藏族妇女返回自己的娘家，与娘家人团聚，并唱跳《啊尼桑桑》。稍年长的妇女则跳《色嘞盖》，即"十几人排成一行，右手举巴郎鼓不超过胸前，左右倒步向前移动，边摇边唱，舞步轻盈含蓄，歌词充满对幸福生活的向往"[1]。

正月十五晚[2]，全村人再次集结在沙目场上，鼓声飞扬，歌舞不断，以酬谢神灵，并祈祷来年风调雨顺、幸福平安。此后，巴郎鼓被细心收藏，待来年曼拉节再次敲响。

巴郎鼓舞内涵丰富，鼓声深沉浑厚，节奏铿锵有力，舞姿粗犷健美，曲调古老悠扬，歌词含蓄古朴，是卓尼藏族文化中的卓越代表，具有浓郁的地方民族特色。1958年，巴郎鼓舞被视为封建迷信而遭禁止，直到1978年以后才逐渐恢复，但很多传统曲目已经失传，许多技艺精湛的老人也已辞世，许多传统唱词的内涵已很少有人理解，巴郎鼓舞的传承面临严峻考验。当地政府正努力挖掘整理传统曲目、组建业余巴郎鼓舞艺术团、加大对外宣传等多种方式，保护和传承这一古老的藏族传统艺术形式。

参考资料：

1. 王一清：《巴郎鼓舞与"曼拉"节》，《西藏民俗》2002年第4期。

2. 石为怀主编：《甘南藏族民俗》，甘肃文化出版社2007年版。

3. 温丽云：《卓尼藏族民间歌舞——巴郎鼓舞艺术探寻》，《科技信息》2011年第9期。

藏戏（南木特藏戏）

项目名称：藏戏（南木特藏戏）

项目类别：传统戏剧

---

① 石为怀主编：《甘南藏族民俗》，甘肃文化出版社2007年版，第143页。

② 王一清在《巴郎鼓舞与"曼拉"节》中记述的时间为正月十七晚。

项目编号：Ⅳ-80

申报单位：甘肃省甘南藏族自治州

批准时间：2011 年（国家级非物质文化遗产扩展项目）

简介：

藏戏是深受藏族民众喜爱的古老艺术形式，其内容以历史传说、民间故事、佛经故事和社会事件为主，融合了歌、舞、说唱、音乐、文字等多种艺术元素。藏戏在漫长的历史发展过程中形成了多个流派，南木特藏戏就是其中独具魅力的一种。

南木特藏戏又称"拉卜楞藏戏""安多藏戏""甘南藏戏"等，是甘南藏族在藏传佛教艺术的基础上，吸收民间歌舞、说唱艺术、宗教音乐和汉族戏剧（主要是京剧）等表演艺术而形成的一种独特的藏戏种类，具有简练、庄严、淳朴和粗犷的独特风格。

南木特藏戏的最早起源可以追溯到公元 18 世纪后期，当时的嘉木样二世贡去乎·晋美旺波活佛授意贡唐·丹贝仲美活佛仿效西藏藏戏的表演形式，把藏族传记文学《米拉日巴道歌》中猎人受教化的故事改编为跳神剧《哈欠木》并在柔扎节①上演出，形成了南木特藏戏的雏形。20 世纪初，在嘉木样五世丹贝坚木活佛的支持下，熟悉西藏藏戏和内地京剧的琅仓活佛创编了藏族历史剧《松赞干布》并于 1946 年冬首次正式演出，宣告了南木特藏戏的正式诞生。此后，拉卜楞寺及其周边的寺院又陆续排演了《达巴丹保》《智美更登》《卓娃桑姆》等剧目，使得南木特藏戏逐渐走上了成熟、繁荣的发展道路。但 1958 年，南木特藏戏遭禁演，1960年解禁并出现短暂繁荣，出现了新剧目《罗摩衍那》和《阿达拉茂》。1964 年，南木特藏戏再次被禁演，直至 1978 年之后才解禁。此后，南木特藏戏从寺院开始走向民间，除了拉卜楞寺演出队之外，在甘南各地还出现了多个专业或业余的南木特演出团队，演出剧目也增加为《松赞干布》《卓娃桑姆》《智美更登》《诺桑王子》《达巴丹保》《朗萨雯波》《罗摩衍那》《赤松德赞》《阿达拉姆》《霍林大战》《降魔》《长碑》等十余部。

南木特藏戏主要以民间故事、佛经故事、历史传说和古典小说等为原本改编而成，思想内容受藏传佛教思想的影响较深，强调诵经拜佛，宣传

---

① 柔扎节，即七月法会，又称"七月说法会"，每年农历六月二十九至七月十五在拉卜楞寺举行，正式日期为七月初八，法会内容以宗教辩论、"米拉劝法会"为主。

因果报应，歌颂正义战胜邪恶等。因此，当地人将观看南木特藏戏称为"朝南木特"，演出时观众在台下朝拜剧中人物、叩长头的举动屡见不鲜。观看南木特藏戏的过程，实际上也是一次朝神拜佛的过程。既有艺术上的享受，更多的是精神信仰上的满足。

南木特藏戏在继承传统西藏藏戏的基础上，进行了大胆的变革和创新，形成了自身的艺术特色。首先，舞台表演性强。南木特藏戏是以舞台艺术的形式出现的，无论是布景的设计、服装道具的制作运用、角色的神情动作等都带有极强的舞台表演意味，注重舞台演出效果。剧中人物性格鲜明，矛盾冲突激烈，剧情紧凑完整，是一种舞台表演性极强的藏戏种类。其次，歌舞性色彩浓厚。南木特藏戏吸收了甘南当地民间歌舞和寺院跳神舞蹈的精华，形成了独特的表演步法，同时随剧情的发展在表演过程中穿插了大量歌舞表演，形成了独具魅力的歌舞性戏剧演出形式。再次，音乐本土化。南木特藏戏的唱腔音乐、舞蹈音乐和间奏音乐均以甘南当地的民间歌曲、舞曲、弹唱曲和说唱等曲调为基础，但经过了一系列变革和充实，形成了自己鲜明的音乐特色。唱腔曲目繁多，形式多样，结构开放，使用自由灵活。同时念白、唱词均以安多藏语方言为基础，带有比较浓厚的地方色彩。

南木特藏戏以其独特的魅力和艺术感染力，产生了越来越广泛的社会影响，除了在甘南地区演出之外，现已走出甘南、走出甘肃、走出国门，在多个国家演出并获得了多种奖项。

参考资料：

1. 苗滋庶、李耕、曲又新、罗发西编：《拉卜楞寺概况》，甘肃民族出版社1987年版。
2. 索代编著：《拉卜楞寺佛教文化》，甘肃民族出版社1992年版。
3. 尕藏才旦编著：《藏族独特的艺术》，甘肃民族出版社2001年版。
4. 郝毅、张小莹：《拉卜楞寺文化与艺术》，甘肃文化出版社2001年版。
5. 马自祥、雷志华编：《陇原艺术探析》，甘肃人民出版社2001年版。
6. 洲塔主编：《甘肃藏族史话》，甘肃文化出版社2009年版。

藏族唐卡（甘南藏族唐卡）

项目名称：藏族唐卡（甘南藏族唐卡）

项目类别：传统美术

项目编号：Ⅶ–14

申报单位：甘肃省夏河县

批准时间：2008 年（第一批国家级非物质文化遗产扩展项目）

简介：

唐卡，又叫"唐嘎"，为藏语的音译，意为卷轴画，是公元 7 世纪左右在壁画的基础上发展而来的一种绘画艺术，是藏族绘画中的杰出代表。甘肃省甘南藏族自治州夏河县作为藏族的聚居区之一，拥有藏传佛教格鲁教派六大寺之一的拉卜楞寺，这里深厚的藏族文化传统和浓厚的宗教氛围孕育了极具魅力的甘南藏族唐卡。

甘南藏族唐卡的形制多为竖条长幅，大多在纯棉布或羊皮上绘制，画幅大小长短不一，大者可达几十平方米，小的则不足零点一平方米。唐卡中央的画面称为"美龙"，是整幅唐卡的核心，"美龙"四周绘制花草树木、亭台楼阁、飞禽走兽等衬画。画面四周用彩色绸缎镶嵌装裱，上下端各有一根横轴，上端横轴系有细绳以方便悬挂，下端横轴两端装饰纯银、象牙、玉石或铜制精美轴头。整个画面覆有可揭起的彩色薄丝绢以保护画面，丝绢两端缀有两条等长的彩色飘带。

唐卡种类繁多，根据制作方法和用材的不同，大致可以分为绘制唐卡、织物唐卡和印刷唐卡三大类。绘制唐卡藏语称"gol - thang"，是指用颜料在布或其他材质上绘制而成的唐卡，根据画面背景颜色的不同，又可以细分为彩唐、金唐、黑唐、赤唐等。织物唐卡藏语称"vbri - thang"，是指以丝绢绸缎等为原料，用刺绣、拼贴等方式制作而成的唐卡，根据工艺的不同，又可以分为刺绣唐卡、织锦唐卡、缂丝唐卡、贴花唐卡等。印刷唐卡是以印制的方式制成的唐卡，或者是满幅套色印刷后装裱，或者是先将图像轮廓线条印在画布之上，然后着色装裱。

甘南藏族唐卡内容丰富，题材广泛，涉及宗教内容、历史人物、医学知识、风景、花卉动物等多个方面。反映宗教内容的唐卡，主要表现佛像、护法神像、菩萨像、佛教故事、佛教教义等。如拉卜楞寺所藏的《释迦牟尼画传》《白度母像》《十六罗汉像》《时轮金刚像》《十二护法女神》《四大天王像》《世界模式图》《坛城》等。反映历史人物的唐卡，主要表现历史上真实存在的人物，如《米拉日巴》《莲花生大师》《吐蕃三大法王》《宗喀巴》《唐东杰布》等。反映藏医药知识的唐卡，藏语称"曼唐"，是生动的藏医教材，如《如意树画图》等。反映风景、花卉、动物的唐卡具有较强的观赏性，且所绘景致、动植物大都与佛教有关，如须弥山、布达拉宫、莲花枝蔓、吉祥八宝等。

唐卡的制作工艺复杂，一般分为备料、绘制、装衬和开光等环节。唐卡用料考究，尤其是绘制唐卡所用的颜料，都是纯天然的矿物和植物颜料，如金粉、银粉、朱砂、雄黄等。这类颜料纯度高，色彩艳丽，性能稳定，覆盖力强，使得唐卡能够历久弥新。甘南藏族唐卡的绘画技艺属于受内地汉族艺术影响较深的嘎玛贡画派，喜用浅色，色彩相对比较柔和。画面构图别致，内容丰富饱满，不受时间、空间的限制，可以利用巧妙的构图将不同时空的事物和故事汇集在一幅唐卡之上，但佛像的手形、身体姿态、所持法器的种类、身体比例等传统宗教内容则必须严格按照《绘画量度经》的规定进行绘制，不允许随意更改。

总之，甘南藏族唐卡具有独特的艺术风格和鲜明的民族特点，它不仅是卓越的艺术品，同时也是人们顶礼膜拜的圣物，具有极高的历史、文化和艺术价值。

参考资料：

1. 《中华文化通志》编委会编：《中华文化通志·藏族文化志》，上海人民出版社 1998 年版。

2. 尕藏才旦编著：《藏族独特的艺术》，甘肃民族出版社 2001 年版。

3. 安邑江、马国俊主编：《甘肃美术史话》，甘肃文化出版社 2009 年版。

4. 洲塔主编：《甘肃藏族史话》，甘肃文化出版社 2009 年版。

藏医药（甘南藏医药）

项目名称： 藏医药（甘南藏医药）

项目类别： 传统医药

项目编号： IX－9

申报单位： 甘肃省碌曲县

批准时间： 2008 年（第一批国家级非物质文化遗产扩展项目）

简介：

藏医药是我国民族医药学的重要组成部分，是藏族先民在自身医疗经验的基础上，吸收汉族医学、古印度吠陀医学和藏传佛教理论而形成的一种独特的医药文化，具有完备的理论体系、独特的诊疗手段和药物体系，以其独特而卓越的疗效享誉国内外。

藏医药主要包括藏医和藏药两部分。藏医的历史约两千年，最有代表性的理论为三因素说，认为"龙"（气）、"赤巴"（火）和"瓦干"（水和土）是维持人体正常生命活动的物质基础，支配着七大物质基础（即饮食精微、血、肉、脂肪、骨、骨髓、精）和三种排泄物（大便、小便和汗）。"龙""赤巴"和"瓦干"相互制约，一旦失去平衡，人体就会生病。在诊断方法上，藏医以望、问、触（切脉）三诊法为主，并辅以尿诊和药物试诊，其中尿诊具有较强的藏医特色，主要通过尿液的颜色、味道、泡沫、沉淀物、漂浮物等来诊断病情。治疗方法上，重视饮食、起居对病情、药物的影响，多采用内服药物和外治疗法两种方法，其中外治疗法主要包括拔罐、放血、外敷、灸法、按摩擦身、穿刺、熏药、药浴等。藏药的历史可以追溯到三千年前，当时的人们就已经有了"药"和"毒"的概念。藏药多采自海拔三千至五千米的高寒地区，传统藏药共约三千种，其中常用的约六百种。藏药根据药材的来源分为动物药、植物药和矿物药三种，根据药材的药性又分为热性和凉性两类。方剂有单方也有复方。药剂以丸剂（包括水丸、蜜丸、酥油丸等）和散剂为主，也有汤剂和膏剂。

藏医药在甘肃省甘南藏族自治州已有一千多年的发展历史，历代藏医在继承传统藏医药的基础之上，结合甘南当地的药物资源，使得甘南藏医药发展成为藏医药的重要组成部分。在治疗方法方面，甘南藏医药主要采用内服法和外治法两种，其中以外治法最具特色。甘南藏医药外治法不仅种类多样，而且在历史上曾经达到过极高的水平，现在使用的外治法主要有放血法、火灸法、药水浴法、涂抹法和缚敷疗法等。在藏药方面，甘南地区以其得天独厚的自然条件，拥有丰富的药物资源，当地盛产几百种藏药材，其中不乏虫草、当归、雪莲、麝香、熊胆、牛黄等名贵药材。不仅如此，由于甘南地区日照时间长，水源丰富，污染较少，药物活性成分含量高，以此制作的藏药疗效更为显著。

长期以来，藏医药都以藏传佛教寺院中的"曼巴扎仓"（即医学院）作为藏医药民间传承的主要渠道，如甘南夏河的拉卜楞寺和美舞刚察寺、碌曲的郎木寺、卓尼的车巴沟寺都设有自己的医学院以传授藏医药知识。近年来，随着现代科技的发展和医疗技术的进步，甘南藏医药的发展也面临经典藏医药古籍遗失，藏医世家后继无人等问题。但与此同时，甘南州政府及各市县也在采取多种措施传承和保护甘南藏医药文化。如1980年成立全国第一所藏医药专业研究机构——甘南州藏医药研究院；2009年，组织碌曲县藏医院申报国家级"非物质文化遗产"保护单位；加强藏医药人才培养；将藏医药与现代生产工艺和技术接轨进行藏药的规模化生产，让藏药能够造福于更多患者。

参考资料：

1. 张云：《青藏文化》，辽宁教育出版社 1998 年版。

2.《中华文化通志》编委会编：《中华文化通志·藏族文化志》，上海人民出版社 1998 年版。

3. 佟锦华：《藏族传统文化概述》，中国藏学出版社 1990 年版。

4. 拉毛吉：《甘南藏医药发展之我见》，载甘肃省藏学研究所编《安多研究：藏学论文》（第 3 辑），民族出版社 2007 年版。

裕固族

裕固族民歌

项目名称：裕固族民歌

项目类别：民间音乐

项目编号：Ⅱ－19

申报单位：甘肃省肃南裕固族自治县

批准时间：2006 年（第一批国家级非物质文化遗产）

简介：

裕固族自称"尧乎尔"，是甘肃特有的少数民族之一，人数约 1.4 万（2010 年统计），主要分布在甘肃省肃南裕固族自治县和酒泉市的黄泥堡裕固族乡，其中 90% 在肃南裕固族自治县。

肃南裕固族自治县成立于 1954 年，地处甘肃省河西走廊中部，祁连山北麓，总面积约 2.4 万平方公里，隶属于甘肃省张掖市，现辖两镇（红湾寺镇、皇城镇）、六乡（马蹄藏族乡、康乐乡、白银蒙古族乡、大河乡、明花乡、祁丰藏族乡），是中国唯一的裕固族自治县。

裕固族在历史上曾经拥有属于本民族的语言文字，但文字已经失传，只留下了口头语言。现在的裕固族除了使用通用的汉语之外，还使用两种民族语言：西部裕固语（"尧乎尔语"）和东部裕固语（"恩格尔语"）。其中西部裕固语属于阿尔泰语系突厥语族，与维吾尔语、哈萨克语等关系密切；东部裕固语属于阿尔泰语系蒙古语族，与蒙古语、东乡语、保安语关系密切。无论是使用西部裕固语还是东部裕固语，民歌都是裕固族人民最喜爱的艺术形式。无论是婚礼还是葬礼，无论在高山还是草原，裕固族人都用歌声抒发内心的情感。正如裕固族俗语所言："当我忘记了故乡的时候，故乡的语言我不会忘；当我忘记了故乡语言的时候，故乡的歌曲我不会忘。"民歌几乎伴随着每个裕固族人的一生，甚至可以说民歌早已经渗入每个裕固族人的血液和灵魂，成为他们最重要的精神食粮，也成为裕固族文化的重要载体和传承手段。

　　按照民歌的内容和作用，裕固族民歌可以分为劳动歌、仪式歌、生活歌、叙事歌、情歌、儿歌等几个类别。劳动歌主要表现裕固族人民的劳动生活场景，如《奶幼畜歌》《放牧歌》《割草歌》表现裕固族的畜牧生活，《擀毡歌》表现了裕固族的手工生产。仪礼歌是在各种民俗文化活动中演唱的民歌，包括婚礼歌、酒歌（酒曲）、祭祀歌等，如婚礼歌中主要有《戴头面歌》《梳妆歌》《哭嫁歌》《惜别歌》《父母送亲歌》《迎亲歌》《待客歌》等。历史上，裕固族曾有职业歌手，专门负责在婚礼、葬礼等人生仪礼上演唱特定的仪礼歌。此外，还有在宗教仪式上演唱的民歌，如《太阳照到寺院顶上》等。生活歌是在汉族民间小调的基础上演变而来的，多是即兴编词演唱，一般短小精悍，内容灵活，如反映驼户生活的《驼户难》，具有教育意义的《野兔之歌》等。新中国成立之后，裕固族创作和演唱了大量关于社会主义新生活的民歌，如《裕固族人民喜洋洋》《医疗队来了》等，表达了裕固族人的喜悦之情。叙事歌是裕固族民歌中篇幅较长的一种，其中比较有代表性的有反映裕固族的迁徙过程的《说着唱着才知道了》，歌颂和怀念裕固族杰出女英雄的《萨娜玛珂》，反映裕固族妇女婚姻悲剧的史诗《黄黛琛》，表现远嫁他乡的裕固族女子思念故乡和亲人的《紫红的檀香》《完达完尕山》等，此外还有长达两百多行的《尧达曲格尔》，主要是在婚礼上讲述裕固族传统婚礼中向新郎赠送"尧达"和其他婚姻习俗的来源。爱情歌主要表达青年男女之间的爱慕之情，分为男女独唱或者对唱等不同形式，如《你为什么脸红》。儿歌主要是对儿童演唱或者儿童独立演唱的民歌，如催眠歌或催眠曲等。

　　按照使用语言和分布地域的不同，裕固族民歌又可以分为东部裕固族民歌和西部裕固族民歌。其中东部裕固族民歌主要以康乐乡为代表，风格粗犷豪迈，音乐更接近古代蒙古族音乐；西部裕固族民歌主要以明花乡、大河乡为代表，曲调平缓悠扬，平和深沉，更多地继承了古代回纥民歌的传统。

从艺术特征上来看，裕固族民歌既继承了其先民音乐的特色，同时在与其他民族杂居的过程中，又吸取了汉、回、蒙、藏、土等民族音乐的某些特征，形成了独特的艺术风格。在结构上，除少部分传统民歌之外，大部分裕固族民歌都是三节六句，每节两句；押韵多押尾韵，少数押头韵或中韵。语言生动、形象、活泼，用词准确，贴近民众生活，擅长使用比喻、拟人、夸张等多种修辞手法；句中常见衬字或虚词，以保证韵律完整，更好地表达情感真实。在节奏旋律上，每句首尾多用长音，句中多用短音，形成前短后长的节奏型特征；调式上主要采用五声音阶，其中以羽调式和角调式最为常见，其次为商调式和徵调式。

裕固族民歌曲调朴实优美，内容丰富生动，题材广泛，具有鲜明的民族特色。但是随着时代的发展，裕固族民歌的传承面临诸多考验，包括语言环境的衰微、歌手地位的下降及歌手人数的减少、传统生活方式的转变等。为了更好地保护裕固族民歌，甘肃省张掖市肃南裕固族自治县积极申报各级传承人，搜集整理裕固族民歌，出版了《中国少数民族民歌肃南裕固族自治县卷》等书籍和光盘、磁带等资料，为后人保留了一定数量的裕固族民歌。

参考资料：

1. 杜亚雄：《裕固族民歌的音乐特色》，《中央音乐学院学报》1981 年第 3 期。
2. 范玉梅：《裕固族》，民族出版社 1986 年版。
3. 才让丹珍：《裕固族风俗志》，天津古籍出版社 1993 年版。
4. 贺卫光、钟福祖：《裕固族民俗文化研究》，民族出版社 2000 年版。
5. 张爱民：《裕固族民歌赏析与评述》，甘肃人民出版社 2008 年版。

裕固族服饰

项目名称： 裕固族服饰

项目类别： 民俗

项目编号： X – 114

申报单位： 甘肃省肃南裕固族自治县

批准时间： 2008 年（第二批国家级非物质文化遗产）

简介：

裕固族服饰属于袍服的范畴，与蒙古族、藏族服装有类似之处。但裕固族拥有自己独特的历史传统、审美观、生活环境和生活方式，最终形成

了独具特色的民族服饰文化，其服饰色彩绚丽明快，款式丰富多样，既是
民族历史的见证，同时又具有深厚的民族文化内涵。

1. 裕固族男性服饰

每年阴历六月十三，裕固族会为年满三岁的孩子剃头，头上留一撮头
发，叫作"帽盖"。剃头之后男孩子就可以穿白色镶花边的小毡袍，扎红色
或绿色腰带，脚蹬小马靴。之后长到十五六岁，就可以穿成年男子的服饰。

裕固族成年男子一般身穿高领左大襟的长袍，长度及脚踝，下摆两边
开衩，颜色以紫红、蓝色、青色为主，襟边、袖口和衩边有丝线花装饰。
过去富裕人家多用布、绸、缎等面料缝制长袍，穷人家则把白羊毛捻成毛
线并织成白褐子来缝制。腰部系蓝色或红色腰带，腰带上系鼻烟壶（裕
固语称"塔玛克"）、小酒壶、腰刀、火镰、火石、旱烟袋、小佛像等。
有些男子还随身携带旱烟锅，旱烟锅一般用乌木做杆，安上玉石或者玛瑙
烟嘴，青铜或黄铜烟斗，短烟杆平时斜插在胸前，长烟杆则烟嘴向下从脖
子后面插入衣领中。长袍外罩一件青色长袖短褂，左右开小衩。明花区的
老人多穿矮领、白褐子镶黑边的长袍，衣襟下边开衩，外套马蹄袖短褂。

大部分裕固族男性冬天戴叫作"吐鲁格派尔格"的狐皮风雪帽，其
他季节戴白毡帽或者大礼帽。白毡帽圆筒平顶，用黑色锦缎镶边，帽檐较
宽且向上卷起，前低后高，俗称"牛吃水帽"。帽顶装饰有在蓝色缎面上
用金线织成的圆形或八角形图案，该图案在父母去世时要去掉或者用白色
的布遮盖起来，以示哀悼。平时如果没有这个图案，则被看作是对别人的
不尊重。裕固族男性的传统鞋子为高筒皮靴和双鼻梁圆头勒靴。此外，有
些地区的裕固族男子还有左耳戴大耳环的习俗。

2. 裕固族女性服饰

裕固族女孩也要在三岁时举行剃头仪式，剃头时将头顶的一片头发留
着，并将这片头发与串有珊瑚的丝线合编成一条辫子，辫梢垂线穗并塞到
背后的腰带里。两鬓的头发按照年龄的增长，一岁编一个小辫，一直到出
嫁。等女孩长到十三四岁时，前额要戴一种叫作"沙达尔格""沙日达升
格"或"格尧则依捏"的装饰物。这种装饰物多以一条红色长布条为底
子，在上面缝缀各色珊瑚珠，做成宽约三寸的长带，带子的下端边缘处用
红色、白色等珊瑚珠和玉石小珠串成许多珠穗，佩戴时将带子从前额缠到
脑后，珠穗齐眉垂在前额。

裕固族女孩身穿类似大人的长袍，腰束腰带。除了佩戴"沙达尔格"

之外，还要在身上佩戴"舜尕尔"和"格玉孜格"。"舜尕尔"和"格玉孜格"都是用红布做成的方形硬布牌，其上缀有鱼骨圆块和各色珊瑚组成的图案，下边缘缀有红色穗子。"舜尕尔"和"格玉孜格"被认为是吉祥之物，二者之间用各色珊瑚、玛瑙、玉石珠子串成的珠链相连，佩戴时将珠链戴在脖子上，将"舜尕尔"挂在胸前，"格玉孜格"挂在背后。裕固族女孩出嫁前穿耳孔但不戴耳环，也不戴戒指，但有些会佩戴项链。

女孩长到十六七岁时，就要开始准备结婚用的"坎姆拜什"，俗称"头面"。头面是裕固族已婚妇女的特有装饰，女孩在结婚那天戴"头面"，之后就结束了女孩的装扮，要开始穿成年妇女的服装。头面由三条组成，前胸两条，后背一条。其中前胸两条在裕固语中称作"坎姆拜什""卡楞"或"汗"，用红布、青布或红色香牛皮做底子，用各色丝线合股滚边，用各色珠子、银制花牌等穿缀成各种精美的图案。一般以红色珊瑚珠为底色，以白色和蓝色珠子为图案，以孔雀石、珍珠、银牌等为点缀。每条"坎姆拜什"一般由大小不同的三块或者四块组成，中间用金属环相连接，其中最上端的一块较大，顶部为三角形，上角有绳扣，以方便系在发辫上，最下端有圆形银牌和红丝线穗，同时每块下端的两个角上系有小的红色丝线穗。佩戴时，将两条"坎姆拜什"分别系在左右两根辫子上，长度要求上齐耳环，下至长袍底边，其长短根据佩戴者的身高来决定。后背一条称为"顿得斯格"，一般以青布做底子，用各色丝线绲边，宽约二到三寸，长度也是根据佩戴者的身高确定。"顿得斯格"上缀23块大小不一的用白色海螺磨制而成的圆块，有的用红色珊瑚珠做底色，将白色海螺圆块镶在其间。其下端系有红色丝线穗，上端呈三角形，佩戴时系在脑后的发辫上。

裕固族成年妇女一般穿高领左大襟长袍，按厚薄来分有夹、棉两种。长袍的颜色以绿色和蓝色居多，衣领高齐耳根，下摆两边开衩，在衣领、衣襟、下摆、袖口和衣衩等部位都绣有各种图案花纹。腰部扎红色、绿色或紫色腰带，腰带左侧系若干条彩色手帕，同时还佩戴制作精美的"艳达尔"① 和针扎。长袍外罩一件色彩鲜艳的高领偏襟坎肩，俗称"夹夹"，一般用大红、桃红、翠绿、翠蓝色的缎子缝制而成，颜色要求与长袍有较明显的区别。坎肩下摆齐腰身处开衩，衩边、衣襟边缘等处镶有彩色花边，

---

① 艳达尔，裕固语，即荷包。

坎肩背部从左肩至右肩镶一道半圆形花边。下身一年四季都只穿一条单裤。

裕固族妇女大部分时间头戴尖顶红缨毡帽，东西部裕固语都称这种毡帽为"扎拉帽"，但西部裕固语又称它为"朝章派尔克"或"卡老木派尔克"。尖顶红缨毡帽是裕固族已婚妇女的标志，帽子宽檐，后檐微翘，前沿平伸，帽檐镶黑边，有的还装饰各色花纹；帽顶为圆锥体，帽尖缀一束红丝线穗，红穗自然下垂，覆盖帽顶并垂至毡帽边沿周围。红缨毡帽在东部裕固族和西部裕固族之间有些差异。东部裕固族妇女的红缨帽顶端较平，制作时先用芨芨草编成帽胚，然后用红布缝为帽里，白毡或者白布缝成帽面。西部裕固族的红缨帽帽顶较尖，一般用白绵羊羔毛擀成。冬天时，裕固族妇女和男子一样，多戴狐皮风雪帽。

裕固族妇女的传统鞋子为长筒布靴，即"亢沉"，根据季节有单亢沉和棉亢沉之分。

裕固族妇女还讲究佩戴耳环、手镯、戒指；耳环下坠一个直径约四厘米的薄银片，上有彩色图案；手镯以翡翠、玉石或银制为主，左右手腕各戴一只，经济富裕者也有戴四只或者六只的；戒指一般是银制的，并镶有圆形宝石，一般戴在两手中指和无名指上。

总之，裕固族服装具有鲜明的民族特色，正如民歌所唱的那样，"水的头是泉源，衣服的头是领子"，"帽无缨子不好看，衣无领子不能穿"，裕固族先民按照他们的审美标准，创造了"衣领高、帽有缨"的民族服饰。但是随着社会的发展和生产力的进步，裕固族的民族服饰也逐步地发生了很多变化。为了方便劳作，裕固族男女在劳动时已经改穿短装，妇女也将华丽的头面换成了各色的头巾。除了老年妇女常年穿着传统服饰之外，很多年轻人都只在节庆时才穿戴传统民族服饰。不仅如此，现代工业的冲击，使得很多服饰的传统制作工艺出现了失传的危机，而且民间还出现了倒卖传统服饰的现象，这些都会对裕固族传统服饰的传承带来很多负面影响。因此，裕固族传统服饰的保护和传承工作刻不容缓。

参考资料：

1. 范玉梅：《裕固族》，民族出版社 1986 年版。

2. 才让丹珍：《裕固族风俗志》，天津古籍出版社 1993 年版。

3. 贺卫光、钟福祖：《裕固族民俗文化研究》，民族出版社 2000 年版。

4. 杨圣敏主编：《黄河文化丛书·服饰卷》，内蒙古人民出版社 2001 年版。

5. 武文主编：《中国民俗大系·甘肃民俗》，甘肃人民出版社 2004 年版。

婚俗（裕固族传统婚俗）

项目名称：婚俗（裕固族传统婚俗）

项目类别：民俗

项目编号：Ⅹ－139

申报单位：甘肃省张掖市

批准时间：2011 年（第三批国家级非物质文化遗产）

简介：

裕固族实行一夫一妻制，多讲究门当户对，且规定同姓同户之间不可通婚，同姓不同户则可以通婚，但不同户族的不同辈分的人之间也不能通婚。裕固族历来看重婚礼，传统婚礼程序复杂，热闹隆重。

1. 订婚

裕固族传统婚俗中，订婚环节较为复杂，主要由以下一些程序组成：

求婚：当裕固族男子长到十五六岁时，如果看上哪家的姑娘，男方就会请一到两个媒人，带上"拜立克"① 和系着红绳的酒到女方家提亲。如果女方的家长②收下了礼物，并且双方通过媒人交换"拜立克"，就意味着有继续商议婚事的可能，如果女方家拒绝接受礼物，则表明女方家绝对不同意这桩婚事，不必再求。

许亲：求婚获得女方家的初步同意之后，男方就要请媒人和户族中能言善辩者十余人前去女方家磋商彩礼。按照传统，女方此时不会考虑男方的家境情况，而是以类似朗诵的方式向男方索要 120 种彩礼，具体如下：

金子、银子不能少；牛羊驼马不能少，毛驴、骡子不能少，牛犊、羊羔不能少；珍珠、玛瑙不能少，海贝、玉石不能少，三圈项链不能少，头面、耳环不能少，镯子、佩刀不能少，彩色手绢不能少，宝石戒指不能少；绸袍、棉衣不能少，缎袄、袜子不能少，细牛皮靴子不能少，被子、褥子不能少，白毡、沙毡不能少，枕头、毛巾不能少，腰带、衣料不能少，绣花针、线不能少；羊毛、驼绒不能少，牛毛绳子不能少，牛皮、羊

---

①　拜立克：裕固语，俗称"布方子"，形态类似藏族的哈达，但比哈达短，一般用白布或蓝布做成。

②　家长也叫家主，女方的家长一般指女孩的父母、兄长。

皮不能少，牛羊毛帐房不能少；狐皮、猞猁皮不能少，水獭、旱獭皮不能少；鹿茸、麝香不能少，豹骨、熊掌不能少，灵芝、大黄不能少，雪鸡、党参不能少；箱子、佛龛不能少，茶镜、水镜不能少；绵羊肉、山羊肉不能少，牛肉、鹿肉不能少，黄羊肉、青羊肉不能少，大头盘羊肉不能少；白面、大米不能少，黄米、小米不能少，青稞炒面不能少，酥油、青油不能少，曲拉、奶皮子不能少，茶叶、盐巴不能少，黑醋、调料不能少，美酒、鼻烟不能少，白糖、黑糖不能少，冰糖、葡萄干不能少，锁阳、蘑菇不能少，红枣、沙米不能少，沙枣、鸡蛋不能少；农人的瓜果不能少，农人的蔬菜不能少；锅、碗、筷子不能少，盘、碟、勺子不能少，酒壶、茶壶不能少，酒杯、酒盏不能少，水桶、奶桶不能少，菜刀、擀杖不能少，马鞍、缰绳不能少，马绊、马钗不能少，褡裢、鹿鞴不能少，肚带、马铃不能少，马镫、红穗不能少，马绔、马掌不能少；铁铗、弓箭不能少，烧馍、油馃子不能少……①

女方说完所要的彩礼之后，男方必须当场痛快答应，而不能讨价还价或者面露难色。因为这种索要彩礼的方式只是一种传统的规矩和礼节，而不是真的必须备齐这120种彩礼。女方见男方答应了条件，便同意许亲，表示只要男方备齐这些彩礼，女方就会将姑娘尽快送往男方家中。

说亲：许亲之后，男方就可以跟女方开始讨论减少彩礼的问题，称为"说亲"。一般男方要请人多次前往女方家中，给女方父母献上"拜立克"，并说尽好话，恳求女方尽可能地减少彩礼的数额。女方每次都会减少几样，男方需要连续登门几十次，直到将彩礼减到男方可以承受的范围，少则二十多种，多则五六十种。至此双方就此约定不再变化。

订婚：待男方按照说亲时的约定将彩礼如数送到女方家后，男女双方就请来本部落的喇嘛，以新郎、新娘的年龄和属相为依据，通过算卦的方式来确定婚礼的具体日期以及婚礼过程中其他的一些重要环节的具体时辰，这些环节包括新娘戴头面、从娘家出发、新娘到婆家、新婚夫妇拜神佛、入洞房、新娘第一次生火、出牧、回门等。这些时辰被看作是天神和佛爷的意旨，必须严格执行，谁都不可以违抗。

选人：确定婚礼日期之后，男女双方要从各自的亲友中挑选一些能干的人来帮助准备婚礼。首先要请一位"总东"和一位"副总东"，他们既

---

① 才让丹珍：《裕固族风俗志》，天津古籍出版社1993年版，第103—105页。

是整个婚礼的总协调人，还要会说唱婚礼歌、敬酒歌和关于婚礼仪式起源的传说。其次男女两家要分别请一位"巴东"和若干"东家"，其中"巴东"主要负责管理婚礼所用烟、酒、茶、肉、蔬果、米面等材料，"东家"一般是双数，多则十八人，少则八人，负责帮助男女双方招待客人，其中还要指定一位为东家总管，负责协调管理其他东家。此外，还需要请若干负责做饭的"待月池"；男方家要为新郎请一位伴郎，女方家要请两位负责陪伴新娘的"待尔池"和一位负责送亲事宜的"多依瓦什志"。

请客：确定婚礼日期之后，男女两家还需要商议确定婚礼时要宴请的宾客名单，一般情况下，需要宴请的宾客包括男女双方的直系亲属，部落中的部落长、喇嘛和部落里的全部人员，少则一百多人，多则四五百人。名单确定之后，要根据人数的多少请一到三名跑腿的人带着男女双方交给他的"拜立克"挨家挨户去邀请。要求直系亲属在结婚前三天早晨分别到自己的亲属家，男方的直系亲属还要在娶亲的前一天下午到女方家，一般客人只需在娶亲的前一天下午到女方家，第二天早晨再到男方家。

2. 婚礼

裕固族的传统婚礼一般要进行两天，第一天在女方家，第二天在男方家。

第一天，婚礼在女方家进行，亲朋好友带着礼物到女方家祝贺。女方家一般在下午六点左右开始待客，客人按照地位、年龄依次就座，桌上准备酥油奶茶、油馃子、手抓羊肉和青稞酒等，由"东家"依次向客人敬酒献茶，之后由男方家的人向客人敬酒并邀请客人们第二天去新郎家喝喜酒。整个宴席期间，有专门聘请的歌手分别代表男女两家演唱，其中代表女方的主要唱劝慰新娘的歌谣，代表男方的主要唱敬酒歌和向宾客致谢的歌谣。客人们喝酒唱歌跳舞，整个宴席一般持续一整晚的时间。

第二天清晨，女方家为新娘举行隆重的"戴头面"仪式。戴头面仪式是裕固族传统婚俗中极具民族特色的环节，新娘在"待尔池"的帮助下精心梳妆，将头发梳成三条辫子，两条从耳后垂到胸前，一条垂在身后，在辫子上系上事先准备好的头面，穿上嫁衣，并戴上只有成年女性才能戴的尖顶红缨毡帽。梳妆完毕，新娘用细红柳枝扎成并蒙着蓝布或蓝纱的三角形木框遮面，在"待尔池"的陪同下走进为新娘专设的房子，而不再进娘家的门。在整个仪式中，要演唱各种《戴头面歌》。

戴头面仪式结束之后，在"多依瓦什志"的引领下，娘家要准备送亲。临行前，新娘要唱《谢别歌》或者《哭嫁歌》，表达离开父母时不舍的心情；娘家的姑娘要和新娘对唱《送别歌》，表达离情别绪和对未来生活的美好憧憬。在歌声中，"东家"要给送亲的主要客人敬"上马盅"，新娘在伴娘的帮助下骑到马背或驼背上，新娘的姐妹或嫂子中有一人与新娘同乘，以方便照顾新娘。一路上，送亲队伍歌声不断。

男方家按照约定的时间，会提前派几位能说会道且精于骑术的人在靠近男方家帐篷的地方准备迎接送亲的队伍。他们在路上铺一条毡毯，摆上一只羊、120个圆形烧馍、烟酒和哈达。当送亲队伍到达时，他们会上前拉住最前面的马，敬献哈达，邀请"多依瓦什志"、新娘的舅舅、贵宾和伴娘到毡毯上休息吃喝，其余人就地歇息，新娘则不下马。男方家会送上各种吃食。这场仪式谓之"打尖"。"打尖"之后，两路人马一起向男方家继续行进。

当送亲队伍离新郎家二三百米时，要举行"踏房"仪式，即女方送亲队伍选择骑术好的人分批骑马冲击并试图踏倒男方为新娘所准备的白色小毡房（裕固语称"道尔郎"）。女方一般发动三到四次冲击，每次都要尽量接近小毡房，如果不能踏倒毡房，则绕小毡房三圈后返回。为了防止小毡房被踏倒，男方会事先安排几位妇女在小毡房中用树枝木棒敲打毡房，防止马匹靠近。小毡房外，男方家会安排一些男子高声喊叫，将马赶开。还会有一名男子手拿木碗，敲打客人所乘马匹的后腿，意为避邪。踏房在传统婚俗中仅是一种象征，很少真正把毡房踏倒。几次冲击过后，男方家要主动接过送亲队伍的马，请客人下马，敬迎亲酒后将客人迎进大帐篷，安排宴席款待宾客。席间有歌手代表娘家夸赞男方家的盛情款待。新娘则在"待尔池"和姐妹的陪伴下进入毡房吃饭休息，之后换上婆家准备的服饰，梳妆打扮。

新娘进入小毡房后，新郎一边要举行"尧达曲格尔"仪式，也叫"阿斯哈斯"。仪式多由新郎的舅舅主持，高声念诵古老的婚礼祝词《尧达曲格尔》，讲述裕固族古老婚俗的起源和"尧达"①的来历等。最后，按照祝词的内容，为新郎换上女方家精心准备的服饰，称"戴冠新郎"，

---

① "尧达"俗称"羊干巴骨"或"羊干棒骨"，即一根绵羊后腿骨，剥皮煮熟后缠上黑白两色羊毛。

并向新郎赠予"尧达"。之后，主人和客人一起到门外迎接新娘。门前事先点起两堆火，当新娘从这两堆火之间走过时，新郎要象征性地向新娘射去三支箭，以射中新娘腰带以下为吉。新娘此时揭去面纱，新郎将弓箭折断，扔进火中烧掉。然后新郎、新娘和客人们依次进门，向宾客行礼、敬酒，众人喝酒唱歌，婚礼达到高潮。

上述仪式结束之后，娘家人拆掉白色小毡房，将新娘送到婆家准备好的正式新房内，意为正式将女儿交给婆家。交新娘时，女方要将新娘的脾气、性格等告诉婆婆，并请求婆婆善待新娘，同时将女方准备的嫁妆当着婆婆的面交给新娘。傍晚时分，新郎新娘进新房，共食"尧达"上的肉，之后方能熄灯就寝。

第三天早晨，新娘要在天亮前起床，并一个人到厨房中用婆家准备的东西生火，火烧得越旺，说明新娘越能干。之后要为婆家熬一锅新奶茶，并在新郎的介绍下按照辈分依次向婆家人敬茶。敬完茶后，新郎、新郎的已婚姐妹和婆婆一起陪新娘回门，娘家要热情款待。之后新娘带新郎到新娘的亲属家致谢，各家要向新婚夫妇赠送礼物。

回门之后，新郎还要带新娘到新郎的亲属家致谢，称为"串亲"或"串门"。之后，新娘要按照喇嘛事先算好的日子、时辰和方向外出放牧二到三天。放牧期间，新娘要捡一捆柴、捻一杆线以示勤劳能干，同时还要数清自家牲畜的数量以示以后要开始当家。

新娘在婆家住满十天，娘家就会派人到婆家请新娘回娘家，俗称"站娘家"。站娘家的时间长短由婆婆定，多则一月，少则半月。站娘家结束后，娘家人将新娘送回婆家，意为新娘从此永远成为婆家之人。

上述介绍的是裕固族明媒正娶的传统婚俗。在历史上，裕固族还曾经实行过帐房杆戴头婚、勒系腰婚、兄弟共妻婚、招赘女婿婚、换门亲、交换婚、童养婚等特殊婚姻形式，但是新中国成立后已经基本消失①。

参考资料：

1. 范玉梅：《裕固族》，民族出版社1986年版。

2. 才让丹珍：《裕固族风俗志》，天津古籍出版社1993年版。

---

① 具体情况可参见田自成、多红斌编著《裕固族风情》，甘肃文化出版社1994年版，第111—118页；才让丹珍《裕固族风俗志》，天津古籍出版社1993年版，第147—149页。

3. 田自成、多红斌编著：《裕固族风情》，甘肃文化出版社 1994 年版。

4. 贺卫光、钟福祖：《裕固族民俗文化研究》，民族出版社 2000 年版。

5. 武文主编：《中国民俗大系·甘肃民俗》，甘肃人民出版社 2004 年版。

东乡族

米拉尕黑

项目名称：米拉尕黑

项目类别：民间文学

项目编号：Ⅰ-68

申报单位：甘肃省东乡族自治县

批准时间：2008 年（第二批国家级非物质文化遗产）

简介：

东乡族自称"撒尔塔"（Sarta），历史上又称"东乡回回""东乡蒙古"或"东乡土人"等，是甘肃特有的少数民族之一。东乡族信仰伊斯兰教，总人口约 62 万（2010 年统计），主要居住在甘肃省临夏回族自治州，其中以东乡族自治县（以下简称东乡县）最为集中。一般认为东乡族是以撒尔塔人①为主，与周边回、汉等民族逐渐融合而形成的民族。东乡族有自己的民族语言，称为东乡语，属于阿尔泰语系蒙古语族，但没有独立的文字，一般通用汉字。

《米拉尕黑》又名《月光宝镜》《米拉尕黑与海迪娅》等，是东乡族最具代表性的民间文学作品，在东乡族民间有民间故事（散文体）和民间叙事诗（韵文体）两种体裁流传，情节上略有差异，在每种体裁内部也存在诸多异文。

民间故事《米拉尕黑》主要讲述的是东乡族英雄米拉尕黑的传奇故事。相传在很久以前，在玛瑙河对岸森林旁的村落里，有一位年轻而出色的猎人，名叫米拉尕黑。有一天，米拉尕黑向着月亮弯弓射箭，此时远在戈斧山的海迪娅也正在望着月亮微笑，她的面影映射在月亮之上，月亮被米拉尕黑的箭射下了一小块，上面还保留着海迪娅的面影。米拉尕黑看着

---

① 撒尔塔人，指定居于中亚一带信仰伊斯兰教的人，主要有突厥人、波斯人等，统称为色目人。

这块月光宝镜，希望能够见到镜子里的姑娘。后来，米拉尕黑在一位智者的帮助下往西方找到了海迪娅。米拉尕黑以月光宝镜为聘礼，得到了海迪娅母亲的许可，约定在第二年与海迪娅举行婚礼。婚礼前夕，边境康通巴咋发生战乱，米拉尕黑准备应征出战，前来向海迪娅辞行。海迪娅大惊之下失手将月光宝镜摔成了两半，两人分别收藏一半月光宝镜，约定战争结束后再相见。三年之后，战争取得胜利，米拉尕黑凭借在战争中的英勇表现得到国王的赏识，国王要将自己的女儿许配给米拉尕黑，但米拉尕黑说自己已经有了未婚妻，拒绝了国王的好意。国王大怒，准备将米拉尕黑斩首。在行刑的前一刻，国王的女儿向国王求情，国王最终赦免了米拉尕黑。米拉尕黑归心似箭，骑着风雷宝驹，只用一天的时间就回到了戈斧山。然而不幸的是，在米拉尕黑外出作战的时候，财主马成龙看上了海迪娅并欲娶她为妾。马成龙多次派媒人提亲都遭到了拒绝，后来他从一位法力高强的伊比利斯（即魔鬼）手中得到了一瓶"迷魂酒"。在战争胜利的消息传来的时候，马成龙派人冒充军人将酒送到海迪娅家，谎称是米拉尕黑托人捎回来的礼物。海迪娅母女喝完这瓶酒后，完全失去了记忆。马成龙再次派媒人上门，约定三天后迎娶海迪娅。当米拉尕黑回到海迪娅家的时候，海迪娅母女已经完全不认识他了。米拉尕黑以为是海迪娅变了心，沮丧地回到了自己的故乡玛瑙河。在智者的指点下，米拉尕黑才知道海迪娅母女是因为喝了迷魂酒才丧失记忆，只有用记忆深处印象最深刻的部分才能唤回被迷魂酒迷失的心灵。米拉尕黑骑上风雷宝驹，在婚礼之前赶回了戈斧山。风雷宝驹的嘶鸣声吓坏了马成龙所带来娶亲的马，米拉尕黑向海迪娅讲述了他们相识、相恋的经过，用月光宝镜唤回了海迪娅的记忆，两个人乘着风雷宝驹拉着的车回到了玛瑙河畔，但马成龙在后面紧追不舍。米拉尕黑和海迪娅跨上风雷宝驹越过了玛瑙河，而马成龙则因为坐骑失去控制掉进了玛瑙河中。当天晚上，米拉尕黑和海迪娅举行了幸福的婚礼①。

民间叙事诗《米拉尕黑》说唱结合，形式比较自由，主要有王声宫调式和羽调式两个曲调②，讲述的也是东乡族英雄米拉尕黑的传奇故事。

---

① 《中国少数民族民间文学作品选讲》编写组：《中国少数民族民间文学作品选讲》，云南人民出版社 1984 年版，第 194—207 页。

② 马自祥编著：《东乡族风俗志》，中央民族学院出版社 1989 年版，第 63 页。

在很久以前，有一位东乡族的年轻勇士叫米拉尕黑，他的未婚妻叫玛芝璐。在他们准备结婚的前夕，边疆康巴图扎传来被外敌入侵的消息，米拉尕黑即将出征，临行前送给玛芝璐半面镜子，玛芝璐回赠他一把白豆子和一双竹筷。几年之后，战争即将结束时，米拉尕黑做了三个奇怪的梦，分别梦见自己家的花开在别人的后园里，自己家的小马驹拴在别人家的马厩里，自己家厨房的炊烟冒在别人家的烟筒里。有一位长者告诉他，这三个梦分别代表着玛芝璐的家里来了巧舌如簧的媒婆，强盗送来了定亲的礼物，玛芝璐被强盗拴在马背上。听了老人的话，米拉尕黑心急如焚，后来在老人的指引下，他攀上白云崖找到了一匹快如闪电的雪马。米拉尕黑骑着雪马，一眨眼的工夫就回到了故乡。得知强盗正在玛芝璐家吃喝，并且要将玛芝璐抢走，米拉尕黑急忙拿着另外半面镜子见到了玛芝璐，两块镜子合在一起，二人欣喜相认。强盗吃喝完之后，要将玛芝璐强行带走，但强盗的马只要一驮上玛芝璐就会脊骨尽断。米拉尕黑拉着玛芝璐一起跨上雪马飞奔而去，强盗在后面不停追赶。玛芝璐从米拉尕黑处要回了她之前赠送的白豆子和竹筷，白豆子向后一撒，漫天的冰雹在强盗头上落下，竹筷向后一撒，落地即变成茂密的森林挡住了强盗追赶的道路。最后，米拉尕黑和玛芝璐摆脱了强盗的追赶，结成幸福的夫妻①。

无论是民间故事还是民间叙事诗，《米拉尕黑》都具有极高的艺术价值，其故事情节曲折生动，构思巧妙，人物性格鲜明，不愧是东乡族民间文学中的杰出代表。

参考资料：

1. 郝苏民、马自祥主编：《东乡族民间故事集》，中国民间文艺出版社1980年版。

2. 汪玉良：《米拉尕黑》，甘肃人民出版社1981年版。

3. 《中国少数民族民间文学作品选讲》编写组编：《中国少数民族民间文学作品选讲》，云南人民出版社1984年版。

4. 马自祥编著：《东乡族风俗志》，中央民族学院出版社1989年版。

毛纺织及擀制技艺（东乡族擀毡技艺）

项目名称： 毛纺织及擀制技艺（东乡族擀毡技艺）

项目类别： 传统技艺

---

① 马自祥编著：《东乡族风俗志》，中央民族学院出版社1989年版，第59—63页。

项目编号：Ⅷ - 101

申报单位：甘肃省东乡族自治县

批准时间：2008 年（第二批国家级非物质文化遗产）

简介：

甘肃省东乡族自治县位于甘肃省中部，属于高寒干旱山区，特殊的地理环境、气候和水土造就了当地所产羊毛具有柔软、多绒的特点，也成就了东乡族独特而精湛的擀毡技术。

东乡族擀毡根据所用羊毛季节的不同，可以分为春毛毡和秋毛毡，根据所用羊毛种类的不同，又可以分为沙毡（山羊毛制成）和绵毡（绵羊毛制成）等，其中以秋毛毡和绵毡最受人们欢迎。

一般而言，东乡族擀毡需要经过以下几道工序：

拣毛：分拣羊毛是擀毡的第一步，工匠要凭经验将春毛与秋毛、绵羊毛和山羊毛分开，并将黑毛和不干净的杂毛去掉。

抽打：分拣好羊毛之后，工匠会将羊毛摊放在地上，撒上细土，用沙柳条不断抽打，直至将板结的羊毛打散，将羊毛中的杂质清理干净。

弹毛：羊毛清理干净之后，将被送往弹毛房，放在工匠事先支好的木质板案上开始弹毛。弹毛时以弹弓为工具，弹弓形似射箭的弓箭，一般长七尺到九尺左右，弓弦用细牛皮绳制成，结实有力。使用时将弹弓架吊在房梁上，工匠挥动手臂，拨动弓弦，将板案上的羊毛弹至柔软蓬松。

铺毡坯：铺毡坯需要用到特制的工具——竹帘，此竹帘呈长方形，尺寸往往比农家的炕面还要大。工匠把弹好的羊毛均匀地铺在竹帘上，边铺边洒上适量温水，直至浇透全部羊毛。洒水时要掌握好湿度，既要洒透，又不能太湿。随后将毡坯紧紧地裹在竹帘中，用绳子捆扎成筒状，将其平放在地上用脚均匀踩踏，让竹帘和毡坯在地上来回滚动约半个小时，直到毡坯基本定型才能解开绳子，取出毡坯。

洗毡：在地上放置一块或几块木板，将毡坯放在上面，浇上大量开水，然后将毡坯卷成筒状并用绳子捆扎起来。两个人并排坐在长凳上，手抓绳子，赤脚使劲踩毡卷，将水从毡卷中挤出，同时带走毡坯上的污物。经过这样反复浇水踩洗，毛毡就会变得干净洁白，也变得更加密实。

搓边溜角：清洗好的毛毡边缘一般参差不齐，但传统工艺中不能直接用剪刀进行修剪，而是要靠工匠手工予以修整，将毛毡边缘揉搓整齐，并用特制的钩子将毛毡按尺寸拉平，使得毛毡边缘整齐，四角方正，这就是搓边溜角，也是最考验工匠技艺的地方。正如东乡族谚语所说："擀毡把式高不高，就看最后一道道。"

晾晒：修整好的毛毡，还需要挂在直的粗木棍上晾干后方能正式出售或者使用。

做好的毛毡，可以直接铺用，也可以经过染色后再使用，还可以用来制作毡帽、毡鞋、毡垫等。东乡族民歌："沙柳条伴的是长弹弓，竹帘上铺上羊毛哩；心里头喜来欢欢地干，擀一条雪白的毛毡"，真实再现了东乡族的擀毡工艺，也体现了东乡族民众对毛毡的喜爱。

目前，东乡县已经在龙泉乡设立了两处东乡族擀毡技艺传承基地，保护和传承这项精湛的传统技艺。

参考资料：

1. 《中华文化通志》编委会编：《中华文化通志·民族文化典·蒙古、东乡、土、保安、达斡尔族文化志》，上海人民出版社 1999 年版。

2. 马志勇编著：《甘肃东乡族史话》，甘肃文化出版社 2009 年版。

3. 李萍、朱明奎、赵亚萍、郭得伙：《高山深处的东乡族工艺——擀毡》，《民族日报》2010 年 5 月 5 日第 4 版。

保安族

保安族腰刀锻制技艺

项目名称：保安族腰刀锻制技艺

项目类别：传统手工技艺

项目编号：Ⅷ－42

申报单位：甘肃省积石山保安族东乡族撒拉族自治县

批准时间：2006 年（第一批国家级非物质文化遗产）

简介：

保安族自称"保安人"，在历史上被称为"保安回"或"回回"，1952 年 3 月 20 日被正式命名为独立民族"保安族"，是甘肃省特有少数民族之一。保安族信仰伊斯兰教，拥有自己的语言保安语，属于阿尔泰语系蒙古语族，但没有对应的文字。关于保安族的族源，历史上存在不同的观点，但"目前认定保安族是元朝以来一批信仰伊斯兰教的中亚色目人，在青海同仁地区戍边屯垦，同当地的回、土、藏、汉、蒙古等民族长期交往，自然融合，逐步形成的一个民族"①。保安族现有人口约 2 万人（2010 年数据），主要居住在甘肃省临夏回族自治州积石山保安族东乡族撒拉族自治县（以下简称积石山县）。

保安腰刀现主要产自积石山县大河家镇、刘集乡及周边地区，是保安族引以为傲的手工艺制品，以其选材考究、制作精美、锋利耐用而享有极高声誉。保安族腰刀不仅具有极高的艺术价值，而且有着丰富的民族文化内涵，是保安族人民生产、生活中的必需品，体现了保安族的独特的审美观、价值观和民族精神。

保安族腰刀一般有五寸、七寸和十寸三种规格。种类繁多，经典刀款主要有"什样锦""雅吾其""波日季""一刀线""双落""满把""扁鞘""蒙古刀""哈萨克刀""鱼刀""西瓜头""马头刀""折花刀""孕脚刀"等等，其中最有名的是"什样锦""波日季"和"折花刀"。

"什样锦"是保安腰刀的经典样式，也可以说是保安腰刀中最漂亮的一种，尤其是刀柄部分，用银、铜及各色宝石在牦牛角上镶嵌出精美的图案，华丽夺目。刀刃部分比较平直，刀背较厚，刀尖处折转突冗，形成三角形刀尖。刀鞘一般为圆筒状，以铜板或者钢皮卷制而成，在靠近刀柄的一边有小孔，挂有金属小环，以方便携带。

"波日季"也是保安腰刀中的经典款式，其刀柄和刀鞘古朴大方，刀刃形似水滴，线条流畅，刀锋锐利。根据当地的神话传说，"波日季"刀型来自一位叫作哈克木的保安族青年，他在神的指点下仿照树叶的形状打造了一把腰刀并战胜了给保安人带来灾难的恶魔，后来这种腰刀款式一直流传至今。

"折花刀"花纹独特、刀锋锐利、柔韧性好、不易折断，是保安族腰刀中工艺最为复杂的一种，其制作工艺曾一度失传，后来在 2007 年才又重新打造成功。

保安族腰刀锻制工艺非常复杂，一般需要经过 40—80 道工序方能完成，可以分为刀体的制作、刀把的制作和刀鞘的制作三个部分。

首先，刀体的制作。刀体制作工艺繁复，大大小小的工序 30—40

---

①　董克义编著：《甘肃保安族史话》，甘肃文化出版社 2009 年版，第 3 页。

道，基本的制作过程为：将选择好的原料（一般为生铁）经切割后放入火炉中，烧至熔化时用钳子夹出放在铁砧子上反复捶打，然后在铁坯中间加钢，放到炉火中炼至通红时取出继续反复捶打，使钢与铁融为一体，之后将打好的钢铁熔化切割，按照预先设计的尺寸制成不同大小的刀坯；刀坯分好之后进行刻膛，即用中锤和小锤将刀坯放在砧子上手工锻打，整平刀坯，并重点捶打刀刃和刀背之间的刀膛部分。刻膛结束后，将刀坯放到粗砂轮上进行初步打磨，刻上"七颗星""五朵梅""一条龙""一把手"等图案①，再放到金刚砂布轮②上再次进行打磨，然后用冲子在刀把处钻4—5个小孔后进行淬火。淬火又称沾水，即将打磨好的刀坯放到火中煅烧，在适当的时候从火中取出并迅速放到冷水中冷却，一般要反复多次。经过淬火后，刀坯会发生变形，故需要进行再次锻打整形和反复打磨，直至打制成锋利的刀刃。

其次，刀把的制作。保安族腰刀刀把使用的原料很广泛，主要有牛角、金属、塑料、木头等，其基本制作过程如下：先用锯子将事先选好的牛角锯成刀把上所要的形状，并固定在刀把上，然后制作刀体和刀把的分界线——护口，之后对刀把进行装饰。用剪刀将铁皮、铜片、铝片、牛皮等剪成小椭圆形的"螺把"③，用冲子在上面冲开小方孔口，套在刀把上并进行固定，然后用锉锉平，刻上花纹，用砂轮打磨光滑。

最后，制作刀鞘。保安族腰刀的刀鞘多为铁鞘铜箍或者铜鞘银箍，其基本工艺流程如下：首先剪裁好合适大小的铁皮或者铜皮，将其包在模型上，用小木锤小心锤成刀鞘状，然后用银焊焊好刀鞘底部，放在金刚砂布轮上进行磨制，放在细砂轮上进行抛光，之后将一根刀鞘形状的铁棍放至炉火中煅烧后迅速取出并插入刀鞘坯子以为其上色。然后制作木鞘，即用干木头块削成木鞘的大小，然后根据刀体的形状用鞘铲挖掉木鞘内侧，将

---

① 在保安族腰刀的刀面上，一般都会刻有特定的图案，这些图案有的是铸造者的独有标志，有的跟保安民间故事有关。尤其是"一把手"图案，即一个五指并拢的图案，相传是为了纪念一位不畏强权的刀匠，而现在该图案也已经被国家认定为保安腰刀出口的统一标志。

② 金刚砂布轮是用各种废布料或粗布制作一个圆形的轮子，直径约为五寸，沾上胶水，抹上金刚砂，然后晒干，套在电动砂轮机上，其作用相当于细砂轮。

③ "螺把"又称为"磊"，指保安族腰刀刀把上的装饰品。

木鞘装进铁鞘并用胶黏合，之后加压条，再上箍，最后在刀鞘内侧钉上佩环，外侧装上镊子，刀鞘即制作完成。至此，一把保安族腰刀正式制作完成。

在腰刀的制作过程中，有两个环节最为关键，即往铁坯中加钢和淬火，它们是决定保安族腰刀品质的关键因素，只有那些优秀的、有经验的工匠才能掌握好钢铁的配比和淬火时的火候，保证锻制出来的腰刀刚中带柔、吹发即断、经久耐用，因此这两项技艺一直都是保安族腰刀锻制技艺中从不轻易外传的秘诀。

传统保安族腰刀制作一般采用的是家庭手工作坊的生产方式，锻制技艺也是父传子、子传孙、传男不传女，即使没有儿子，也只会传给外甥或者女婿等亲属，而不外传。近年来，这样的传统生产方式开始发生变化，现代保安族腰刀的制作已经逐渐突破以家庭为单位的手工作坊生产，开始建设现代工厂，进行规模化生产，传统的纯手工生产方式也开始逐渐向半机械化发展，这使得一些传统工艺受到冲击，面临着失传的危险。但是另一方面，随着民族间的交流融合，保安族腰刀锻制技艺的传承方式发生了一些变化，不再局限于亲属和保安族内部，而是向周边民族如回族、东乡族等扩展，这在一定程度上有利于此项非物质文化遗产的保护和传承。

参考资料：

1. 《保安族简史》编写组编：《保安族简史》，甘肃人民出版社 1984 年版。
2. 董克义编著：《甘肃保安族史话》，甘肃文化出版社 2009 年版。
3. 马少青、马沛霆：《保安腰刀》，甘肃人民出版社 2009 年版。

哈萨克族

哈萨克族阿依特斯[①]

项目名称：哈萨克族阿依特斯

项目类别：曲艺

---

① 有关"哈萨克族阿依特斯"的具体介绍，请参见新疆部分，此处只重点介绍甘肃省阿克塞哈萨克族自治县"哈萨克族阿依特斯"的传承与保护情况。

项目编号：V－45

申报单位：甘肃省阿克塞哈萨克族自治县

批准时间：2008 年（第一批国家级非物质文化遗产扩展项目）

简介：

阿克塞哈萨克族自治县成立于 1954 年，地处甘肃、青海、新疆三省（区）交界处，隶属于甘肃省酒泉市，是我国三个哈萨克族自治县之一①，哈萨克族占全县总人口的三分之一以上。阿克塞县的哈萨克族人多是 20世纪初从新疆东迁而来，完整地保留了哈萨克族阿依特斯弹唱艺术。

哈萨克族阿依特斯起源于新疆，是哈萨克族曲艺的典型代表，根据内容的不同可以分为阿肯②弹唱（即阿肯阿依特斯）和传统对唱等不同类别。阿依特斯一般在众人集会的场合下进行演唱，没有固定的唱词和唱腔，内容涉及人民生活的方方面面。在演唱时，大多以冬布拉作为伴奏，但偶尔也可以清唱。阿依特斯深受哈萨克族民众的喜爱，历来都有定期举办阿肯弹唱会的传统，来自不同部落的阿肯在此即兴演唱并形成竞技性对唱表演方式。阿依特斯在历史上是传承民族文化信息的工具，而现在依然是哈萨克族文化的象征。

近年来，哈萨克族人民逐渐放弃原有的游牧生活而过上了定居或半定居的生活，年轻人越来越多地开始接受现代流行音乐文化的影响，生产和生活方式的改变，严重冲击着阿依特斯的表演和传承。2006 年，新疆阿依特斯入选国家第一批非物质文化遗产项目，2008 年，阿克塞县的哈萨克族阿依特斯入选国家第一批非物质文化遗产项目扩展项目，这为阿依特斯的保护和传承提供了契机。阿克塞县认识到了非物质文化遗产保护的重要性，开始采取多项措施来保护和传承这项古老的民间曲艺。

第一，制订了"阿依特斯"五年保护计划和《国家级非物质文化遗产名录项目哈萨克族阿依特斯"十二五"时期（2011—2015）保护规划书》，为阿依特斯的保护和发展规划蓝图。

第二，针对阿依特斯代表性传承人大多生活困难的问题，积极推荐申报国家级非物质文化遗产传承人并给予物质支持，确定省级传承人并发放

①　其余两个哈萨克族自治县分别是新疆维吾尔自治区木垒哈萨克族自治县和巴里坤哈萨克族自治县。

②　阿肯指的是哈萨克族中擅长唱歌和作诗的人，泛指"歌手"。

一定的专项基金，切实解决传承人的生活困难，保护其传承积极性。

第三，加大对阿依特斯的搜集、记录和整理工作，录制音像资料，建立了阿肯阿依特斯资料库和历史陈列室。

第四，修建阿依特斯展览厅并对外界开放，同时设立专门的"阿依特斯"活动中心，举办由国家级代表性传承人进行授课的培训班，在中小学开展弹唱艺术普及教育工作，选派人员外出学习交流，定期举办各级阿依特斯盛会，吸引更多的人了解、学习和传唱阿依特斯。

参考资料：

1. 《阿克塞县志》编纂委员会编：《阿克塞哈萨克族自治县志（1988—2002）》，敦煌文艺出版社 2004 年版。

2. 谢国西、王锡萍主编：《甘肃哈萨克族史话》，甘肃文化出版社 2009 年版。

蒙古族

蒙古族服饰

项目名称：蒙古族服饰

项目类别：民俗

项目编号：Ⅹ–108

申报单位：甘肃省肃北蒙古族自治县

批准时间：2008 年（第二批国家级非物质文化遗产）

简介：

甘肃省肃北蒙古族自治县位于甘肃省河西走廊西段，全县分为南北两部分，其中南部位于河西走廊西段南侧，属于内陆高寒荒漠草原气候；北部位于河西走廊西段西北侧，属于戈壁荒漠气候。"肃北蒙古人大部分是在清朝中后期，由青海额鲁特蒙古中的和硕特部北左翼右旗及北右翼末旗而来，少部分来自新疆土尔扈特部和原外蒙古喀尔喀部。"① 肃北蒙古族信仰藏传佛教，主要使用蒙古语。

在服饰文化方面，甘肃肃北蒙古族既保留了蒙古族的传统服饰，同时又吸收了周边其他民族，如藏族服饰中的某些元素，结合肃北地理气候及

---

① 文化：《卫拉特——西蒙古文化变迁》，民族出版社 2002 年版，第 139 页。

经济生产活动，形成了较为独特的服饰文化。总体来看，肃北蒙古族的传统服饰，夏秋季服饰多用棉布、绸缎制成，冬春季服饰多用毛皮制作，男女老幼均戴帽子、穿长袍、系腰带、穿高筒靴、佩戴饰品。

1. 肃北蒙古族男性服饰

帽子：肃北蒙古族男子夏天多以名为"卡日伊"的缠巾缠头，颜色以紫红色居多，或者戴用棉布和平绒等制成的平顶圆形尖帽。冬天帽子的款式较多，比较常见的有棉布为里层，白色羊羔皮为外层的平顶圆形双层帽，无顶长方形、下端两角有系带的"陶日兀勒"（即吊面羔皮帽），此外还有狐皮帽、藏式毡帽、礼帽等。在举行婚礼仪式时，新郎多是头戴簪花大礼帽。

长袍：肃北蒙古族男子的长袍比较宽大，袖子较长，下摆不分叉，长度一般在膝盖以下，以长领条和大斜襟为主要特点，颜色多为蓝色、枣红色、棕色、青色等，有皮、毛、棉、绒、丝绸等多种材质。根据季节的不同，肃北蒙古族男子会选择不同类型的长袍，天气温暖时穿夹层单长袍，之后随着温度的降低而逐渐选择氆氇袍、皮袍等。蒙古语称夹层单长袍为"拉布稀格"，一般用绸缎或棉布制作而成，由里、面两层组成，在领子、袖口、衣襟、下摆等处镶嵌彩色绣花布条、丝带等装饰。氆氇袍，又称"粗吾"袍，一般为单层，是用藏族等少数民族特有的手工织物——氆氇为原料制作的长袍，颜色多为枣红色或深红色，在领子、袖口、衣襟、下摆等处装饰锦缎、丝带或者水獭皮。皮袍分为光板和搭面两种，分别叫作"得吾勒"和"乌齐"。"得吾勒"宽大厚实，可以日穿夜盖，一般用熟羊皮制成，在衣襟、袖口、领口、下摆等处用宽约两寸并绣有花纹的布条镶边，也可以不镶边直接穿着。"乌齐"以羊羔皮为里，以绸缎、棉布或者条绒为面，以水獭皮或羊羔皮镶边（现在则多用人造皮毛镶边），以羊羔皮或狐皮为领，衣襟、袖口、领口、下摆等处绣有彩色图案。"乌齐"近似于礼服，在重大节日庆典或接待宾客时均可穿着。肃北蒙古族男子在穿着长袍时，上身内穿大襟或对襟衬衣，下身根据季节的变化穿单裤、夹裤或羊皮裤，裤子一般比较肥大，以适应骑马和席地而坐的生活习惯。穿时露右手臂，将长袍略往上提后系上腰带。

腰带：腰带是肃北蒙古人生活中的必需品，不仅可以防风保暖、保护腰部，而且可以在腰带上悬挂各种装饰品和小型生活用品。腰带一般用棉布、绸缎或者毛织品制成，长4—5米，颜色要求与长袍的色彩相匹配，常见的有红色、绿色、黄色等。男子在系腰带时，多将长袍向上提，在腹部和背部形成一个垂囊。

靴子：在肃北蒙古族传统服饰中，靴子也是必不可少的一部分。传统的靴子样式主要有安多式长筒软靴和蒙古靴两种，其中安多式长筒软靴为圆头，多用上好的牛皮或者绒布制作，靴筒较高，结实保暖；蒙古靴脚尖上翘，类似船形，靴面及靴筒上装饰有剪牛皮花纹，制作工艺考究。男子在穿靴子时，往往要将靴筒口紧扎在腿上，显得干净利落。

饰品：饰品是肃北蒙古族男子传统服饰中非常重要的组成部分。男子多左耳戴镶嵌宝石的银质或者象牙的耳环；手腕上戴银质或玉质手镯；大拇指戴嵌宝石或珊瑚的银质戒指；项间挂银质或铜质的护身符；腰带上挂带鞘蒙古刀、火镰、鼻烟壶、子弹袋、装有银碗或木碗的碗袋。

2. 肃北蒙古族女性服饰

肃北蒙古族女性的传统服饰中有一些与男子基本类似，但也具有女性独有的特色。

帽子：肃北蒙古族女子夏天也多用紫红色"卡日伊"缠头，冬天则戴和男子相同的"陶日兀勒"、狐皮帽，或者戴女子专用的"肖布戈尔玛勒噶"。这种帽子一般以蓝色绸缎为面，外形为尖顶圆锥形，顶端饰有红穗，以白色羊羔皮制成的帽檐向外平伸，下端缝有红色布带，戴时将布带经耳旁系在颔下。在举行婚礼仪式时，新娘则戴以金色或银色线条装饰的圆形红缎帽，周边缀以串珠等各种装饰品。

长袍：肃北蒙古族女性也跟当地的男性一样，根据季节的不同分别穿夹层单袍、氆氇袍和皮袍等，但是女性长袍在款式、色彩等方面具有自己的特点。在款式方面，不同于男性长袍宽大、大斜襟、长领条的特点，女性长袍腰身相对较窄，且成年女性长袍为小斜襟、方领，少女长袍则为方襟、方领。在色彩方面，女性长袍的颜色更加鲜艳，年轻女性多用红色、绿色，成年女性则多用青色、枣红色和紫色，而且领子、衣襟、下摆和袖边的装饰更加鲜艳复杂。此外，在肃北蒙古族女性服饰中，还有几种在结婚或重大节日庆典中所穿的礼服，包括"敖格茨日""特日勒格"和"才格德克"等。"敖格茨日"一般用绿色的绸缎制作，为四开衩单夹袍。"特日勒格"为短领单夹长袍，多用有图案花纹的红色绸缎制成，在领边、袖口、衣襟边用金银线条装饰。"才格德克"多用深蓝色或暗色绸缎或绒布制作，为无领、无袖、夹腰四开衩长袍，衣边装饰有彩带或者刺绣花边。女性长袍在穿着时，上身内穿棉布或绸缎缝制的衬衣，下身根据季节的变化穿单裤、夹裤或羊皮裤。穿时露右臂，系腰带，长袍下摆及靴口。

腰带：腰带也是肃北蒙古族女性生活中的必需品，其用料、形制和男子腰带基本相同，颜色也要求与长袍颜色相协调。和男性不同的是，女性，尤其是年轻女性在系腰带时，不像男子那样形成垂袋，而是将长袍向下拉平，以展示女性美好的身段。此外，在婚礼上，新娘的外裙上不用系腰带。

靴子：肃北蒙古族女性和男性一样，主要穿安多式长筒软靴和蒙古靴，但一般不用扎紧靴筒。

饰品：饰品也是肃北蒙古族女性传统服饰中不可或缺的一部分。女子两耳戴金质或银质耳环，其上镶嵌珠宝并有长长的耳坠；手腕戴宝石手串、金银或其他材质的手镯；无名指和中指上戴镶嵌松石、珊瑚的戒指；项间戴各色珍珠、琥珀、玛瑙串成的项链和银、铜制护身符；腰系银质或铜质佩环，上面悬挂餐刀、针线包、成串的铜钱。此外，已婚妇女还要佩戴"乌森尼盖日"，即发袋。发袋为一对，长约1.5米，宽约4指，一般用青黑色的棉布或者绒布为面，红布为里，上下两端嵌绣有各种彩色图案的织锦，中间部分缝缀银牌或者用丝线绣成的银牌图案，下端缝2—3寸长的红穗或黑穗。使用时先将头发梳成两条辫子，然后将辫子装入发袋内，垂于胸前，压在腰带下。未婚女子则不戴发袋，而是将头发梳成70—100条发辫，然后将这些发辫用头绳横向连接起来，垂于脑后，并且系上蒙古语称为"胴"的布带，这种布带长约1.5米，宽约6厘米，上面缀有银饰、贝壳等饰品，并且绣有各种精美图案。

肃北蒙古族服饰，除了上述特有的装扮之外，在着装时还存在一些禁忌。如参加婚礼、节庆等重要场合时，人们必须盛装出席，以色彩艳丽、装饰华美为追求，而参加葬礼时则不能穿着色彩太过鲜艳的服饰。近年来，随着社会经济、文化的发展和民族交流的增多，肃北蒙古族的服饰也出现了很大的变化。一方面，化纤、毛呢等材质越来越多地使用在服饰制作中，人们也有更好的经济条件可以制作更加精美的民族服装。另一方面，越来越多的肃北蒙古人开始穿着现代时装，而只有在重大节庆时才穿着民族传统服饰，这又为民族服饰的传承带来了不小的挑战。

参考资料：

1. 甘肃省民族事务委员会编：《甘肃少数民族地方》，甘肃民族出版社 1993 年版。

2. 查干扣主编：《肃北蒙古人》，民族出版社 2005 年版。

3. 任文军：《甘肃蒙古族史话》，甘肃人民出版社 2009 年版。

宁　夏

回　族

花儿（宁夏回族花儿）

项目名称：花儿（宁夏回族花儿）

项目类别：民间音乐

项目编号：Ⅱ－20

申报单位：宁夏回族自治区

批准时间：2006 年（第一批国家级非物质文化遗产）

简介：

花儿又称"少年"，是我国西北地区回、汉、东乡、撒拉、保安、裕固、土、藏等民族中广泛流传的一种民间歌谣。

宁夏回族花儿又称"山花儿""干花儿""山曲子""野花儿""土花儿"等，是宁夏回族民众普遍传唱的一种民歌形式，因其在语言、音乐、格律方面的独特韵味而自成一家，与河湟花儿、洮岷花儿相映成趣、和谐共鸣①。宁夏回族花儿继承了陇山地区古代山歌（徒歌、相和歌、立唱歌）的某些特征，同时又受到河湟花儿、洮岷花儿、内蒙古爬山调、陕西信天游、民间小调、伊斯兰教诵经音乐等的影响，拥有广泛的群众基础，蕴含着丰富的地区和民族文化内涵②。在当地民众心中，山花儿一直被看作是野曲子，所以一般不能在家里或者公开场合演唱，而是在山野放牧或者田间劳作时自娱自唱，或者小范围传唱。

宁夏回族花儿的内容包罗万象，有的歌颂自由爱情，有的表现旧社会

---

① 杨少青：《宁夏山花儿浅介》，《宁夏民间文学》1984 年第 6 期。

② 丁克家：《至真至美的回族艺术》，宁夏人民出版社 2008 年版，第 177—178 页。

民众的苦难生活，有的歌颂新时代的巨大变化，有的描写普通的农家日常生活，有的赞叹美丽的自然风光，有的记述回族神话传说和历史故事……在所有山花儿中，表现浓烈爱情的花儿是最受人们喜爱的一种。这种花儿感情真挚热烈，或者含蓄委婉，或者坦率直白，但总能将男女青年内心深处对美好爱情的向往表达得淋漓尽致。

从语言上看，宁夏回族花儿主要用汉语演唱，但其中夹杂着很多方言词汇、阿拉伯语词汇和波斯语词汇，显示出独特的地域和民族特色。如"尕妹妹好比长流水，越活越漂亮了；二阿哥好比路旁草，越活越孽障了"① 中的"尕"和"孽障"都是方言词汇，其中前者意为"小"，后者意为"没有精神"。"花椒树儿你不要上，上了时碎刺儿扎哩；心中的花儿你不要唱，唱了时阿訇爷骂哩"②，其中的"阿訇"是阿拉伯语的音译，指的是主持清真寺教务和传授经典的人。"黑云缝里雷炸哩，要下个冲坝的雨哩；我要叫声胡达哩，要嫁个连心的你哩"③，其中的"胡达"为波斯语的音译，是穆斯林对真主安拉的称呼。此外，比较常见的还有阿拉伯语"满拉"（在清真寺里学习宗教知识的年轻学生）、"主麻日"（星期五）、"顿亚"（现世，尘世）、"乃玛孜"（礼拜）等等，能够很好地体现回族的宗教信仰和历史传统。宁夏回族花儿有的歌词粗犷豪放，善于运用夸张等修辞手法表现浓烈的情感；有的歌词则通俗质朴，运用白描式的手法、日常生活的语言和生动形象的比喻来书写人生和爱情。

从形式上看，传统宁夏回族花儿"在继承古陇山民歌'三句一叠'的基础上，多以单套短歌的形式即兴填词演唱"④。现代宁夏回族花儿一般为四句一首，每句字数一般在七个字以上，押韵形式主要有句句押韵，一二四句押韵，偶句韵，交韵，一二句押韵、三四句押韵，二三四押韵等不同类型。⑤

从曲调上看，宁夏回族花儿继承了古代陇山徒歌四声、五声徵调的特征，同时吸收了其他民歌中的某些因素，多用五声音阶式迂回进行。其

---

① 徐兴亚主编：《六盘山花儿两千首》，宁夏人民出版社 1989 年版，第 48 页。

② 同上书，第 13 页。

③ 同上书，第 82 页。

④ 丁克家：《至真至美的回族艺术》，宁夏人民出版社 2008 年版，第 178 页。

⑤ 张钊：《宁夏六盘山区回族"山花儿"歌词修辞研究》，硕士学位论文，扬州大学，2012 年，第 19 页。

"旋律起伏较小，以羽调式和角调式为主，衬词衬句使用较少，段尾或句末常用上滑音，向上方纯四度或小六度滑进，自成体系的主要曲调有十多种，变体唱法很多，是没有伴奏的清唱，俗语说的'干唱'"①。虽然宁夏回族花儿中衬字的数量不及河湟花儿，但是衬字的运用也是比较普遍的，当地也有"无'花'不有衬，无衬不成'花'"的说法。人们在唱花儿时，往往会在句中或句尾使用一些衬字。在句中多用的是者、哈、吧、啦、么等，这些衬字主要是为了填充格律音节，不可随意省略；句尾多用的有呀、耶、哟等，主要是为了拉长字音，表现出花儿曲调悠扬的特点②。宁夏回族花儿曲调丰富，流派众多，不同地区都流传着各自不同的曲调，现在流传的代表性曲目主要有《黄河岸上牛喝水》《看一趟心上的尕花》《花儿本是心上的话》等。

宁夏回族花儿作为承载地方和民族文化的艺术形式，应该得到很好的保护和传承。但是由于山花儿曲调繁多，且近年来漫花儿这种自娱自乐的方式也受到了现代化进程的冲击，能够掌握多首曲目和风格的歌手也越来越少。为了更好地保护和传承地方文化，宁夏回族自治区采取了多种手段来保护宁夏回族花儿：确定和申报各级非物质文化遗产代表性传承人，给予物质和生活上的支持；采取录音、录像等方式保存传统花儿曲调曲目，建立艺术档案和数据库；在同心、海原、泾源、固原、隆德等地建立不同类型的花儿传承基地，引导和扶持民间自然传承；在中小学校园中推广花儿教唱，为各地培训花儿音乐教师，并邀请花儿名家进课堂教唱，让更多的孩子有机会接触花儿；举办花儿演唱会、擂台赛、"中国西部民歌（花儿）歌手邀请赛"等赛事，吸引更多的人关注花儿；排演大型花儿歌舞剧《花儿》《花儿故乡》《回乡婚礼》《花儿四季》《花儿吹绿西海固》等，将花儿以另一种形式搬上舞台，扩大花儿的影响力。

参考资料：

1. 徐兴亚主编：《六盘山花儿两千首》，宁夏人民出版社1989年版。
2. 《中国民间歌曲集成》全国编辑委员会编：《中国民间歌曲集成·宁夏卷》，人民音乐出版社1992年版。

---

① 马晓红：《宁夏回族"山花儿"的基本特征》，《大舞台》2012年第11期。
② 张钊：《宁夏六盘山区回族"山花儿"歌词修辞研究》，硕士学位论文，扬州大学，2012年，第24—25页。

3.《中国歌谣集成·宁夏卷》编辑委员会编：《中国歌谣集成·宁夏卷》，中国 ISBN 中心
1996 年版。

4. 丁克家：《至真至美的回族艺术》，宁夏人民出版社 2008 年版。

5. 吴宇林：《中国花儿通论》，宁夏人民出版社 2008 年版。

回族民间器乐

项目名称：回族民间器乐

项目类别：民间音乐

项目编号：Ⅱ－63

申报单位：宁夏回族自治区

批准时间：2006 年（第一批国家级非物质文化遗产）

简介：

宁夏回族在其历史发展过程中，将宁夏地区古代流行的乐器埙、羌
笛、芦管、簧等和西北边塞乐器相融合，逐渐形成了独具特色的民间乐器
及其演奏技艺、制作工艺和弹唱艺术。

1. 弹口弦

"三寸竹片片，两头扯线线；一端衔口中，消愁解麻缠。"[①] 这是宁夏
回族民众对口弦的形象描述。口弦，又叫"口口""口琴子""口弦子"
"篾弦"等，是宁夏回族妇女所喜爱和演奏的一种传统民间乐器。在演奏
时，将口弦放在上下唇间，通过弹拨发音簧片发出声音，同时通过口型和
气流的变化来区别音调，弹奏出简洁的曲调。

口弦按材质可分为竹制和金属制两种。按照弹拨方式可分为手指弹拨
和丝线扯动两种方式。

竹制口弦以箭竹为制作原料，一般长三寸，宽五分，厚一分。制作时
选取粗壮均匀的箭竹，将之切成二到五寸的小段放进油锅中煎炸，取出晾
凉后用小刀仔细削成酒瓶形状的薄片，在薄片中间三面刻空形成舌簧。弹
奏时左手捏住小的一端，将舌簧轻轻含在双唇间，右手中指和拇指挽住另
一端的丝线流苏并均匀扯动，簧片因扯动发出声响，同时伴随口型、气流
的变化，使口弦簧发出"咕咕咚、咕咕咚"的声音。

金属制口弦多以铜或者铁制成，长约一寸半到两寸。金属制口弦外形

---

① 韩婷：《宁夏回族自治区回族口弦音乐文化研究》，硕士学位论文，兰州大学，2011 年，
第 7 页。"麻缠"：地方方言，意为心中的烦恼。

类铁钳，金属外圈左右对称，中间连着簧片，簧片尖端弯曲突出。演奏时，左手将口弦置于双唇之间，用右手弹拨簧片，并利用口腔的变化来调节声音的变化，形成音阶。

无论是竹制口弦还是金属制口弦，回族妇女都喜欢在口弦上系上彩色的串珠或者流苏作为装饰，平时配在胸前或收在袋中，闲暇时取出演奏。

口弦由于结构简单，音域较窄，所以只能吹奏一些简单明了的曲调。据考证，现在流传于宁夏的口弦曲调有六十多种，其中比较有代表性的有《廊檐滴水》《一窝蜂》《泉水叮咚》《月影愁眠》《风卷云舒》《秧歌锣鼓》《珍珠倒卷帘》《骆驼铃》《五哥放羊》《脚户歌》等。曲调内容或表现男女爱情，或表现生产生活。在演奏方式上，可以独奏、齐奏、合奏或为歌舞伴奏。

2. 吹咪咪

咪咪，又叫"咪咪儿""咪管"或"笮笮"等，是一种广泛流传于西北地区的回、东乡、保安、撒拉、土、裕固、汉等民族中的一种民间乐器，一般认为是汉代羌笛在今天的留存[1]。

宁夏回族演奏的咪咪主要有单管和双管两种，一般用手指粗细的竹管自制而成，也有用嫩柳枝或者燕麦秆制成的。管上开六个音孔，吹口处装有用嫩树皮制成的发音器，其中以"猫儿刺"的枝干制作的为最佳。吹奏时，将咪咪竖起，从吹口处吹入气流，利用薄膜振动发音的原理吹奏出声音，同时手指按压音孔，依靠六个音孔的音阶加一个自身音阶共七个音阶演奏出不同的旋律。

如同口弦是宁夏回族妇女的专用乐器一样，咪咪是回族男子的专用乐器。在过去，上至头发斑白的老人，下至稚气未脱的孩童，每人都会随身携带一支咪咪，在闲暇时吹奏悠扬的乐曲。由于咪咪的音色清新悦耳，婉转悠扬，经常作为花儿的伴奏乐器出现。

3. 吹哇呜

哇呜又叫"泥箫"，是一种用黄色胶泥制作而成的民间乐器。哇呜的形态类似古代汉族的埙，是回族人民在与其他民族长期杂居相处和文化交流中，受其他民族吹奏乐器的启发，根据古代"埙"的基本原理，结合本民族的风俗习惯，在实践中创制出的回族所特有的民间乐器。

---

[1]　王沛：《"咪咪"——"故本四孔"的羌笛》，《中国音乐》1990 年第 2 期。

哇呜制作简单，取材方便，普及性强。只需要在河边挖一块黄胶泥，然后加水揉成团状，将泥团捏成圆形、鸡蛋形、蝴蝶形、鱼形、牛头形等形状，待稍晾硬后用粗铁丝或者粗芨芨秆在泥坯上钻几个孔（一般有一个吹口，四个发音小口），之后放在阴凉处晾干即可。为了美观，有些人会用油将哇呜擦得油光发亮，还有的人会将泥胚放进砖窑中去烧制，这样可以使哇呜坚固耐用。还有些人会在哇呜上雕刻阿拉伯文书法和回族特色的线条，再入窑烧成陶制品，拿到市场上出售。

传统哇呜音域较窄，人们多用它吹奏一些简单、缓慢的曲子，如《嘀场》《打夯》《小白菜》《北风吹》等，借此消愁解闷，抒发内心的情感。青年男女还经常用哇呜作为传情逗趣的工具，还有一些民间艺人用哇呜模拟布谷鸟、斑鸠的叫声。随着哇呜制造技术和演奏技艺的不断提高，现在的哇呜已经由原来的五个音孔增加到十二个音孔，可以用来演奏古今中外的一般乐曲，并且已经被搬上了舞台，深受回族人民喜爱。

"哇呜唱，庄稼长；咪咪吹，牛羊壮"，这句流传于宁夏六盘山区、黄河两岸回族民众中的歌谣，真实反映了传统回族人民多姿多彩的音乐生活。但是近年来，宁夏回族乐器的生存土壤正在逐渐消失，乐器的传承遭遇危机。越来越多的艺人放弃传统工艺，年轻一代也越来越多地受到流行音乐的影响，"口弦""咪咪""哇呜"的生存环境不容乐观。

参考资料：

1. 丁一波：《哇呜——黄河岸边的古老哨音》，《宁夏画报》1996 年第 2 期。
2. 杨继国、马青主编：《中国民俗大系·宁夏民俗》，甘肃人民出版社 2004 年版。
3. 丁克家：《至真至美的回族艺术》，宁夏人民出版社 2008 年版。
4. 王正伟：《回族民俗学·礼仪与节日民俗》，宁夏人民出版社 2009 年版。
5. 韩婷：《宁夏回族自治区回族口弦音乐文化研究》，硕士学位论文，兰州大学，2011 年。
6. 安宇歌：《宁夏回族口弦》，阳光出版社 2012 年版。

回族服饰

项目名称： 回族服饰

项目类别： 民俗

项目编号： X－66

申报单位： 宁夏回族自治区

批准时间： 2006 年（第一批国家级非物质文化遗产）

简介：

回族服饰是回族民俗文化的重要组成部分，其中既保留着回族先民的服饰特色，同时又融合了伊斯兰文化和汉族服饰文化的某些因素，形成了独特的服饰文化。

1. 回族男性服饰

宁夏回族素爱整洁，男性衣着朴素大方，干净利落。回族男青年多头戴白帽，内穿对襟白衬衫，外套黑色对襟上衣或坎肩，下穿长裤，足蹬方口或圆口布鞋。回族老年多蓄须，头戴白帽或缠戴斯他勒，内穿低圈领对襟衬衫，外穿黑色或灰色外衣，下穿黑色长裤，有些老人还有扎绑裤腿的习惯。总体来讲，宁夏回族男性的典型服饰主要有以下几类：

回族帽。回族帽又称"回回帽""顶帽""号帽""孝帽""礼拜帽""巴巴帽"等，是回族男性日常生活和参加宗教活动时所戴的帽子，也是其服饰中非常有特点的组成部分。从颜色来讲，回族帽一般以白色居多，但也有灰色、蓝色、绿色、红色和黑色的回族帽。一般春夏季节多戴花色或白色帽，秋冬季节多戴黑色或者灰色帽，新郎多戴红色帽以示喜庆，阿訇一般戴绿色帽。从纹样来看，有的是纯色，有的绣有星月图案等带有明显西域民族风格的花边或者图案。从材质来看，白色回族帽多用棉布制作而成，或者用白色棉线钩织而成；黑色回族帽多用毛呢等材料制成，或者用粗毛线钩织而成。从样式来看，以无檐小圆帽为主，但有些教派也有不同，比如哲赫忍耶教派的回族多戴白色和黑色圆边六角尖顶帽。这种六角帽由六个等边三角形缝合而成，上尖下宽，并且在帽顶缀一个用布料缩结的疙瘩，外形酷似清真寺的圆形屋顶，其中六瓣表示六大信仰，帽顶表示真主独一。

戴斯他勒。戴斯他勒是波斯语的音译，又被译为"代思塔拉""代斯它尔"等，是回族男性所用的缠头巾。戴斯他勒的颜色以白色、黄色为主，主要用毛巾或者布料制成，多为长形或者方形，长约9尺或者12尺。缠头时，将缠头巾从右向左包裹在头部，其中一端留出约一肘长吊在背后，另一端缠完后压在缠巾内以防脱落。为了做礼拜时叩头方便，回族要求缠头时不能将前额遮住，而只缠到前额发际线处即可。戴斯他勒被认为与伊斯兰教先知穆罕默德有关，据说穆罕默德在传教时头缠戴斯他勒，并强调戴斯他勒礼拜的功效是不缠的70倍，后遂相沿成习。

坎肩。坎肩是回族男子服饰的一个重要组成部分，多为对襟样式，根据季节和材质的不同，有单马甲、棉马甲和皮马甲等。马甲的颜色多为青黑色，有些还带有精美的花纹。马甲既可以充当外套，也可以穿在外套里面，兼具保暖、方便、美观等多重需求。

准白。"准白"为阿拉伯语的音译，意思为"袍子"或"长大衣"，是阿訇、满拉①和回族老人在礼拜时喜欢穿的一种衣服。准白有单、夹、棉、皮四种，一般用黑、白、灰等色的棉布、化纤料或毛料制作而成。传统的准白多为对襟扣、封闭性领子的款式，现代的准白多仿照风衣的样式制作。

滩羊二毛皮衣。滩羊二毛皮衣一般分为长款和短款两种，选用宁夏特有的滩羊的羊羔皮精制而成，一般选用出生一个月左右的羊羔的毛皮缝制，工艺考究，制作复杂，制成的滩羊二毛皮衣经久耐穿，美观保暖。

麦赛海袜。麦赛海袜又称"麦赛袜子"，是回族老人在冬天常穿的一种袜子，一般用软而薄的牛皮制成。根据伊斯兰教的规定，穆斯林每日的五次礼拜都必须洗小净，如果穿上麦赛海袜，用沾水的手在袜子的脚尖和脚后跟处分别触摸一下，即等于洗脚，不用再进行小净中的洗脚程序。过去麦赛海袜多是由自己缝制，现在有些地方有专门加工麦赛海袜的工厂。

鞋。宁夏回族男子早期一般都穿自制的方口或圆口布鞋，也有用麻线自制的凉鞋。随着社会的发展，现在的回族大多穿着买来的布鞋和牛皮鞋、凉鞋等，但忌穿猪皮鞋。此外，农村男子的袜跟、鞋垫多有绣花。

其他。宁夏部分地区的回族男子还有随身佩带腰刀的习俗，一是为了装饰，二是为了随时宰牲、救牲之用。《新唐书》中有回族先民"系银带，佩腰刀"的记载，可见这种习俗由来已久。北方回族冬天还用黑色棉布或狐狸尾巴做耳套，也有用布料做的耳套，其外形似桃子，并绣有简单的图案。此外，宁夏的回族多有留胡须的习俗，一般在二十几岁开始蓄须，但也有十七八岁就开始的。由于教派不同，所留胡须的形式也会有差异，有络腮胡、下巴胡和在上口留又薄又细的胡须等多种形式。回族男性非常看重胡须的美观，要经常进行修剪，以保证整洁美观。

2. 回族女性服饰

宁夏回族女性的传统服饰上身以大襟衣衫为主，下穿长裤。衣衫右侧

---

① 满拉，即中国伊斯兰教清真寺经堂学校的学生。

扣扣子，且扣子一般用布料手工制作。其中青年女性的衣衫色彩鲜艳且装饰丰富，有嵌线、镶色、滚边、绣花等多种缝制手法。老年妇女则多穿宽长至膝的纯色长衫，朴素简单。不管是青年女性还是老年女性，都忌穿短袖衫、裙子等将身体一些部位裸露在外的服装。此外，回族女性多喜戴首饰，女孩一般七八岁时即扎耳洞、戴耳环，同时还喜欢戴戒指、手镯等。已婚妇女还要经常开脸，以保持容貌的清秀整洁。

盖头。盖头又称"首帕"，是回族女性传统的头巾。根据伊斯兰教的教义，妇女的头发、脖子等均为"羞体"，所以必须遮盖。盖头一般用丝绸或纱质材料制成，颜色有绿色、白色、黑色等，有的还镶嵌金边或者绣上花草图案。一般未婚姑娘戴绿色盖头，中年或已婚年轻妇女戴白色盖头，老年妇女则戴黑色盖头。戴盖头时，先将头发盘起，戴上帽子，然后再将盖头从上向下套入，将头发、耳朵、脖子全部遮住，颔下系扣，只露出面孔。从样式上来说，老年妇女的盖头一般长而宽大，前面要披到心口窝处；青年妇女的盖头则比较短，仅要求遮住脖子即可。近年，城镇妇女多改戴白帽和包头。

面纱。面纱是传统回族妇女外出或者在公共场合活动时所佩戴的一种面部饰品，多由透气的纱质材料制成，主要用于遮挡面部。面纱也是源自于伊斯兰教的教规，主要是为了对异性起到遮掩的作用。

戴杜阿宜。戴杜阿宜类似于"护身符"，是回族人请阿訇将《古兰经》中的某些经文抄写在白布或者纸上，然后缝在贴身衣物的口袋里，以消灾避邪，求平安吉祥。一般为回族妇女和儿童所佩戴。

染甲。宁夏回族妇女有用凤仙花染指甲的习俗。具体方法是将凤仙花捣碎，加入适量明矾，然后将其敷在指甲上，再用桑叶或其他树叶包裹起来，并用绳子或布条扎紧，不能漏气。这样包裹一夜之后打开，指甲便被染上了如胭脂般艳丽的色彩，且久洗不褪。

参考资料：

1. 杨启辰、杨华主编：《中国穆斯林的礼仪礼俗文化》，宁夏人民出版社 1999 年版。

2. 杨圣敏主编：《黄河文化丛书·服饰卷》，内蒙古人民出版社 2001 年版。

3. 杨继国、马青主编：《中国民俗大系·宁夏民俗》，甘肃人民出版社 2004 年版。

4. 丁克家：《至真至美的回族艺术》，宁夏人民出版社 2008 年版。

回族医药（张氏回医正骨疗法、回族汤瓶八诊疗法）

项目名称：回族医药（张氏回医正骨疗法、回族汤瓶八诊疗法）

项目类别：传统医药

项目编号：IX－17

申报单位：宁夏回族自治区吴忠市、银川市

批准时间：2008 年（第二批国家级非物质文化遗产）

简介：

回族医药是中华传统医药中的重要组成部分，是我国回族先民在继承古代阿拉伯伊斯兰医学理论与实践和中华传统医药精髓的基础上，逐步发展形成的一种独具回族医药文化特色的传统医药学①。在宁夏回族自治区，吴忠市张氏回医正骨疗法和银川市回族汤瓶八诊疗法是回族医药中的杰出代表。

张氏回医正骨疗法

张氏回医正骨疗法是宁夏吴忠市张姓回族家族世代相传的一种正骨疗法，距今已有一百五十余年的历史。该正骨疗法吸收了阿拉伯医学和中华传统医学的精髓，在家传正骨手法复位的基础上，采用小夹板外固定、祖传秘方膏制剂和散剂外敷的方法，治疗骨折、关节脱位等骨伤疾病。整个治疗过程不开刀、不打石膏、不用金属物穿刺牵引，具有疗程短、损伤小、痛苦少、治疗效果好、经济实惠等优点。

张氏回医正骨疗法创始于清朝同治年间，其创始人是清朝嘉庆、道光咸丰、同治、光绪年间的大阿訇张华坤，他对回族民间医药有很深的造诣，在民众中享有较高声誉。第二代传人是张华坤之子张成仁，他从 16 岁起即开始跟随父亲学习回族传统医学及正骨术，并行医治病。他一生专心致力于回族正骨医学，采用正骨手法与药物兼施，诊治跌打损伤及各类外科疮疡疑难杂症，逐步形成了张氏回医正骨疗法的医学框架。第三代传人名张宝玉，在民间有"接骨神医""妙手张接骨""马莲渠张接骨"之称。他自 16 岁起在父亲张成仁的教导下从事回族医学正骨医疗，1986 年在吴忠创建"张宝玉回医医院"，2003 年、2004 年分别在银川市、吴忠市创建"张宝玉传统回医骨伤专科医院"，2008 年创立"宁夏张氏回医正

---

① 　贺晓慧、贾孟辉、牛阳：《中国回族医药学历史渊源探索》，《时珍国医国药》2010 年第 8 期。

骨研究所"。在他的努力之下，张氏回医正骨疗法得以传承和发展，并让这一具有鲜明民族和地域特色的诊疗方法得到更多人的认可。如今，张宝玉的三个儿子张金东、张金海、张金垒都已继承祖业，成为张氏回医正骨疗法的第四代传人。

张氏回医正骨疗法中，最精髓的部分是家传的正骨手法和祖制秘方。在正骨手法方面，经过世代的积累，已经形成了一整套检查和治疗手法，主要包括手摸法、提拉法、推倒法、对接法、按压法等。在祖制秘方方面，张氏整理研制的骨伤外用膏"活血化瘀回药膏"和"接骨续筋回药膏"具有消淤退肿止痛、舒筋活血、接骨续筋、祛腐拔毒生肌等功效，2005年通过宁夏回族自治区药监局批准注册，并已投入宁夏张氏回医正骨医院制剂生产并用于临床治疗。

总之，张氏回医正骨疗法是张氏家族几代人在长期的骨伤临床医疗实践中，不断探索、研究和总结出的独特治疗方法，具有鲜明的民族性、民间性和地域性，是宁夏回族医药的杰出代表。

回族汤瓶八诊疗法

回族汤瓶八诊疗法是极具回族特色的一种非药物养生保健疗法，主要"是指我国穆斯林先民在日常的沐浴礼拜和医事实践过程中创立的具有强身健体修身的汤瓶功法，以及八种系统的防病治病之法的总称"。[①] 它以波斯保健医学和中东伊斯兰医学为依据，同时吸收了中医经络理论的精粹，在长期实践中形成了以八诊为主，运用汤瓶水浴、末梢经络根传法、放血、刮痧、火罐等，结合"杜阿伊"[②] 为患者进行诊疗的方法。

关于汤瓶八诊疗法的由来，与回族先民不远万里来中国经商有关。在长途跋涉中，人们在洗浴和休息时，无意间发现按揉手脚和身体其他部位有消除疲劳的作用。后来结合了中医理论中的经脉学说和中东伊斯兰保健医学的部分理论和手法，经过学者的努力，终于形成了现在的回族汤瓶八诊疗法。[③]

在回族汤瓶八诊疗法中，最核心的就是八种诊疗方法，称为"八

---

① 贺晓慧、贾孟辉、牛阳、杨华祥：《试论中国回族汤瓶八诊疗法》，《宁夏医科大学学报》2009年第3期。

② 杜阿伊，即祈祷。

③ 贺晓慧、贾孟辉、牛阳、杨华祥：《试论中国回族汤瓶八诊疗法》，《宁夏医科大学学报》2009年第3期。

诊"，分别为头诊、耳诊、面诊、手诊、脚诊、骨诊、脉诊和气诊。

头诊主要依据中华回族医学的脏腑经脉理论，在头部（除颜面五官、两耳部分外）按照一定的顺序和力度，实施刮痧、挤压、放血、汤瓶水疗等不同疗法，疏通头部经络，改变大脑微循环，从而增强人体免疫力，预防和治疗头部、精神及思维疾病的一种疗法。

回族先民在洗"阿布代斯"① 时，发现按摩耳部也有强身健体之效，由此演化出耳诊之法。耳诊也是以中华回族医学的脏腑经脉理论为依据，通过手的触摸、揉捏、点按和耳棒的点按来判定人体病变的部位，或者通过观察耳部来判定人体各脏腑的功能以及气血运行情况，在此基础上使用揉、捏、点、刺、摩、刮、颤等手法来治疗头部、耳部及全身性疾患。

面诊也源自回族先民洗"阿布代斯"的过程。面诊根据面部的穴位和循经路线，按照气血运行的方向，采用点、按、推、颤、捋、冲淋等手法疏通经络，进而影响脏腑，醒脑提神，润泽肌肤。

按照经络理论，人体的手脚处于经络的末梢部位，所以手诊和脚诊又并称为"末梢经络根传法"。回族汤瓶八诊疗法认为，经脉中的浊物逐渐沉积会形成"脉结石"，从而影响身体健康。此时可以通过对手部及手臂的经络和穴位的推、压、捏、拨、点、捋等，化解脉结石，排出毒素，疏通经络，调和气血，强化脏腑。

脚诊也以中华回族医学的脏腑经脉理论为依据，主要使用汤瓶水疗和推、捏、压、刮等手法，沿双足掌、背部经脉走向进行疏通，同时运用足浴手法和脚部末梢经脉根传刺激手法对足跟穴位和特殊部位进行按压，从而达到预防和治疗局部及全身疾病的目的。

骨诊以脊柱为主体，以全身骨干、筋经和骨节为施治目标，用骨诊棒并结合推、刮、压、点、颤、按、揉、拨、叩等手法，由上而下、由内而外地对身体骨干、筋经和骨节进行诊断和治疗。骨诊循骨而行，遍及全身经络，可滑利关节，激发脏腑，尤其是肾脏的自身功能。

脉诊以全身经脉为施治对象，要求施治者严格按照人体经络走向，运用拿、按、刮、压、拨、拍、打等刺激手法作用于周身经脉循行部位，达到疏通经脉、行气活血、促进脏腑功能和强身健体的目的。

---

① 阿布代斯：波斯语，指小净，即用净水按照程序清洗身体局部。

　　气诊是穆斯林礼拜方式和中医气机理论的结合，主要有两种方式：一是自我修炼，即通过自身肢体、呼吸和意念的引导而达到排除杂念、净化心灵、预防和治疗心理障碍和疾病的目的；二是修炼有素且身体强壮的穆斯林修炼者通过一对一的当面修炼，帮助疏通体弱者的经络，驱除其体内的邪气，达到治病的目的。

　　长期以来，回族汤瓶八诊疗法主要以口传心授的方式在回族民间传承。由于回族长期以来以"大杂居、小聚居"的分布格局为主，所以汤瓶八诊疗法也处于较为分散的状态。现在宁夏回族自治区流传的汤瓶八诊疗法传自杨氏家族。杨氏家族的祖先杨明公在明末清初时掌握了该诊疗方法并开始在河南周口、孟县、漯河一带承袭使用，历代杨氏先祖在临床实践中将汤瓶八诊疗法进一步完善，并代代相传。随着第六代传人杨耀钧晚年定居宁夏，回族汤瓶八诊疗法在宁夏产生了更广泛的影响。现第七代传人杨华祥不仅潜心研究回族医学，更致力于汤瓶八诊的传承与弘扬，这项回族医药文化开始面向大众，甚至已经走出国门。

参考资料：

1. 马成义主编：《中国回族医药》，宁夏人民出版社 2005 年版。

2. 冯磊：《张氏回医正骨》，《中国中医药报》（农村与社区版）2009 年 11 月 16 日。

3. 贺晓慧、贾孟辉、牛阳、杨华祥：《试论中国回族汤瓶八诊疗法》，《宁夏医科大学学报》2009 年第 3 期。

4. 杨华祥著，杨庭亮、马宏强、张雨整理：《国家非物质文化遗产——汤瓶八诊：回族香料香药内病外治疗法》，广西科学技术出版社 2011 年版。

婚俗（回族传统婚俗）

项目名称：婚俗（回族传统婚俗）

项目类别：民俗

项目编号：Ⅹ－139

申报单位：宁夏回族自治区

批准时间：2011 年（第三批国家级非物质文化遗产）

简介：

　　回族在其历史发展过程中，形成了一套完整的婚姻礼俗，具有鲜明的民族特色。但因回族居住分散，各地回族的婚俗存在一定差异，即便是在宁夏内部，各个地方的婚俗也有所不同。但是从总体上而言，宁夏回族的传统婚俗一般需要经过以下几道程序：

1. 提亲

提亲是回族传统婚俗中的第一步，一般情况下，回族家的女儿长到十六七岁的时候，就开始有人上门提亲。男方在提亲之前，往往会通过各种渠道了解女方的情况，若觉得合适则请一位亲戚好友担任媒人，带着糖、茶等四色礼物在"主麻日"上女方家提亲，并详细介绍男方的情况，包括男方的姓名、相貌、性格、文化程度、教派、家庭经济情况、家庭成员等。女方家长听过介绍之后，如果觉得大体合适，则需要"给话"，即给男方家的媒人一个较为明确的答复，并商议确定一个时间由女方家请人到男方家里"看家道"。

看家道，即女方家请媒人和亲戚等到男方家去了解男方的实际情况，包括家庭经济情况、家风家教、人品等。此时，男方要热情接待客人，还要主动介绍家庭情况。有些地方还有给来看家道的人赠礼的习俗。如果女方对男方的家道比较满意，就商议确定姑娘和小伙子直接见面的日子；如果不满意，就不动男方家所准备的茶饭，暗示亲事不成。

姑娘和小伙子的见面地点通常选在女方家或者亲戚朋友家。见面时，男方家需带上四色礼，小伙子需带上"见面钱"，在媒人的安排和陪同下正式见面。见面后，媒人会询问姑娘和小伙子的意见，小伙子会给姑娘见面钱，如果姑娘同意则直接收下，如果不同意则不收。经过了解、见面，男女双方都表示同意后，父母就正式给对方"口唤"①，双方开始准备"定茶"。

2. 定茶

定茶，又称"说色俩目""道喜"，一般选在"主麻日"进行。此前，男方家须提前备好礼物，俗称"封子"。封子以茶叶、干果、糖果为主，用各色彩纸包成方形的小包，每包重半斤或一斤，其上放一条红纸以示喜庆。封子的数量须为双数，少则几十包，多则上百包。此外，男方还要为女方准备两三套衣服，由男方父母和男方一起送到女方家。女方家要备好茶饭，热情接待男方宾客。双方当着亲友的面，互道色俩目（意为平安），表示婚事已定。男方离开时，女方家需赠予一定的回礼，俗称"回封子"，以表示绝不悔婚。

---

① 口唤，即允诺。

3. 插花

插花，又称"提盒子""纳聘礼""定亲"等，是在定茶之后选一个主麻日在女方家进行。当天，男方根据女方家的要求，准备好聘金（俗称"麦哈尔"）和羊、大米、茶、糖等，并购置好衣服、首饰、家具及其他生活用品，请一位阿訇和家人一同前往女方家送聘礼。女方家要炸油香、宰牲，同时也要请一位阿訇一起迎接男方来人。双方见面后，请阿訇"开经"，诵读《古兰经》有关章节，向男女双方及其家人祝福亲事顺和吉祥。之后商议婚期。

4. 娶亲

回族的婚礼大多选在主麻日或主麻日前后两天或农历双月进行，一般不看黄道吉日。在婚礼的前一两天或婚礼当天，男方要向女方家送"催妆礼"，一般选用羊、大米、油香等，也有的地方用麦子和布料作为催妆礼。女方家一般在婚礼前一天或当天设宴款待亲戚朋友和乡亲邻里，前来参加的人要送一些生活用品给新娘，谓之"填箱"。

婚礼当天清晨，新郎和新娘都要"洗大净"①，新娘在婚前所做的这次大净被称作"离娘水"。其后，娘家请年长的妇女给新娘"开脸"，即用细线绞夹掉新娘脸上的汗毛，意为少女时代的结束。待梳妆完毕，新娘无论冬夏，都要穿上红色棉袄，以取"厚道"、富裕吉祥之意。新娘用红绸子或红纱巾所做的"搭妇巾"遮住面庞，坐上迎亲车。女方还要从亲朋近邻中请几位上有老、下有小、夫妻和睦、儿女双全的人去送亲，俗称"吃宴席"。在送亲途中，如果遇到其他娶亲队伍，新娘要互相交换腰带，以防"冲喜"。当迎亲的队伍快到男方家时，新郎一般在姐夫的陪伴下跑上前去迎接，并绕着迎亲车转一圈，故意碰一下车，意为"撞亲"。到大门口时，婆家亲友热情迎接新娘和娘家的宾客，互道色俩目。这时，还有随新娘来的男孩会堵在门口要"压箱钱"，如果不给或者给少了，就不让男方搬嫁妆也不入席。此外，在正式进入新房之前，新娘的鞋子不可沾土，故如果男方家庭条件许可，要从大门口至新房门口铺上红毡或者毛毯，如果没有这个条件，则由新娘的哥哥或舅舅将新娘抱着送进洞房。进入洞房之后，女方家陪新娘的嫂子或者新郎才能揭掉新娘的"搭妇巾"。

---

① 洗大净，即用净水清洗全身。

5. 念"尼卡哈"

"尼卡哈"是阿拉伯语的音译,意思为"婚姻"或"结合",这里指由阿訇主持举行的婚礼仪式。念"尼卡哈"时,在堂屋正中放置一张方桌,阿訇跪坐在上方,左右为证婚人和父母亲,阿訇的对面地上铺一块毯子,新郎新娘①跪坐或者站在上面。仪式开始,阿訇首先诵念《古兰经》中的有关章节,再用汉语进行解释,主要是向新人们交代婚姻的责任、义务以及有关为人处世的道理。随后,阿訇当着两位证婚人的面问新郎:"你愿意娶某某为妻吗?"新郎答:"我愿意娶某某为妻。"接着阿訇又问新娘:"你愿意嫁给某某为妻吗?"新娘答:"我愿意!"至此,阿訇宣布:从今以后,你二人正式结为夫妻。并希望两位新人互敬互爱,白头偕老。

证婚仪式结束,新郎新娘入洞房时,阿訇和男方长辈将早已准备好的喜糖、红枣、核桃、花生等撒向新郎新娘,俗称"撒喜"或"撒金豆",寓意夫妻生活甜蜜,早生贵子。有的地方则直接将喜糖等撒向围观的宾客,众人一哄而上,争着捡拾。

6. 耍新郎/耍公婆

撒喜之后,还有"耍新郎"或者"耍公婆"的习俗。俗语云:"结婚三天没大小,不耍不热闹。"新郎在准备进洞房时,前来恭喜的人会尽力阻拦,并将从锅底弄下的黑灰涂抹到新郎脸上。有的地方不耍新郎耍公婆,来宾们在公公、婆婆的脸上沫上黑灰或五彩颜料,刻意捉弄一番,不管来宾们怎么折腾,公婆都不许生气。

7. 闹洞房

婚礼当晚,很多地方都有闹洞房的习俗,参加者多为青年男女,要求新郎新娘按众人的要求表演各种节目,如"夫妻互拜""啃苹果""绕口令"等。闹完洞房,新郎新娘要交换礼物,新郎赠给新娘的见面礼以钱为主,新娘回赠之物则是红布包或手帕。

8. 认大小

婚礼的次日,新郎新娘起床沐浴完毕,新娘要戴上白色圆帽或者披上盖头,叫"上头",标志着已经完婚。早饭后,新娘在新郎或婆家女性长辈的陪同下向婆家人认大小。新娘逐一向婆家的长辈敬茶道安,认亲时要长长叫一声,长辈也要高声答应,并赠"见面钱"以表示心意。

---

① 有的地方只有新郎参加,新娘则不在现场。

9. 表针线

表针线，又称"摆针线""亮箱"，一般在娶亲当天下午或者次日上午举行，即将男方的彩礼、女方家陪送的嫁妆以及新娘婚前自己亲手做的各种针线活儿全部摆出来，让参加婚礼的宾客观赏。表针线的习俗，最早是为了向众人展示新娘的针线手艺，还要请一位能说会道的人即兴编词，夸赞新娘心灵手巧，百里挑一。

10. 回门

婚礼后三日或七日，新郎准备茶糖点心等礼品陪新娘"回门"，又称"回娘家"，看望岳父岳母及女方家亲戚。回门这天，岳父家要事先做好准备，好好款待女儿女婿。此外，新娘家的亲戚还要挨个请新郎新娘到家中吃饭。回门当天晚上，新郎要赶回自己家中，新娘则在娘家住三五天或一个星期，之后由娘家人送回婆家，或由新郎亲自来接回婆家。至此，回族的婚礼正式宣告结束。

11. 进教（回汉婚）

从回族的传统来看，基本上遵守族内婚的习俗，回族一般不与非穆斯林通婚，尤其是回族的女儿绝少嫁入非穆斯林家庭。但在实际生活中，还是会存在回族与非穆斯林通婚的现象，这时就要求汉族或者其他非穆斯林一方"进教"，即皈依伊斯兰教，只有这样才能够正式确立双方的婚姻关系。进教仪式一般在结婚之前在清真寺内举行。首先，在阿訇的指导下，进教者沐浴净身；然后阿訇教其念"清真言"，为其取经名；之后阿訇为进教者讲解伊斯兰教的基本教义教规，要求他今后务必遵守教规。

总之，回族的传统婚俗既受到伊斯兰教的影响，同时也吸收了汉族婚俗中的某些成分，已发展成为一种独具特色的民族文化。

参考资料：

1. 赵永祥、韩志刚：《宁夏回族的婚俗》，《阿拉伯世界》1992 年第 1 期。
2. 丁一波：《情趣盎然的回族婚俗文化》，《华夏文化》1995 年第 5 期。
3. 杨继国、马青主编：《中国民俗大系·宁夏民俗》，甘肃人民出版社 2004 年版。
4. 王正伟：《回族民俗学·姓氏家族婚丧习俗》，宁夏人民出版社 2009 年版。
5. 洪梅香：《独具魅力的回族婚礼》，《宁夏画报》（生活版）2010 年第 4 期。

青　海

藏　族

阿尼玛卿雪山传说

项目名称：阿尼玛卿雪山传说

项目类别：民间文学

项目编号：Ⅰ-108

申报单位：青海省果洛藏族自治州

批准时间：2011 年（第三批国家级非物质文化遗产）

简介：

阿尼玛卿山是昆仑山脉的支脉之一，横跨青海、四川、甘肃、宁夏四省。其主峰玛卿岗日位于青海省果洛州玛沁县境内，海拔高度 6282 米。阿尼玛卿山山体由砂岩、石灰岩及花岗岩构成，由 13 座山峰组成，平均海拔 5900 米以上。阿尼玛卿，藏语称"博卡瓦间贡"，亦称"斯巴乔贝拉干"，"阿尼"是安多藏语的译音，确切的音是"阿米"，安多当地藏人称呼世俗的先祖老翁为"阿米"；"玛卿"是藏族古老部落氏族之一，是"幸运""巨大无比""雄伟壮丽"的意思。①

在当地藏族民众中，关于阿尼玛卿雪山有许多传说。传说世界是斯巴老神沃德巩甲和他的八个儿子造成的，他们父子九人合称开天辟地的九位神灵。斯巴老神的八个儿子都是山神，其中玛卿邦热排行第四。

一天，斯巴老神沃德巩甲外出狩猎，遇见了从"安多"地方来的一群百姓，寒暄之中他得知"安多"地区连年受灾，鬼魅横行，生灵涂炭。沃德巩甲听后忧虑不已。几天之后，他又遇见由"康巴"等地来的民众，

---

① 青海人民出版社编：《青海风物志》，青海人民出版社 1985 年版，第 291—292 页。

说他们那里亦有类似"安多"地区的灾情，这使得沃德巩甲整日愁容满面，坐卧不安。儿子们见他这样茶饭不思，忧心忡忡，都十分担心。便劝慰道："阿爸，鹿群羊群汇聚在草原上，因为草原上水草丰美；安多的百姓受灾受难，是因为那里出了妖魔鬼怪。只有除掉那里的妖孽，百姓自然会安居乐业。有我们弟兄八个前去降妖，您老人家就不必担心了。"老人没等儿子们说完就打断了他们的话，说道："男子汉老了像老虎一样；虎虽然老了，身上的花纹不变，别看我老了，但我的身体仍然健壮。我要为解救受苦受难的同胞，和你们一起尽心尽力。安多、康巴、卫藏，虽然地区不一样，但都是藏族同胞聚居的地方。我们父子不但要帮助安多的百姓解除灾难，还要让各地的百姓都过上安居乐业的日子。孩子们，为了普天下人民的幸福，你们就各奔前程，去帮助那里的百姓除妖斩魅吧。"接着他就给儿子们分了工，有的去藏北，有的去康巴，老四玛卿邦热被分去安多。

老四玛卿邦热带上了阿爸为他准备的酥油、曲拉、糌粑等食物，身穿藏服，骑上了他平时喜爱的大白马上路了。父子约定好在藏历羊马年在安多相会。玛卿邦热一路上日夜兼程、跋山涉水，翻过了九十九座大山，渡过了九十九条大河，穿过了九十九个大草滩，历经千辛万苦终于到达安多。之后，他牢记阿爸临行的嘱托，用非凡的智慧和魄力，消灭了兴风作浪的妖魔，降伏了作恶多端的猛兽，惩办了残害百姓的坏人，安多的老百姓从此过上了安居乐业的好日子，大家一致推举他为安多地方的首领。玛卿邦热的业绩也感动了天神，降下旨意，封他为护法神，授权他掌管"安多"地区的山河浮沉和沧桑之变，并为他修建了一座极其富丽堂皇的宫殿。①

不知不觉一转眼就到了藏历羊马年，父子们约定在安多相会的时间到了。这一天，风和日丽，万里晴空，由1500名骑着降伏的各种猛兽，手执大刀、长矛、弓箭、盾牌，人身兽头的骑士组成的仪仗队和安多众百姓集合到黄河上游首领的宫殿前，列队迎接斯巴老神沃德巩甲。玛卿邦热率领文武大臣对老阿爸行过大礼之后，一旁侍立。老阿爸沃德巩甲举目望去，但见一座九层白玉琼楼屹立在面前，父子俩登上九层宝殿顶端的阳台举目远眺，只见滔滔黄河围绕着宫殿自西向东，然后又折向东北流去。草

---

① 《玛沁县志》编纂委员会编：《玛沁县志》，青海人民出版社 2005 年版，第 506—507 页。

原上鲜花盛开，绿草如茵，骏马在奔驰，牛羊在悠闲地吃草。下楼后，沃德巩甲依次见过了儿子老四的360名家人，然后领众人走出大殿，与安多的众百姓相见。百姓们欢腾雀跃，拿出新鲜的糌粑、刚打出的酥油、刚出锅的手抓羊肉、热气腾腾的煮蕨麻、香喷喷的青稞酒献给沃德巩甲和玛卿邦热父子们享用。随后，百姓们跳起欢快的舞蹈，唱起动听的赞歌，感谢沃德巩甲父子的恩情。

忽然间，只听雷声大作，云雾四起，沃德巩甲和玛卿邦热及其家族消失得无影无踪。而白玉琼楼宝殿在云雾中冉冉上升，转眼间一座冰雕玉刻的雪山拔地而起——这就是现在的阿尼玛卿雪山。①

在藏族人民的传说中阿尼玛卿山神有18个儿女，9个儿子骑虎，称为"英勇的九王子兄弟"；9个女儿骑杜鹃鸟，称为"贤明的九公主姊妹"。这18个儿女，就是阿尼雪山上的18座山峰。

在青海藏区，到处可以看到阿尼玛卿山神的画像，画面所绘的是一位白盔、白甲、白袍，胯下白马、手执银枪的英俊战神。在藏族民间传说中，阿尼玛卿雪山还是英雄格萨尔王的寄魂之山。有一则民间传说描述格萨尔王的母亲夜里梦见了黄衣天神，并与之相亲相爱，梦后生下了格萨尔王。黄衣天神就是阿尼玛卿山，因而阿尼玛卿山成了格萨尔王的战神、保护神。

阿尼玛卿山与西藏的冈仁波钦、云南的梅里雪山、玉树的尕朵觉沃并称藏传佛教四大神山。雪山周围无数藏族群众每逢藏"羊年"或雪洞门"尼果""岗果"②融开的年月，就会怀着无限虔诚的心情，络绎不绝地从四面八方来朝拜神山。他们往往要以极顽强的毅力，顶风雪，冒严寒，翻山越涧，风餐露宿，绕山瞻拜一周，才算尽了崇敬仰慕之意，得到了可消灾避凶的安慰。人们希望"相貌堂堂白玉晶莹身，右手握有如意珍珠宝，左手执着百颗晶珠链，向着万物降下甘露雨霖"的山神能给芸芸众生带来福祉，消尽一切天灾人祸，满足人们的各种心愿。③

①　《中国民间故事集成·青海卷》编辑委员会编：《中国民间故事集成·青海卷》，中国IS-BN中心2007年版，第186—187页。

②　雪山上几个著名冰峰、雪洞名。

③　马盛德、曹娅丽：《人神共舞：青海宗教祭祀舞蹈考察与研究》，文化艺术出版社2005年版，第130—132页。

参考资料：

1. 青海人民出版社编：《青海风物志》，青海人民出版社 1985 年版。

2.《果洛藏族自治州概况》编写组：《果洛藏族自治州概况》，青海人民出版社 1985 年版。

3.《玛沁县志》编纂委员会编：《玛沁县志》，青海人民出版社 2005 年版。

4. 马盛德、曹娅丽：《人神共舞：青海宗教祭祀舞蹈考察与研究》，文化艺术出版社 2005 年版。

5.《中国民间故事集成·青海卷》编辑委员会编：《中国民间故事集成·青海卷》，中国 IS-BN 中心 2007 年版。

6. 才贝：《阿尼玛卿山神研究》，民族出版社 2012 年版。

康巴拉伊

项目名称：康巴拉伊

项目类别：民间文学

项目编号：Ⅰ－69

申报单位：青海省治多县

批准时间：2008 年（第二批国家级非物质文化遗产）

简介：

在藏族传统地理观念里，整个藏区可以分为卫康、康区和安多三大区域。卫康大致包括今天除昌都和那曲两个地区之外的西藏自治区的全部；康区包括西藏的昌都地区、四川的甘孜藏族自治州、云南的迪庆藏族自治州和青海的玉树藏族自治州；安多地区包括玉树以外的全部青海藏区、四川的阿坝藏族自治州和甘肃的甘南藏族自治州和天祝县。[①] 1951 年成立的玉树藏族自治州管辖六个县，治多县就属于玉树自治州辖区之内。

"拉伊"是流行于藏族群众中的一种民间歌唱形式，也是藏族对情歌这种歌唱艺术的统称。治多地区的"拉伊"源远流长，至今已经成了独具特色的演唱规则。一些知名的歌手能够对唱三天三夜也唱不完。在治多地区，"拉"是山的意思，"伊"是调、曲之意。"拉"还有野外或者远离家室的意思，因此"拉伊"是只能在无血缘、亲缘关系的异性之间演唱的歌曲。"拉伊"内容丰富，主要包括祭歌、颂歌、引子、起歌、竞歌、谜语歌、战歌（分手歌）、情歌、订情歌、侮蔑歌、咒歌、吉祥祝福歌等。涉及爱情生活的各个阶段，如相识、问候、相恋到别离，包括了思

---

① 杨圣敏主编：《中国民族志》，民族出版社 2003 年版，第 200 页。

念、祝福乃至咒骂等思想感情都有相应的歌曲加以表现，下面主要介绍祭歌、颂歌、情歌和吉祥祝福歌几种。

祭歌。一般以敬天地神为主，敬日月星辰、敬歌手、敬山川河流的也有。唱祭歌时，双方以某种原始的宗教心态进行放歌，表示出歌手的尊贵或者姿态。如"敬天地神"的歌：

> 山歌有祭、赞、唱三种，祭歌要祭上天神，倘若山歌不敬神，佛教弘扬何从谈；赞歌敬献中念神，不赞大地念青神，雪域生灵从何来；天降甘霖何处落，唱歌唱给歌手们，若不唱给歌神王，美妙的山歌谁弘扬，成卷的"拉邦"① 何处求。

颂歌。赞美自然万物、家乡美景等，既可以引发诗兴，也可以显示歌手的见识和水平。如"赞美家乡山水"的歌：

> 故乡巍峨的山峰，四周是百座经幡飘扬的神山，峰顶升起金光四射的太阳，峰稍挂着一轮月牙儿，这是一座罕见的山峰，任何山峰都无法与它比美；故乡清爽甘甜的江河，跃动的是莲花般的绽放的金鱼，馨香的花帐搭在上面，这是一条罕见的江河，天下的河流无法与它比美。

情歌。双方在情歌中交流感情，也是"拉伊"对唱的高潮。如：

> 我是百鸟之王雄鹰，当展翅腾飞的开始，矫健的大雕是同伴，比翼翱翔于万里晴空时，狂风恶浪共漂游；粼粼闪光的金翅鱼，当长江滑向身后的大海，溯流的伙伴是珍贵的水，滑翔滔天大浪时，泥沼险滩共飞跃；我活在人类集聚的世界，当初涉人世的开端，爱情使我们拉近了距离，共结人生良缘时，流言蜚语搁置于门外。

定亲歌。当双方感情深化，用来表达歌手双方成亲愿望和试探对方的

---

① "拉"是拉伊的简称，"邦"是数目众多之意。

歌。如：

举头仰望，天空是八辐法轮，低头俯瞰，大地绽放莲花八瓣，是否配对问众生；远望佛教圣地文明国，八万四千部佛经闪金光，遥闻东方文明的大国，十八般律法严如铁，是否配对问众生；近看年轻的小伙们，十八般武艺在演练，远窥如花似玉的姑娘们，十八样舞姿展如花，是否配对问众生。

吉祥祝福歌。经历互诉衷肠的情歌之后，双方分别之时互道祝福吉祥。如：

祥云缭绕的佛教圣地，大师落座于八瓣莲花，香火旺盛经律昌，祝福佛光普照众生；雪山环绕的吉祥宝地，阎王法秤悬于公堂，执法威严扬名四海，祝福天空升起律法的圆月；雪山环绕的吉祥宝地，十二部拉伊垒成山，美妙的歌声入九霄，祝愿拉伊的星光闪满天。①

"拉伊"曲词委婉抒情，节奏舒缓，感情深邃感人，"拉伊"没有固定的唱词，多是触景生情的即兴创作，巧妙地运用比兴手法，形象而生动地向对方表达演唱者的思想感情、追求和愿望。如：

头一次驮载的马儿，步子闪又闪，腰儿软又软，不由教人不可怜。

头一次见面的姑娘，心儿咚咚跳，气儿嘘嘘喘，不由教人不爱怜。

秀丽丰饶的草原上，那彪悍的灰白骏马，修长的银鬃甩过来，吉祥的鬃绫我来挂；

陡峭险峻的石崖上，那矫健的小黑野牛，弯弯的犄角伸过来，吉祥的角绫我来扣；

富饶恬静的村庄上，那盛装俊俏的姑娘，苗条的身材转过来，心

---

① 文扎：《长江源民间文学探幽》，《青海民族研究》2002 年第 2 期。

头的情话我来讲。①

参考资料：

1. 阿绒甲措等编：《藏族文化与康巴风情》，民族出版社 2004 年版。

2. 文扎：《长江源民间文学探幽》，《青海民族研究》2002 年第 2 期。

藏族婚宴十八说

项目名称： 藏族婚宴十八说

项目类别： 民间文学

项目编号： Ⅰ-77

申报单位： 青海省

批准时间： 2008 年（第二批国家级非物质文化遗产）

简介：

藏族婚宴十八说属于藏族婚礼中的仪式歌，是伴随着藏族婚俗的产生和发展而形成的一种口头民间文学。其主要流传区域为青海省东部农业区的互助、乐都、民和、化隆、循化等藏族群众聚居区。各个地方说辞和程序也不尽相同。藏族婚宴十八说历史悠久，在敦煌古藏文献中就记述着文成公主与松赞干布成婚的吉祥祝词，其形式与十八说的某些片断类似。

藏族婚宴十八说贯穿藏族婚礼始终，有说也有唱，需十余人历经几天才能完成，主要可以分为祭神、梳辫、哭嫁、马说、酒说、衣服说、祝福说等 18 道程序。其具体内容如下②：

1. 祭神说

姑娘出嫁之日的清晨，由其家人焚香祭祀山神及家神，祈祷姑娘从此走上新的人生路程。

2. 梳辫说

挑选手脚勤快、有夫有子女、容貌出众、口碑好的中年女子二至三人为出嫁姑娘梳辫，同时由其哥哥或其他长辈致辫发词。如《梳头歌》唱

---

① 阿绒甲措等编：《藏族文化与康巴风情》，民族出版社 2004 年版，第 95—96 页。

② 侃本：《藏族婚俗与吉祥祝词——兼谈国家级非物质文化遗产名录"藏族婚宴十八说"及其保护计划》，《群文天地·百家讲坛》2010 年第 2 期。

道："洗头要个大口盆，续发辫还要胶奶油①。梳右面细辫儿要金梳子，金梳子齿儿要成双数。梳左面细辫儿要银梳子，银梳子齿儿要双数。梳后面辫排儿要螺贝梳，螺贝梳齿儿要双数。"②

3. 梳子说

由梳辫的女子来说的祝词。

4. 哭嫁歌

姑娘即将出门时，由她或其姐姐等女性长辈说的分别词。如：出嫁姑娘唱的哭嫁歌："（噢呦耶）我的父亲（噢呦耶）没良心（喏），拿我换了（噢呦耶）百匹骏马，换来骏马（噢呦耶）没脚程③（喏），卖出女儿（噢呦耶）心不痛。"④

此外还有出嫁姑娘用长长的袖子捂住半个脸，呜呜咽咽地哭起来，送嫁妇女们围绕新人左右，"啊——伊——伊，噢……"地唱哭嫁歌。青海藏区流传的哭嫁歌，有的歌词长达二百句。不过在许多地方，哭嫁妇女们只是有节奏又合拍地哭，每哭完一段后说一句"早早去吧，不要留恋"之类的话。⑤

5. 出路歌

由姐姐或女性长辈诉说的一种分别词。

6. 父母的教诫

临上马时，新娘的父母拉着女儿的手说的一种词。

7. 马说

送亲队伍骑马至新郎家附近时，由迎亲人员先赞颂送亲队伍的马，甚至对马鞍等都有相应的说词。有的地方则要由姑娘的舅舅说一番"下马的话"。姑娘的舅舅挡在马前言道："新娘如何贤惠，在场的各位有耳必闻；新娘如何美貌，在场的各位有目共睹。以她这样娇贵之躯，怎能从这高高的马上落地呢？你们如有足够的白银，赶快抬来，把白银摆得与马背

---

① 意思是初乳。

② 《中国民间歌曲集成·青海卷》编辑委员会编：《中国民间歌曲集成·青海卷》，中国IS-BN中心2003年版，第349—350页。

③ 跑不了多远，没有耐力。

④ 《中国民间歌曲集成·青海卷》编辑委员会编：《中国民间歌曲集成·青海卷》，中国IS-BN中心2003年版，第345页。

⑤ 仇保燕：《青海藏族风情丛话》，中国旅游出版社1987年版，第65页。

平齐，你们如有足够的白毡，赶快抬来，把白毡铺得与马背平齐，你们如果有足够的茶砖，赶快抬来，把茶砖垒得与马背平齐。"①

8. 垫子赞颂词

骑马的送亲队伍即将下马时，将提前备好的垫子铺在地上，让送亲队伍下马时所说。

9. 土地颂

送亲队伍下马接过哈达，喝了迎宾酒后，就要祭当地的山神，表示踏入了对方的地盘，请求多关照。如《敬山神》：向着东方神山唱，向着东方神山跳。不唱神山，不把水敬，今天就不会有人来迎接，日后就不会有人来保佑。②

10. 房屋颂

进入新郎家后，先要祭新郎家的护法神，继而赞颂房屋。

11. 茶说

当第一杯香喷喷的奶茶端到手里后，就要展开茶说，之后便可开饭。

12. 酒说

当饭吃到一定的时候，就要开始敬酒，此时有酒说。

13. 婚礼宴说

等酒足饭饱后，开始婚礼宴说，这也是整场婚礼中最主要，也最为精彩的部分，一般由送亲队伍中德高望重的老人来说。安多语称其为"董削立"，汉语意为"宴席上的演说者"，只见"董削立"盘膝而坐，伸出拖着长长袖子的双臂，向宾客们致意。然后，他左手执酒碗，右手作姿势，放开嗓音，开始婚礼宴说：

啊！如今时光美好，良辰吉日，幸福美满，吉祥如意。少年衣锦，闺女盛装，宾客云集。婚姻的盛典开始，遵藏族习俗，循长老规矩，让我献几句祝词。

啊！先说今日吉庆喜筵，且把座位分三等，上席列为父老席，犹如雄狮踞雪山。中席摆上同辈席，好似猛虎卧平川。下席围设妇女席，孔雀开屏赛天仙。拿来甘露琼浆，斟满金边龙碗。面向

① 仇保燕：《青海藏族风情丛话》，中国旅游出版社1987年版，第67页。
② 奇泽华、傲腾、段梅编著：《中国少数民族婚趣》，青海人民出版社1990年版，第108页。

首席的长辈们，祝福时运好转。面向中席的同辈们，祝福战神伴身边。转向尾席的女宾们，祈祷灶神保平安。我手中这个龙花碗，它出自汉族地方，作为雪域盛酒碗。八辐法轮绘碗边，八宝如意绘碗间，碗底绘有八瓣莲。拿来这碗盛美酒，有九蒸九淋隔年酒，昨天所酿隔日酒，昨宵所酿隔宿酒，今晨所酿当日酒。各色美酒真香甜，长辈喝了身心健，壮士喝了英姿显，妇女喝了肌肤艳，歌喉美妙舞翩跹。松开腰带款款地吃，抱起酒坛畅怀地喝，跳起最欢乐的舞蹈，唱起最动听的酒歌。一唱吉祥如意的歌曲，二唱万事顺遂的歌曲，三唱圆满嘉乐的歌曲。歌唱婚姻盛典，歌唱宾客喜心间。

啊！再说婚姻的来历，在世界形成的前期，神龙两族结亲戚，昂星前来送新娘，启明星前来送嫁妆，邀来群星作宾客，"宾客"的称谓从此起。白狮王格萨尔出了世，"雪域"大王要成亲，珠姆嫁到岭国作新妇，"新妇"的称谓从此起。藏王松赞干布时，大臣嘎尔去作媒，汉藏两族结成亲，公主出嫁到西藏，五百舅舅去送护，"舅舅"的称谓从此起。

……

啊！今日的座席是佛法席，诵经的道歌动天地，后世无罪，吉祥如意！今日的座席是同辈席，对坐共叙幸福语，消灾除难，吉祥如意！今日的座席是歌舞席，歌声美妙响云际，万事无恙，吉祥如意！今日的座席是饮酒席，喜酒盈盈清香溢，心情舒畅，吉祥如意！今日的座席是孔雀席，孔雀开屏舞大地，翎毛鲜艳，吉祥如意！今日的座席是杜鹃席，娓娓动听高声啼，歌声悦耳，吉祥如意！今日的座席是彩缎席，五色缤纷闪烨烨，衣锦常新，吉祥如意！今日的座席是松耳席，珊瑚翠玉响叮当，佩戴华丽，吉祥如意！今日的座席是亲朋席，喜气洋洋，洋洋喜气，长命百岁，吉祥如意！①

14. 系腰带说

送亲队伍给新郎系一条新腰带，可以由新娘的哥哥、岳丈等人边系腰带边说，也可以由专人致祝贺词。贺词长短皆宜。如：

---

① 仇保燕：《青海藏族风情丛话》，中国旅游出版社1987年版，第68—72页。

啊！像劲松般的岳丈，给猛虎般的新郎，系条檀香般的腰带。

情谊像黄河般的岳丈，给孔雀般的新郎，系条锦屏般的腰带。

像巍巍青岩般的岳丈，给野牛般的新郎，系条清流般的腰带。

今日的座席是骏马席，骏马奔驰在芳草地，祝龙驹善走，吉祥如意！

今日的座席是神牛席，今日的座席是五谷席，谷穗饱满颤巍巍，祝年年丰收，吉祥如意！

今日的座席是亲友席，宴席上一片喜气洋洋，祝长命百岁，吉祥如意！①

15. 衣服说

给新郎系好腰带后，便开始将新娘的衣服一件件晾出来，边晾边说。

16. 祝福说

等前面的手续基本结束后，便有一老人祝福新郎、新娘。

17. 嘱托说

婚礼快结束时，由新娘家的人将新娘嘱托给新郎父母亲及其亲朋好友。

18. 吉祥词

婚礼结束时有一段吉祥词，是对婚礼的总结，也是对未来的祝愿。

藏族婚宴十八说伴随着藏民族的婚礼习俗而产生、发展和变异，是藏族婚礼文化的重要组成部分。有些有固定的模式，有些是在婚礼中即兴表演，其语言优美通俗，富有生活情趣。藏族婚宴十八说的内容丰富，涉及藏族历史文化、宗教信仰、伦理道德、人情礼俗、饮食、服饰、审美情趣等各个方面内容，承载着极为深厚的藏族传统文化和社会生活等方面的知识，是研究藏族历史、宗教、生产生活方式和风俗习惯的重要参考资料。

参考资料：

1. 朱世奎主编：《青海风俗简志》，青海人民出版社 1994 年版。

2. 仇保燕：《青海藏族风情丛话》，中国旅游出版社 1987 年版。

3. 侃本：《藏族婚俗与吉祥祝词——兼谈国家级非物质文化遗产名录"藏族婚宴十八说"及

---

① 朱世奎主编：《青海风俗简志》，青海人民出版社 1994 年版，第 213—214 页。

其保护计划》,《群文天地·百家讲坛》2010 年第 2 期。

藏族拉伊

项目名称:藏族拉伊

项目类别:民间音乐

项目编号:Ⅱ-21

申报单位:青海省海南藏族自治州

批准时间:2006 年(第一批国家级非物质文化遗产)

简介:

"拉伊"起源于藏族山歌,也是表现爱情内容的山歌艺术,是青海海南、黄南、海北、果洛等地区的藏族群众对情歌这种民歌歌唱艺术的总称。作为情歌,"拉伊"也形成了自身的演唱传统,即不能在村庄或家中吟唱,只能在山野之间歌唱。因地区不同,"拉伊"也形成了不同的风格。从旋律上来看,"拉伊"曲调或旋律舒缓、或婉转悠长。"拉伊"无固定唱词,虽然也引用六世达赖喇嘛仓央嘉措的情诗,但现实生活中大多演唱者都是即景生情,灵活地运用拟人、比喻等手法来抒发内心的感情,表达自己的真情实感。"拉伊"的曲调高亢自由,音域宽广奔放,节奏鲜明,散拍中有规律,规律中有自由。

在藏族拉伊中,民众善于利用自然界的山川风物来作为比兴对象,把自然形象和哲理完美地蕴涵其中,表现了细腻的观察力以及丰富的生活情调。如《姑娘好比金莲花》:

> 姑娘好比金莲花,我是莲上的种子,只要雪霜不煞死,种子就不会离去。
> 姑娘好比檀香树,我是树上的种子,只要风狂树不毁,叶子就不会脱离。
> 姑娘是投心的挚友,我是钟情的恋人,只要姑娘你坚贞,我的心肠永不移。[1]

---

[1] 《中国民间歌曲集成·青海卷》编辑委员会编:《中国民间歌曲集成·青海卷》,中国IS-BN 中心 2003 年版,第 233 页。

拉伊的句数和节律。每首拉伊的句数不等，从四句到十数句不拘，最常见的是每首八句至十句。一首当中句数必须相等。当然句数多少并没有统一的规定，而是歌者根据所要表达的内容来定。节律方面，常见的为六个、七个或八个音节，还有六、七音节间杂或七、八音节间杂的。

六个音节句分为三个节奏单位，每两个音节为一个单位，其式有：

×× | ×× | ××　二二二

七个音节句分三个或四个节奏单位，其式有四种：

（1）××× | ×× | ××　三二二

（2）× | ×× | ×× | ××　一二二二

（3）×× | ×× | ×××　二二三

（4）×× | ×× | ×× | ×　二二二一

八个音节句分三个、四个和五个节奏单位，其式有三种①：

（1）××× | ×× | ×××　　　三二三

（2）× | ×× | ×× | ×××　一二二三

（3）× | ×× | ×× | ×× | ×　一二二二一

拉伊有固定的唱腔，据统计有四十几种。从种类上来看，"拉伊"几乎涉及爱情生活的方方面面，如引歌、问候歌、相恋歌、相爱歌、相思歌、相离歌、失恋歌及尾歌等。

初恋歌

买马要买那六花马，喜和蒙古马把群恋。倘若不是合群的马，是六花骏马也枉然。找情人要找小时友，一辈子能够长相伴。倘若难做成终生侣，是小时朋友也枉然。

热恋歌

晴空中的太阳啊，当你还未升起时，我没有任何愿望。当你出来暖洋洋，照得大地亮又亮，我不愿你落西方。年轻可爱的姑娘，当我不熟悉你时，我没有任何愿望，当我和你情意长，若成伴侣赛蜜糖，我再不愿想他方。

相思歌

未见马的几天里，没有一天不想你。如果你还不相信，我向太阳

---

① 宋志端：《藏族"拉伊"初探》，《中央民族学院学报》1986年第1期。

来起誓。未见友的几天里，没有一天不想你。如果你还不相信，我向月亮来起誓。

离别歌

春鸟飞向北方时，心里深恋黄莺儿。不要眷恋请飞吧！哪天是你回来时？请你说明归来日，密林梢头我望你，绿叶底下我等你。小伙走向异乡时，深恋姑娘难别离。不要眷恋请走吧！哪天是你回来时？请你说明归来日，大村庄里我望你，同辈之中我等你。①

失恋歌

请告诉蓝天上，那露珠般的蛟龙，我听呀听，没听见雷声，我盼呀盼，没盼下一滴雨水，农夫我不愿再等。今后我再不抱希望之情。请告诉林园般村中，那能说会道的姑娘，我望呀望，望不见你踪影，我听呀听，听不见一丝声音，小伙我不愿再等，今后我再不抱希望之情。②

"拉伊"是藏区民众歌颂美好生活、表达圣洁爱情、交流思想感情的一种民间艺术形式，"拉伊"不但反映了藏族青年在感情方面的悲欢离合，而且以其悠久的历史、丰富多彩的内容和独特的艺术魅力成为藏民族文化艺术的瑰宝。其中对于研究藏族的风俗习惯、道德观念、宗教信仰以及社会制度等方面具有重要价值。

参考资料：

1. 青海省群众艺术馆编：《拉伊》，青海民族出版社 1981 年版。
2. 桑旦多杰：《拉伊对唱集》，青海民族出版社 1994 年版。
3. 杨圣敏编：《中国民族志》，民族出版社 2003 年版。
4. 尕藏：《藏族拉伊浅谈》，《青海民族学院学报》1980 年第 1 期。

藏族民歌（玉树民歌）

项目名称：藏族民歌（玉树民歌）

项目类别：传统音乐

项目编号：Ⅱ－115

---

① 尕藏：《藏族拉伊浅谈》，《青海民族学院学报》1980 年第 1 期。
② 宋志端：《藏族"拉伊"初探》，《中央民族学院学报》1986 年第 1 期。

申报单位：青海省玉树藏族自治州

批准时间：2008 年（第二批国家级非物质文化遗产）

简介：

玉树藏族自治州位于青海省西南部，是青藏高原的主体组成部分。北有昆仑山，南有唐古拉山，东立巴彦喀拉山，西卧可可西里山，在群山拱卫中，玉树州处于青藏高原的中心地带。玉树州管辖玉树、囊谦、称多、杂多、治多、曲麻莱六个县。玉树，为藏语音译，意思是"遗址"。相传玉树族第一代头人垦布那钦初建部落的地区是格萨尔王妃珠姆的诞生地，故而部落名为"玉树"。玉树土司在清朝时为囊谦千户属下的一百户部落，但因其牧地处于清朝官员往返青海与西藏之间的交通要道，故为清朝官员熟知。久而久之，官方以"玉树"替代了作为四十族总称的"囊谦"，此称呼也就相沿至今。①

玉树地区地域特色鲜明、民族风情浓郁、文化遗存丰富，玉树地区的歌舞、服饰以及多教派的藏传佛教享誉于世。玉树地区民歌种类繁多，主要有卓（歌舞曲）、伊（歌舞曲）、群结（祝酒歌）、拉勒（山歌）、拉伊（情歌）、格毛（打卦情歌）、列侬（劳动歌）、拜咏（嘛尼调)② 等。

卓（歌舞曲）

"卓"是融歌舞为一体的民间歌舞。其中一种比较古老的"卓"——卓格玛歌词内容是以赞颂神灵、宗教、自然和生活为主。演唱时男女分段演唱，结束时则是男女齐唱。贝龙·拉布曲卓，宗教意味浓厚，其演唱者只限男性，曲卓的曲调悠长、委婉动听，节奏比较慢，在结束时突然加快，而后在突慢节奏中结束。嘉纳曲卓据说是嘉纳活佛多丹松却帕文所创，演唱曲卓时也仅限成年男性。如《那佳境心愿山顶上》：

那佳境心愿山顶上，有佳木如意宝树。这佳木如意宝树上，有佳禽印度孔雀；那佳禽印度孔雀，围绕佳木在盘旋。

那佳境心愿山腰上，有佳木旃檀香树；这佳木旃檀香树上，有佳禽白胸灵鹫；那佳禽白胸灵鹫，围绕佳木在盘旋。

那佳境心愿山脚下，有佳木柏香神树，这佳木柏香神树上，有佳

---

① 《玉树州志》编委会编：《玉树州志》（上），三秦出版社 2005 年版，第 3 页。

② 请参见"青海藏族唱经调"中"嘛尼式"唱经调部分。

禽杜鹃神鸟；那佳禽杜鹃神鸟，围绕佳木在盘旋。①

伊（歌舞曲）

玉树伊舞歌词内容大多为歌颂家乡，述说风土人情，劳动、自然景物，内心情感，等等。一般以六字句和八字句为主，六字句每组四句，八字句每组两句。如《那就是家乡》：

　　　　神柏顶的杜鹃，请你不用担心，哪儿树叶幽美，我俩哪儿安身；
　　　　草山顶的牝鹿，请你不要担心。哪儿水草丰美，哪儿就是家乡。②

群结（祝酒歌）

玉树地区的酒歌可以分为两种，一种是载歌载舞，唱歌敬酒的形式，多在喜庆时分或者歌舞表演开始和结尾的仪式部分，以男女齐唱或对唱为主，也有独唱形式；另一种是以歌敬酒的形式。如《一杯也就醉了》：

　　　　（索啦啊日洛得得啦）这酒（呀啦）头茬（呀啦）没（呀呀啦）醉（呀啦），这酒二茬没（啦）醉；
　　　　（索啦啊日洛得得啦）至亲（呀啦）挚友（呀啦）劝（呀呀啦）酒（呀啦），一杯也就醉（啦）了。③

拉勒（山歌）

拉勒曲调悠长，音域较宽，以独唱为主，节奏自由。其内容多为歌唱家乡以及抒发个人情感。如《念措山歌》：

　　　　小伙是山岭鄂博，白石头一砌更漂亮；
　　　　姑娘是湖边鲜花，毛毛雨一下更美丽。

---

① 《中国民间歌曲集成·青海卷》编辑委员会编：《中国民间歌曲集成·青海卷》，中国IS-BN中心2003年版，第438页。

② 《中国民间歌曲集成·青海卷》编辑委员会编：《中国民间歌曲集成·青海卷》，中国IS-BN中心2003年版，第437—438页。

③ 同上书，第435、505页。

骏马是山头云雾，凉凉风一吹更轻快。①

拉勒的句子结构可以分为整齐和自由两类。整齐的句式多为七字句或八字句的上下句，每一对上下句为一段。句内一般为"二二三"的结构。自由的句式，根据歌词内容的需要或者曲调发展的需要，歌词的句数以七字句为基础而作出各式变化。可以在句头或句中加入"垫字"，有时也会插入一连串的词汇，打破了基本句式的平衡，给音乐的发展变化提供了条件，也使得歌词情绪得到了升华。如：

噢，俊男子好似名贵茶，
呀哦，美丽的姑娘就像鲜牛奶。
情投意合调成奶茶，
流言蜚语空似茶气飞。
噢，俊男子好似金龙缎，
呀哦，美丽的姑娘就像水獭皮。

此外，拉勒的歌词多是见景生情，即兴创作，灵活利用周围景物，善于表情达意，如《秀马山歌》：

骏马奔跑在大滩上，
眼见青草绿油油，
心里虽想吃青草，
可惜口辔勒得紧。
少友步行过村庄，
眼见情人在庄上，
心里很想交朋友，
可惜父母管得严。②

① 《中国民间歌曲集成·青海卷》编辑委员会编：《中国民间歌曲集成·青海卷》，中国IS-BN中心 2003 年版，第 511 页。

② 吴莺：《论玉树藏族民歌海洋中的珍珠——勒》，《青海师专学报》1987 年第 3 期。

拉伊（情歌）①

拉伊是表达男女之间的爱慕等情感的歌曲，不能在村内、家中演唱，只能避开亲属在山野之中演唱。拉伊曲调优美婉转，歌词多即兴发挥。

黄河是没有冰桥渡口的大河，
请问我的马儿敢不敢蹚过去，
如果你说敢蹚过去，
那么被水冲走了也命该如此。
老虎是食肉吞骨的猛兽，
请问我的叉子枪敢不敢打它，
如果你说敢打它，
那么被老虎吃了也命该如此。
小伙是从未谋面的陌生人，
请问我的妈妈敢不敢爱他，
如果你说要爱他，
那么被他抛弃也命该如此。②

格毛（打卦情歌）

"格"是情意的意思，"毛"是打卦占卜的意思，格毛是带有占卜游戏性质的歌，青年男女用此种歌来占卜感情发展和爱情结局等。通常是聚集在一起的青年男女，每人交出一件象征本人和情侣的随身小物件给"歌把式"，"歌把式"随手取出一件握在手里，然后开始唱，唱完之后，摊开手让众人识别手中物件，若歌词美好表明爱情美满，本人也喜悦异常，反之，则闷闷不乐。以此种方式来预测爱情发展，深受青年男女喜爱。如《眼睛朝她看去》：

眼睛朝她看去，她也对我回望；两眼相交之时，结成命运之网。③

① 更多内容请参见康巴拉伊。
② 《玉树州志》编委会编：《玉树州志》（下），三秦出版社 2005 年版，第 688—689 页。
③ 《中国民间歌曲集成·青海卷》编辑委员会编：《中国民间歌曲集成·青海卷》，中国 IS-BN 中心 2003 年版，第 435—436、516 页。

列依（劳动歌）

是指集体劳作时为了统一动作、调动情绪，缓解疲劳等目的而演唱的歌曲。在藏区主要有收割、打墙以及打夯等集体劳作，由此产生了具有藏族民族特点的劳动歌。如《打墙号子》：

> 头道墙打自东方起，东方金刚神座下。
>
> 二道墙打自西方起，西方无量光佛座下。
>
> 三道墙打自南方起，南方宝生如来座下。
>
> 四道墙打自北方起，北方不空成就座下。
>
> 五道墙打自中间起，中间大日如来座下。[①]

民歌的表达形式：第一、二段喻物，第三段本体，这是玉树藏族民歌的基本表现手法。三段之间有着内在的关联。有些情况下甚至可以省略第三段的本体，对方也可以心领神会。

演唱形式方面：形式多样，自由组合，有独唱、对唱、群唱，可以单唱对单唱、群唱对群唱以及单唱对群唱，还有男女对唱。

玉树民歌是藏族人民抒发内心情感，歌颂生活，表达内心价值观念的重要媒介。同时也可透视藏族人民波澜壮阔的社会生活。玉树民歌是研究玉树藏族人民生活的百科全书。

参考资料：

1. 王沂暖辑译：《玉树藏族民歌选》，作家出版社 1956 年版。

2. 中共青海省委民族民歌收集整理办公室编：《青海藏族民歌》，青海人民出版社 1959 年版。

3. 中央民族学院编：《藏族民歌选》，上海文艺出版社 1981 年版。

4. 《中国民间歌曲集成·青海卷》编辑委员会编：《中国民间歌曲集成·青海卷》，中国 IS-BN 中心 2003 年版。

5. 吴莺：《论玉树藏族民歌海洋中的珍珠——勒》，《青海师专学报》1987 年第 3 期。

藏族扎木聂弹唱

项目名称： 藏族扎木聂弹唱

[①] 《中国民间歌曲集成·青海卷》编辑委员会编：《中国民间歌曲集成·青海卷》，中国 IS-BN 中心 2003 年版，第 520 页。

项目类别：传统音乐

项目编号：Ⅱ－131

申报单位：青海省海南藏族自治州

批准时间：2008 年（第二批国家级非物质文化遗产）

简介：

扎木聂，又名扎年，藏语中"扎"意为声音，"聂"意为悦耳动听，"扎木聂"意为悦耳动听的声音，是藏族的一种弹拨乐器。古代又称之为"安姻贡丹""冬布拉""冬布惹阿"等。因其有六根弦，汉语又称它为"六弦琴"。扎木聂广泛流行于青海、西藏、四川、甘肃等藏族聚居区。经常用于歌舞、演唱等场合的伴奏，形式活泼，曲调优美，自娱性强，深受群众喜爱。

扎木聂琴箱是白杨木或红木、核桃木等制成，形制大小不一，共鸣箱好似切开的葫芦，上面蒙以羊皮或蟒皮，琴杆较长。琴弦六根，分为三组，每组按四度关系定弦，演奏时可席地而坐，也可据椅而坐，扎木聂斜挂于腰间，左手按位，右手有弹、挑、轮动作。

扎木聂弹唱是指由六弦琴伴奏的民间歌唱艺术，也是藏族影响较大，比较受欢迎的一种民间音乐形式。扎木聂弹唱一般有唱有白，节奏整齐，欢快明朗，可以独唱，也可多人合唱。扎木聂弹唱包括赞颂、祝福、劝说以及历史典故等，有时也将酒曲歌词融入其中，也会根据场面即兴演唱。歌词内容丰富多彩，有对家乡风光的赞颂，还有对历史传说的叙述，还可以抒发对美好生活的热爱、对花鸟鱼虫自然万物的热爱之情。

参考资料：

1. 江曾培、郝铭鉴、孙颙主编：《文化鉴赏大成》，上海文化出版社 1995 年版。

2. 丹珠昂奔等编：《藏族大辞典》，甘肃人民出版社 2003 年版。

3. 王耀华、刘富琳、王州编：《中国传统音乐长编》，高等教育出版社 2009 年版。

佛教音乐（青海藏族唱经调、塔尔寺花架音乐）

项目名称：佛教音乐（青海藏族唱经调、塔尔寺花架音乐）

项目类别：传统音乐

项目编号：Ⅱ－138

申报单位：青海省兴海县、青海省湟中县

批准时间： 2008 年（第二批国家级非物质文化遗产）
　　　　　　2008 年（第一批国家级非物质文化遗产名录扩展项目）

简介：

佛教音乐，是指在佛教寺院举行的各种法事活动以及节日庆典中所使用的音乐。关于佛教音乐的起源，公元前 6 至前 5 世纪，佛祖释迦牟尼创立佛教之时，就用"清静和雅"的吹唱来讲经说法。约在公元前 3 世纪，随着佛教向亚洲和世界各地传播，佛教音乐也进入了上述地区，并在流传过程中，吸收了当地的民族民间音乐，从而形成了不同风格的佛教音乐。

佛教音乐源远流长，凡是歌咏法音，皆称为呗（念经的声音）。佛教直接使用的音乐赞呗，是以短偈的形式赞颂佛语菩萨，有独唱、齐唱或合唱形式，也可以乐器伴奏。赞呗主要用于讲经仪式、六时行道和道场忏法，也用于一般的斋会。另外一种使用音乐的场合是讲唱佛经的变文。佛教寺院在一些佛教仪式和宗教节日时，常用乐舞和百戏来弘扬佛教。中国佛教音乐因佛教派系及各地民间音乐风格不同，可以分为北方和南方两派系统。北方以五台山寺庙音乐为代表，其风格雄壮豪迈、古雅朴素；南方则以峨眉山寺庙音乐为代表，细腻飘逸，委婉动听。①

藏传佛教音乐品种多样，主要有宗教音乐、民间音乐、宫廷音乐三个大的类别。在佛教盛行近千年的雪域高原，佛教音乐别具一格，它以诵经声或吹奏、打击乐为主要媒介，主要运用在日常念经、祈祷、宗教庆典、驱鬼以及羌姆等传统宗教活动中。

藏传佛教音乐方面的著作丰富。如 1182 年至 1251 年间的萨迦班智达·贡嘎坚赞撰写了音乐理论专著《音乐论》，他在前人研究的基础上对整个藏传佛教音乐和藏族民间音乐的规律性从理论高度进行了全面总结。涉及音乐的功能、意义、歌曲旋律、词曲结合及具体运用，声乐演唱法、发声规律及特点、音乐分类、音乐实践教学等各方面。公元 14—15 世纪末，宁玛派高僧扎西坚赞著《密宗服饰与法器（乐器）》、多康地区萨迦派高僧著《汉藏物品门类考鉴如意之识》，萨迦寺嘉央旺布著《音乐论·一知遍解》等诸多对佛教乐器演奏方法、乐器种类及制作等情况都有所涉及。特别是距今三百多年前，第司桑吉嘉措著《意、目、耳之喜宴》，这一音乐理论专著中详细记录了扎年琴演奏和卡尔的指法，并把乐器分为

①　程天健编著：《中国民族音乐概论》，上海音乐学院出版社 2004 年版，第 324—327 页。

弦、皮膜、吹孔、铜片四个组成部分，这一分类法与近代民族音乐学的弦鸣、膜鸣、气鸣、体鸣四大分类法基本接近，可以看出藏族传统音乐的发达。

藏传佛教音乐的乐器很多都是民间传承、从周边国家和地区传入。目前，藏传佛教常用乐器有十余种，有铜钦、刚林、甲林、东嘎、苏那、达玛鼓、尺布、长柄鼓、长腰鼓、神鼓、吊鼓以及骨笛等。[①]

青海藏族唱经调

唱经调，主要指吟唱经文时所发出的有节奏的音调，它是佛教音乐的重要组成部分。在佛教中，音调各异的唱经在赞颂、供奉诸神、菩萨、成就佛业等方面具有不可替代的重要作用。从形式上可以分为民间唱经调和寺院唱经调两种。[②]

青海藏族唱经调主要流传于海南藏族自治州的兴海县。兴海县流传的唱经调主要可以分为嘛尼式唱经调、米拉日巴与曲拉哇贡保多杰对唱式唱经调和护法神迎接式唱经调三种。

嘛尼式唱经调，其内容多是佛教六字真言"唵、嘛、尼、叭、咪、吽"。藏族是全民信仰藏传佛教的民族，嘛尼调是藏族人民在宗教活动中必唱之歌，此外，在民间的祭祀、朝山、日常祈祷、丧礼等场合都离不开嘛尼调。

此外有些嘛尼调带有歌词内容，如《祈祷吉祥》：

> 在天中央，有毗卢遮那佛，啊！请降临吧，唵嘛尼叭咪吽，唵祈祷嘛尼叭咪吽。
>
> 在天东方，有金刚勇识菩萨，啊！请降临吧，唵嘛尼叭咪吽，唵祈祷嘛尼叭咪吽。
>
> 在天南方，有仁钦疆奈菩萨，啊！请降临吧，唵嘛尼叭咪吽，唵祈祷嘛尼叭咪吽。
>
> 在天西方，有无量光佛，啊！请降临吧，唵嘛尼叭咪吽，唵祈祷嘛尼叭咪吽。
>
> 在天北方，有不空成就佛，啊！请降临吧，唵嘛尼叭咪吽，唵祈

---

① 杨士宏、袁建勋主编：《少数民族宗教艺术教程》，中国藏学出版社 2009 年版，第 123—125 页。

② 王昱主编：《青海历史文化与旅游开发》，青海人民出版社 2008 年版，第 324 页。

祷嘛尼叭咪吽。①

　　藏族人民在唱嘛尼调时，起调较高，音量也比较大，以此希望借助山中的回音和风的力量让声音传播得更远一些。这样做的目的据说有为去世者亡魂和迷津的怨魂超度，还可以为人世清场净地、消除孽障，有莫大的造化和功德。②

　　米拉日巴与曲拉哇贡保多杰对唱式唱经调。主要演唱米拉日巴与曲拉哇贡保多杰对唱的道歌，其旋律优美动听，故事情节波澜壮阔。护法神音节式唱经调，具有浓郁的宗教氛围，经常在各种大型法会上演唱。诵唱时起调较高，音量大，有空旷苍凉之感。青海藏族唱经调具有宗教学、艺术学和人类学的研究价值。③

塔尔寺花架音乐

　　塔尔寺是青海藏传佛教格鲁派的第一大寺院，也是藏传佛教格鲁派（黄教）·的六大寺④之一。塔尔寺原名塔儿寺，其名字来源于寺中大金瓦殿内纪念宗喀巴的大金塔。塔尔寺，藏语称为"衮本"，意为十万佛像。据传说格鲁派宗喀巴大师诞生之时，其胎衣埋于金塔前的地下，后来在地下就长出一株菩提树，枝繁叶茂，每片叶子上出现了"狮子吼佛"像一尊。宗喀巴，原名罗卜藏仔华，后人敬称为宗喀巴。"宗"意为"湟水"，"喀"为水滨，即"湟滨人"的意思。他是元顺帝至正十七年（公元1357年）诞生于塔尔寺地方，7岁到高僧噶玛阿哲多杰那里出家学经，16岁前往西藏求学，之后不断寻师访道二十余年，学问精进，名声大振。宗喀巴着手改革宗教，取迦当派祖师阿底峡的宗旨，兼各派所长，主张先显后密，重苦修，严戒律，禁止娶妻，使佛教教义形成一个新的体系，名为格鲁派。他的教徒都戴黄帽以别于戴红帽的旧教徒，也被称为黄帽派。⑤

---

　　①　《中国民间歌曲集成·青海卷》编辑委员会编：《中国民间歌曲集成·青海卷》，中国IS-BN中心2003年版，第430—431页。

　　②　同上书，第436页。

　　③　王昱主编：《青海历史文化与旅游开发》，青海人民出版社2008年版，第324—325页。

　　④　六大寺：西藏的哲蚌寺、色拉寺、噶丹寺、扎什伦布寺、青海的塔尔寺及甘肃的拉卜楞寺。

　　⑤　青海省编写组编：《青海省藏族蒙古族社会历史调查》，青海人民出版社1985年版，第154页。

　　塔尔寺每年举行四次全寺性的祈愿法会。分别是正月祈愿大法会，四月法会、六月法会和九月法会。其中正月祈愿大法会的藏语称之为"却楚曼兰钦莫"，意思是"神变祈愿大会"，时间是每年的正月初八至十五，为期八天，法会主要供养"诸佛菩萨"，祈祷佛教昌盛、风调雨顺、四季平安等。十四和十五是正日子，十四日上午在辩经院跳（法王舞），十五日上午举行浴佛，晚上各部门都有花灯供养，在九间殿山门前陈列酥油花。

　　艺僧们制作大型花架和小型花架两种。大型花架由四根 12 米左右的木杆竖成天井，四周各宽九米左右，正面为花架，后面有音乐合奏台，两侧用堆绣佛像图案组成屏帷，每一面屏帷又分四五层，高约三四丈，每层排列七八尊佛像案轴。天棚下挂玻璃彩灯二三十盏和千百盏酥油灯。小型花架有二十余处。①

　　塔尔寺花架音乐是指在塔尔寺正月法会期间，为酥油花的制作和展示过程提供服务的音乐形式，具有传播佛教音乐，加持佛法、祈祷众生以及营造酥油花神秘气氛的作用。除了用于酥油花展出时的演奏外，塔尔寺花架音乐还用于迎接达赖和班禅等高僧或重要人物到塔尔寺，其他宗教仪式场合并不演奏。

　　在藏传佛教寺院都有以铜钦、藏式唢呐、螺号等为主的吹奏乐和鼓、钹、镲为主的打击乐组成的寺院礼仪乐队，但专为某项仪式而配备乐队并不多见。塔尔寺乐队是青海藏传佛教唯一的寺院乐队。塔尔寺的宗教音乐包括诵经、跳欠、花架音乐等，具有浓郁的藏传佛教风格。塔尔寺宗教活动常用的乐器主要有扁形鼓、大鼓、小鼓、大钹、镲、铜铃、摇铃、喇嘛号、大唢呐、海螺、笛、笙、管、云锣等。演奏塔尔寺花架音乐的主要乐器有竹笛、笙、管、大唢呐、小鼓、钹、九音锣等。② 乐队演奏人数十余人至二十余人不等。

　　塔尔寺花架乐队的历史尚无典籍记载，据塔尔寺寺院权威人士称，花架音乐原为清乾隆皇帝（1711—1799 年）赐专款在塔尔寺修建"大拉让"，即达赖和班禅的行宫，之后为了迎接达赖和班禅而演奏的礼仪音乐。由此看来，塔尔寺花架音乐至今已有两百多年的历史。

　　塔尔寺花架乐队隶属于塔尔寺上下酥油花院。传承方式上采取口传心

---

　　① 　湟中地方志编纂委员会编：《湟中县志》，青海人民出版社 1990 年版，第 401 页。

　　② 　马忠国、马焕兴：《塔尔寺藏传佛教音乐调查研究》，《中国音乐》1989 年第 2 期。

授，一个师傅只带两个徒弟。塔尔寺坐落于河湟地区，自古就是藏汉文化的交流地，而且历代塔尔寺高僧也与国内外寺院有密切往来，这些都增添了塔尔寺音乐的多元因素。据称塔尔寺花架音乐原有乐谱四五十首，近年来经常演奏乐曲有《八仙》《八谱》《闪杆金桥》《尤斯格日》《顺风点》《白木营》《绿麒麟》《斯周》《金钱落地》《德沁格日》等。其中的《八谱》和《顺风点》等都是汉族曲名。花架乐曲舒缓肃穆，节奏鲜明、曲式规整，多为五声音阶；以五声音阶为基础，调式主要有商调式、宫调式、羽调式等。

目前的塔尔寺花架音乐既有藏族宗教音乐和宫廷音乐的韵味，又有汉地寺院音乐痕迹，也有青海蒙古族民间音乐的风格。这对研究宗教学、艺术学来说有重要的研究价值。[①]

参考资料：

1. 青海省编辑组编：《青海省藏族蒙古族社会历史调查》，青海人民出版社 1985 年版。

2. 青海省社会科学院塔尔寺藏族历史文献研究所编著：《塔尔寺志》，青海人民出版社 1986 年版。

3. 罗桑崔臣嘉措：《塔尔寺志》，郭和卿译，青海人民出版社 1986 年版。

4. 湟中地方志编纂委员会编：《湟中县志》，青海人民出版社 1990 年版。

5. 程天健编著：《中国民族音乐概论》，上海音乐学院出版社 2004 年版。

6.《中国民族民间器乐曲集成》编辑委员会、《中国民族民间器乐曲集成·青海卷》编辑委员会编：《中国民族民间器乐曲集成·青海卷》，中国 ISBN 中心 2005 年版。

7. 王昱主编：《青海历史文化与旅游开发》，青海人民出版社 2008 年版。

8. 多杰仁宗：《青海藏传佛教音乐文化》，兰州大学出版社 2009 年版。

9. 杨士宏、袁建勋主编：《少数民族宗教艺术教程》，中国藏学出版社 2009 年版。

10. 马忠国、马焕兴：《塔尔寺藏传佛教音乐调查研究》，《中国音乐》1989 年第 2 期。

11. 晁元清、叱培虹：《塔尔寺花架音乐艺术探析》，《青海民族研究》2009 年第 1 期。

锅庄舞（玉树卓舞、称多白龙卓舞、囊谦卓干玛）

项目名称：锅庄舞（玉树卓舞、称多白龙卓舞、囊谦卓干玛）

项目类别：传统舞蹈（民间舞蹈）

项目编号：Ⅲ－20

申报单位：青海省玉树藏族自治州、青海省称多县、囊谦县

---

① 　晁元清、叱培虹：《塔尔寺花架音乐艺术探析》，《青海民族研究》2009 年第 1 期。

批准时间：2006 年（第一批国家级非物质文化遗产）

2011 年（第一批国家级非物质文化遗产扩展项目）

简介：

在藏族的传统地理区域内，整个藏区分为卫康、康区和安多三大区域。玉树地区属于康区。历史上，玉树地区为沟通卫康、印度以及中原的重要通道，是历史上著名的"唐蕃古道"的必经之路和其重要驿站。随着商贸繁荣及信使往来，不但带来了各地区的经济生产和文化信息，同时也促进了玉树地区文化的繁荣和发展，从而形成了具有鲜明民族特色的玉树民间歌舞。1951 年成立的玉树藏族自治州管辖六个县，其中玉树县、囊谦县、称多县为东三县，治多县、杂多县、曲麻莱县为西三县。因其东西部自然条件等方面差异，对歌舞方面也有着显著的影响。当地有"西三县的山歌，东三县的歌舞"的说法。[①] 因此东三县也被当地藏人称为玉树卓舞的三大名乡。

"卓"，藏语意是舞的意思，也叫锅庄或圆圈舞，是歌舞融为一体的比较古老的民间舞蹈。关于"卓"的记载可追溯到公元 7 世纪，文成公主远嫁吐蕃，藏王松赞干布到错那迎接，途经玉树时，当地百姓就用歌舞和赛马活动来迎接文成公主和松赞干布。卓是一种表演性很强的民间群舞，舞蹈动作沉稳有力，动作幅度大，双臂的舒展和双腿的起落舒缓有致。卓舞一般由男性表演，只在囊谦一带有男女合舞的现象。

玉树地区的"卓"根据表现形式，大致可分为三种：

玉树卓舞

曲卓，也称求卓，主要流传在玉树县结石镇新寨、赛河、巴塘和仲达等地。相传曲卓是嘉纳活佛多丹松却帕文所创，因多丹松却帕文博学多识，熟悉佛法，曾在汉地名山古刹游历二十余年，因此也被人称为"嘉纳智古"。"嘉纳"是中原或汉地之称，"智古"即活佛。公元 715 年，在新寨嘛尼石堆奠基仪式上，嘉纳活佛似醉非醉，似狂非狂地表演了嘉纳德第一个曲卓《赛吉尼玛》。其中新寨求卓是宗教舞蹈，演员只能是男性，通常排成两队，起舞时都要先唱一段歌词曲调，之后才慢慢起舞。演员表情严肃，舞姿庄重，气魄宏伟，具有超越尘世的氛围。

---

① 《中国民间歌曲集成·青海卷》编辑委员会编：《中国民间歌曲集成·青海卷》，中国 IS-BN 中心 2003 年版，第 433 页。

称多白龙卓舞

贝龙·拉布曲卓，流行于称多县，也是一种宗教色彩浓郁的舞蹈。最初是祭祀礼仪，后在一些传统的节日上表演。曲卓的歌者仅为男性。曲调悠长委婉动听，带有寺庙诵经的风格。贝龙卓粗犷豪放，稳健大方，气韵流畅。据说曲卓有一百八十多种，现在只能看到三十余种。①

囊谦卓干玛

卓干玛，也称卓格玛，流传于囊谦等地。最早为宗教活动和佳节场合表演。其舞姿及曲调都属于大起大落型，刚柔相济，昂扬奔放，演员的表情也大多坦荡开朗。歌词主要以赞颂宗教、神灵、赞美大自然、人世生活为主。歌唱时男女分段交替演唱，结束时男女齐唱。在歌唱的同时伴随舞蹈，男女围成圆圈。②

参考资料：

1. 《中国民间歌曲集成·青海卷》编辑委员会编：《中国民间歌曲集成·青海卷》，中国IS-BN中心2003年版。

2. 《玉树州志》编委会编：《玉树州志》（下），三秦出版社2005年版。

弦子舞（玉树依舞）

项目名称：弦子舞（玉树依舞）

项目类别：传统舞蹈（民间舞蹈）

项目编号：Ⅲ－19

申报单位：青海省玉树藏族自治州

批准时间：2011年（第一批国家级非物质文化遗产扩展项目名录）

简介：

依舞是藏族人民当中比较流行的歌舞形式。"依"是藏语音译，为康巴藏语方言，因其在表演时，领舞者手持牛角胡，边奏边舞，也被称为弦子舞。依舞主要流行于云南德钦、西藏昌都以及青海玉树地区。在玉树地区的"依"舞的参与性和娱乐性最强，较少受到宗教影响，是藏民们在乔迁新居、迎送宾客、亲朋相聚等欢乐时分自娱自乐的歌舞表演。舞者可

① 《中国民间歌曲集成·青海卷》编辑委员会编：《中国民间歌曲集成·青海卷》，中国IS-BN中心2003年版，第433—434页。

② 同上书，第433页。

以"即兴起舞，见物歌颂"。

跳依舞时，男女各半，围成圆圈，以男依班（领导者）拉起牛角马尾胡，一边唱一边领舞，众舞者以顺时针方向转圈。舞蹈以腰为轴左右扭动双胯，基本动作为三步一弯，甩长袖。男子舞姿重在舞靴、跺双脚，显示豪放之美；女子则长袖挥洒，展现曼妙舞姿。每逢节日，歌舞队伍围着篝火狂欢，通宵达旦。

依舞从音乐和舞蹈风格上，可以分为两种：

一种是囊谦县为代表的"巴依"。其音乐明快轻松，曲调柔美，旋律规整，男子手拉牛角胡边歌边舞，女子动作细腻柔美。

一种是以结石、称多地区为代表。此地依舞粗犷豪放，男女分列，围成圆圈，顺时针而舞，此队形藏语称为"叶古"，意为圆圈。由于男子舞步大而快，女子舞步碎而小，因此舞蹈时男子在中间形成小圈，女子在外形成半圈，男子如太阳，女子似弯月，这种队形被称为"尼达卡撤"，意为日月同辉，"尼达"即日月。这被认为是极为吉祥的舞蹈。[①] 此外还有"多杰加章"（十字金刚形）、"东尕英庆"（右旋海螺形）、"永忠英庆"（卍字形）等队形。

依舞动作多模仿收割、打场、骑马、打猎、赶羊、挤奶、剪羊毛、打酥油等生产劳动的动作，经过提炼和艺术加工同一些带有情绪性的舞蹈动作融合在一起，节奏细致悠扬，音乐柔和轻快。

依舞的歌词大多是历史上沿袭下来的传统歌词，一般不随意改动。歌词内容多为一至二段，大多赞美家乡山川河流、劳动场景以及寄托人们对生活的美好祝愿等。

玉树歌舞具有丰富的表现形式、精湛的舞蹈艺术和强烈的艺术个性，其歌舞中显示出浓郁的藏族文化生活，对于人类学、民族学和艺术学等具有研究价值。

参考资料：

1. 青海人民出版社编：《青海风物志》，青海人民出版社1985年版。

2. 谢启晃等编：《藏族传统文化辞典》，甘肃人民出版社1993年版。

---

① 王予波主编：《大美青海：青海省情教育读本》，青海人民出版社2010年版，第175页。

藏族螭鼓舞

项目名称：藏族螭鼓舞

项目类别：传统舞蹈（民间舞蹈）

项目编号：Ⅲ－92

申报单位：青海省循化撒拉族自治县

批准时间：2008 年（第二批国家级非物质文化遗产）

简介：

藏族螭鼓舞，又名"龙鼓舞"，藏民称之为"拉什则"。"拉什"藏语意为"神"，"则"意为"玩"，引申为"舞"，"拉什则"就是神舞的意思。"龙鼓舞"是由于表演者手执一把单面羊皮鼓，鼓面绘有龙和吉祥图案，边击鼓边舞蹈得名。"龙鼓舞"以集体舞的形式，表现请神、敬神、降魔等行为，同时还表现雄鹰、骏马、海螺、太极形象，是藏族、土族群众祈祷人寿年丰、降福避祸、吉祥平安和自娱的一项重要民间文化娱乐活动。

螭鼓舞主要流行于青海安多方言藏族聚居地农业区黄南的同仁县、尖扎县及循化撒拉族自治县等地。螭鼓舞表演时间因自然条件以及生产节气不尽相同，大多集中在藏历新年前后及农历"六月会"期间。如循化县道帷乡的龙鼓舞的表演时间从农历腊月二十五到正月十五，期间举行祭神、表演螭鼓舞和藏戏演出。

螭鼓舞流行的村庄内都有专门的表演队，藏语称为"拉什则搓巴"。表演螭鼓舞是当地举行祭神活动的重要内容，其主要目的在祈神祭祖，保佑村民人寿年丰。因此，螭鼓舞从舞队建制、规章制度到表演时间、场地、程序、内容、动作以及服饰、道具等都具有浓厚的宗教祭祀色彩。此外，螭鼓舞训练和演出的食宿等都由全村人集资解决。

各地各村螭鼓舞段落、段落名称以及动作不尽一致。如循化县道帷乡宁巴村的螭鼓舞有 13 段（套）：

单击鼓、双击鼓、绕环（绕圈圈）、期克印（镇服妖魔之意）、三击鼓、谷草（方队之意）、三步跳、五击鼓、阿柔么（敬地方神之意）、六击鼓、七击鼓、九击鼓、施礼（叩拜之意）。每个段落变换一种队形，基本队形为顺时针方向走圆圈，以及方阵、龙摆尾、斜线交叉、圆形交错换位、横排等，多表现宗教图案。[①]

同仁县扎毛乡玛什当村螭鼓舞也分为 13 段：第一段"拉西禾包"，意为拜神祈祷；第二段"达乃核交乎吉"，意为黑马戴绊；第三段"诺日干曲"，意为如意旋宝，即太极图；第四段"东尕由曲"，意为右旋白海螺；第五段"尕牡羊曲"，意为聚宝发财，含有福、禄、寿和善良的意思；第六段"夏什则"，意为大鹏舞；第七段"浪乃海兹玛"，意为黑旋风；第八段"唐尕西合德"，意为白雕鼓翅；第九段"达尕各当"，意为白马奔腾；第十段"霍尔当"，意为传说中的霍尔人舞；第十一段"察旦吉什则毛"，意为镶嵌珠宝的环套；第十二段"克什则"，意为独舞；第十三段"嘎尔"，意为歌舞。[②]

鼓和服饰方面。鼓的鼓框为铁制，单面蒙羊皮，鼓柄套以木把，柄端缀有数目不等的铁环。鼓鞭木制，长约 30 厘米，鼓鞭下端系彩色绸带。鼓面绘图案。道帷乡领舞者的鼓面彩绘地方保护神像，其他绘龙、莲花、牡丹等图案。服饰方面。领舞者"拉哇"在表演中是"神"的化身，又是舞蹈指挥者。他头戴绣有大日佛、不动佛、宝生佛、无量佛、不空成就佛的黑帽，即五佛冠。穿藏袍、藏靴，系绸腰带，双肩各斜挎一根哈达于腰侧系结。其他舞者将一条毛巾对折后盖头上，用鞭子或细绳缠住，身穿藏袍、藏靴。

螭鼓舞有较为固定的表演程式和风格。表演时，舞者左手执鼓，右手执鼓鞭，边击鼓边舞，双手在头顶、身前、胸前和腰后击出多种鼓点，身体配合鼓点不停颤动。每段以领舞者的鼓点为段首起始信号，众人随之起舞。

螭鼓舞每个段落变换一种队形。基本队形为顺时针方向走圆圈、方阵、龙摆尾、斜线交叉、圆形交错换位、螺旋绕圈、横排等，多表现宗教图案或法器。

藏族螭鼓舞舞姿棱角鲜明，鼓点雄浑，富有阳刚之美，反映了当地藏民信仰、劳动和生活情趣以及审美观念，展现出粗犷刚健、热烈奔放的高

①　王春燕：《循化藏乡的龙鼓舞》，《西海都市报》2007 年 6 月 21 日，转引自王昱主编《青海历史文化与旅游开发》，青海人民出版社 2008 年版，第 330—331 页。

②　《中国民族民间舞蹈集成》编辑部编：《中国民族民间舞蹈集成·青海卷》，中国 ISBN 中心 2001 年版，第 299—300 页。

原舞蹈文化特征。①

参考资料：

1.《中国民族民间舞蹈集成》编辑部编：《中国民族民间舞蹈集成·青海卷》，中国 ISBN 中心 2001 年版。

2. 纪兰蔚：《青海藏族龙鼓舞考略》，《中央民族学院学报》1991 年第 1 期。

则柔（尚尤则柔）

项目名称：则柔（尚尤则柔）

项目类别：传统舞蹈（民间舞蹈）

项目编号：Ⅲ－93

申报单位：青海省贵德县

批准时间：2008 年（第二批国家级非物质文化遗产）

简介：

则柔，藏语音译，意为玩耍，是一种民间歌舞形式，主要用于节日、婚嫁、祝寿以及大型欢庆场合。形式主要有双人、四人或集体舞。男子对跳、女子对跳或者男女对跳均可，男女老幼均可以参加。主要流传在青海海南、黄南以及海东等农业区。

则柔曲调优美动听。既有"勒"、"拉伊"的那种高昂悠长、自由舒展的"引子"、拖腔和颤音，又具有藏族歌舞轻盈的节奏。旋律精练流畅，调式大多是商调式和徵调式，也有不少是角调式。此外，还运用转调手法增强表现力，这在藏族民歌中比较少见。

则柔歌词丰富，如赞美家乡、自然风光以及普通百姓的日常生活叙事等等，具有浓郁的生活气息。歌手还可以随兴发挥，即兴编唱。如《福宝长存唱则柔》（贵德县）：

> 中间地方有金海，茫茫金海游金鱼，为金鱼永存唱则柔。
> 这家有件幸福宝，福宝永远赐福气，为福宝长存唱则柔。②

---

① 纪兰蔚：《青海藏族龙鼓舞考略》，《中央民族学院学报》1991 年第 1 期。
② 同上。

　　演唱时，歌手以一手将袖托举稍高于头顶，另一手斜垂于下方呈自然状。上身向前倾，双腿稍弯曲。先唱一声"阿则"，然后接唱正词，一句唱完，变换方向回到原位。对唱时，歌手可相互搭肩，做前进、后退、自转等抒情动作。有的表演鹰、鹿、乌鸦、狗熊等动作形象，有的则配合歌词内容做形象动作如：挤奶、犁地、拔草，还可以表现戴帽、装饰及讽刺懒汉，等等。

　　尚尤则柔，尚尤意为"下排"，指贵德县河西镇下排村。尚尤则柔主要分布在该村，距今已经有400多年的历史。贵德县下排村的则柔种类繁多，内容丰富，表演技能高超，是青海藏族则柔歌舞艺术中的经典之作。则柔对于研究藏族民间歌舞、宗教信仰、民族习惯以及藏族历史具有重要的意义。

参考资料：

1. 穆赤·云登嘉措主编：《青海少数民族》，青海人民出版社1995年版。
2. 贵德县地方志编纂委员会编：《贵德县志》，陕西人民出版社1995年版。
3. 丹珠昂奔等编：《藏族大辞典》，甘肃人民出版社2003年版。

藏戏（黄南藏戏、青海马背藏戏）

项目名称：藏戏（黄南藏戏、青海马背藏戏）

项目类别：传统戏剧

项目编号：Ⅳ-80

申报单位：青海省黄南藏族自治州、青海省果洛藏族自治州

批准时间：2006年（第一批国家级非物质文化遗产）

　　　　　　2011年（第一批国家级非物质文化遗产扩展项目）

简介：

　　藏戏是藏族戏曲剧种，流行于藏族地区。藏语称"阿吉拉姆"（意为仙女大姐），简称"拉姆"，亦名"朗达"。

　　藏戏历史悠久，有关传说很多。"相传早在公元8世纪，吐蕃赞普赤松德赞笃信佛教，为了弘宣教义，从印度请高僧莲花生入藏，主持建成桑鸢寺。在落成典礼上采用了藏族的土风舞，依据佛经故事，编成舞蹈形式的哑剧，借以镇魔酬神，宣扬佛教教义，从而形成了藏戏早期的雏形。到了14世纪，噶举派高僧汤东杰布（1385—1464年）为募化修桥，将哑剧性的

酬神醮鬼的宗教仪式与民间歌舞结合，并加进佛教的故事情节，使之戏剧化，从而受到群众的欢迎。这种戏剧形式随即流传开来，汤东杰布被称为藏戏的鼻祖。到 17 世纪时，五世达赖罗桑嘉措将藏戏从宗教仪式中分离出来"①，在进一步综合藏族古典文学、音乐、舞蹈、说唱、美术以及杂技武艺等基础上，发展成为以唱为主，唱、韵、舞、技相互结合的戏剧艺术。②

藏戏演出一般分"顿"、"雄"、"扎西"三个部分。

第一部分称为"顿"，也称"温巴顿"，是开场白，以酬神、祝福为主。既介绍全体演员，也介绍节目内容，还借机表演一些歌舞和滑稽诙谐内容来聚集观众，为接下来的正戏做好准备。

第二部分称为"雄"，即正戏，剧中人物依次上场，有舞蹈表演。

第三部分称为"扎西"，是正戏以后的祝福，当中也有歌舞。一般认为"顿"和"扎西"是跳神遗迹。③

藏历七月农作物丰收时为演出季节。藏戏的演出时间，少则十个小时、一天，多则六七天乃至十来天。一般的剧目都有剧本，类似文学脚本，本子中还对化妆和道具有所规定。

藏戏中有一剧情讲解人，称为"雄谐"。通过他的韵白讲解，起到衔接故事和向观众交代情节的作用。他的解说韵白除了开头之外，和一般念经的调子无甚差别。

藏戏伴奏乐器主要有铙、钹和鼓，有时候也用大号和唢呐作为间奏。其中鼓所占的地位比较重要，调控演出节奏。唱时没有伴奏，跳舞时有伴奏。国王和大喇嘛上台要吹奏唢呐。

藏戏一般都在广场演出，大都会选在风景优美、草坝宽敞的地方，甚至是打青稞的场子。在坝子中央栽上一棵树表示舞台中心，平扯几个大帐篷当作顶篷，观众坐在周围，有一条过道连接演戏的地方和演员化妆的帐篷，树干包扎彩纸，上面挂着达赖喇嘛像，周围则供神水和放置演出道具。演出结束后把树推倒，并念经表示闭幕。

---

① 《黄南藏族自治州概况》编写组：《黄南藏族自治州概况》，青海人民出版社 1985 年版，第 133—134 页。

② 《国家级非物质文化遗产大观》编写组编著：《国家级非物质文化遗产大观》，北京工业大学出版社 2006 年版，第 171 页。

③ 上海艺术研究所中国戏剧家协会上海分会编：《中国戏曲曲艺词典》，上海辞书出版社 1981 年版，第 225—226 页。

藏戏布景也很简单。如把绿绸子铺在地上代表河流，用一些柳枝插成一个圆圈表示水井，演员站在椅子上示意其在空中；挂一块红黄相间的帘子就表示喇嘛的住房。道具方面，把纸制的马头和马尾系在演员的腰身前后表示骑马，在木架子上缠绕上彩绸表示船，让孩子们头戴纸做的面具作为羊群等等。[①]

藏戏面具按照功用和造型，可以分为四个大的类别：

第一类是"温巴"面具。贯穿演出始终，主要用于开场的序幕。其中白面具派的"温巴"面具用专门饲养的白山羊羊皮制作而成，面具四周用山羊毛装饰，前抵胸口，后齐背心，形象原始而古朴。蓝面具派的面具用纸板和多层纱布黏合而成，上面裱以精美的蓝底花缎，饰以吉祥图案。头顶有一箭头装饰物，上饰以吉祥图案。面具两颊和下颌有用山羊毛制作的白胡须。

第二类是正戏角色面具。此类多为世俗人物、仙翁、喇嘛、魔鬼、巫女等。其身份和性格角色用颜色来区分（见表1）：

表 1

所用颜色	象征意义	代表人物
红色	权力和威严	国王和大臣
绿色	俊美和慈爱	王妃和牧女
黄色	善良和神圣	仙翁和活佛
黑色	凶恶和残忍	魔鬼和妖女
半黑半白	奸诈和狡猾	丑角和巫师

面具在实际使用中还有细微的差别：如深红色代表国王，浅红色代表大臣，蓝色代表猎人，白色代表普通男性，仙女、王子等多用化妆，坏人面孔涂黑。

此类面具用羊皮、呢绒、棉布或者纸板制作，双眼和嘴巴镂空，眉毛和胡子用山羊毛或獐子毛装饰。

---

① 《中国戏曲志》编辑部：《中国少数民族戏曲研究资料选编》，1984年，第23—24页。

　　第三类是动物面具。因藏戏多有佛教故事或神话传说题材，故有不少动物角色出场。如老虎、大象、豹子、狼、獐子、鹿、马、牛、羊、狗、猴、鸡、鹦鹉、乌鸦、蝎子等。

　　第四类是神舞面具。与寺院"羌姆"的面具大同小异。①

　　藏戏除用面具之外，还借助唱词、唱腔、道白和舞蹈动作，细腻地表现剧中各类人物的内心世界。据统计，藏戏唱腔至少有 20 种以上，男女老幼、喜怒哀乐各不相同。在演唱中，大多以演员自然嗓调演唱。唱腔给人以高亢、豪迈的感觉。大致可以归纳为四类（见表2）：

表 2

调　名	在剧中所表现的情绪
达　仁	欢乐、舒畅
教　鲁	愁苦、悲痛
达　通	一般性的叙事
当　罗	感情变化，时起时伏

　　藏戏舞蹈动作一般都来自现实生活的提炼和夸张。有些动作如揖拜、敬礼等还可以看出早期宗教仪式的痕迹。舞蹈动作也可以分为六类②（见表3）：

表 3

舞　名	样　　式	表现内容
顿　达	由慢而快、跳动	出场时用
切　冷	转半圈，先左后右，曲线行进	行进中用
恰　白	手作致敬、揖礼	敬礼时用
格　切	转整圈、环行	长途跋涉
德　东	慢步	静场休息时用
波尔钦	转大圈，双臂平伸与地面成60度角旋转	武功、技艺

---

　　①　顾朴光：《中国面具史》，贵州民族出版社1996年版，第283—287页。

　　②　穆赤·云登嘉措主编：《青海少数民族》，青海人民出版社1995年版，第88—89页。

据说藏戏有一百来个剧目，现在常见剧目主要有《文成公主》《诺桑王子》《朗萨姑娘》《卓娃桑姆》《智美更登》《白马文巴》《苏格尼玛》《顿月顿珠》八大藏戏。

藏戏故事大多取材于历史传说、民间故事等，多有宗教色彩。

《文成公主》主要取材于藏王松赞干布迎娶唐文成公主的历史事实。讲述了汉藏民族之间的友好关系，夸耀赞美劳动人民的智慧，是民间传说和艺术想象创作出来的优秀剧目。

《诺桑王子》是来自民间故事人神相爱的神话剧。讲述了北国额登巴国的王子诺桑，其辖下有一名猎人因救护龙王脱难，得到了一个捆仙宝索。他捆住了仙女引超拉姆，并把她献给了诺桑王子为妃。诺桑王子和引超拉姆互敬互爱，结果引起了其他妃子的嫉妒。她们勾结巫师，设毒计让国王逼迫诺桑王子远征他方，借此机会谋害引超。引超仙女在母后帮助下飞回了天宫。诺桑王子远征回宫见到的是人去楼空，他历尽千辛万苦寻找到了天宫，最终与仙女相会，将仙女迎回，二人重新过上美满的生活。

《郎萨姑娘》是取材于人情世事的剧作。讲述了一个头人山官霸占贫苦人家的女儿、美丽的郎萨姑娘为儿媳，后来全家人对郎萨姑娘百般虐待，最后毒打身亡。阎王因见郎萨姑娘没做坏事，就放她重返人间。之后郎萨出家成为一名女尼，最后成仙升天。山官父子也出家皈依佛教。

《卓娃桑姆》讲述了一个国王强娶了民女卓娃桑姆，生下了一双儿女。但是被魔女化身的王后嫉妒并加以谋害，卓娃桑姆被逼走了，她的一双儿女也逃难到了邻国。长大之后的儿子成为邻国之君，带领军队杀死了魔女所变的王后。

《智美更登》讲述了智美更登王子虔心信佛，他能够舍弃一切，包括妻子、儿女，连自己的眼睛都布施给人。最后他得到神佛帮助，双眼复明，夫妻、父子团圆的故事。

《白马文巴》讲述了富商的儿子白马文巴的故事。他笃信佛教，聪明贤能，然而信奉异教的国王和异教徒们却心存嫉妒，想方设法折磨他，陷害他，最终都以失败告终，白马文巴继承了王位。

《苏格尼玛》讲述从前在一座山上居住着一个坐禅喇嘛，每日里只有一只牝鹿相依为伴。有一天，这只牝鹿喝了喇嘛洗衣服的水之后怀胎生下了一个姑娘。姑娘美丽动人，喇嘛就给她取名为苏格尼玛（意为美丽的太阳）。时间过得很快，姑娘长大了。一天，一位大臣在打猎时，因为追赶一只野猪而发现了美丽的苏格尼玛，他禀告了国王。国王来到山上向苏格尼玛求婚并将她迎娶到了王宫。进宫之后的苏格尼玛遭到了宫内二千五百个妃子的嫉妒，她们利用妖女和巫婆，想方设法挑拨国王和苏格尼玛的关系，但都被通灵鹦鹉所解救。最后巫婆设毒计把苏格尼玛赶到了佛血海去受苦。苏格尼玛忍受了一切的苦痛而且还向众人行善，之后得到了神仙的搭救，得以脱离佛血海，化为一名女尼，感化世人。而妖女、巫婆深感自己罪孽深重来佛前忏悔，供认了陷害苏格尼玛的罪行；恰巧被前来朝佛的国王听见，盛怒之下的国王欲杀妖女和巫婆，苏格尼玛出面阻拦，饶恕了她们。最后，国王和苏格尼玛重归于好，双双返回了王宫。

《顿月顿珠》取材于民间故事。讲述后母虐待前妻之子，两兄弟手足之情的故事。[1]

藏戏自产生以来，除了在其发祥地西藏普遍流传外，还在四川、青海、甘肃、云南等省的藏族地区广为流传，甚至在印度、不丹、尼泊尔等藏族聚居的地区广为传唱。

黄南藏戏

黄南藏戏，其形成于青海省黄南藏族自治州同仁县的陇务寺。藏语称同仁地区为"热贡"，故又称为热贡藏戏，是我国青海地区影响较大的少数民族戏曲安多藏戏剧种中的一个重要流派。它在西藏藏戏和安多地区藏族民间歌舞、说唱的基础上，吸收了京剧某些表现手法而发展成为具有安多地区特色的藏族戏曲形式。其形成过程，萌芽于 17 世纪中期到 18 世纪中期的说唱阶段，形成于"三人表演阶段"（夏日仓三世，1740—1794），成熟于吉先甲一代（1854—1946），发展于多吉甲（1910—1973）前期，勃兴于 1958 年前后民间藏戏兴盛时期，提高革新于 1980 年左右。黄南藏戏的创建和流传，在安多地区藏族人民中间有着广泛的影响和深厚的基础。它与西藏藏戏有相同或相通的地方，但又具有安多藏戏自身的一些艺术特色。[2] 如用安多语演唱，唱腔多以地方民间说唱、民歌、僧曲为基础

---

① 《中国戏曲志》编辑部：《中国少数民族戏曲研究资料选编》，《中国戏曲志》编辑部1984 年版，第 21—22、39、49—51 页。

② 曹娅丽：《青海黄南藏戏艺术》，载朱恒夫、聂圣哲主编《中华艺术论丛》，同济大学出版社 2007 年版，第 298—299 页。

提炼加工而成，道白速度也较西藏藏戏慢，具有地方特色。①

青海马背藏戏

青海马背藏戏，是在马背上表演的一种艺术形式。演员在马背上唱、念、舞、做等，可以说是一种有实物的表演，而且不受时空制约。表演中的圆场、绕场和过场皆利用周围山川、河流等进行表演。此种藏戏形式有着浓郁的藏民族的生活气息。②

参考资料：

1. 上海艺术研究所中国戏剧家协会上海分会编：《中国戏曲曲艺词典》，上海辞书出版社 1981 年版。

2. 《中国戏曲志》编辑部：《中国少数民族戏曲研究资料选编》，《中国戏曲志》编辑部 1984 年版。

3. 《黄南藏族自治州概况》编写组：《黄南藏族自治州概况》，青海人民出版社 1985 年版。

4. 李汉飞：《中国戏曲剧种手册》，中国戏剧出版社 1987 年版。

5. 格勒：《论藏族文化的起源、形成与周围民族的关系》，中山大学出版社 1988 年版。

6. 谢启晃等编：《藏族传统文化辞典》，甘肃人民出版社 1993 年版。

7. 王尧：《西藏文史考信集》，中国藏学出版社 1994 年版。

8. 穆赤·云登嘉措主编：《青海少数民族》，青海人民出版社 1995 年版。

9. 顾朴光：《中国面具史》，贵州民族出版社 1996 年版。

10. 田继周等：《少数民族与中华文化》，上海人民出版社 1996 年版。

11. 赵宗福、马成俊编：《青海民俗》，甘肃人民出版社 2004 年版。

12. 《国家级非物质文化遗产大观》编写组编著：《国家级非物质文化遗产大观》，北京工业大学出版社 2006 年版。

13. 曹娅丽：《青海黄南藏戏》，文化艺术出版社 2007 年版。

赛马会（玉树赛马会）

项目名称：赛马会（玉树赛马会）

项目类别：传统体育、游艺与杂技

项目编号：Ⅵ－43

申报单位：青海省玉树藏族自治州

批准时间：2008 年（第二批国家级非物质文化遗产）

---

① 穆赤·云登嘉措主编：《青海少数民族》，青海人民出版社 1995 年版，第 90 页。

② 曹娅丽：《"格萨尔藏戏"：一种奇怪的文化现象——说唱戏剧及其演剧情形的描述》，《民间文化论坛》2007 年第 2 期。

简介:

每年藏历七八月间,赛马会是玉树地区最热烈,也是最隆重的传统娱乐节日。

玉树赛马历史悠久,相传开始于吐蕃时期。藏王松赞干布迎娶文成公主进藏至玉树的贝昂沟时,当地的部落就为公主举行了盛大的迎请仪式,并接连几天举行了赛马和歌舞活动,可见其历史悠久。玉树赛马会从那时起一直延续到了新中国成立前。此前以部落或者村寨为单位举行。1984年恢复玉树赛马会,会期从7月25日开始,为期5—10天不等。现在已经成为集赛马、歌舞、娱乐、商贸、集会等于一体的综合性节日。

玉树赛马大体可以分为四个阶段举行。

第一阶段是开场。赛马场大都设在某神山前的草滩上,在比赛开始之前都要在神山上挂经幡布。赛马比赛以煨桑仪式揭开序幕。这种燃柏煨桑的敬神祭祀仪式是藏族古老习俗的延续。煨桑仪式从比赛当天的半夜开始,僧侣们诵经奏乐,清场净地。天刚亮,几位年长的净士高诵祷词开始煨桑。祷词主要赞美和迎请三界神灵、四方神灵及本域的高僧喇嘛。净士用杜鹃花、神木、野蒿、神柏、白果燃起桑火,用五谷、酥油拌成的糌粑和剪成片的绸缎撒向火中。接下来将炒成黑白两色的青稞撒在煨桑台周围,祈求神灵保佑。[①] 当桑烟冲天时,骑手们就会向煨桑台聚集。他们身穿盛装,头上戴着玉树特有的高枪红缨帽,穿着用虎、豹和水獭皮镶边的袍子,脚下穿厚底锦丝长筒靴。叉子枪上插象征日月天地、江河的五色彩旗。僧人将诵经开光的圣水洒向大家。骑手们按照传统仪式以顺时针方向绕行煨桑台三圈,同时高呼"啦甲索"、"啦索索"(颂神词),并将手中枪、帽子及鞭子不停挥动,一方面祈求神灵保佑,一方面也祈求得到好的比赛结果。

第二阶段是开赛。赛马会上的竞技内容多模仿古代骑术,主要包括跑马射箭、乘马射击、跑马拾哈达、跑马倒立,跑马悬体等。参赛选手少则二三十人,多则可以达到百人。每一样骑术都有衡量的标准,比如跑马射箭,是看谁能在奔驰的马上射中箭靶且命中率高。通常在跑道两侧设置若干个纸靶。此项比赛讲究骑手在速度极快的马背上,瞄准靶心,扣动扳机,射击技术好的骑手,可以做到弹无虚发,周围观看的人叹为观止。跑

---

① 嘉雍群培:《玉树草原的煨桑祭祀和赛马》,《中国西藏》1996年第1期。

马拾取哈达，即在五百米赛程跑道一侧，每隔二三十米放一条哈达，一直到终点，其中最先到达终点且捡到哈达最多的就是优胜者。据说新中国成立前进行比赛时，多有头人在赛道旁挖浅坑，里面放置银元以增加比赛惊险程度。跑马倒立主要看立势的曲直及时间长短。跑马悬体是马术中的绝技，骑手在赛马达到一定速度时，将缰绳固定在马鞍上，双脚夹紧，举手向后仰，整个身子悬挂马侧，双手挨地，之后又翻然跃起，回到马背上，整个过程非常惊险。此外还有饶有趣味的远距离跑马、走马赛、牦牛赛、藏式举重、拔河等。

第三阶段是颁奖。比赛结束后，给优胜者赠送哈达以及颁发奖品。

第四阶段是歌舞。颁奖结束后是热闹非凡的歌舞表演。玉树自古以来就是歌舞之乡。其辖区的六个县，有"西三县的山歌，东三县的歌舞"的说法。玉树地区民歌包括卓、伊、拉勒、拉伊等。舞蹈方面，边歌边舞的"伊"，动作豪放的"卓"，以鼓点伴奏，踏节而舞的"热巴"，旋律优美的"热伊"，以及由寺院组织男性俗民，在唢呐伴奏下场面浩大的"锅哇"。这些男性俗民右手持剑，左手持弓，犹如古代出征将士，气势雄伟。

赛马会期间，玉树地区藏族人民走亲访友，交流情感，增强了民族认同感和凝聚力。此外赛马会期间还举行物资交流会。广大农牧民采购所需物品，当地的企业也借机引进资金、技术和人才，发展当地的经济，也是玉树地区对外交流的重要渠道。在赛马会期间，来自州外的参与者、旅游者也促进了玉树地区对外交流的进程。

参考资料：

1. 梁钦：《江源藏俗录》，华艺出版社 1993 年版。

2. 朱世奎主编：《青海风俗简志》，青海人民出版社 1994 年版。

3. 冯炜烈：《青海玉树赛马会》，中国工人出版社 2000 年版。

4. 甘肃省古籍文献整理编译中心编：《中国民俗知识·青海民俗》，甘肃人民出版社 2008 年版。

5. 嘉雍群培：《玉树草原的煨桑祭祀和赛马》，《中国西藏》1996 年第 1 期。

6. 徐明：《玉树赛马节的社会学思考》，《青海民族研究》2007 年第 3 期。

塔尔寺酥油花

项目名称： 塔尔寺酥油花

项目类别：传统手工技艺

项目编号：Ⅶ－48

申报单位：青海省湟中县

批准时间：2006 年（第一批国家级非物质文化遗产）

简介：

在藏族地区各寺院中，油塑艺术最负盛名的当属塔尔寺。塔尔寺是藏传佛教格鲁教派创始人宗喀巴的诞生地，是黄教六大寺院之一。占地 40 万平方米，依山修建，错落有致，除 52 座大型殿堂、经院、塔座之外，还有九千三百多间活佛府邸、经室、僧房。在其鼎盛之时，拥有僧众三千余人。是青海省最大的寺院。

酥油花被称为塔尔寺三绝（堆绣、壁画、酥油花）之一。酥油花是以酥油（牛乳、羊乳提炼熬打成的膏状物）为材质塑制而成的艺术品的统称。每年正月十五之夜，僧人、游人云集塔尔寺，观赏酥油花。《西宁府志》辑录了记载这一盛况的诗词："月当空，耳边箫鼓叮咚。彩架间，安排花架，年年样不同。放光明，庄严灿烂，肖人物，楼阁玲珑。怪怪奇奇，形形色色，神匠巧夺天工。"① 艺僧利用酥油在高寒气候条件下凝固不化的特点，以酥油为原料，糅合颜料塑成山水、亭台楼阁、人物、花草、鸟兽等形象。大小塑像眉目传神，栩栩如生。衣帽、佩肩、背光、花环、莲座纤细入微，藻井、飞天精彩多姿。

关于酥油花的由来说法很多。相传酥油花源于西藏，唐文成公主与吐蕃王松赞干布结亲时，曾从长安带去一尊佛像供奉在拉萨大昭寺内。严寒的冬季，无鲜花献佛，信徒们为了表示敬意，就用酥油制成花，供奉于佛像前。另一种说法是宗喀巴大师做过一个无比奇异绚丽的梦，里面有许多明灯、鲜花、奇珍异宝，大师常流连和回忆灿烂美好的梦境。弟子们为了重现大师奇异的梦境，用酥油花制作了一批作品，并在大师的诞生日——正月十五日展出。还有一种说法，是宗喀巴大师入藏后，其母亲香萨阿念子心切，每至儿子生日便做酥油花，用以寄托思念。

酥油花制作周期长，从准备（藏历十月）到正式展出（正月十五）历时三个月之久。塔尔寺有上下两个"花院"，两院制作时相互保密，彼

---

① 仇保燕：《青海藏族风情丛话》，中国旅游出版社 1987 年版，第 153 页。

此竞赛，直到展出那天抬出，一竞高下。当然，这种制作本身就是供奉神佛的功德。

酥油花制作过程。首先，僧俗艺人将信教群众送来的纯净酥油浸入冰水反复搓洗、糅合、去杂质、增韧性，揉搓成膏待用。在正式塑造之前，艺僧先要沐浴发愿，进行宗教仪式；接下来由掌尺喇嘛和其他艺僧一起选定本年酥油花的题材。然后设计腹稿，精心构思布局后，便分配给擅长人物、动物、花卉、建筑的师傅带领各自的徒弟，在气温零度以下的阴凉房间开始分头工作，这就进入了酥油花的捏塑程序。先根据题材内容起造骨架，用木棒、麻绳、竹竿、棍子等扎成人物、花草、树木、房屋不同形态的"骨架"，即所塑造的基本模型。接下来是塑造形态，把上年拆下来的酥油花掺和麦草灰，捣碎调成黑色塑造油泥，将油泥在骨架上塑成不同的形体。糅合好的酥油调和各种颜料，色泽鲜艳，经久不褪、按照所需颜色种类分成若干等份，再仔细地敷塑在做好的形体上，并由师傅描金敷彩，开光传神。最后按整体设计正月十五组装上盘，供奉于佛前。

塔尔寺的酥油花，经过捏塑僧人的精巧构思，既有苍郁葱翠的山水，金碧辉煌的亭台楼阁，惟妙惟肖的人物形象，还有鲜艳夺目的花草鸟兽和千奇百怪的珍禽异兽。酥油花虽名曰"花"，但题材不拘一格，年年更换。如拉萨佛寺、天竺风光、汉藏联姻、八大藏戏、佛教故事、游牧定居和草原生活等，以佛教故事为主，也有些历史故事和民间传说。[①] 常见的题材有《释迦牟尼本生故事》《文成公主入藏故事》《西游记》《观世音菩萨救八难》等。这些作品大的1—2米，小的10—20毫米。同一个画面可将故事完整地表现出来。

参考资料：

1. 湟中县地方志编纂委员会编：《湟中县志》，青海人民出版社1990年版。

2. 丹珠昂奔：《藏族文化志》，上海人民出版社1998年版。

3. 王平编著：《中国100种民间工艺美术》，广西人民出版社1999年版。

4. 格桑龙珠、白峰编：《塔尔寺三绝》，青海人民出版社2000年版。

5. 赵宗福、马成俊编：《青海民俗》，甘肃人民出版社2004年版。

① 湟中县志编纂委员会编：《湟中县志》，青海人民出版社1990年版，第400—401页。

热贡艺术

项目名称：热贡艺术

项目类别：传统手工技艺

项目编号：Ⅶ-49

申报单位：青海省同仁县

批准时间：2006年（第一批国家级非物质文化遗产）

简介：

热贡艺术是藏传佛教艺术领域中一个重要派别。热贡艺术产生于13世纪的青海省黄南藏族地区，并随着隆务寺的兴盛而发展。由于喇嘛教在青海的传播，黄南地区的人们从事佛教艺术活动形成了风气，并且代代相传，几乎户户都有艺人。他们不仅在青海地区从事佛教艺术创作，还到四川、甘肃、西藏，甚至印度从事绘画和雕塑活动。在青海的塔尔寺、西藏的布达拉宫、甘肃夏河的拉卜楞寺以及北京的雍和宫、河北承德的避暑山庄都有热贡艺术的精品。

热贡艺术的主要创作群体分布在黄南州同仁县的五屯村、年都乎村、尕沙日村、郭玛日村等村落。其中，五屯村以绘画为主，兼从事雕塑和堆绣；年都乎村以堆绣为主，兼从事雕塑、唐卡和壁画。尕沙日村和郭玛日村以唐卡和壁画创作为主。热贡艺术主要为藏传佛教服务，是在藏传佛教寺院内部创作、传承的。1958年宗教改革之后，大量佛教徒还俗，热贡艺术开始在民间传播并流传。[①]

热贡艺术可以分为彩绘（壁画、唐卡）、彩塑、建筑装饰、木雕、木刻、堆绣、酥油花等门类。其中绘画、雕塑和图案尤佳。

绘画主要是壁画、卷轴画（藏语称为唐卡）以及少量的木刻画。一般用单线平涂略加烘染和色块填勾。内容主要是佛、菩萨、护法神之类的佛像及佛经故事。其中地处同仁地区吴屯下寺大经堂和年都乎小经堂的壁画就属于绘画中的优秀作品。

雕塑包括泥塑、木刻、砖刻、酥油花等。木刻主要用在门楣、柱头上的装饰雕刻，也有少许木雕佛像。砖刻主要用在建筑物上，如屋脊的花

[①] 周和平主编：《第一批国家级非物质文化遗产名录图典》（下册），文化艺术出版社2006年版，第794—795页。

边、飞檐的兽吻，墙壁上的浮雕等。酥油花与塔尔寺的相同，但规模要小很多。泥塑可以分为单色泥塑和彩塑。

图案多为建筑物装饰、室内摆设等，多见于寺内建筑物的装饰。图案艺术在很大程度上已经突破佛教艺术的范围，具有更为浓烈的乡土气息和民族色彩，也具有更高的使用价值。①

热贡艺术以佛教故事、藏族历史神话、传说、史诗等为主要表现内容，也包括一些世俗化内容。即佛教人物，如佛像、菩萨像、金刚像、佛教大法师等；佛经故事，如佛传、本生故事、经变故事；佛教寓言、民间传说；同佛教故事有关的动物；同佛教有关的器物，如八吉祥以及各种法器和供物。

由于热贡地处汉藏人民杂居地带，其艺术虽属藏传佛教艺术的源流，但也受到内地艺术的巨大影响，在题材方面也明显地表现出这一特点。如吉祥祝福之类的题材："双喜登梅""鹿鹤同春"，以及中原地区常见的"暗八仙""夔龙""卷草""西番莲""云雷纹""福""寿""喜"等字或图案在热贡艺术中也经常能见到。热贡艺术虽受佛教教义和经典的约束，但又很重视表现生活。体现出作者冲破了佛教艺术的程式，把规范与想象结合起来，创作了许多情景交融、意趣盎然的作品。②

热贡艺术的审美观念独特，因其独有的原材料和传承习惯在藏传佛教、民间美术、建筑艺术方面具有重要的历史价值和艺术价值。

参考资料：

1.《黄南藏族自治州概况》编写组编：《黄南藏族自治州概况》，青海人民出版社 1985 年版。

2. 仇保燕：《青海藏族风情丛话》，中国旅游出版社 1987 年版。

3. 安旭编著：《藏族美术史研究》，上海人民美术出版社 1988 年版。

4. 严正德、王毅武编：《青海百科大辞典》，中国财政经济出版社 1994 年版。

5. 穆赤·云登嘉措主编：《青海少数民族》，青海人民出版社 1995 年版。

6. 马成俊：《热贡艺术》，浙江人民出版社 2005 年版。

---

① 《黄南藏族自治州概况》编写组编：《黄南藏族自治州概况》，青海人民出版社 1985 年版，第 138—140 页。

② 安旭编著：《藏族美术史研究》，上海人民美术出版社 1988 年版，第 199—201 页。

7. 周和平主编：《第一批国家级非物质文化遗产名录图典》（下册），文化艺术出版社 2006年版。

8. 《国家级非物质文化遗产大观》编写组编著：《国家级非物质文化遗产大观》，北京工业大学出版社 2006 年版。

石雕（泽库和日寺石刻）

项目名称：石刻（泽库和日寺石刻）

项目类别：传统美术（民间美术）

项目编号：Ⅶ－56

申报单位：青海省泽库县

批准时间：2008 年（第二批国家级非物质文化遗产）

简介：

泽库和日寺石刻，位于青海省黄南藏族自治州和日寺附近。和日寺，也称切更寺、切更尔寺，藏语称"和日贡特却扎西林"，意为"和日妙乘吉祥洲"。位于青海省泽库县和日乡的智合加。属于宁玛派。约建于清道光年间（1831 年）。[①]

石经墙是宗教寺院为保存经文将其刻写在石板状的岩石上，然后垒叠而成，它是青海地区藏传佛教一个最重要的文化现象。泽库和日寺后山顶有三座石经墙和一座石经墩。主墙长 165 米，宽 2 米，高 1.1 米，上面刻有佛教经典大藏经《甘珠尔》全文两遍，约 3966 万字。《甘珠尔》是藏文大藏经的正藏，收入律、经合密咒。其东边有长 9 米，宽 10 米的经墩，上面刻着《丹珠尔》，约有 3870 万字。《丹珠尔》是藏文大藏经的续藏，收入赞颂、经释和咒释。

主墙东边的经墙将《解脱经》经文刻了 108 遍。而在其西边的另一堵墙，长 15 米，宽 1.3—1.5 米，高 1.2 米，上刻《当增经》（即《单定经》）、《普化经》（即圣者经）、《噶藏经》（即善缘经）等 17 种经文。在石经墙的檐板上，有石刻和石刻彩绘的各种佛像、护法神、图案符标等千幅，其中包括《释迦牟尼》《药师佛》《无量光佛》《莲花生》《玛米塔》《汤东杰波》和八十四成就师等佛像。所用石料达三万多块。全部石经都码放在和日寺的背后山梁上，因其形似一道城墙，被人们称为"石经墙"

---

① 谢启晃等编：《藏族传统文化辞典》，甘肃人民出版社 1993 年版，第 497 页。

（藏语称为"多池"，意为经台）。

此石经墙的文字、佛像在德尔敦、罗加仓活佛的主持下，由寺僧和民间艺人自 1923 年开始制作，1951 年完工，历经 28 年。[①]

和日寺石经墙刻字清晰、工整、字迹清秀大方，笔画流畅，苍遒有力。其中石刻图画以及各种人物构图准确，比例恰当，线条自然洗练。造像内容主要是佛、菩萨、弟子以及供养人等。在造型上具有明显的佛教特色，有的头上有光环或高髻，有的手施无畏印状。在技法上古朴凝练，人物神态各异，或喜或怒、或动或静、或站或坐，都恰到好处，堪称石刻艺术的杰作，充分体现了藏族人民的聪明才智和精湛技艺。[②]

参考资料：

1. 中国人民政治协商会议青海省委员会文史资料委员会编：《青海文史资料选辑》（第 20 辑），内部发行，1991 年。

2. 李维琦：《佛经释词》，岳麓书社 1993 年版。

3. 张超音：《中国藏族石刻艺术》，中国藏学出版社 1995 年版。

4. 青海省文化厅编制：《中国文物地图集·青海分册》，中国地图出版社 1996 年版。

5. 尕藏才旦编著：《藏族独特的艺术》，甘肃民族出版社 2001 年版。

藏文书法（果洛德昂洒智）

项目名称：藏文书法（果洛德昂洒智）

项目类别：传统美术（民间美术）

项目编号：Ⅶ－64

申报单位：青海省果洛藏族自治州

批准时间：2008 年（第二批国家级非物质文化遗产）

简介：

藏文属于拼音文字，具有悠久的历史。早在公元 7 世纪以前，藏族就已有了本族文字，不过尚不完备，使用和流行地域也有限。至公元 7 世纪中叶，藏王松赞干布的大臣吞弥·桑布扎受命前往印度学习佛学经典和梵文。返藏之后，他在参照梵文等基础上，对藏文进行改造、整理和规范，

---

① 崔乃夫编：《中华人民共和国地名大词典》（第 5 卷），商务印书馆 2002 年版，第 7604 页。

② 中国人民政治协商会议青海省委员会文史资料委员会编：《青海文史资料选辑》（第 20 辑），内部发行，1991 年，第 206—207 页。

具有文字学意义上的藏文基本成形，至今已经有一千三百多年的历史了。

藏文书体可以分为楷、草两体。草体内又分大字母、添头加尾体、长脚体、短脚体、行书和草书六类。因为各体类的书写方法和要求不同，故每体都有自己的书写要求和风格。楷书要求字体端庄大方，笔画横粗平，竖细直。草书要求活泼并错落有致。①

藏族人历来重视书法艺术。儿童入学的前几年都要学习书法，在正式写之前先用习字板练习。藏文书写方式，按照习惯盘足端坐，左手持纸，右手执笔，悬肘悬腕。书写时纸要折叠夹于食指和小指之间，仰掌于膝并直对左乳。执笔要松紧适度，执笔处距笔尖 1.5 寸，中指以下适当伸缩，一般要求掌心留下容纳一鸽蛋的空间。②

德昂洒智体书法主要产生和流传于青海果洛州达日县德昂乡一带。据传，德昂洒智体书法源于吐蕃王朝，藏王赤松德赞时期，赞普大臣著名大译师、大书法家白如扎纳从西康前往康区，路过德昂时，曾收徒传授书法。18 世纪到 19 世纪初，德昂僧人洒安旦增在原来白氏书法基础上，苦练书法，经过不懈努力，终于开创了洒氏书法。世人称之为"德昂洒安旦增书体"。此后这种书体流传至今，已两百余年。德昂洒智书法书写时需要的器具主要包括笔、墨、纸、砚、写字板、文具盒、毛刷、砚台和打线器等。德昂洒智书法对工具、笔、墨、纸等方面都有要求。如竹笔是书写最为关键的工具，要经过初步加工、马粪发酵、酥油浸泡、牛骨烘焙、烟熏、削制，等等。所用的墨也多选用当地矿物质以及植物为原材料，经过研磨、烧制、调和等制作而成。纸也是采集当地植物，经过刹、切、煮、刮、定型工艺制成。德昂洒智属于硬笔书法，字体遒劲圆润，清隽雅逸。比较擅长写乌金体、乌梅体，还可以写大黑体、小黑体、质擦体、兰扎体以及艺术体等。德昂洒智书体是包括藏文的书写、竹笔、墨、纸制作的综合性的书法艺术。在竹笔、墨、纸制作工艺和书写方面别具特色，对于研究藏族古代书法艺术以及书写用具等制作也具有较高研究价值。③

---

① 谢启晃、李双剑、丹珠昂奔主编：《藏族传统文化辞典》，甘肃人民出版社 1993 年版，第 812 页。

② 杨承丕：《藏文书法与文房四宝》，《西藏研究》1985 年第 1 期。

③ 王昱主编：《青海历史文化与旅游开发》，青海人民出版社 2008 年版，第 351—352 页。

参考资料：

1. 谢启晃、李双剑、丹珠昂奔主编：《藏族传统文化辞典》，甘肃人民出版社 1993 年版。

2. 任乃强：《西康图经·民俗篇》，西藏古籍出版社 2000 年版。

3. 格桑益西：《藏族美术史》，四川民族出版社 2005 年版。

4. 杨承丕：《藏文书法与文房四宝》，《西藏研究》1985 年第 1 期。

5. 杨忠泰：《藏文书法艺术简介》，《西南民族学院学报》1990 年第 2 期。

6. 斯洛：《藏文书法艺术初探》，《青海民族学院学报》1991 年第 4 期。

7. 达瓦次仁：《藏文书法的起源和流派》，《中国西藏》1996 年第 1 期。

8. 纵瑞彬：《藏传佛教与藏文书法》，《西藏艺术研究》2000 年第 1 期。

湟中堆绣

项目名称：湟中堆绣

项目类别：传统美术（民间美术）

项目编号：Ⅶ－72

申报单位：青海省湟中县

批准时间：2008 年（第二批国家级非物质文化遗产）

简介：

堆绣是刺绣发展到明代出现的一个品种，也称为"堆绫"。堆绣是指用各色棉布、绸缎等剪裁成所需图案，经过堆贴再用彩色丝线绣制而成，是将刺绣和浮雕两种手法融合而成的一种工艺美术品。堆绣是藏传佛教装饰艺术之一，距今已经有几百年的历史。从广义上讲，堆绣属于唐卡的一种。

从工艺程序上分，堆绣包括图案设计、剪裁、堆贴、绣制，个别图案还需上色等步骤。从其工艺手法和艺术效果上看，可分为平面堆绣和立体堆绣。

平面堆绣也叫"平堆"，是将剪好的绸缎块按要绣制的图案，平贴拼合在衬布上，再用彩色丝线加以修饰，也能产生立体效果。其中所用丝线有红、绿、紫、黄、黑、白等色彩，完工后的堆绣色泽鲜艳夺目。

立体堆绣也叫"棱堆""剪堆"，是将刺绣和浮雕结合在一起。根据内容需要，选好各色图案的布块和绸缎，再裁剪成人物、山水、花鸟鱼虫等形状。然后在所堆的绸缎布块中铺垫薄厚不等的羊毛或棉花，使中间隆起，按颜色浓淡再用彩色丝线绣于衬布上。最后将堆绣好的不同图案的图像用绣缎联成一个巨幅画卷，构成一个完整画卷。因其中间凸出，故造型上具有层次感、真实感，看上去有丝质浮雕的效果。立体堆绣颇为耗时，一幅巨幅堆绣可能会历时数年之久。

堆绣表现题材。单幅堆绣作品多为各种佛、菩萨、护法神、密宗金刚、二十一度母、八祥瑞；多幅堆绣多为佛教故事和神话故事传说。带有佛像的堆绣，寺院供奉前要专门举行开光典礼，请佛入位，展出后放置于大经堂的佛箱内。

堆绣人物造型讲究各色绸缎颜色巧妙搭配。人物形态粗犷中有细腻，于细节处见神采。堆绣因其构图主体突出，色彩鲜艳明亮、对比强烈，即便在光线较弱的情况下，也有不错的观赏效果，所以适合经堂、佛殿里使用。代表作品有"蟠桃会""十八罗汉"等。青海塔尔寺大经堂中悬挂的"十六尊者（罗汉）显神通"和"八仙过海"就是两幅大型优秀堆绣佳作。立体生动，极具艺术魅力。

参考资料：

1. 中国人民政治协商会议青海省委员会文史资料委员会编：《青海文史资料选辑》（第20辑），内部发行，1991年。

2. 陈梅鹤编：《塔尔寺建筑》，中国建筑工业出版社1986年版。

3. 盖山林：《丝绸之路草原民族文化》，新疆人民出版社1996年版。

4. 马建设编著：《青藏民族工艺美术》，青海人民出版社1999年版。

5. 青海省地方志编纂委员会编：《青海省志·七十九·特产志》，黄山书社2000年版。

6. 拉科·益西多杰：《塔尔寺史话》，民族出版社2001年版。

7. 尕藏才旦编著：《藏族独特的艺术》，甘肃民族出版社2001年版。

8. 冯骥才主编：《符号中国·文化遗产卷》（非物质·下），译林出版社2008年版。

加牙藏族织毯技艺

项目名称：加牙藏族织毯技艺

项目类别：传统手工技艺

项目编号：Ⅷ-22

申报单位：青海省湟中县

批准时间：2006年（第一批国家级非物质文化遗产）

简介：

藏毯是青海藏族的传统手工艺品，有三千多年的历史，是具有浓郁藏族特色的毛纺织品，在高寒地区具有隔潮御寒、保温取暖的功能。花色繁多的藏毯还具有装饰美化居室的功用。从品种上看，藏毯主要有地毯、炕毯和坐毯等品种。由于历史和地理原因，可以分为安多藏毯和康巴藏毯。两者在编织技艺、图案方面均有差异。康巴地区的藏毯较多地保留了传统藏毯的编织工艺，而安多藏区的藏毯将汉藏文化融为一体，色调和谐，风格独特。

加牙藏毯属于安多藏毯系列，主要分布在距青海省西宁市 26 公里的湟中县的加牙村及上新庄，还有藏族聚居的玉树、海南、海北、果洛藏族自治州及西宁周边的贵德、平安、乐都、湟源等县。

清朝政府大力扶持藏传佛教格鲁派，因此在该派创始人宗喀巴的诞生地青海湟中县的塔尔寺扩建庙宇。为了供应寺院装饰及僧人们修坐，藏毯于是在塔尔寺附近的加牙滩应运而生。据《湟中县志》记载：清嘉庆年间，宁夏地毯工匠大、小马师来到加牙村。村民马得全、杨新春二人拜其为师，学习地毯技艺。杨、马两家的地毯手艺，世代相传。1913 年，加牙村有职业学校一处，与村民共做马褥、地毯。在县内及甘肃武威等地销售六千余条。[①] 加牙全村妇女皆能捻线，编织藏毯。因此民间有"姑娘嫁到加牙里，不捻线着干啥哩"的俗语流传。

加牙藏毯以天然放养的藏系绵羊毛、山羊毛、牦牛毛和驼绒等为原料，经过低温染纱、低温洗毯等工艺，有弹性好、不易脱色掉毛等独特的品质。在制作工艺方面，加牙藏毯采用橡壳、大黄叶根、槐米、板蓝根等天然植物染色，具有色泽艳丽、经久不褪的优点。工艺流程方面，采用连环节编织方法。所谓连环节就是将毛线环绕在绕线杆上，织好一行，就将毛线扣全部拉紧。再将杆上的绕纱用刀割开，地毯表面就出现了层层毛线的断面。待整片藏毯织好后，织匠再用剪刀对毯面给予打磨。经过这样打磨的藏毯其厚度在 15 毫米以上，弹性较好，踩踏过后也会立即恢复弹性，不会塌陷。

目前加牙藏毯大约有 14 个系列，70 多个品类。图案有佛八宝（法轮、法螺、宝伞、宝盖、荷花、宝罐、双鱼、盘花）、花卉、金刚杵、暗八仙和国王七宝等，图案古朴典雅。加牙藏毯从捻线到纺织全是手工操作，产品具有浓郁的地方特色和质朴的民族风格，再加上质量可靠，图案

---

① 湟中县地方志编纂委员会编：《湟中县志》，青海人民出版社 1990 年版，第 133 页。

丰富多彩，给人一种宁静、清洁和超凡脱俗的感觉。① 加牙藏毯主要销往甘肃、四川、西藏、青海各省，还有一部分销往印度、尼泊尔等国。深受海内外人士的喜爱。

参考资料：

1. 湟中县地方志编纂委员会编：《湟中县志》，青海人民出版社 1990 年版。

2. 严正德、王毅武主编：《青海百科大辞典》，中国财政经济出版社 1994 年版。

3. 马建设编著：《青藏民族工艺美术》，青海人民出版社 1999 年版。

4. 青海省地方志编纂委员会编：《青海省志·七十九·特产志》，黄山书社 2000 年版。

5. 周和平主编：《第一批国家级非物质文化遗产名录图典》（下册），文化艺术出版社 2006 年版。

6. 《国家级非物质文化遗产大观》编写组编著：《国家级非物质文化遗产大观》，北京工业大学出版社 2006 年版。

7. 王昱主编：《青海历史文化与旅游开发》，青海人民出版社 2008 年版。

藏族金属锻造技艺（藏刀锻制技艺）

项目名称： 藏族金属锻造技艺（藏刀锻制技艺）

项目类别： 传统技艺（传统手工技艺）

项目编号： Ⅷ – 120

申报单位： 青海省玉树藏族自治州

批准时间： 2008 年（第二批国家级非物质文化遗产）

简介：

藏刀是藏族人民日常生活中必备的生活工具，是主要用于切、割、砍、斩的工具。规格不同，造型也多种多样。从整体外形看，头柄首尾平形、头部锥形、两头凸形、圆形等。刀体用钢铁做成，刀刃锋利。刀柄镶有鲨鱼皮或黑牛角，便于握拿，不易滑脱，并有各种装饰花纹。刀鞘镂花嵌玉，装饰精美。一般设有保险机扣，实用、安全，不易丢失。②

玉树藏刀通常分为长刀、短刀和小刀三种。其中满 3 尺的属于长刀，1—2 尺属短刀，1 尺以下属于小刀。女刀一般不超过 9 寸。目前，常见玉

---

① 青海省地方志编纂委员会编：《青海省志·七十九·特产志》，黄山书社 2000 年版，第185—186 页。

② 严正德、王毅武主编：《青海百科大辞典》，中国财政经济出版社 1994 年版，第 1183 页。

树藏刀多为2尺以内的短刀和小刀。主要作为餐具使用。玉树藏刀工匠吸收各地制刀工艺之长,结合藏族人民审美需求,形成了玉树藏刀的独特风格。玉树藏刀的刀柄多以硬木或牛角为材料制成。刀鞘以铁皮或钢皮制成。玉树藏刀的特点在于华美的外观镶嵌装饰。男刀的刀柄多为云朵形,鞘首为圆形或椭圆形,外部镶嵌有金属叶片、金属丝、鲨鱼皮和宝珠等。纹样题材有龙、凤、花草、法轮、宝瓶和几何图案等。藏族艺人善于利用白银、紫铜和黄铜三种金属不同光泽交叉装饰,以增强美化效果。女刀镶嵌材料除金属叶片、金属丝和鲨鱼皮之外,还有宝石的镶嵌,除了在正面等距离镶嵌珊瑚珠和松耳石之外,刀鞘中部两侧还对称镶嵌两颗珊瑚珠。女刀的外观造型柄首及柄尾多呈蛇头形,而且通体弯曲度较大。正面、背面及两侧为菱形。[①]

　　玉树藏刀以安冲乡和称多县赛河乡的最为知名。在当地分别称为"安冲藏刀"和"赛河藏刀"。前者的女刀长而弯曲度大,后者短而平直。但是其质量及外观大同小异。玉树藏刀不但广受藏族人民的喜爱,还远销到印度、尼泊尔等国。

参考资料:

1. 梁钦:《江源藏俗录》,华艺出版社1993年版。

2. 严正德、王毅武主编:《青海百科大辞典》,中国财政经济出版社1994年版。

3. 林众主编:《中华旅游通典》(中册),社会科学文献出版社2004年版。

4. 王昱主编:《青海历史文化与旅游开发》,青海人民出版社2008年版。

陶器烧制技艺(藏族黑陶烧制技艺)

项目名称: 陶器烧制技艺(藏族黑陶烧制技艺)

项目类别: 传统技艺(传统手工技艺)

项目编号: Ⅷ-98

申报单位: 青海省囊谦县

批准时间: 2008年(第二批国家级非物质文化遗产)

简介:

囊谦县位于青海玉树藏族自治州。囊谦黑陶是一项古老的以家庭传承

---

① 　梁钦:《江源藏俗录》,华艺出版社1993年版,第405—408页。

为主的民间手工技艺。关于青海地区藏族黑陶工艺来源，主要有两种说法：一种是认为青海地区黑陶起源于唐代，文成公主进藏时将陶器制作工艺传授给当地藏族；还有一种认为起源于元朝，源于藏传佛教的传播，大量能工巧匠的涌入，陶器大量使用，从而带动了包括黑陶在内的诸多陶器的生产工艺的产生和发展。

囊谦黑陶工艺主要采用手工制作，工艺流程有十几道。首先选用当地纯净细腻的红黏土和黏土石为原材料，经手工捣碎成粉末状。再历经筛选、拉坯、晾晒、修整、压光、绘纹等工序，之后将坯体封入已烧制成成品的大陶罐中，即其独有的"封罐熏烟渗碳"方法，通过控制烧制过程中的温度和湿度，使其在烟熏过程中渗入陶坯，最后成品。此种制作工艺极为古老，其成品具有"黑如炭、硬如瓷"的特点。目前主要包括五个大的类别：坛、罐、壶、香炉、酥油灯具，都是与藏族民众生活密切相关的物品。①

参考资料：

王昱主编：《青海历史文化与旅游开发》，青海人民出版社 2008 年版。

银铜器制作及镏金技艺

项目名称：银铜器制作及镏金技艺

项目类别：传统技艺

项目编号：Ⅷ - 196

申报单位：青海省湟中县

批准时间：2011 年（第三批国家级非物质文化遗产）

简介：

银铜器制作

湟中鲁沙尔地处青海农牧业交会、多民族杂居的黄教圣地，手工银铜业已有数百年的历史。据《湟中县志》记载：明朝嘉靖以后，蒙古族、藏族群众来塔尔寺膜拜者增多，民族饰品和民族宗教用品需求量很大，外地手工业工匠陆续来鲁沙尔定居，该镇成为县内最大的手工业集镇。清道光二十四年（1844 年），甘肃临夏王珍迁居鲁沙尔，以铸造生铜器为业，

---

① 　王昱主编：《青海历史文化与旅游开发》，青海人民出版社 2008 年版，第 358—359 页。

教习其子王守礼等五人。自光绪二十年（1894年）至民国初年，王氏家族中以王守礼最为人所称道，他铸造的生铜佛像、塔尔寺大厨房的大锅、刘琦山神庙的大铜灯供器和十尊金佛，还有塔尔寺大经堂的法轮、十字多吉（饰物）、大小铜灯、大小净水碗和其他法器供物，都深受寺院僧人喜爱。清光绪年间，银匠张得禄迁至鲁沙尔，在张氏子弟及当地青年中收徒传艺，其工艺也是全县驰名。他们主要制造汉族妇女头饰，蒙古族、藏族妇女的服饰，宗教用品金灯、盔帽、佛龛、佛塔以及包银木碗等，其工艺精湛。①

湟中鲁沙尔的银器和铜器工艺精细、图案丰富、造型逼真、表现手法独特，以质纯、轻巧、光亮、壳薄、造型精美而著称。银器品种繁多，有回族、汉族、土族等妇女佩戴的戒指、耳环、手镯、项链、辫饰、银盾、银带环等。日用器皿方面有银茶壶、银茶盖、银茶托等。乐器方面有唢呐、镶翅法螺等。还有佛教寺院用品如金鹿法轮、宝塔、金幢、刹式宝瓶等。银器质朴清新，古色古香，别具风格。银匠所用的工具主要有炉子、砧子、锤子、凿子、镊子、钳子和灯。传承方式上主要为家族传承和师徒传承。② 由于长期受到佛教文化影响，工匠们经常采用"八吉祥徽"（宝伞、金鱼、宝瓶、胜利幢、法轮、吉祥结、右旋海螺、妙莲）和曼陀罗、妙翅鸟、龙、凤、雄狮、怪兽、祥云、宝焰等作为装饰图案。

铜器制作。铜器加工工艺精湛，造型逼真。主要工艺流程有下料、焊接、砸、灌胶、构图、抛光。生产方式主要是家庭手工业，世代相传。主要品种有佛教方面用的如佛像、灯、净水碗。民用品方面有铜火盆、铜壶、铜勺等。

湟中鲁沙尔银铜器手工技艺，在佛教艺术和民族生活艺术中占据重要的位置，其以宗教为中心，受佛教文化的洗礼，渗透着藏传佛教思想，包含着浓郁的民族情感和文化审美情趣。③

镏金技艺

传统的镏金工艺又称"火镀金"，在《唐六典》已有"镀金"之称，宋、元、明、清各朝代都有镀金作。这种装饰工艺被广泛应用于铸像、鼎

① 湟中地方志编纂委员会编：《湟中县志》，青海人民出版社1990年版，第133页。

② 赵宗福、马成俊编：《青海民俗》，甘肃人民出版社2004年版，第35页。

③ 王小明：《青海湟中鲁沙尔银铜器手工艺浅谈》，《青海师范大学学报》2012年第3期。

彝和铺首、金钉、铜瓦等建筑构件。如著名的西藏拉萨大昭寺、青海湟中塔尔寺的金顶都是用镏金铜瓦覆盖的。在镏金前，先用乌梅水或杏干水将工件洗刷干净。将金箔剪碎，在坩埚中加热。再加水银充分搅拌，倾入水中急冷，成为胶状金汞齐，称为"金泥"；再用铜棍将金泥和盐与矾的混合液涂抹工件表面，刷匀。再用木炭烘烤使汞蒸发，同时捶打器件表面使金层贴紧，用乌梅和皂角的浸出液洗净，最后用玛瑙工具压光。质量要求高的器件有反复要六七遍至十余遍的。[①]

参考资料：

1. ［英］泰利柯特：《世界冶金发展史》，华觉明译，科学技术文献出版社1985年版。
2. 湟中县地方志编纂委员会编：《湟中县志》，青海人民出版社1990年版。
3. 青海省地方志编纂委员会编：《青海省志·手工业志》，黄山书社1995年版。
4. 张忠孝编著：《世界屋脊青海游》，青海人民出版社1997年版。
5. 翟松天：《青海经济史》（近代卷），青海人民出版社1998年版。
6. 赵宗福、马成俊编：《青海民俗》，甘肃人民出版社2004年版。
7. 尕藏才旦编著：《藏传佛教艺术》，甘肃民族出版社2009年版。
8. 王文章主编：《第三批国家级非物质文化遗产名录图典》（上），文化艺术出版社2012年版。
9. 王小明：《青海湟中鲁沙尔银铜器手工艺浅谈》，《青海师范大学学报》2012年第3期。

碉楼营造技艺（藏族碉楼营造技艺）

项目名称：碉楼营造技艺（藏族碉楼营造技艺）

项目类别：传统技艺

项目编号：Ⅷ－186

申报单位：青海省班玛县

批准时间：2011年（国家级非物质文化遗产名录扩展项目名录）

简介：

藏族民居主要分布在青海果洛、西藏拉萨和泽当、四川的阿坝和甘孜以及内蒙古一部分地区。大多属于高原地带，民居样式大同小异。

藏族民居的主要形式是碉房（碉楼），是由乱石垒砌或土筑的房子，高一两层至四五层不等。碉房（碉楼）主要因其由土或石材料建筑而成，

---

① ［英］泰利柯特：《世界冶金发展史》，华觉明译，科学技术文献出版社1985年版，第613页。

或乱行码砌、或土砖砌筑、或土石混和、或生土浇捣，形似碉堡，故此得名。碉房（碉楼）的产生与其历史、自然、地理、气候等条件密切相关。①据《后汉书》记载，碉楼在东汉元鼎六年（公元前 111 年）以前就存在。碉房的名字也可以追溯到清乾隆年间。碉楼的墙基是用石块垒成，墙壁很厚，将天然石板调和泥巴砌成，依山而建。楼形属于下宽上窄型，呈等腰梯形。碉楼多用独木锯形梯上下。顶楼一般带有石板阳台，以远眺牧群或近察田间。碉楼的基本特点是平顶厚墙，等腰梯形，南开小窗。无论土房或碉楼，顶角均立一根悬有五色经文的木杆，藏族称之为"嘛呢大交"（汉语称"嘛呢杆"）。②

有关碉楼的来历，在藏族民间有这样一个神话：很久以前，被格萨尔王打败了的大小妖魔，纠集一起，变成风暴，夹着砂石，横扫高原，牧人的牛羊、庄稼和帐房常常被卷走。格萨尔王为了解除百姓们的苦难，招来七星兄弟。他们挖土刨石，连夜为牧人盖起了一幢高大的三层碉房。并嘱咐一楼圈牲畜，二楼住人，三楼供神佛。从此，牧人再不怕风暴了。后经格萨尔王的请求，七星兄弟在前藏、后藏都建起了这样的碉房。至今，牧人的碉房都是仿照七星兄弟设计的式样建造的，而且使用方法也一直未变。③

班玛县的藏族碉楼，藏语称之为"夸日"。可以分隘碉、烽火碉和家碉。建筑风格上可以分石木、石式、石木混合式及新式。碉楼选址多在向阳坡底，外形呈阶梯状。可分为两层或三层，上层放粮食，中层住人，下层养牲畜。建筑高约十米，顶面为平顶，墙体石木交错，间隙夹杂黄土砌成。各楼层之间都由整根圆木凿刻而成的独木梯衔接，可随意挪动。独木梯坡度在 45—60 度之间。一层畜棚为四梁八柱，向阳一面开一个小门，剩下三面无门窗，光线较暗。二层主要是居室、堂屋、厨房和走廊。房间之间由横木墙体相隔，外墙有窗户和烟道。烟道口为三角形，位于后墙。窗户开于侧墙，外小内大，呈长方形。走廊宽约一米，外沿由柳条编制而成，冬暖夏凉。三面墙在一人高处开设一小洞口，形似枪孔。三层为经堂及库房，外墙设有瞭望口。墙体、门窗、天棚、独木梯均为本色，不刷油

① 王其钧编著：《中国民居三十讲》，中国建筑工业出版社 2005 年版，第 322 页。
② 赵宗福、马成俊编：《青海民俗》，甘肃人民出版社 2004 年版，第 90—91 页。
③ 梁钦：《江源藏俗录》，华艺出版社 1993 年版，第 78—79 页。

漆，建造时由藏族专门的石匠修建。在建筑过程中，不吊线、不绘图，全凭经验，信手其成。壁面光滑平整、不留缝隙。①

参考资料：

1. 梁钦：《江源藏俗录》，华艺出版社 1993 年版。

2. 严正德、王毅武主编：《青海百科大辞典》，中国财政经济出版社 1994 年版。

3. 朱士光编著：《黄河文化丛书·住行卷》，陕西人民出版社 2001 年版。

4. 罗哲文、王振复主编：《中国建筑文化大观》，北京大学出版社 2001 年版。

5. 赵宗福、马成俊编：《青海民俗》，甘肃人民出版社 2004 年版。

6. 王其钧编著：《中国民居三十讲》，中国建筑工业出版社 2005 年版。

7. 华觉明、李绵璐主编：《民间技艺》，中国社会出版社 2006 年版。

8. 楼庆西：《中国传统建筑文化》，中国旅游出版社 2008 年版。

9. 王昱主编：《青海历史文化与旅游开发》，青海人民出版社 2008 年版。

10. 《果洛藏族自治州概况》修订本编写组编：《青海果洛藏族自治州概况》，民族出版社 2009 年版。

11. 王文章主编：《第三批国家级非物质文化遗产名录图典》（下），文化艺术出版社 2012 年版。

藏医药（藏医药浴疗法、七十味珍珠丸赛太炮制技艺）

项目名称：藏医药（藏医药浴疗法、七十味珍珠丸赛太炮制技艺）

项目类别：传统医药

项目编号：Ⅸ－9

申报单位：青海省藏医院、青海省金诃藏药药业股份有限公司

批准时间：2008 年（第一批国家级非物质文化遗产扩展项目名录）

简介：

藏医药浴疗法

藏医药浴疗法是将全身或部分肢体浸泡于药物煮熬的水汁中，然后卧热炕发汗，使腠理开泄、祛风散寒、化淤活络，达到治病目的的一种疗法。②

---

① 王文章主编：《第三批国家级非物质文化遗产名录图典》（下），文化艺术出版社 2012 年版，第 928 页。

② 青海省藏医院，http：//www.arurahp.com/ch/yaoyu/view.asp? id＝236　2013 年 10 月 2 日查阅。

藏医药浴疗法适应症包括四肢强直、瘰疬、疔疮，新旧疮伤，肿胀，驼背，骨内黄水病，一切龙型疾病等。不能施用药浴法的病症包括瘟疫，紊乱症，浮肿，食欲不振，眼病，面部疾病，脚心和拇指、手心等疼痛，睾丸疾病，心脏疾病，腹部疾病等。[①]

药浴疗法可以分为水浴和缚浴两类。水浴疗法，其作用是能治疗外散于肌肉，内伏于骨髓之伤热、毒热及陈热等各种热病。并对各类疖痈，陈旧性"索日亚"，一般之脉病，肢体强直或拘急，以及背弓腰曲，肌肉干瘪等陈旧宿疾，得到根除而获良效。水浴以五种天然温泉为最优，在不能获得情况下，可用五味甘露汤进行温浴。五味甘露汤包括：圆柏叶、黄花杜鹃叶各一份，水柏枝、麻黄各二份，丛生亚菊三份，以上五味为主药，每份以一斤以上为佳。按要求煎煮之后药汁实行药浴。药浴以七天或二十一天为一疗程，每天入浴。五味甘露汤药效分析：用圆柏叶，主治肾病，黄花杜鹃叶以平骚扰引发之痰邪等病，水柏枝以清肉毒，以麻黄扑杀窜入脉中血虫而清肝热，丛生亚菊能使血液平衡，兼清黄水而疗关节肿胀。五味配合，具有祛痰化湿，清热解毒，活血化淤，益肾壮腰等功效。用以治疗四肢僵直或拘挛，胃火衰败，脾血不足，肾脏寒风，外症疡疮以及皮肤疾病等症，颇有良效。缚浴法，将配制或经烧煮后之药物装入布袋中，包扎或放置于病患部位，起到治疗作用的疗法。可以分为清热缚浴和祛寒缚浴两种。[②]

七十味珍珠丸赛太炮制技艺

七十味珍珠丸，藏文译音为然纳桑培，是最有代表性的名贵珍宝藏成药之一。该药最早源于藏医经典方剂二十五味珍珠丸，后经历代藏医不断改进，有了现代所见方剂。该药是藏医临床治疗各种急慢性脑血管疾病最常用的药物，该方选用青藏高原特有的动植物及矿物类药，主要由佐太、天然珍珠、天然牛黄、羚羊角、麝香、藏红花、檀香、安息香、降香、九眼石、玛瑙、珊瑚等七十余味名贵藏药组成。采用传统藏药炮制工艺，结合现代制药手段，加工制成黑色水丸。其气芳香、味甘、涩、苦。具有安神、镇静、通经活络、调和气血、醒脑开窍之功效。该药对中风、瘫痪、半身不遂、小儿抽搐、癫痫、脑部疾病手术后的恢复、心脏病、

① 宇妥·元丹贡布等：《四部医典》，上海科学技术出版社1987年版，第298页。

② 桑罗却佩：《藏医药选编》，李多美译，青海人民出版社1982年版，第439—442页。

高血压及植物神经功能紊乱等，均有较好的疗效。[①] 七十味珍珠丸赛太炮制技艺一直被视为是藏医药领域内技术水平最高、工艺最复杂、周期最长、难度最大的一项炮制工艺。其炮制流程十分讲究，具有很强的实践性和经验性。我国目前能够掌握七十味珍珠丸赛太炮制技艺的人士屈指可数。[②]

参考资料：

1. 桑罗却佩：《藏医药选编》，李多美译，青海人民出版社 1982 年版。

2. 宇妥·元丹贡布等：《四部医典》，上海科学技术出版社 1987 年版。

3. 黄福开：《中国藏药浴》，中国藏学出版社 2003 年版。

4. 陈秋红、海平：《七十味珍珠丸研究概况》，《辽宁中医学院学报》2001 年第 4 期。

青海湖祭海

项目名称：青海湖祭海

项目类别：民俗

项目编号：X－86

申报单位：青海省海北藏族自治州

批准时间：2008 年（第二批国家级非物质文化遗产）

简介：

青海湖位于青藏高原东北部，东西长约 109 公里，南北宽约 65 公里，周长约 360 公里，湖面海拔 3196 米，湖水面积 4473 平方公里，最大湖深 31.4 米，容积 739 亿立方米，湖水平均矿化度 12.32 克/升，含盐量 1.24%。布哈河、沙柳河、乌哈阿兰河、哈尔盖河四条大河为湖水重要补给来源，其次是湖底的泉水。[③] 是中国最大的内陆咸水湖，也是国家重要的湿地。1997 年被国务院列为国家自然保护区。

西汉时青海湖称西海、仙海、鲜水（海），卑禾羌海。北魏时称青海。清代后期出现青海湖名称。藏语称"措温波"，蒙古语称"库库诺尔"，意为蓝色或青色的湖。青海省因青海湖而得名。青海湖有海心山、

---

① 陈秋红、海平：《七十味珍珠丸研究概况》，《辽宁中医学院学报》2001 年第 4 期。

② 新华网，http://qh.xinhuanet.com/2012－06/12/content_ 25382299.htm。

③ 《海北藏族自治州概况》编写组：《海北藏族自治州概况》，民族出版社 2008 年版，第 5 页。

海西山、鸟岛、沙岛和三块石等名胜。①

先秦时期，青海湖就是羌人心目中的神圣大湖。从汉代开始直至明朝，历代都对青海湖颇为重视，但仅限遥拜祭祀而已。近代对青海湖的祭祀肇始于清代。清顺治十年（1653年），五世达赖喇嘛罗桑嘉措在沙陀寺举行了祈祷海神护佑的祭海宗教仪式。

> 平定罗卜藏丹津反清事件后，创建了祭祀"青海神"制，并将历代遥祭改为到海边近祭。清雍正二年（1724年）川陕总督年羹尧麾下，四川提督岳钟琪督师进击罗卜藏丹津，在青海湖北哈拉河击败阿拉布坦鄂木布，追击一昼夜，到伊克哈尔河，人马甚渴，求水不得，岳钟琪命掘地寻水，竟获得泉，人马欢饮，追入崇山，歼敌二千，便以"青海神显灵"上奏清廷。雍正四年（1726年）三月，清廷诏封青海"水神"为"灵显宣威青海神"，派官员到海边立碑致祭，并筑碑亭一座……这是近祭青海湖仪式的开始。祭海的目的是为了会盟。祭海、会盟的仪式，照例由青海办事大臣主祭，由陕甘总督批准的西宁镇总兵陪祭，时间在农历七、八月间。其仪式是：在海神位献三牲（牛、羊、马各一只），香椿、蜡烛、帛（哈达一条），五谷粮食、酒、茶、果品等，还有龙旗一对、御杖四根，并由理藩院送来用满、汉、蒙古三种文字写的祭文一纸。经过初献、亚献、终献三项程序，行三跪九叩礼，读祝（祭文），仪式结束。② 乾隆二十七年（1762年），西宁办事大臣客保划蒙古各部落驻牧地区，仍定每年七月举行祭海会盟。乾隆三十八年（1773年），礼部奉敕按照名山大川例规定每年间以祭"四渎"之典礼祭青海。以后相沿成例，每年七月十五日遣钦差大臣召集青海蒙古王、公、札萨克等至海滨致祭，同时举行会盟。③

近代祭海从清朝开始一直延续了220年。后因战乱、时局变化等原因

---

① 海北藏族自治州地方志编纂委员会编：《海北藏族自治州志》（下卷），甘肃人民出版社1999年版，第752页。

② 青海省地方志编纂委员会编：《青海湖志》，青海人民出版社1998年版，第286—287页。

③ 同上书，第288页。

中断。1980 年以来，祭海仪式日渐复兴。除见诸历代典籍的祭祀青海湖仪式之外，民间祭祀青海湖仪式也蔚然可观。民间祭海可分为准备和仪式两部分。准备工作包括搭建神宫拉则、搭建桑台、制作宝瓶、搭建临时经堂、供奉玛尼堆、插挂经幡、诵经。仪式过程包括：煨桑祭供、放风马、转"廓拉"（意为转经）、磕长头、抛掷宝瓶①、入湖沐浴、转海、放生和跳神。② 青海湖祭祀期间还有商贸、文体娱乐等活动内容，祭祀青海湖已经成为环青海湖地区广大民众一项以祭祀为主，兼具民族团结、文化交流的综合性的活动。

参考资料：

1. 青海省地方志编纂委员会编：《青海湖志》，青海人民出版社 1998 年版。

2. 海北藏族自治州地方志编纂委员会编：《海北藏族自治州志》（下卷），甘肃人民出版社 1999 年版。

3. 《海北藏族自治州概况》编写组编：《海北藏族自治州概况》，民族出版社 2008 年版。

4. 王伟章：《民间文化视阈中的青海湖祭海》，《青海社会科学》2011 年第 4 期。

藏族服饰

项目名称：藏族服饰

项目类别：民俗

项目编号：X-113

申报单位：青海省玉树藏族自治州、门源回族自治县

批准时间：2008 年（第二批国家级非物质文化遗产）

简介：

藏族服饰具有悠久的历史。早在公元前 1 世纪前后，西藏高原土著部落的服饰就已具有今天藏族肥腰、长袖、大襟、右衽长裙、束腰及以毛皮制衣的特征。因藏区各地生活环境和生活方式不同，现代藏族服饰具有明显地域特色，大致可分为卫藏、康巴、安多三种。

青海藏族服饰具有独特结构样式和艺术特点，其服装以大襟袍服为主，即通常所说的藏袍。藏袍的特点是宽、大、长，一般用羊羔皮或老

---

① 宝瓶是献给海神的奠仪礼包。其制作方法是用哈达、磕磕、彩色布或绸子等，将五谷、酥油、茶叶、钱币乃至金银珠宝等包裹，再用五彩毛线绳扎紧而成，重量从几两至几斤不等。

② 王伟章：《民间文化视阈中的青海湖祭海》，《青海社会科学》2011 年第 4 期。

羊皮做成，也有狼皮、狐狸皮或猞猁皮等皮子做成的，分为冬夏两装及常服、礼服多种。① 此外因质地差异，还可以分为羊皮袍、布袍、氆氇袍、夹衫袍、呢料袍、羔皮袍等。下面分藏族男性服饰、藏族女性服饰加以介绍。

1. 藏族男性服饰

藏族男性藏袍长度等身，直身交领，袖子宽大，肥腰、无兜，袖口部位较窄，在领口与袖口等镶边，材料多用香獐皮、红条绒、氆氇等。彩色绸带作为腰带。其穿着方法，先用头部顶住衣服领，待束腰后放下领子，束好后，男性衣襟下缘以藏靴靴带处作为界限，上不高于膝盖。在平时，男性脱右袖，露右臂。若是劳动或舞蹈时，则两袖全脱，打结于腰间。隆冬时节，两个袖子都套上。

氆氇袍。藏语称"氆氇"为"楚"，是手工编织的羊毛织物，质地细密，手感柔软，具有保暖防雨，结实耐用的特点。氆氇袍是指以氆氇为材料做成的藏袍，男性穿着此等氆氇袍多为咖啡色和白色。

羊皮袍。用鞣制好的绵羊皮缝制成的羊皮袄，藏语称之为"匹巴"。具有肥大、保暖、耐磨的特点。缝制好的羊皮袄作为冬季常用服装，不镶边，白天用腰带扎起来束在腰间，夜晚可以当作被子，实用方便，与雪域高原气候特点相适应。

羔皮袍。藏语称之为"察日"。多用纯黑、藏蓝、紫青、咖啡色织锦缎或布料做面，下摆镶嵌水獭皮，宽约为5cm，双袖也要镶水獭皮边。

腰带。种类较多。最为著名的当属牛皮镶缎腰带、银板腰带和轻挽于臀下的股带。腰带除了束腰的实用功能之外，还比较注重其装饰功能，在色彩搭配、用料以及制作方面比较讲究。男子腰带多用酱色布料长带，时逢节日或歌舞场合则用数条多色绸穗腰带，穗垂于腰后。

帽子。形态各异，种类繁多。包括四叶锦边帽、狐皮帽、呢制礼帽、红穗帽等。其中红穗帽比较有特色，属于玉树藏族男子专用品，藏语称之为"觉拉"。其形状如圆筒，帽身和内径均为22cm，上面有直径30cm的顶盖，口有外沿，上窄下宽各外露1.5cm和6cm长的两层短檐，缀于帽顶中心的红缨呈辐射状向外顶檐四周散开。在走路、跳舞时，穗则自然摆动。

---

① 王昱主编：《青海历史文化与旅游开发》，青海人民出版社2008年版，第387—388页。

　　靴子。藏靴可以左右换穿,藏语称之靴子为"夯",俗称"算巴"。靴子前面呈三指宽的长方形,其间镶织锦缎或金银丝绳,两边用红、黄、绿三色丝线编制花纹,后开衩。靴底一般为牛皮,靴子尖翘起。

　　配饰。男子一般留长发,在发根部用佩套银箍等束紧,并镶嵌红珊瑚的法轮双鱼等吉祥物。或佩带红玛瑙,然后将发辫盘于头顶。男子也戴耳环,不过只戴右耳。材质有银或铜,并镶有松耳石或珊瑚。颈饰方面,男子多戴玛瑙项链。腕饰,男子多佩戴象牙手镯、银镯和玉镯等。

　　2. 藏族女性服饰

　　藏袍。女性藏袍长度略长于身体,束腰后,下襟与脚面平齐。

　　氆氇袍。材质面料与男服类似,女性的氆氇袍多为纯黑色。

　　羔皮袍。女性的羔皮袍所镶嵌的水獭皮很宽,30—100 厘米不等,而且在前大襟下半部还会用水獭皮自然色泽拼成不同色带,呈"人"字纹、斑马纹、"卐"字纹等。

　　腰带。女性腰带用优质牛皮制成,两头窄中间宽,宽度约为 4 指。底面用红呢、织锦缎或平纹布,带面镶红。之后利用染色羊皮拼成左右对称花纹。再用同色丝线缝于底面。

　　配饰。玉树地区女性配饰丰富多彩。

　　发饰。将头发梳成等距排比的小辫,辫梢向后系编在一起,辫梢还可以装饰小根银链,在合辫梢上续编红穗丝,自然下垂。有的地方还在上面装饰珊瑚等饰物。已婚女性在前额两侧和头顶各装饰有一块黄琥珀,藏语称之为"蜡贝"。未婚女性则留有刘海,头顶戴一蜡贝。

　　耳饰。女性耳饰形态各异。耳环质地多为金、镀金、银或黄铜。饰样方面,有的在耳环上镶嵌松耳石,有的镶嵌细碎的小松耳石,再下面是长形的珊瑚,尾部为细长的松耳石。

　　颈饰。女性佩戴一串或数串的猫眼石项链,或珊瑚、绿松石串在一起的项链。在珊瑚、松耳石之间横穿两眼处镶嵌金银的筒形玛瑙梳。

　　指饰。女性多戴金、银戒指于左手中指或无名指处。[1]

　　总体来看,藏族服饰色彩艳丽,款式大方,适合雪域高原生活方式和生产方式。在防寒御暑之外,还有着表示性别、身份、等级等功能。藏族为全民信仰藏传佛教的民族,宗教也对服饰产生了影响。如佛教认为头发

---

　　[1]　朱世奎主编:《青海风俗简志》,青海人民出版社 1994 年版,第 166—172 页。

是父母所生人身之一器官，因此男性也留长发。此外，藏族无论男女老幼都喜欢佩戴佛珠和护身符，也是佛教影响所致。藏族服饰当中不仅可以看到经济、历史、自然等因素的影响，也可以从中探究文化、宗教以及人生观和世界观等内容，具有较高的研究价值。

参考资料：

1. 朱世奎主编：《青海风俗简志》，青海人民出版社 1994 年版。
2. 杨圣敏主编：《黄河文化丛书·服饰卷》，内蒙古人民出版社 2001 年版。
3. 王昱主编：《青海历史文化与旅游开发》，青海人民出版社 2008 年版。

土族

拉仁布与吉门索

项目名称： 拉仁布与吉门索

项目类别： 民间文学

项目编号： Ⅰ–29

申报单位： 青海省互助土族自治县

批准时间： 2006 年（第一批国家级非物质文化遗产）

简介：

《拉仁布与吉门索》是土族人民用土语创作并演唱的民间长诗，至今仍在土族地区以口耳相传的方式活态传承。该长诗一共分为八个章节，以讲唱为主，在不同地方具有不同的流传方式。演唱方式以男女主人公对唱为主，层次分明，结构清晰。该长诗有固定的曲调，上、下句曲式结构旋律平稳，曲调委婉古朴、悠扬辽阔。

该民间长诗的主要内容：从前，沟里住着一户穷人，家里有一个小伙子，名叫拉仁布。拉仁布生来聪明勇敢，为了一家人的生活，长年给财主家当长工放牛。财主家住在滩里，家里全由贪婪无度的巴颜孔当家。他有个妹妹，名叫吉门索，生得灵巧漂亮，心地善良。虽然家财万贯，但吉门索的哥嫂却依然财迷心窍，他们为了发财，就让自己的妹妹吉门索给家里放羊。

每当太阳升起的时候，拉仁布和吉门索就赶着牛群和羊群向草场进发。俩人每天相聚在山岭涧谷时间流逝，产生了爱慕之情。放羊牧牛时俩人在路上互相倾吐心声，歌声回荡在土族人的山山岭岭。

　　　　滩里的妹妹吉门索，沟里的阿吾拉仁布。成百的马群赶上来，同我的马驹合伙来。
　　　　成百的牛群赶上来，同我的牛群合伙来。成百的羊群赶上来，同我的羊羔合伙来。
　　　　阴山坡上摘白花，阳山坡上折柏香。手拉手儿上高山，高山顶上煨大桑。
　　　　四面八方三磕头，祈祷苍天和诸神。头对头来脸对脸，心里的话儿说不完。[①]

　　俩人一起放牧，歌唱。人们都说他俩是天生的一对，地配的一双。听着他们美妙的歌喉，没有一个人不羡慕他们纯洁的爱情，人们都希望他们俩早日结成恩爱夫妻，白头偕老。
　　不久，拉布仁和吉门索相爱的事情传到了吉门索的哥哥耳朵里，但是吉门索的哥哥一心想在妹妹的婚事上捞一笔财礼和家当，不愿将妹妹嫁给一个穷牧工，于是他想尽办法要拆散妹妹和拉仁布的爱情。他把放羊放牛的草场分开，以阻止他们相会，但百般阻挠也难以拆散二人。于是，吉门索的哥哥就想出了一条毒计，他将妹妹吉门索囚禁在家里。吉门索痛苦交加，她唱道：

　　　　沟里的哥哥拉仁布，沟里的哥哥拉仁布，你在山头候着我，我在家里受折磨。生铁锁子门上挂，房子成了千斤闸。暗室密密不见缝，好像打入地狱中。没有亮儿没有灯，越思越想越心惊。
　　　　沟里的哥哥拉仁布，沟里的哥哥拉仁布，你在山头不知情，我在家中受苦痛。我本像昆仑灵芝草，落在枯涧要萎凋。我本是林中一金凤，如今囚在牢笼中。
　　　　沟里的哥哥拉仁布，沟里的哥哥拉仁布，活着不能鸾凤配，死了也要成双对。
　　　　沟里的哥哥拉仁布，沟里的哥哥拉仁布，我身子毁了心不悔，日

---

　　①　马光星：《土族文学史》，青海民族出版社1999年版，第70—71页。

日夜夜等着你。①

　　吉门索的哥哥身穿妹妹的衣服，假扮妹妹的模样上山赴会并刺伤了拉布仁。吉门索知道拉布仁受伤的消息悲痛不已。她的心像烈火一样燃烧着：

　　　　拉仁布哥哥你在哪里，吉门索妹妹来看你，我按着心儿来看你，心里绞痛没法儿说。哥哥我看看你的脸，热泪儿把心窝暖一暖，你伤重伤轻对我说，叫妹妹怎样照料你都好。②

　　当她冲破了哥哥的监禁赶到葬地，看到心爱的拉布仁已经死去时，声泪俱下，将自己心爱的首饰衣物一件件地投入熊熊烈火中，但尸体仍然烧不着，最后她悲愤地哭道：

　　　　葬地熊熊起烈火，拉仁布哥哥请听着：我舍不得的啥也没有，金边帽子给你者。

　　　　葬地熊熊起烈火，拉仁布哥哥请听着：我舍不得的啥也没有，簪子、魁子给你者。

　　　　葬地熊熊起烈火，拉仁布哥哥请听着：我舍不得的啥也没有，耳坠、手镯给你者。

　　　　葬地熊熊起烈火，拉仁布哥哥请听着：我舍不得的啥也没有，身上的袍子给你者。

　　　　啊！拉仁布哥哥哟，啊！拉仁布哥哥哟，请你把妹妹等待着，我跟你一搭儿要超脱！

　　　　天翻地覆出奇变，人间孽海起大波，歹人巧扮作诱害，你在刀下血成河。

　　　　你为妹妹丢了命，你死了妹妹独不活。鸳鸯拆散各自死，凤凰失伴殁山窝。

---

①　《中国少数民族文学作品选》编辑委员会编：《中国少数民族文学作品选》（第二分册），上海文艺出版社 1981 年版，第 347—348 页。

②　马光星：《土族文学史》，青海民族出版社 1999 年版，第 73 页。

　　啊！拉仁布哥哥哟，啊！拉仁布哥哥哟，人间的大祸袭击我，多情的偏偏受折磨。

　　只要我跟哥哥走，万丈烟火里敢落脚。活时成双死成对，魂灵儿一处儿来裹落！

　　啊！拉仁布哥哥哟，啊！拉仁布哥哥哟，妹妹横心跳入火，一死报答好哥哥。[①]

　　最后她自己纵身跳入火堆中，二人瞬间一起化为灰烬。但是吉门索的哥哥却将两人的骨灰分别撒到了河的两岸。三年后，河两岸长出了两棵合欢树，在河上方叶叶交错，枝理相连。吉门索的哥哥又把合欢树砍倒，放到灶里烧成灰，随即从烟囱里飞出了一对美丽的"翔尼哇"（鸳鸯）啄瞎了哥哥的双眼，之后高高地飞翔在俩人当年一起放牧的山坡上空。

　　历史上，土族的先民曾经从事畜牧业生产。《拉仁布与吉门索》通过一对青年男女的爱情悲剧，反映了土族早期的游牧封建社会状况以及土族早期崇奉自然和多神信仰的宗教习俗。《拉仁布与吉门索》故事中的人物性格鲜明，该长诗对于民族学、语言学和宗教学研究提供了丰富的素材。其中对研究土族生产方式从游牧向农业的转变具有重要的历史价值。

参考资料：

　　1. 中国科学院民族研究所青海少数民族社会历史调查组编：《土族简史简志合编》，青海人民出版社 1963 年版。

　　2. 《中国少数民族文学作品选》编辑委员会编：《中国少数民族文学作品选》（第二分册），上海文艺出版社 1981 年版。

　　3. 青海民族学院民族研究所编：《青海少数民族》，青海人民出版社 1987 年版。

　　4. 郭璟：《土族》，民族出版社 1990 年版。

　　5. 朱刚等编著：《土族撒拉族民间故事选》，上海文艺出版社 1992 年版。

　　6. 马光星：《土族文学史》，青海民族出版社 1999 年版。

　　7. 周和平主编：《第一批国家级非物质文化遗产名录图典》（上册），文化艺术出版社 2006 年版。

---

　　① 《中国少数民族文学作品选》编辑委员会编：《中国少数民族文学作品选》（第二分册），上海文艺出版社 1981 年版，第 351—352 页。

花儿（丹麻土族花儿会）

项目名称：花儿（丹麻土族花儿会）

项目类别：民间音乐

项目编号：Ⅱ–20

申报单位：青海省互助土族自治县

批准时间：2006 年（第一批国家级非物质文化遗产）

简介：

丹麻土族"花儿"会是青海省互助土族自治县具有一定影响力的群众传统集会，因起源和活动地点在该县的丹麻镇而得名。丹麻土族"花儿"会集戏曲表演、花儿演唱、商品贸易于一体。一般在每年的农历六月中旬举行，会期五天，一年一次，波及甘肃、宁夏等地区，影响深远。

丹麻土族"花儿"会起源于明朝后期，距今有四百多年历史。关于"花儿"会的起源还有一个传说：很久以前，丹麻地区滩青水秀，人们在这里安居乐业，繁衍生息。可是这里的土司仗着自己权势大，让老百姓受他的管制，人们不能随便上山砍柴，也不能下滩放牧，可他自己却霸占了山林和草滩，大兴土木，山林被他砍光了，气候也变了。有一年，庄稼刚出苗就遇上了大旱，眼看着就要旱死了。六月六的那一天，来了两个土族青年男女来丹麻滩向老天唱"花儿"，诉说百姓的苦处：

> 天不睁眼人吃人，修寺者，锅盖儿揭不开了；
> 天不下雨地生火，老天爷，我们把啥良心坏了？

在他们唱到第六天的时候，终于感动了玉皇，一时间电闪雷鸣，大雨倾盆，他们在雨里唱道：

> 天上的云彩起来了，雷声响，雨点哗啦啦地下了；
> 老天爷有恩人无道，土司爷，你枉把个寺庙修了。
> ……

等到雨过天晴，丹麻滩里的人们发现二人不见了，而他们站过的地方出现了两棵大树。因为下雨这天是农历六月十三日，为了纪念两位青年和感谢上苍的恩赐，后来人们便在每年农历六月十一至十五日举办丹麻"花儿"会，一直延续至今。①

丹麻"花儿"会被认为是当地人民祈求风调雨顺，期盼丰收而举办的朝山会，是带有庙会性质的集会。人们成群结队地来到"花儿"会上，演唱土族"花儿"。青年男女也自由组合成若干歌队，相互对歌。届时，无论是大街、路旁、树荫下、小河旁都是歌声起伏。丹麻花儿会成为展示土族民俗风情、传承土族文化的重要场所。

"花儿"会上有《尕联手令》《黄花姐令》《杨柳姐令》《好花儿》《二六连》等，曲调优美，婉转动听。如《"少年"里问候着你来》（尕连手令）：

> 樱桃儿好吃（呀连手）树难栽（哟花儿尕连手哟），树根里（嘛）渗出个水（呀）来；心儿里有你（呀连手）口难开（哟花儿尕连手哟），"少年"里（嘛）问候着你（呀）来。②

丹麻"花儿"会上演唱的土族"花儿"是青海花儿的重要组成部分，具有独特的民族风格。蕴涵着丰富的土族文化内容，具有较高的艺术价值和音乐价值。丹麻花儿会期间还有唱"花儿"的高手演唱《三国演义》《水浒传》中的故事和历史事件。丹麻"花儿"在青海省境内的群众文化活动中一直久负盛名。保护丹麻"花儿"会对土族"花儿"和土族文化的传承意义深远。

参考资料：

1. 互助土族自治县民间文学集成办公室编：《互助民间故事》（第一集），1990 年。

2. 高占祥主编：《中国民族节日大全》，知识出版社 1993 年版。

3. 《中国民间歌曲集成·青海卷》编辑委员会编：《中国民间歌曲集成.青海卷》，中国 IS-BN 中心 2000 年版。

4. 铁木尔·达瓦买提主编：《中国少数民族文化辞典·西北地区卷》，民族出版社 1999 年版。

---

① 互助土族自治县民间文学集成办公室编：《互助民间故事》（第一集），1990 年，第 29—30 页。

② 《中国民间歌曲集成·青海卷》编辑委员会编：《中国民间歌曲集成·青海卷》，中国 IS-BN 中心 2003 年版，第 725 页。

土族於菟

项目名称：土族於菟

项目类别：传统戏剧

项目编号：Ⅲ－40

申报单位：青海省同仁县

批准时间：2006 年（第一批国家级非物质文化遗产）

简介：

土族於菟流传于青海省同仁县年都乎村，是当地特有的一种民俗文化形态。于每年农历十一月初五至二十日举行，包含念平安经、人神共娱、祛疫逐邪等仪式。於菟既是仪式的名称，也是舞者的称谓。

年都乎村距离青海省黄南同仁县北约 2 公里，343 户人家，一千八百多人，分别由"上部""上秀""拉卡"和"希拉"四个部落组成。因为长期生活在藏区，受藏族文化影响，在服饰、语言、民俗、信仰方面都带有藏族文化色彩。其村名年都乎，也是藏语，意为"霹雳炸雷，消除魔孽"的意思。①

1. 念平安经

念平安经活动从农历十一月初五开始持续到二十日结束。主要是为了感谢神佛在本年度所给予的平安和丰收，此外还要祈祷来年风调雨顺、人畜平安等。初五、初六、初七这三天在年都乎村的本教寺庙内，由本教法师主持念平安经。初九至二十日，在藏传佛教寺院年都乎寺，由活佛主持众僧侣念平安经，祈祷本寺所辖区域内的信众五谷丰登、人畜两旺。此外，本村村民从初九开始至二十日，有组织地念六字真言经及平安经。

2. 人神共娱

"邦"活动。该活动是"於菟"活动的序幕，其最初目的是要娱神，之后才是娱人。初八、十二日、十四日和十九日举行。初八早晨，由去年选定的人家将山神庙中二郎神请回家中，事以供奉。傍晚，村内男女也汇集到举行"邦"的人家。法师主持的"邦"内容包括举行献供、赞颂、献舞等隆重的祭祀内容，众人表演饶有趣味的节目，还要让法师打卦来探知神是否满意。之后男女对歌，各自选定意中人散去。十二日、十四日和

---

① 马成俊：《热贡艺术》，浙江人民出版社 2005 年版，第 160 页。

十九日的"邦"活动大体相同。

十九日晚进行"邦"活动和第二天"於菟"的准备工作。拉哇(法师)和想要成为"於菟"的青年男子及相关人等汇集到山神庙内,此日"邦"活动,女性不得参加。而参加"於菟"的青年男子的动机是想通过扮演"於菟",为家中的病患者驱病祛灾,希望本人及家人来年平安吉祥。当晚法师选"於菟",法师根据年龄、体质等状况确定"於菟"人选。

3. 祛疫逐邪

农历十一月二十日是黑日,也是年都乎村民认为一年中最不好的日子。当天下午两点左右举行"於菟"仪式。届时,"於菟"们来到山神庙前,脱掉上衣卷起裤腿,从头到脚涂抹香灰,用墨汁(以前用锅底灰)将胸部绘成虎头样,脸和胳膊及后背和腿部绘以虎豹斑纹,用白纸条扎起头发,向上竖立。双手各持两米多长的柏树枝,树枝顶用刀劈缝,将折叠好的白纸夹住,再将折纸的两边用胶水对粘起来形成平顶伞状,下方剪一长方形二十四棱形孔的纸黏于杆上。装扮好后,在法师带领下祭拜神灵。法师诵经之后,向"於菟"灌酒,"於菟"就不能再言语。饮酒后的"於菟"随鼓点节奏在庙前表演"於菟"舞。此种舞蹈以模仿老虎的形体动作为主,包括单腿跳、垫步和吸腿等。"於菟"舞音乐以锣鼓点为主,"於菟"舞以及祭祀仪式以单面羊皮鼓及锣伴奏,虽然单一、缓慢,却伴随着"於菟"舞的全程,具有神秘庄严感。音乐调式方面平和节奏缓慢。伴奏的羊皮鼓由拉哇(法师)手持敲击,其他人不得触碰。

表演即将结束时,鞭炮和枪声鸣响,五名小"於菟"沿便道跑下山丘,两名大"於菟"和法师及副手等随鼓点缓缓舞步尾随下山。小"於菟"们跳入家户,行禳灾纳吉的仪式。进家户时,不能走门,只能翻墙。进入之后,大肆搜寻肉食,找到之后就叼在嘴里,做摇头摆尾的猛虎状。如果家中有病人,则让病人俯卧于家中、巷道,让"於菟"从其身上跳跃而过。"於菟"们行经巷道时,村民们也将事先准备好的中间有孔的馍——当地人称"看子",在"於菟"活动中被认为是病疫不祥载体——串在"於菟"手中的柏树枝上。"於菟"要挨家挨户跳舞禳灾驱邪,但是要避开法师家。"於菟"们从各家翻墙出来后,汇集到巷道后,穿越到东城门,五名小"於菟"和两名大"於菟"及法师、副手们汇合缓缓起舞。此时,鞭炮和枪鸣响,"於菟"们窜出城门,跑到村外的河边,将手中柏树枝及"看子"扔进河中，并在河边洗去身上的纹饰，开始说话。穿戴整齐回到村庄，沿途燃起一个火堆，参加者要从火上跳过。"於菟"仪式结束。[①]

土族於菟舞流传至今已有数百年历史。关于"於菟"习俗的历史渊源众说纷纭，有楚风说、羌俗说、本教仪式说等，民间也有多种说法。於菟舞是土族先民崇拜虎的文化遗存。此外，鉴于同仁土族族源及其民族共同体形成过程的复杂性，於菟舞也可视为多民族文化融合的产物。因此，土族於菟对于研究土族的民族形成、历史文化以及宗教信仰具有重要价值。

参考资料：

1. 马成俊：《热贡艺术》，浙江人民出版社 2005 年版。

2. 秦永章：《江河源头话"於菟"——青海同仁年都乎土族"於菟"舞考析》，《中南民族学院学报》2000 年第 1 期。

3. 唐仲山：《青海"於菟"巫风调查报告》，《民俗研究》2003 年第 3 期。

4. 马光星：《古朴的热贡土族"於菟"舞》，《中国土族》2004 年第 1 期。

5. 曹娅丽：《土族"於菟"舞：萨满文化遗风》，《北方民族》2007 年第 2 期。

安昭

项目名称：安昭

项目类别：传统舞蹈

项目编号：Ⅲ－109

申报单位：青海省互助土族自治县

批准时间：2011 年（第三批国家级非物质文化遗产）

简介：

"安昭"是土族民间的传统舞蹈，也是一种集诗、歌、舞为一体的民间娱乐形式。主要流行于青海互助土族自治县。"安昭"舞，土族语称为"千佼日"，意思是"弯曲""转圈"。因其歌词的衬句"安昭索罗罗——卓玛阿吉索罗罗""安昭——昭应昭呀——什则扬什则"等等。因此被称为安昭或安昭舞。[②]"安昭"是歌舞结合，无乐器伴奏，以歌的旋律来统领舞蹈。

---

① 唐仲山：《青海"於菟"巫风调查报告》，《民俗研究》2003 年第 3 期。

② 朱世奎主编：《青海风俗简志》，青海人民出版社 1994 年版，第 309 页。

跳"安昭"舞没有人数上的限制，几人至上百人都可以。土族人民逢年过节、迎送宾客、庆贺丰收时喜欢聚集在场院或庭院里，燃起篝火跳"安昭"舞。起舞时拉起圆圈，由一两位"杜日金"（歌唱能手）领唱歌词，其后跟随着众人，边舞边唱。领唱者唱出上乐句（歌词），众人同声齐唱下乐句（衬词），可说是一唱众和的歌唱形式。在力度和音色上形成强烈对比，一呼百应，气氛热烈异常。这种歌舞形式称之为"转安昭"或"跳安昭"。

跳"安昭"舞要领：先向下弯腰，同时双臂随步态而摆动，随第一步向右摆动，迈第二步时向左摆动，迈第三步时左脚高跳随身体向右转一圈，这就完成了一个舞蹈动作。[①]

"安昭"舞的曲调，据调查有十五六种之多。属于家曲中喜庆、欢乐的曲类，三、四节拍的较多。"强弱弱"的三节拍舞曲节奏清晰分明，曲调高亢、流畅。"安昭"曲调与舞步配合紧密，并随着歌词内容的变化而变化。女性舞蹈动作优雅、秀气、温柔。男性则粗犷、开朗、大方。[②]

在跳"安昭"时所唱的歌也叫"安昭"。一首歌可以随意填词，一首歌词也可以随意变换曲调演唱。互助县流传的舞蹈歌有数十种，其中《安昭索罗罗》《强强什则》《幸中布索》《拉毛治召》《谢玛罗》《拉热烈》《什则因什则》等流传最广。

《安昭索罗罗》曲调悠扬动听，舞蹈动作轻盈大方。歌词以祝福赞美为主。

赤列石山上台上，白色骏马在欢腾，前部已入野马滩，部分原地没起身，白马领先好吉兆，祝愿人间吉祥来。

赤列石山中台上，白色牦牛在欢腾，前部已入野牛群，部分原地没起身，白牛领先好吉兆，祝愿人间吉祥来。

赤列石山下台下，白色绵羊在欢腾，前部已入野羊群，部分原地

---

① 朱世奎主编：《青海风俗简志》，青海人民出版社 1994 年版，第 309 页。
② 穆赤·云登嘉措主编：《青海少数民族》，青海人民出版社 1995 年版，第 310 页。

没起身，白羊领先好吉兆，祝愿人间吉祥来。①

《强强什则》以问答的方式，唱述本民族的历史、神话、传说等，具有史诗性质。

　　　　天上圆来什么圆？天上圆来月亮圆。索罗罗树儿当中显，满天的星星扎一圈。

　　　　地下圆来什么圆？地下圆来场院圆。八棱子碌碡当中显，青稞麦捆扎一圈。

　　　　进去大门什么圆？进去大门圆槽圆。嘛呢杆杆当中显，犏牛骡马扎一圈。

　　　　进去大房什么圆？进去大房火盆圆。奶茶罐子当中显，阿爹孙子扎一圈。②

在安昭舞流行的青海互助地区，还有《跳安昭舞降王莽》的传说。很久以前，有个人叫王莽，他住在深山的岩洞里，不时到村子里面烧杀抢掠，无恶不作。百姓们苦不堪言，求助官家，谁知官家也拿他没办法。只好贴出榜文，谁能降了王莽，就封他为方圆十里的土司官。

当时有位妇女长得俊俏，而且足智多谋。她组织村里的姐妹们练舞蹈又练武艺，准备降服王莽。她们头戴珠穗闪烁的头饰，身穿艳丽的五彩花袖衫，腰勒绣花搭包带，脖子上套着镶有 28 枚圆形海螺片的项圈，里面暗藏匕首和菜刀。她们提着青稞酒，在王莽经常出没的地方唱歌跳舞，热闹非凡。

果然，王莽被欢快的歌声吸引过来，当他看见一群美丽的妇女时，情不自禁地和她们一起跳起来。有位妇女请王莽喝酒，他大碗大碗地喝着，酒后就更加肆无忌惮地跳起来。但是不多时，他就发现自己没有其他跳舞的人打扮得漂亮，于是就央求也像她们一样装扮起来。这位妇女就给王莽套上了铁项圈，等他挥动胳膊左右摆动的时候，铁项圈滑落套

---

　　①　《中国民族民间舞蹈集成》编辑部编：《中国民族民间舞蹈集成·青海卷》，中国 ISBN 中心 2001 年版，第 607 页。

　　②　互助土族自治县民间文学集成办公室编：《互助民间歌谣》，1991 年，第 246 页。

住了他。妇女高喊"安昭",众姐妹齐动手,拿出藏好的匕首和菜刀降服了王莽。

现在,土族人跳"安昭"时,双臂左右摆动的动作,总会被人们说成是降王莽时的动作。降服王莽之后土族妇女脖子上套的项圈流传至今。①

参考资料:

1. 郭璟:《土族》,民族出版社 1990 年版。

2. 叶大兵、乌丙安主编:《中国风俗辞典》,上海辞书出版社 1990 年版。

3. 互助土族自治县民间文学集成办公室编:《互助民间歌谣》,1991 年。

4. 互助土族自治县志编纂委员会编:《互助土族自治县志》,青海人民出版社 1993 年版。

5. 朱世奎主编:《青海风俗简志》,青海人民出版社 1994 年版。

6. 穆赤·云登嘉措主编:《青海少数民族》,青海人民出版社 1995 年版。

7. 《中国民族民间舞蹈集成》编辑部编:《中国民族民间舞蹈集成·青海卷》,中国 ISBN 中心 2001 年版。

8. 《中国民间故事集成·青海卷》编辑委员会编:《中国民间故事集成·青海卷》,中国 IS-BN 中心 2007 年版。

土族轮子秋

项目名称: 土族轮子秋

项目类别: 传统体育、游艺与杂技

项目编号: Ⅵ - 45

申报单位: 青海省互助土族自治县

批准时间: 2008 年(第二批国家级非物质文化遗产)

简介:

轮子秋流行于青海省互助县土族群众中。轮子秋,土语称"卜日热",意为"陀螺",是土族人民创造的一项娱乐活动。在历史发展中,经历了由简单到复杂,由简陋到华丽的过程。

轮子秋的传说。据载土族祖先可汗布勒为了寻找生活的出路,上天擒青龙驾金犁没成功,捉野牛套银犁也没成功,最后下平滩牵黄牛套铁犁成功开荒,洒下金子般的青稞种子获得了丰收。为了把庄稼运进场院,他又

---

① 《中国民间故事集成·青海卷》编辑委员会编:《中国民间故事集成·青海卷》,中国 IS-BN 中心 2007 年版,第 259—260 页。

打造了木车。当最后一车捆子运上场院，车子翻了，朝天的那扇轱辘转个不停。忽然，他看见两个赤身的孩子在车轮上飞舞，口中还欢快地唱着庆祝丰收的家曲《扬格楼》。从此以后，每年秋冬季节，碾完场，"卧"碌碡、"卧"车，直到正月十五，期间土族人民都要将大板车的车棚抬下，将车轴连同轱辘竖起，在下轮压上碌碡或大石头等重物固定重心。朝上的车轮绑一横杆或木梯，在横杆或梯子两头拴以长皮绳绾的圈，制作成轮子秋。1979 年以来土族人又对轮子秋进行改造，钢管做轮盘，装上滚珠轴承，装饰彩旗飘带。

打秋千时，人坐在绳圈里，由他人推动横杆或梯子，车轮就旋转起来。围观的人群或帮助推横杆或木梯使之旋转，或围成圆圈，跳"安昭"，唱"转秋歌"。

轮子秋架起来后，全庄的老人孩子都要上去转一转。据说年老的打了轮子秋，一年之中腰腿不疼，神清气爽。技术高超者能在转秋上做"寒鸦探梅""金鸡独立""孔雀开屏""猛虎下山"等动作，下来后头不晕，眼不花，继续歌舞。庄子上长者给优胜者披红敬酒作为奖励。

作为一种集体合作的体育项目，轮子秋一般是四人进行，两人荡秋，两人转车轮。转轮子秋分为同性对打和异性对打（有血缘关系的异性不能同打），谁转上面就唱歌。如《打秋歌》：

　　　秀姐呀秀姐（土语，秋千），你是欢快的云雀；秀姐呀秀姐，你是扑闪的粉蝶；转起来呀唱起来，飘上高高的云天，牵来七彩虹霓——吉祥如意；捧上片片白云——把哈达敬献。秀姐呀秀姐，将爱情和幸福洒满人家。①

轮子秋也成为土族青年男女展示歌喉和高超技巧的舞台，成为双方喜结良缘的媒介。还寄托着吉祥、平安和健康的美好愿望。

轮子秋形象地反映了土族先民从畜牧业生产方式向农耕生活转变的艰辛历程，与土族农业发展历程密切结合，也融合了土族的歌舞等，是研究民族体育、民族娱乐传承的珍贵材料。

---

① 青海人民出版社编：《青海风物志》，青海人民出版社 1985 年版，第 308 页。

参考资料：

1. 青海人民出版社编：《青海风物志》，青海人民出版社 1985 年版。
2. 星全成编著：《土族风情》，青海人民出版社 2001 年版。
3. 张成志：《土族轮子秋的民俗价值刍议》，《青海民族研究》2003 年第 2 期。

土族盘绣

项目名称：土族盘绣

项目类别：民间美术

项目编号：Ⅶ – 24

申报单位：青海省互助土族自治县

批准时间：2006 年（第一批国家级非物质文化遗产）

简介：

土族盘绣艺术主要流传在青海省互助县东沟、东山、五十、松多、丹麻等乡镇。

土族盘绣用料考究，加工精细。制作传统土族盘绣，需将胡麻草经过反复捶打后加工成麻棉，再将麻渣碾磨成胡麻面，然后拌成糨糊涂在麻棉上，制成麻棉垫。再用黑色纯棉布做底料，面料选定剪裁得当后，再用糨糊裱糊三至五层，要求布纹较粗，便于绣制。

盘绣是丝线绣，有红、黄、绿、蓝、桂红、紫、白等七色绣线。绣时一般七色俱全，配色协调，鲜艳夺目。盘绣的针法也十分独特，操针时同时配两根色彩相同的线，一作盘线，一作缝线。盘绣不用绷架，直接用双手操作。左手拿布料，右手拿针，作盘线的那根线挂在右胸，作缝线的那根线穿在针眼上。绣制时，盘线盘在针上，当针抽上来后，用左手拇指压线，右手针缝压。上针盘，下针缝，一针二线，使二毫米大小的线圈，均匀排列在缝线上。制作时虽然费工费料，但是成品厚实华丽，经久耐用，可几年，甚至几十年不褪色。

盘绣的图案也构思巧妙，极具民族风格。包括法轮（土语称为"扩日洛"）、太极图、五瓣梅、石榴、神仙魁子、云纹、菱形、雀儿头、富贵不断头、人物、佛像等几十种样式。常见的图案有"八宝""孔雀戏牡丹""狮子滚绣球""鼠拉葡萄""寒雀探梅"以及十二生肖等。蕴涵着家庭兴旺、幸福长久的美好寓意。

和其他刺绣一样，土族盘绣也主要用于服装的装饰，多出现在领、袖、下摆、前胸、腰、腹、胯、脚等部位。如土族人服装的衣领、腰带头、七彩袖等处多以盘绣装点。此外，还有枕巾、针扎、荷包、烟袋和背包等都有刺绣。

土族盘绣的技艺传承以母女相传为主，也在姊妹、妯娌、婆媳间传承。土族盘绣一直绵延至今，其文化与艺术的价值不可低估。土族盘绣的色彩缤纷，图案生动，在形、色、质、意等方面体现出土族人民独有的审美观和价值判断，为民族学、美学等的研究提供了鲜活的材料。

参考资料：

1. 《国家级非物质文化遗产大观》编写组编著：《国家级非物质文化遗产大观》，北京工业大学出版社 2006 年版。

2. 杜云生、王军利编著：《民间美术》，河北人民出版社 2009 年版。

3. 董思源：《盘绣——土族独特的刺绣艺术》，《中国土族》2003 年第 3 期。

4. 刘晓丽：《应让古老的土族盘绣艺术重放光彩》，《中国土族》2007 年第 2 期。

土族服饰

项目名称：土族服饰

项目类别：民俗

项目编号：Ⅹ－115

申报单位：青海省互助土族自治县

批准时间：2008 年（第二批国家级非物质文化遗产）

简介：

土族先民在吐谷浑时代是一个以青海湖畔铁卜加草原为中心、活动于青海东部和甘肃南部广大地区的游牧民族，有着鲜明的高原畜牧经济文化类型的特征。7 世纪末，吐谷浑政权灭亡，土族先民逐渐集中于青海东北部的今日土族聚居区一隅。其地适宜于农耕，他们逐渐受到周围汉族等农业民族的影响，农业文明迅速发展。明清以来，山地耕牧已经成为土族经济文化类型的典型特征。[①]

土族人民服饰独具特色，是在漫长的历史进程中逐渐形成的。土族服饰对土族的历史文化传承具有重要的意义，也对研究土族民族历史、民俗文化形成、传承和发展具有重要意义。

---

① 田晓岫主编：《中华民族》，华夏出版社 1991 年版，第 258 页。

1. 土族男性服饰

土族男性服饰，过去都以长衣为主，现在变成以短为主，长短结合。男子上衣多为白布短褂，式样都为小领、斜襟。小领高约三寸，外面镶一道黑边，边上用彩色丝线绣出各种花纹。胸口镶嵌一块四寸见方的绣花图案，袖筒口用两寸多宽黑色布镶边。短褂外再套黑色、蓝色或紫色的坎肩，腰系两头绣花的棉布腰带、彩绸和花围肚，垂吊在前。下穿黑色或蓝色长裤，绑腿带，脚穿长靴或云子鞋。头戴织锦立沿镶边的毡帽或四片帽。部分土族男子戴一种翻边尖顶帽，顶端有一绺红穗。每逢节日，人们穿长袍束腰带，戴礼帽，青年束绣花腰带。

2. 土族女性服饰

女子服饰特色鲜明。上身穿小领、大襟长袍，两袖由红、黄、绿、紫、黑（蓝）等颜色布制作而成，这种花绣，土语称之为"秀苏"。据说古代土族妇女能征善战，后来由于经济由游牧转向农耕，女性的职能也转向了操持家务和农业生产，妇女们为了纪念历史，也为了适应生产和生活需要，就将戎装改为花袖衫而流传至今。[1] 每种颜色都具象征意义。如红色代表太阳，蓝色代表蓝天。长袍外罩黑色或紫色的坎肩。腰系绣花彩带，带子两头绣有花、鸟、蜂、蝶、彩云等图样。下身穿裙，前后开口。少女和年轻女性多穿红色或彩色裙子，中年女性穿蓝色，老年女性穿棕色。除裙子外，另穿宽腿裤。裤子膝盖部分套着套筒，土族称之为"帖湾"。已婚女性"帖湾"为黑色、蓝色，未婚少女"帖湾"为红色。脚穿绣花鞋。

土族妇女的头饰称为"扭达"（土语）。1938 年之前，土族女性普遍穿戴"扭达"。汉族称其为"土人的固姑"或"固姑冠"。扭达有 10 种，九种在互助地区，一种为民和地区独有。1938 年之后，此种头饰被当局强行取消。之后，土族女性就把头发梳成两根辫子，垂在身后，末梢相连，上面装饰有珊瑚、松石等。头上戴的装饰有织锦、花边和花朵的"翻帽檐"的毡帽。女性大多喜欢佩戴耳环（多为银制）、钏镯、戒指、五色珠项链等装饰品。老年女性，穿戴素雅，头戴黑色卷边圆顶绒毡帽，身穿小领、斜襟长袍，套黑色坎肩，不穿五色花袖衫，不系绣

---

①　杨圣敏主编：《黄河文化丛书·服饰卷》，内蒙古人民出版社 2001 年版，第 89 页。

花彩带。①

土族服饰中凝聚了土族人民丰富的历史文化，可以有助于了解土族文化特点，也是研究土族服饰文化、宗教信仰以及土族与周边民族文化交流的重要材料。

参考资料：

1. 《民族知识手册》编写组：《民族知识手册》，民族出版社 1988 年版。

2. 郭璟：《土族》，民族出版社 1990 年版。

3. 田晓岫主编：《中华民族》，华夏出版社 1991 年版。

4. 互助土族自治县志编纂委员会编：《互助土族自治县志》，青海人民出版社 1993 年版。

5. 郝苏民主编：《甘青特有民族文化形态研究》，民族出版社 1999 年版。

6. 马建设编著：《青藏民族工艺美术》，青海人民出版社 1999 年版。

7. 杨圣敏主编：《黄河文化丛书·服饰卷》，内蒙古人民出版社 2001 年版。

土族纳顿节

项目名称：土族纳顿节

项目类别：民俗

项目编号：X – 29

申报单位：青海省民和回族土族自治县

批准时间：2006 年（第一批国家级非物质文化遗产）

简介：

纳顿节是土族人民庆丰收特有的社交游乐节日，土族人称其为"庄稼人会""七月会""纳顿会"。"纳顿"土族语意为"游戏"。主要流行于青海省的民和县、中川、甘沟一带的七十多个村庄。

纳顿一般在丰年举行。纳顿举办地点从下川宋家纳顿开始，经鄂家村、桑布拉村和中川的杨家、祁家、王家、然后到上川，最后在朱家村结束。从农历七月十二日一直延续到农历九月十五日结束，历时 63 天。其宗旨在于通过祭祀二郎神和本村的保护神来祈求风调雨顺，五谷丰登。主要内容包括迎神、供献、许愿、还愿、会手、答头、谢恩、颂喜讯、打杠

---

① 郭璟：《土族》，民族出版社 1990 年版，第 48—51 页。

子、面具戏表演、法拉发神、食胙和送神等一系列仪式。①　大体来说可以
分为筹备、小会和正会三个阶段。

1. 筹备

从清明节开始，三川各村即在本村神庙祭奠二郎神和地方神，并推选
出当年七月举办纳顿会的组织者及其协助者。他们不但负责纳顿节的组织
和实施，而且负责协调村里生产活动，诸如田间用水顺序、管理青苗、树
木和祈雨等宗教活动，负责维护本村社会秩序等。

2. 小会

各村纳顿一般举行两天，第一天被称为小会。村民在村庙附近搭建一
顶白布神帐，帐房内用桌子支起香案，安放二郎神和村庙中的方神。小会
仪式主要有供献、许愿和还愿。献供主要是指村内每户人家都要到纳顿会
场向神献供品（新麦子做的大蒸饼、清油、酒、宝盖和钱粮②）。小会当
天要敲锣打鼓召集会手和面具表演者前来彩排。

3. 正会

由会手舞、面具舞（傩戏）、法拉"发神"三部分组成。会手舞是正
会的第一个仪式，每家出一个会手。人数从几十人到数百人不等。领队的
多是村中的长者，然后组成老年组、锣手组、鼓手组和旗手组等。会手们
跳一会就要暂停，分成若干群，然后再凑到一起高喊"大好哟好"，表达
丰收的喜悦之情。大家伴鼓点动作踏动、摆身、绕场而舞，气氛热烈，热
闹非凡。

面具舞主要包括表演《庄稼其》《三将》《五将》《关王》和《杀虎将》。
《庄稼其》主要以农耕生活为背景，体现当地土族重视农业，以农为
本的思想。"庄稼其"是指种庄稼的人，也是土族农民的自称。《庄稼其》
主要讲述了儿子不愿种庄稼，嚷着要出门做买卖，作为老农的父亲劝儿子
"千买卖、万买卖，不如地里翻土块"。"种一穗，变百穗；种一升，变百
升。"儿子和媳妇终于想通，学习种田技术。表演者主要有父亲、儿子、
母亲和儿媳，四人头戴代表性格和年龄特征的面具，表演道具有扇子、彩
色绸缎、犁铧。以舞蹈形式表现了父亲向儿子传授农业技术的情形，表演

---

①　鄂崇荣：《土族民间信仰解读——地方性信仰与仪式的宗教人类学研究》，甘肃民族出版
社 2009 年版，第 215 页。

②　宝盖和钱粮，是由白纸、黄纸剪制的祭品。

滑稽逗人。

《三将》主要是反映《三国演义》中刘备、关羽和张飞与吕布的战争。表演者手持道具表演推、砍、刺等动作，武打动作干练，对打娴熟。《五将》以歌颂关羽为主题，以舞蹈形式表现了关公的勇猛、忠义。舞蹈动作包括推、砍、刺等。脚上动作包括蹉步、跑跳、屈膝、抬胯踢腿、马步退跳等。

最后表演《杀虎将》。身着战袍，挥舞长剑，威风凛凛的"杀虎将"，在虎与牛、虎与人一番搏斗之后，踩着猛烈急速的舞步出场，降服制杀了老虎象征人类战胜自然、战胜灾祸的胜利。整个舞蹈，场面壮观，富有戏剧情节，舞姿雄健，节奏舒缓沉稳。

面具舞表演完毕之后是法拉"发神"仪式，也是纳顿节中带有神秘色彩的一项活动，是法拉代表神灵接受人们献供，预测来年庄稼丰收与否的重要仪式。①

土族纳顿节是一种乡人傩民俗活动，以民间信仰为连接村落的纽带。节日期间，活动内容丰富多彩，极富民族地方特色。特别是其中的傩戏傩舞，保存着北方民族萨满文化的残影，同时又吸收了二郎神、关公崇拜等汉文化的内容，既表现了土族的文化个性，又体现了土、藏、汉等文化共生共荣、相互影响、相互交融的民族和谐现象，具有深厚的艺术内涵。②

参考资料：

1. 赵宗福：《土族纳顿调研报告》，载邢莉编著《中国少数民族重大节日调查研究》，民族出版社 2011 年版。

2. 民和回族土族自治县概况编写组：《民和回族土族自治县概况》，青海人民出版社 1986 年版。

3. 《国家级非物质文化遗产大观》编写组编著：《国家级非物质文化遗产大观》，北京工业大学出版社 2006 年版。

4. 鄂崇荣：《土族民间信仰解读——地方性信仰与仪式的宗教人类学研究》，甘肃民族出版社 2009 年版。

---

① 赵宗福：《土族纳顿调研报告》，载邢莉编著《中国少数民族重大节日调查研究》，民族出版社 2011 年版，第 45—55 页。

② 《国家级非物质文化遗产大观》编写组编著：《国家级非物质文化遗产大观》，北京工业大学出版社 2006 年版，第 363 页。

土族婚礼

项目名称：土族婚礼

项目类别：民俗

项目编号：Ⅹ－56

申报单位：青海省互助土族自治县

批准时间：2006 年（第一批国家级非物质文化遗产）

简介：

土族婚礼的历史比较久远，是土族人民在长期的生产和生活实践中发展形成的，其中包含了土族人民的精神信仰、生活习俗以及民间文艺等内容。互助土族婚礼大致可分为四个步骤，分别为说媒、定亲、讲礼和结婚仪式。

1. 说媒

据《互助土族自治县志》记载，如果男方看上某姑娘，就请媒人带着两瓶酒、哈达和蒸好的花卷等礼物前去说亲。如果女方同意，就把瓶内的酒换成粮食让男方带回去。如果不同意，就把礼物退回去。

2. 定亲

男方请媒人给女方家送去布匹、酒等礼物，是为定亲。

3. 讲礼

男女两家仔细商定吉日，喝媒酒讲彩礼，并选择吉日送交彩礼等。

4. 结婚仪式

婚礼前一天是女方的出嫁之日，宴请女方家的亲友。男方在这天下午请媒人向女方家送"麻泽"（羊肉、猪肉若干斤，也有的送酥油若干斤）。还请两名能歌善舞的"纳什金"①（即娶亲人）带着娶亲的礼物（羊腔肉、酒），新娘穿戴的服装（红包头、上马袍、上马裙、上马鞋、木梳等），拉上一只白母羊（象征纯洁和财富）到女方家娶亲。

当"纳什金"快到女方家时，阿姑们（年轻女子）上前迎接并接受礼物之后，唱起婚礼曲《拉隆罗》表示欢迎。边唱边舞边后退，到大门

---

①　"纳什金"是土族婚礼上最活跃、最风趣，也是最重要的人物。一般由新郎姐夫担任，也可邀请能歌善舞、经验丰富的人担任，分为主角大"纳什金"和配角小"纳什金"。他们身穿白褐衫，不系腰带和纽扣，敞开衣襟。

前时，男人们迎接"纳什金"；阿姑们则跑回到女方家里，关紧大门，不让"纳什金"进来。同时，阿姑们还唱起动听的问答歌《唐德尔格玛》，要"纳什金"对歌。双方直到阿姑们无歌可对或"纳什金"歌尽词穷，才会让"纳什金"进门。进门时，阿姑们还从门顶向他们泼水，以示吉祥。接下来新郎向岳父母献哈达、拜神佛，礼毕之后喝茶、吃饭。吃饭时阿姑们也不肯放过婆亲人，要唱《尖加玛什则》《从哪里来的人》《你们拿来了啥》等让婆亲人啼笑皆非，观者则捧腹大笑，气氛热烈异常。① 之后阿姑们邀请婆亲人在庭院或麦场内跳"安昭"舞，直到深夜甚至第二天清晨才会结束。

新郎迎娶新娘回到自家门前时，又要敬酒、献哈达。门前设有接桌，上面摆放着酥油花的"西买日"，插有柏树枝的牛奶碗，装满麸皮的方斗和用红布裹着的瓷瓶。"红仁切"（送亲的喜客）为了表示吉祥，边唱边用柏树枝蘸着牛奶向四方泼酒，并围绕麸皮方斗边撒边舞边唱《迎亲曲》：

> 天上有座天河桥，牛郎织女过了桥。
> 地上有座赵州桥，张果老骑驴过了桥。
> 家里有座婚姻桥，月老大人搭的桥。
> 儿女婚姻过了桥，二位亲家们来过桥。②

新娘进大门时候，有两个妇女在前面拉着红白毛毡，新郎新娘则跟随着毛毡，男左女右，双方手扶着红布裹着的瓷瓶，并肩慢步进入庭院。接着举行拜天地仪式，这时媒人高举酒杯，高声朗读："某年某月吉日良辰，头戴金首饰的金身姑娘，跨进金子的门槛，进入金子的大门。"之后，这位媒人边指挥新婚夫妇向父母长辈敬礼，边向柴火堆里浇三次酒，祝愿这家美满幸福。接着答谢媒人，此时人们围着媒人，一边唱歌，一边给媒人敬酒，往嘴里喂炒面，往其脸上抹酥油。③

① 朱世奎主编：《青海风俗简志》，青海人民出版社1994年版，第322页。
② 郭璟：《土族》，民族出版社1990年版，第68页。
③ 互助土族自治县志编纂委员会编：《互助土族自治县志》，青海人民出版社1993年版，第514页。

　　土族婚礼就是一次优美的歌舞盛宴。土族婚礼歌曲曲调优美，内容涉及天文、地理、历史、宗教、神话、人生礼俗等内容；带有浓厚的文化色彩，是土族文化最突出的表现形式，寓含土族人的信仰、精神、价值取向等内容，具有强烈的地方特色和民族特色；是土族民间文学和民间艺术的重要载体，对研究土族的文化、历史、民风民俗等有重要的学术价值。

参考资料：

1. 郭璟：《土族》，民族出版社 1990 年版。

2. 互助土族自治县志编纂委员会编：《互助土族自治县志》，青海人民出版社 1993 年版。

3. 朱世奎主编：《青海风俗简志》，青海人民出版社 1994 年版。

4. 许让神父：《甘肃土人的婚姻》，费孝通、王同惠合译，辽宁教育出版社 1998 年版。

5. 《国家级非物质文化遗产大观》编写组编著：《国家级非物质文化遗产大观》，北京工业大学出版社 2006 年版。

撒拉族

撒拉族篱笆楼营造技艺

项目名称：撒拉族篱笆楼营造技艺

项目类别：传统技艺

项目编号：Ⅷ-185

申报单位：青海省循化撒拉族自治县

批准时间：2008 年（第二批国家级非物质文化遗产）

简介：

　　撒拉族篱笆楼营造技艺，指中国撒拉族特有的篱笆木楼的传统营造方法。篱笆楼是一种集土、木、石混为一体的古老民居建筑。因其楼房墙体大部分用藤条、柳条、树枝等编织而成，故而得名篱笆楼。撒拉人称篱笆楼为"尧合"，意为"楼阁"。

　　撒拉族约在公元 13 世纪从土库曼斯坦境内迁移至循化境内。篱笆楼建筑样式仅存于青海省循化县孟达地区。孟达地区距循化撒拉族自治县城 25 公里，距西宁市 178 公里，自古以来为甘青交通要冲。从 13—14 世纪开始，生活在孟达地区的撒拉人利用其周围丰富的林木资源，在与周边汉、藏、回、土、保安等民族交往过程中，积累了丰厚的多民族文化，创造了篱笆楼建筑。从撒拉族的篱笆楼可以看到不同时代的建筑特征，也可得见撒拉族建筑风格的历史积淀，同时汇集着多民族的文化现象，是高原上难得一见的、具有一方民族区域特色的古建筑。

撒拉族的篱笆楼大约修建于明末。其建筑布局多种多样，因地制宜自由搭建，有横字式、拐角式、三合院。篱笆楼通常分为楼上、楼下两层，楼上设卧室、客房、储藏室等，卧室内有铺设粗毛毡的泥炕，炕中间放火盆。楼下的房间内阔廊窄，作为仓库、厨房、畜圈等，存放粮食、杂物、农具以及牲畜等。

撒拉族篱笆楼建筑和取材特点适应了孟达地区坡陡平地少，林木多的特点。篱笆楼底层用石块并泥土砌成屋墙，上盖木板。檐柱间装置刻有浮雕花纹的松木栏杆，木板楼梯连接楼下。一层室内用草泥敷土墙面，楼体框架均以木质良好的松木构成。为了节省建筑材料，同时也为减轻楼体重量，墙体用藤条、柳条等杂木枝条编织，两面涂抹黑土草泥作墙，其上再涂抹白土泥，墙体中空，这样可以保持室内冬暖夏凉且具有良好的透气性。房子的门窗和柱子大多装饰精美的阿拉伯文和纹饰，富有民族特色。

撒拉族篱笆楼建筑营造技艺，对于研究撒拉族社会组织以及民俗具有重要意义。同时对于研究多民族文化交融中，民族文化的形成和发展也提供了珍贵的材料。

参考资料：

1. 马学义、马成俊编著：《撒拉族风俗志》，中央民族学院出版社 1989 年版。

2.《中华文化通志》编委会编，何星亮撰：《中华文化通志·维吾尔、柯尔克孜、哈萨克、乌孜别克、塔吉克、塔塔尔、俄罗斯、裕固、撒拉族风俗志》，上海人民出版社 1998 年版。

3. 中华人民共和国国家旅游局编：《中国旅游景区景点大辞典》，中国旅游出版社 2007 年版。

4. 马有义主编：《中国撒拉族绿色家园》，青海人民出版社 2008 年版。

撒拉族服饰

项目名称：撒拉族服饰

项目类别：民俗

项目编号：Ⅹ–116

申报单位：青海省循化撒拉族自治县

批准时间：2008 年（第二批国家级非物质文化遗产）

简介:

撒拉族先民原本居住在土库曼斯坦境内,公元 13 世纪左右迁居青海省循化地区。古代撒拉人主要从事畜牧业,服饰也具有中亚游牧民族特点。服饰材质以皮毛为主。男子头戴卷沿羊皮帽、脚蹬半腰靴子,身着袷木夹(类似维吾尔族的袷袢)。女子头戴青梭布。当撒拉人从畜牧业转向农业生产以后,其衣着逐渐呈现为农耕民族特点,其中除了经济生产的影响因素外,也受相邻回族、汉族的影响。如民间流传的《撒拉曲·阿丽玛》,歌词中唱道:

　　　阿丽玛,撒里呀撒开时撒拉女,头上戴的是绿盖头,身上呀穿的青袯袯,脚上呀穿的阿拉鞋(绣有花卉的船形布鞋)。[①]

1. 撒拉族男性服饰

男性多头戴白色或黑色的圆顶帽,也称之为"号帽"。身穿白色的"汗褡儿"(衬衫),外套黑色坎肩,就是所谓的"白汗褡青夹夹"。腰系布带或绸带。下穿黑色或蓝色长裤,脚穿布鞋或牛皮"洛提"鞋。老人多穿长衫,头缠长约数尺的白布(尤其是做礼拜时),撒拉语叫"达斯达尔"(头巾)。冬天多穿白板老羊皮袄,富有者则穿戴布面或绸缎面、条绒面的羊羔皮袄。配饰方面,男子多佩刀。

2. 撒拉族女性服饰

妇女们喜欢穿颜色艳丽的衣服。上身穿红、绿色或花布制作的大襟上衣,圆领,两边开衩,长度大约到膝盖,外套黑色、紫色或绿色的长坎肩,就是所说的"青夹夹"。("青夹夹"是适应宗教活动的产物,在做礼拜小净时,既保暖又方便)腰系绣花围肚,下穿各色长裤,裤腿绣有梅花、牡丹花等图案。脚穿布鞋、绣花鞋或古古鞋(鞋底较厚,鞋面和鞋帮有绣花,鞋尖翘起,有长穗)。小姑娘七八岁开始披头巾。婚后戴绿色盖头,中年人戴黑色盖头,老年人戴白色盖头。[②] 撒拉族中老年妇女服装

---

① 穆赤·云登嘉措主编:《青海少数民族》,青海人民出版社 1995 年版,第 522 页。

② 《中华文化通志》编委会编,何星亮撰:《中华文化通志·维吾尔、柯尔克孜、哈萨克、乌孜别克、塔吉克、塔塔尔、俄罗斯、裕固、撒拉族风俗志》,上海人民出版社 1998 年版,第 561—562 页。

颜色比较素雅，夏天穿黑色立领的襟衫、蓝裤子、黑鞋。冬天穿黑色绸缎或布制袍服，以白色布料为里，内絮羊毛或棉花。袍服高领、大襟、左右开衩，上钉盘花，既实用又大方。①

3. 配饰

配饰方面，女子佩饰丰富，多佩戴金、银耳坠，银手镯和金银戒指，还喜欢佩戴各种玉、珊瑚等质地的珠串。年轻姑娘还喜欢在发夹上插几朵绢花或塑料花。部分妇女还在额头、手背刺上蓝色梅花瓣，指甲染上"海那"（指甲油），胸前佩戴针线包。有的女性喜欢在盖头上缀银花。

撒拉人服装不喜稀奇古怪样式，尤其不主张穿窄瘦的衣服。他们崇尚宽松大方，自然得体，坚决制止暴露身体的服装，色彩尚黑、白、蓝、灰色，而红、黄二色为男子所忌。②

撒拉族服饰是撒拉族在漫长的历史进程中逐渐形成，也受到周边如回族等民族影响。撒拉族服饰对于研究撒拉族人信仰、民俗文化具有重要意义。

参考资料：

1. 马学义、马成俊编著：《撒拉族风俗志》，中央民族学院出版社1989年版。

2. 穆赤·云登嘉措主编：《青海少数民族》，青海人民出版社1995年版。

3. 《中华文化通志》编委会编，何星亮撰：《中华文化通志·维吾尔、柯尔克孜、哈萨克、乌孜别克、塔吉克、塔塔尔、俄罗斯、裕固、撒拉族风俗志》，上海人民出版社1998年版。

4. 郝苏民主编：《甘青特有民族文化形态研究》，民族出版社1999年版。

5. 杨圣敏主编：《黄河文化丛书·服饰卷》，内蒙古人民出版社2001年版。

撒拉族婚礼

项目名称：撒拉族婚礼

项目类别：民俗

项目编号：X－57

申报单位：青海省循化撒拉族自治县

批准时间：2006年（第一批国家级非物质文化遗产）

---

① 杨圣敏主编：《黄河文化丛书·服饰卷》，内蒙古人民出版社2001年版，第57—59页。

② 郝苏民主编：《甘青特有民族文化形态研究》，民族出版社1999年版，第126—128页。

简介：

撒拉族婚礼的历史比较久远，是撒拉族人民在长期的生产和生活实践中发展形成的，其中包含了撒拉族人民精神信仰、生活习俗以及民间文艺等内容。婚礼大致可分为订婚、行聘和结婚仪式等，历时半年左右。

撒拉族传统婚姻通常由媒人做媒，父母作主，之后举行结婚仪式。撒拉族人不论男女，都以作媒人"梢吉"为荣。认为给人做媒是积功德之举，每成全一件婚事，就等于积了一座"米那勒"（宣礼塔）的功德，所以人人乐意为之奔跑，并不索求任何报酬。一般是当男家看中某家闺女后，央请媒人前往说亲，媒人必须两人以上。待女方父母及叔伯、舅父等诸亲应允后，就选吉日举行订婚仪式。

1. 订婚

近现代撒拉族人订婚一般由男方择定日期，然后请媒人前往女方家商议。订婚通常送一对耳环和一块茯茶，表示"系定"，女孩不得再许配他人。几天后再送去一条"包头"（黑纱巾）或一块衣料，算是正式定亲。定亲全由女方父母作主，但必须征得近亲的同意，阿舅的意见尤为重要。

2. 行聘

定亲之后，媒人往来于男女两家，商议"麦海勒"（聘礼）和送聘礼的日期。"麦海勒"的多寡视男方家庭情况而定。近现代聘礼一般是细衣料（缎子或灯芯绒）一套，粗衣料一套，盖头一条，一两只羊，三块茯茶。富家则送八套衣服，八块衣料，羊羔紧衣筒一件等。男方送聘礼时，礼品虽不多，但声势浩大，用盘子端着妆奁，少则二三十人，多则八九十人，均为男人，女子不得参加。女家及其族人则准备丰盛食物，热情款待。再用原来的盘子盛女家给男家回赠的礼物，一般是一双布鞋、一对绣花布袜、一对枕头和一条腰带。

3. 结婚仪式

结婚仪式多选在冬天举行。仪式分为两部分，先在新娘家，后在新郎家。正式结婚仪式在新娘家举行。新郎、伴郎和亲友到女家后，先不进房门，而是环坐于庭院内。由女方长辈给新郎戴上新帽，系上绣花腰带。接着，男方亲属一一向前，给新郎披红挂彩。再由至亲陪伴，进入上房。阿訇端坐炕上，新郎坐于炕前的木凳上（或跪在阿訇面前），面对阿訇，新娘在房内炕角跪着。念经毕，阿訇将盘中红枣、核桃等撒向在场众人，并发"古古麻麻"（一种用面切成小方块后用清油炸成的油疙瘩）。至此，证婚仪式结束。

当天或次日，举行出嫁仪式。女方至亲好友、男女老幼均来送行。众人围坐新娘四周，观看新娘梳妆打扮并倾听其唱"撒赫稀"（哭嫁歌）。"撒赫稀"的内容不尽相同，有些是喜悦心情的抒发，有的是感谢父母的养育之恩，也有对家族成员的依依不舍之情，等等。至掌灯时分，新娘身穿盛装，头披长及膝盖的绿色面纱（现已改为盖头），弓着腰，哭唱着"撒赫稀"，由亲属搀扶着，流着泪缓缓倒退出大门（表示不愿离开生身父母）。上马前，绕乘骑三圈，并将一把粮食慢慢撒在地上（象征家中五谷丰登，到婆家生根发芽）。最后，由哥哥或阿舅从左侧抱到或扶到迎亲马上。由至亲中两名已婚妇女陪伴，在亲朋好友的簇拥下前往婆家。

送亲队伍来至新郎家门口，男家放礼炮，小伙子们准备"挤门"——阻挡新娘入门。送亲人认为，这天是新娘一生中最宝贵的日子，应该足不沾尘，由长辈直接抱入洞房或骑马进入。男方的迎亲人硬要新娘下马步行，认为双脚走进婆家大门的媳妇，日后听丈夫公婆的话，脚不沾地的媳妇，则不会听丈夫公婆的使唤。双方争执不下，但并不因此而伤感情。这时，年轻人纷纷起来，把新郎的父亲、阿舅、哥哥抓来，满脸涂上锅灰，头戴破草帽，眼挂空心萝卜镜。再将其用木棒抬起，或让其乘骑牦牛转圈，热闹非凡，直到讨得一笔可观的喜钱才罢休。接着表演"堆委奥依纳"（骆驼戏）和"宴席曲"。"骆驼戏"表演多在月光下，众人围坐成一圆圈，由一高一低的二人翻白色皮毛装扮成骆驼。一人扮撒拉先民牵骆驼东迁以及用民族语韵朗诵诗句，再由一人扮蒙古人，当彼此走近时，一问一答。最后是骆驼起舞，观众抢拾"骆驼"撒在地上的核桃达到高潮并结束。整场没有音乐伴奏，只是按"骆驼"表演时的脚步节奏，敲铃"咚咚咚"作响即可。其内容反映撒拉族先民牵着骆驼从中亚撒马尔汗迁来时的情景，是一出以民族迁徙史为传统教育内容，带有话剧特点的民族舞蹈。

婚礼结束时，女方要请一位长者或民间艺人在众人面前高声朗诵"吾热亥苏孜"，即婚礼赞词。赞颂阿訇、老人、拿事、媒人、舅舅之后，叙述姻亲两家养育子女过程，祝福新婚夫妇相亲相爱，白头偕老；并嘱托婆家，让他们宽宏大量，爱护新娘等等。婚礼赞词有浓郁的民族特色和宗教色彩。婚礼赞词如下：

智慧善良的人们，——阿訇，你们是引路人。传播了圣主的教门，使愚昧的心灵得到了启蒙。你们博古通今，是懂得道理的人。从经书的章节里，窥见了阴间和阳间。人们为此尊重你们，望着背影会赞颂你们。

智慧善良的人们，——老人，你们是有功劳的人，养育了穆圣的徒门，修筑了高大的寺院。你们经此一世，是有经验的人。从生活的艰辛中，懂得了人的信仰。人们为此尊敬你们。

智慧善良的人们，——拿事，你们是主事的人。万事要你们操心，化除不解的疙瘩。你们明白事理，懂得为人处世，从做人的道理中，化大事为小事，化小为无。人们为此亲近你们，离开了会想念你们。

智慧善良的人们，——舅舅，你们是骨头的主。铁出炉子，人出外家，聪明人全仰仗了你们。你们指教他们，以自己的德行做出了榜样。从家族的名义里，教外甥懂得了做人。人们要效仿你们，背地里要诵你们。

智慧善良的人们，——媒人，你们是婚姻的引子。天上无云不下雨，地下无媒不成亲，穿针引线靠了你们。你们的阴德像高山，若姑娘是骏马，你是给她戴铃的人；若小伙子是骏马，你是给他烙印的人。人们会常记你们，家家都说起你们。

……

烧火打铁的人，制出的铁器还要淬火，姑娘是婆家的儿媳，愿她在此像沉水的石头。沙地里的雨水，沉到这里渗到里面。愿她像银子般有声，且又像金子般永远耐久。

姑娘是婆家的人了，愿你们父母般对她疼爱，她到了另立门户的时候，请分给她牛羊田产，让她有骑马的能力，让她有买牛的能力。让她像后院的果木般生长，让她像花园的牡丹般开放。愿她能在这婆家里，是一锅烧煎的热油，又像那开锅的牛奶，更像那炒热的青稞。愿她像洁白的羊毛，在这里的日子永久。

你们二位亲家，万事要相互谅解。婆家里要谅解儿媳，她身材长成了大人，心里嫩得如草芽，未懂的事情你们教。娘家人要回避闲话，听到对姑娘的慢待，把它当作高处吹来的风，低处流去的水。过去的事就让它过去，做好明白的亲家。

智慧善良的人们,感谢大家的赏光,我说的话不一定妥当,还是我先前说的,我是在信口开河,好比是学走的马驹,好比柔弱的小鸟。说出的话没有个卡码,像手里抛出去的石头,不知道要落到哪里。这些话的意思,升子量不出它的深浅,这些话的重量,秤砣称不出它的分量。有万处不当的差错,恳请来者们原谅!最后让我借真主的愿望,祝福大家平安![①]

参考资料:

1. 青海西宁市文联编:《河湟民间文学集》(第9集),内部发行1985年版。

2. 马学义、马成俊编著:《撒拉族风俗志》,中央民族学院出版社1989年版。

3.《中华文化通志》编委会编,何星亮撰:《中华文化通志·维吾尔、柯尔克孜、哈萨克、乌孜别克、塔吉克、塔塔尔、俄罗斯、裕固、撒拉族风俗志》,上海人民出版社1998年版。

4. 郝苏民主编:《甘青特有民族文化形态研究》,民族出版社1999年版。

5.《国家级非物质文化遗产大观》编写组编著:《国家级非物质文化遗产大观》,北京工业大学出版社2006年版。

6. 周和平主编:《第一批国家级非物质文化遗产名录图典》(下册),文化艺术出版社2006年版。

回族

回族宴席曲

项目名称:回族宴席曲

项目类别:传统音乐

项目编号:Ⅱ-118

申报单位:青海省门源回族自治县

批准时间:2008年(第二批国家级非物质文化遗产)

简介:

回族宴席曲,是回族人在婚礼、喜庆、伊斯兰节日、迎宾送客等礼仪场合演唱的民歌形式之一。广泛流传于青海、甘肃、宁夏等地区。宴席曲因其是在喜庆的宴席上,或者宴席后歌唱而得名,青海一些地方也叫"菜曲儿"。

---

① 马路搜集:《撒拉族婚礼祝词》,载青海西宁文联编《河湟民间文学集》(第9集),内部发行,1985年,第306—317页。

　　宴席曲属风俗歌的一种,具有较强的娱乐性、知识性、实用性和适应性,通过宴庆叙唱来交流感情和增加友谊。宴席曲大致可以分为散曲、叙事曲、抒情曲、诙谐曲四大类。

　　散曲

　　散曲包括路曲、进门曲、恭喜歌、祝贺歌、摆场歌等,婚礼准备阶段由贺客唱的歌,以及正式举行礼仪时阿訇证婚、主婚诵念的证婚词、赞颂词和耍公婆、表针线时说唱的赞颂致谢的小曲。如婚礼中夸赞新郎新娘的:

　　　　头戴官帽者你生的俊,身穿的衣服松板林;世下的干散下的好,模样好比杨宗保……,下巴骨尖儿佛顶花,上身穿的花花袄,下身穿的紫罗裙,世下的秀气长下的俊,模样好比穆桂英……①

　　叙事曲

　　叙事曲包括在婚宴进行过程中演唱的叙述历史传说、民间故事和社会风俗、民俗生活的叙事性民歌小曲。代表曲目如《韩起功抓兵》《脚户哥下四川》《四方娘》《孟姜女》等。如叙事曲《四季歌》:

　　　　春天来了个春样的景(哟),春天来了个春样的景(哟),(靠说)沙雁儿抬了窝呀,我呀,(哎哟)我家的扎梁么头上跌了(哟),跌呀是,我家的心儿里(哈)跌;(靠说)大丈夫出门去(者)三,(哎哟)整整(儿)三个月了;(那就)盼丈夫(者)迟盼到了三呀,(哎哟)三月里的山丹么花败了(哟)。②

　　抒情曲

　　抒情曲包括在婚宴进行过程中由歌手、事主、贺客等即兴表演或演唱的各种表现生活和抒发内心的小曲。

　　诙谐曲

　　诙谐曲包括在婚宴进行过程中逗趣助兴演唱的打歌及讽刺各种不良社

---

①　杨尚京:《门源回族宴席曲音乐文化特征研究》,《青海民族研究》2012年第3期。
②　洪梅香、刘同生编著:《中国西北回族宴席曲大观》,宁夏人民出版社2008年版,第267页。

会现象的讽喻歌等。[①]

　　宴席曲演唱形式上包括独唱、表演唱、齐唱等。对甘、青等地的回族而言，演唱形式主要有独唱、对唱、合唱、随唱、问答、独唱加合唱，独唱加对唱等，形式多样活泼。一般来说，演唱宴席曲不需要特殊伴奏，但是在一些场合会用咪咪（羌笛）、口噙子（口弦）、羊皮鼓、羊头弦子，茶盅碗碟等民间自娱性乐器或器具击节伴奏。为了增添情趣，吸引观众，除了边说边唱，声情并茂外，宴席曲借助舞蹈表情达意。宴席曲上舞蹈基本是二人或四人对歌对舞，动作如"鹞子翻身、黑鹰展翅、老爷抽刀、雁落平沙、三道步、凤凰点头、大小梅花、四门斗子、犀牛望月、虎展腿"等，其基本动作和动作名称几乎都是用拳术名称组成。每首不同曲调的宴席曲，一般都有固定的动作。[②]

　　回族宴席曲涵盖了回族群众数百年来生产、生活、爱情、婚姻等方面的历史，是研究回族的历史、风俗习惯、语言文学以及文化等的重要资料。

参考资料：

1. 青海人民出版社编：《青海风物志》，青海人民出版社 1985 年版。

2. 马正元编：《青海回族宴席曲》，青海人民出版社 1987 年版。

3. 马成云主编：《门源地方志暨民间文化丛书——婚典喜乐宴席曲》，中国文史出版社 2007 年版。

4. 洪梅香、刘同生编著：《中国西北回族宴席曲大观》，宁夏人民出版社 2008 年版。

5. 郭德惠：《西北回族宴席曲与"花儿"比较研究》，《音乐探索》1999 年第 2 期。

6. 杨尚京：《门源回族宴席曲音乐文化特征研究》，《青海民族研究》2012 年第 3 期。

蒙古族

那达慕

项目名称：那达慕

项目类别：民俗

---

　　① 洪梅香、刘同生编著：《中国西北回族宴席曲大观》，宁夏人民出版社 2008 年版，第 1—6 页。

　　② 郭德惠：《西北回族宴席曲与"花儿"比较研究》，《音乐探索》1999 年第 2 期。

项目编号：X－48

申报单位：青海省海西蒙古族藏族自治州

批准时间：2008 年（第一批国家级非物质文化遗产扩展项目）

简介：

"那达慕"是内蒙古、甘肃、青海、新疆的蒙古族最盛大的传统集会和节日。多于牧草繁茂、牲畜肥壮的夏秋之际，即农历七八月间举行。"那达慕"是蒙古语的音译，意思是"娱乐""游玩"的意思。根据大会的规模，可以分大、中、小三种类型。会期三五天至十天不等。各地农牧民骑着马，赶着车，带着皮毛、药材等农牧产品，成群结队地会集于大会的广场，在周围草原上搭起蒙古包。

"那达慕"在蒙古族人民的心中，古老而神圣。据史籍记载：成吉思汗为了庆贺征服花剌子模的胜利，在布花苏齐海举行了一次盛大的那达慕大会，会上举行了射箭比赛。另外在《蒙古秘史》里也几次提到了射箭比赛。后来凡牧马较多的部落举行那达慕大会时，都要进行赛马。摔跤更为普遍，一般的"那达慕"大会，多以摔跤比赛为主。此后，经过元、明两代的发展，射箭、摔跤和赛马结合在一起，男子三项成为那达慕大会比赛的固定内容。清代，"那达慕"逐步变成了由官方定期召集的有组织、有目的的游艺活动，其规模、形式和内容均有所发展。当时主要是蒙古王公以苏木（相当于区）、旗、盟为单位，半年、一年或三年举行一次。

那达慕大会在开始时，民众要先供上整羊、须木尔和"松"及乳制品等。接下来由德高望重长者，手捧盛满鲜奶的银碗和哈达，边念诵祝赞词边向众神佛撒泼供品。祝赞词中主要是赞美蓝天的高大、草原的辽阔、祖先的丰功伟绩和百姓生活幸福；同时感谢神佛护佑恩赐，祝福大家节日愉快、家庭和睦，祝愿参加比赛的选手取得好成绩等。①

在"那达慕"大会上摔跤和赛马最引人注目。摔跤手身穿传统的摔跤服，坎肩大都用皮革或多层帆布做成，装饰有银泡或铜泡，下穿三色短裙、绣花马裤和长靴。先由歌手用蒙古族长调唱一段歌曲，之后选手们以蹦、跳、舞的姿势上场，接着对观众们鞠躬致意，然后开始摔跤。在比赛中，要摔倒对方，并使其膝盖以上三处部位着地就算获胜，比赛一跤定胜

---

① 朱世奎主编：《青海风俗简志》，青海人民出版社 1994 年版，第 274 页。

负。摔跤手每获得一次胜利，就在胸前挂一条彩色布条。全旗夺冠的摔跤手，被人们称为"纳钦"（即雄鹰，勇敢敏捷的意思）。力挫群雄的冠军被称为"阿布儒吉"（即巨人），在群众中享有很高的声誉。

赛马比赛的骑士们都是15岁以上的男儿。身穿特制有花纹的衫裤，马不备鞍蹬，只系一块三角形的毛毡。骑手们在清晨摔跤比赛举行之前出发。沿途有人照管，把落马的小骑师带回来。快到终点的时候，有人持名次的长牌等着他们。最先到达终点的骑手，人马披红，成为草原上最受崇敬的宠儿。

射箭比赛参加者主要是成年男士们。分为步射和骑射两种，以射中箭靶的距离远近以及射中次数多少定名次。

现代的那达慕大会除了摔跤、射箭、赛马等传统项目外，又增加了射击、拔河、马球、马术、田径、球类比赛、乌兰牧骑演出、歌舞表演、草原旅游等内容，同时举行物资交流会和表彰先进等活动，已发展成为一种集祭祀庆祝、体育竞技、文化娱乐、经贸交流于一体的盛大节日。

参考资料：

1. 罗启荣、阳仁煊编著：《中国传统节日》，科学普及出版社1986年版。
2. 札奇斯钦：《蒙古文化与社会》，台湾商务印书馆1987年版。
3. 李竹青编著：《中国少数民族节日与传说》，北京旅游出版社1985年版。
4. 范玉梅编著：《中国的民间节日》，人民出版社1986年版。
5. 朱世奎主编：《青海风俗简志》，青海人民出版社1994年版。
6. 邢莉：《游牧文化》，北京燕山出版社1995年版。

汗青格勒

项目名称：汗青格勒

项目类别：民间文学

项目编号：Ⅰ-70

申报单位：青海省海西蒙古族藏族自治州

批准时间：2008年（第二批国家级非物质文化遗产）

简介：

海西蒙古族英雄史诗《汗青格勒》，是海西蒙古族民间艺人以说唱或演讲形式，讲述蒙古族英雄汗青格勒（又名胡德尔阿泰汗）历经赛马娶亲、与情敌结义，铲除恶魔蟒古斯的英雄史诗。其主要流传于海西蒙古族藏族自治州的德令哈市、乌兰县、格尔木市、大柴旦等地区。

以《汗青格勒》或《胡德尔阿尔泰汗》为名的英雄史诗在青海省和甘肃省肃北县的和硕特人及蒙古国西部的巴亦特人和杜尔伯特人中广为流传。国内外先后记录发表的有多种异文，其中青海异文有哈达宝拉格记录的《汗青格勒台吉》（1981）、才仁巴力记录的《汗青格勒》（1983）。[①]

《汗青格勒》讲述了勇士汗青格勒起程去远方，到巴勒玛·格勒可汗家乡迎娶美丽绝伦的那仁赞丹公主。他一路上经历了许多艰难困苦，走了整整 39 年后才到达目的地。路途中他与勇士玛拉乌兰交战，就在汗青格勒即将杀死玛拉乌兰时，两匹战马过去说和，二人和好并结为兄弟。这时勇士玛拉乌兰才道出自己没有父母，生于黑色卧牛石中，是为灭绝蟒古斯后裔而出世的。玛拉乌兰决定成为汗青格勒的朋友，还答应帮助他完成婚事。当二人终于到达那仁赞丹公主居住的地方时，另一位勇士腾格林·哈尔库克勒也已来到，并意欲向公主求婚。在可汗主持下，汗青格勒与腾格林·哈尔库克勒和其他求婚者们进行了蒙古族传统的好汉三项——赛马、射箭、摔跤比赛，汗青格勒和玛拉乌兰在取胜之后并没有杀死对手腾格林·哈尔库克勒，而是与他结为好友。举行婚礼后，可汗问女儿要什么作为陪嫁，女儿说："属民中的孩子，牲畜中的幼畜"，于是属民都跟着孩子走，幼畜大牲畜都跟着，公主的父母也一起踏上回归的路程。一路上，他们跨越了毒海，克服各种困难和敌人的攻击。之后，汗青格勒和玛拉乌兰交换金耳坠作为相互了解吉凶的象征，他将妻子父母及其属民都交给了二位勇士，自己先回家做准备。当他回家时，看见的却是一片荒芜景象，而这一切都是因为恶魔——12 头蟒古斯。汗青格勒出发追击敌人，他的结义兄弟看见汗青格勒留下的金耳坠发黑了，于是飞快地赶上了汗青格勒。二人一起最终消灭了蟒古斯，百姓们也过上了安居乐业的生活。

《汗青格勒》属于卫拉特体系史诗。英雄征战以及战争场面带有蒙古族特色。因为该史诗主要在海西地区流传，带有海西地区的自然风貌和风土人情的特色，也蕴涵了海西蒙古族的智慧才干，具有重要的历史研究价值。[②]

① 仁钦道尔吉：《蒙古口头文学论集》，社会科学文献出版社 2011 年版，第 128 页。
② 王昱主编：《青海历史文化与旅游开发》，青海人民出版社 2008 年版，第 312—313 页。

参考资料：

1. 海龙、乌云其其格编：《英雄史诗〈汗青格勒〉研究》，内蒙古人民出版社 2001 年版。

2. 格日乐：《史诗〈汗青格勒〉几种异文的比较研究》，硕士学位论文，西北民族大学，2005 年。

3. 王昱主编：《青海历史文化与旅游开发》，青海人民出版社 2008 年版。

4. 仁钦道尔吉：《蒙古口头文学论集》，社会科学文献出版社 2011 年版。

新　疆

维吾尔族

新疆维吾尔木卡姆艺术（十二木卡姆、吐鲁番木卡姆、哈密木卡姆、刀郎木卡姆）

项目名称：新疆维吾尔木卡姆艺术（十二木卡姆、吐鲁番木卡姆、哈密木卡姆、刀郎木卡姆）

项目类别：民间文学

项目编号：Ⅰ-70

申报单位：新疆维吾尔自治区、新疆维吾尔自治区鄯善县、新疆维吾尔自治区哈密地区、新疆维吾尔自治区麦盖提县

批准时间：2006 年（第一批国家级非物质文化遗产）

简介：

新疆维吾尔木卡姆艺术是一种集歌、舞、乐于一体的综合艺术形式，其肇始于民间文化，经过整合发展，形成了多样性、综合性、即兴性的艺术风格，成为维吾尔族的杰出艺术形式之一。

"木卡姆"原为阿拉伯语，意思是"地点""地位""法律"，作为音乐术语，意为大曲、乐章。在维吾尔人的特定文化语境中，"木卡姆"已经成为包容文学、音乐、舞蹈、说唱、戏剧乃至民族认同、宗教信仰等各种艺术成分和文化意义的词语。新疆维吾尔木卡姆艺术的歌曲内容包含了哲人箴言、文人诗作、先知告诫、民间故事、地方传说，更有普通百姓对美好爱情的赞美追求，是反映维吾尔人民历史、社会风貌和近代生活的百科全书。

新疆维吾尔木卡姆音乐形态的突出特征是多种律制、调式、节奏、节拍并存，曲式庞大，结构复杂，其中既有板式变化又有曲牌连缀，显现出与中原音乐文化的密切联系。新疆各地木卡姆的乐队组合形式多样，派生

出吹奏乐器主奏的多种乐队样式。①

　　新疆维吾尔木卡姆的早期形态是西域大曲。在古代新疆，乐舞文化由来已久，在绿洲农耕文化发展和商业、经济不断繁荣的同时，专以乐舞为生的民间艺人大量进入宫廷、府第成为专业的乐师、舞娘，民间艺术得到了搜集、整理、发展。据史料记载，早在唐代初期，龟兹、疏勒、高昌等地区的乐舞艺术中，已经存在集歌乐、舞乐、器乐于一体的"大曲"形式。

　　新疆维吾尔木卡姆艺术在其发展历程中形成了四种主要的地区风格：十二木卡姆、吐鲁番木卡姆、哈密木卡姆、刀郎木卡姆。

　　十二木卡姆由12套大型乐曲组成，其中的每一套包括"穹乃额曼"（意为"大曲"，系列叙咏歌、器乐曲、歌舞曲）、"达斯坦"（系列叙事歌、器乐曲）和"麦西热甫"（系列歌舞曲）三大部分。每套含乐曲20至30首，12套共近300首，完整地演唱需要20多个小时。喀什、和田、阿克苏和伊犁等地流传的"十二木卡姆"虽然同源，但在结构模式、旋律风格、乐器使用等方面却又各具特色。

　　吐鲁番木卡姆有"拉克木卡姆""且比亚特木卡姆"等11部，完整演奏一次约需10个小时。每套木卡姆由"木凯迪满""且克特""巴西且克特""亚郎且克特""朱拉""赛乃姆""尾声"等八部分组成。吐鲁番木卡姆无鼓不歌、无舞不乐的艺术特色是古代高昌及高昌回鹘汗国的音乐遗风，主要流传于吐鲁番地区鄯善县鲁克沁镇及周边吐鲁番市和托克逊县。

　　哈密木卡姆是流传在新疆东部哈密地区的大型维吾尔音乐套曲，共有"琼都尔木卡姆""乌鲁克都尔木卡姆"等12套，其中7套包括两个乐章（即两套曲目），共有258首曲目、数千行歌词。哈密木卡姆在其形成和发展过程中，在西域"伊州乐"的基础上，不同程度地吸收了来自中原、中亚及西亚的音乐艺术营养，在歌词、风格、结构等方面体现了文化多元性的特点。哈密木卡姆在历史上经过了从民间到王宫，最后又回到民间的流传整合过程，经由民间艺人的不断演唱和整理规范，形成了结构完整的套曲形态。每套木卡姆均由散板的序唱和4/4、7/8、5/8节奏的多首歌曲及2/4节奏的多首歌舞曲的结构序列组成，体现了典型的完整性特征。哈密木卡姆的命名方式保持了维吾尔族的传统，每套木卡姆的名称一直到现

　　① 邹启山主编：《人类非物质文化遗产代表作》，大象出版社2006年版。

在都保留着维吾尔族的名称，如"乌鲁克都尔木卡姆""嗨嗨哟兰木卡姆""加尼凯姆木卡姆"等，在新疆各地木卡姆中显得十分独特。

刀郎木卡姆主要分布在塔里木盆地西北部以叶尔羌河至塔里木河流域为中心的刀郎地区，尤以麦盖提县为盛。刀郎木卡姆据说原有12套，现在收集到9套，其中包括"巴希巴雅宛木卡姆""孜尔巴雅宛木卡姆""区尔巴雅宛木卡姆"等。每套刀郎木卡姆都由"木凯迪满""且克脱曼""赛乃姆""赛勒凯斯""色利尔玛"五部分组成，为前缀有散板序唱的不同节拍、节奏的歌舞套曲。每部刀郎木卡姆的长度为6至9分钟，9套总长度约一个半小时。刀郎木卡姆的唱词全都是在刀郎地区广为流传的维吾尔民谣，充分表达了刀郎维吾尔人的喜、怒、哀、乐，同时反映出维吾尔族社会生活的各个方面，内容丰富多彩，曲调高亢粗犷，感情纯朴真挚。①

新疆麦盖提县维吾尔刀郎木卡姆是麦盖提县独具地方特色的民俗文化，与其他各地流传的刀郎木卡姆和新疆境内的各种维吾尔木卡姆有着千丝万缕的联系，同时又有相对独立的艺术特色，具备较高的艺术价值。

参考资料：

1. 阿不都秀库尔·穆罕默德伊明：《论维吾尔古典音乐：〈十二木卡姆〉》，新疆人民出版社1985年版。

2. 刘魁立、郎樱：《维吾尔木卡姆研究》，中央民族大学出版社1997年版。

3. 向云驹：《世界非物质文化遗产》，宁夏人民出版社2006年版。

4. 刘思雅、林展程译：《新疆维吾尔木卡姆艺术——2005年第三批"人类口头与非物质遗产"荣衔项目官方介绍中译》，载郑培凯主编《口传心授与文化传承》，广西师范大学出版社2006年版。

5. 周吉：《中国新疆维吾尔木卡姆艺术——人类共同的非物质文化财富》，载郝苏民、文化主编《抢救保护非物质文化遗产　西北各民族在行动》，民族出版社2006年版。

6. 周和平主编：《第一批国家级非物质文化遗产名录图典》，文化艺术出版社2007年版。

7. 中国艺术研究院、中国非物质文化遗产保护中心编：《中国非物质文化遗产普查手册》，文化艺术出版社2007年版。

8. 韩子勇：《鄯善之书》，新疆人民出版社2008年版。

9. 周吉编著：《中国新疆维吾尔木卡姆音乐》，中央音乐学院出版社2008年版。

---

① 参见中国非物质文化遗产网·中国非物质文化遗产数字博物馆，网址：http：//www.ih-china. com. cn/inc/guojiaminglunry.jsp？gjml_ id＝101。

10.《世界遗产在中国》电视系列丛书编委会编：《人类口述和非物质遗产代表作》，湖南科学技术出版社 2008 年版。

11. 吉尔印象编著：《璀璨中华：中国非物质文化遗产完全档案》，金城出版社 2009 年版。

维吾尔族模制法土陶烧制技艺

项目名称：维吾尔族模制法土陶烧制技艺

项目类别：传统手工技艺

项目编号：Ⅷ－6

申报单位：新疆维吾尔自治区英吉沙县、喀什市、吐鲁番地区

批准时间：2006 年（第一批国家级非物质文化遗产）

项目名称：维吾尔族模制法土陶烧制技艺

项目类别：传统技艺

项目编号：Ⅷ－6

申报单位：新疆生产建设兵团

批准时间：2008 年（第一批国家级非物质文化遗产扩展项目）

简介：

维吾尔族模制法土陶烧制技艺有两千多年的历史，以口传心授方式传承至今，没有详细的文字记录。维吾尔族模制法土陶烧制利用黏土制陶，不经过任何加工，不添加其他配料，以水和泥制成器皿状，再涂以不同的颜色，烧制成光泽美观的生活用品。土陶日常生活用具主要包括碗、碟、壶、盆、罐、缸、瓶等。特别是供少数民族洗手用的水壶，形状有大小、高低、扁圆之分，可视为土陶生活用品的代表。

英吉沙县是维吾尔族烧制土陶的重要地区，其烧制的土陶分为素陶和琉璃陶两类，皆以黄泥制坯，素陶是直接烧制，琉璃陶则成坯施釉后再烧。因釉料有铝、黑铁渣、石英砂、红土等不同成分，故烧成后有深绿、浅绿、棕色、白色、土黄、土红、奶黄等颜色。吐鲁番维吾尔族土陶可分为素陶、素釉陶和彩釉陶三种。制作工序有备土、和泥、闷泥、揉泥、成型、上釉、烧制、加工等。土陶彩釉工艺品则将土陶技艺发挥到了极致，使之兼具欣赏及珍藏价值，颜色丰富，有墨绿、浅绿、中黄、淡黄及褐色、黑色，上面还绘有花卉及富有伊斯兰特色的图案。长期以来英吉沙县土陶制品远销南疆各地，产品造型精美、古朴，具有典型的维吾尔族风格。

　　这些土陶器及其技艺是丝绸之路上东西方交流的物证，不少作品明显带有佛教文化的印迹，同时又有鲜明的阿拉伯风格，深入研究维吾尔族制陶技艺，可以帮助人们了解当年中西文化交流的情况。随着社会经济与文化的迅速发展，土陶器在人们日常生活中使用得越来越少，致使品种骤减，从百种减为寥寥数种，花色也由繁变简。除花盆、花缸以外，土陶器基本退出了人们的生活。因为受到市场经济的冲击，土陶匠人大都闲置了祖传手艺，年轻一代也无心学习和继承传统烧制技艺。1949 年前，喀什市阔子其亚尔比西居民区从事土陶手艺的匠人有一百多户，如今仅剩 11户，其中工匠只有 17 人。面对这种形势，必须迅速采取措施对维吾尔族模制法土陶烧制进行抢救和保护。

参考资料：

1. 《国家级非物质文化遗产大观》编写组编：《国家级非物质文化遗产大观》，北京工业大学出版社 2006 年版。

2. 周和平主编：《第一批国家级非物质文化遗产名录图典》，文化艺术出版社 2007 年版。

3. 丘富科编著：《中国文化遗产词典》，文物出版社 2009 年版。

4. 王勇、高敬编著：《西域文化》，时事出版社 2011 年版。

维吾尔族花毡、印花布织染技艺

项目名称： 维吾尔族花毡、印花布织染技艺

项目类别： 传统手工技艺

项目编号： Ⅷ – 23

申报单位： 新疆维吾尔自治区吐鲁番地区

批准时间： 2006 年（第一批国家级非物质文化遗产）

项目名称： 花毡、印花布织染技艺

项目类别： 传统技艺

项目编号： Ⅷ – 23

申报单位： 新疆维吾尔自治区且末县、塔城地区、英吉沙县

批准时间： 2008 年（第一批国家级非物质文化遗产扩展项目）

项目名称： 毛纺织及擀制技艺（维吾尔族花毡制作技艺）

项目类别： 传统技艺

项目编号： Ⅷ – 101

申报单位：新疆维吾尔自治区柯坪县

批准时间：2011 年（第三批国家级非物质文化遗产扩展项目）

简介：

维吾尔族花毡和印染花布是新疆织造、印染技艺中最负盛名的两种，都是维吾尔族人民世代相传的传统手工技艺。

花毡的种类很多，包括压制花毡、印染花毡、彩绘花毡和刺绣花毡等。花毡的纹样及印花布纹样有百余种，其中既有受汉文化影响的"寿"字纹、回文、博古纹，也有阿拉伯风格的几何和花卉纹样及维吾尔族独特的日常用品和工具纹样，还有伊斯兰教风格的净壶、圣龛等纹样，甚至还有古代西域流传的一些纹样。[①] 花毡纹样图案丰富、色彩鲜艳，反映了维吾尔族人民的生活状态及其文化与外来文化、汉文化交流的悠久历史，有着很高的人文和艺术价值。

维吾尔族的印染技艺以花布彩印为主，有刻版印染、扎染和木模戳印等种类，其中流传最广、使用最多、历史最久的是木模戳印技艺，木模戳印技艺是用雕刻了图案的木模蘸上各种天然植物、矿物染料，戳印到手工纺织的土白布上，使多种不同的木模图案组合在一起，形成彩印花布。印花布有上百种纹样，绚丽多姿，具有浓重的乡土气息和装饰意味，是维吾尔族人民长期使用的棉袍衬里、窗帘、壁挂等的布料。

制作花毡和彩印花布都是维吾尔族人民世代相传的传统手工技艺。20世纪 80 年代以来，人们的居住条件逐步改善，生活方式也发生相应的改变，由此导致花毡逐渐消失，新疆城乡居民大多已搬进新居，也不再需要墙围布、炕围布，彩印花布在维吾尔族生活中的用途正在减少，在市场上已乏人问津。在此情势下，花毡和彩印花布艺人纷纷改行转业，他们的子孙也不再继承这一古老的技艺。目前在世的老艺人大多已到暮年，古老的手工技艺面临着人亡艺绝的局面，急需抢救和保护。

参考资料：

1. 《国家级非物质文化遗产大观》编写组编：《国家级非物质文化遗产大观》，北京工业大

---

① 《国家级非物质文化遗产大观》编写组编：《国家级非物质文化遗产大观》，北京工业大学出版社 2006 年版。

学出版社 2006 年版。

2. 韩连赟：《图说新疆民间工艺》，新疆人民出版社 2006 年版。

3. 郭晓东、王俊编著：《中国新疆民俗故事》，新疆美术摄影出版社 2008 年版。

4. 周和平主编：《第一批国家级非物质文化遗产名录图典》，文化艺术出版社 2007 年版。

5. 王勇、高敬编著：《西域文化》，时事出版社 2011 年版。

维吾尔族桑皮纸制作技艺

项目名称：维吾尔族桑皮纸制作技艺

项目类别：传统手工技艺

项目编号：Ⅷ - 70

申报单位：新疆维吾尔自治区吐鲁番地区

批准时间：2006 年（第一批国家级非物质文化遗产）

简介：

桑皮纸是一种植物纤维纸，是以桑树皮作为原料加工而成的。据说，西晋时已有对桑皮纸的文字记载，后世称魏晋纸品。如今，有着千年历史的桑皮纸被称为人类纸业的"活化石"，其传统的手工制作技艺在地球上屈指可数。

桑皮纸纸色偏暗，具有纤维细、韧性好、吸水性强、写字不洇不潮、存放时间长的特点。它不仅可以装订成书、用来写字，还曾广泛应用于人民的生活中。桑皮纸分上、中、下等级，上等桑皮纸是维吾尔族人绣花帽的原料。人们把桑皮纸搓成小棍插入花帽或直接作为衬里，不仅挺括而富有弹性，还有吸汗作用。中等桑皮纸可用来做食品、药材等包装用纸，还可裱糊天窗、风筝。下等桑皮纸可用作皮靴的衬料，以及殡葬扎材和纸钱等。在民国时，新疆地方政府甚至用桑皮纸印制过市面通行的钞票。

制作桑皮纸曾是维吾尔族养家糊口的技艺，一般是子承父业，代代相传。直到 20 世纪 70 年代，维吾尔族民间仍在使用桑皮纸。但是，早在 1950 年，维吾尔族桑皮纸便退出了印刷和书写用纸的行列，从那时起就没有高档桑皮纸了。20 世纪 80 年代以后，桑皮纸已经完全退出了维吾尔族人们的日常生活。因为没有市场需求，制作桑皮纸的匠人都已转业，他们的子孙也没有继承这门技艺的愿望。目前仅存的一位会制作桑皮纸的艺人已届暮年，这门古老的技艺正面临着失传的危险，亟待抢救、保护。

参考资料：

1. 《国家级非物质文化遗产大观》编写组编：《国家级非物质文化遗产大观》，北京工业大学出版社 2006 年版。

2. 周和平主编：《第一批国家级非物质文化遗产名录图典》（下卷），文化艺术出版社 2007 年版。

3. 王勇、高敬编著：《西域文化》，时事出版社 2011 年版。

维吾尔刀郎麦西热甫

项目名称：维吾尔刀郎麦西热甫

项目类别：民俗

项目编号：Ⅹ－49

申报单位：新疆维吾尔自治区麦盖提县

批准时间：2006 年（第一批国家级非物质文化遗产）

项目名称：新疆维吾尔族麦西热甫（新疆维吾尔刀郎麦西热甫、维吾尔族却日库木麦西热甫、维吾尔族塔合麦西热甫、维吾尔族阔克麦西热甫）

项目类别：民俗

项目编号：Ⅹ－49

申报单位：新疆维吾尔自治区阿瓦提县、阿克苏市、哈密市

批准时间：2008 年（第一批国家级非物质文化遗产扩展项目）

简介：

"麦西热甫"是融音乐、舞蹈、歌唱、讲故事、说笑话、做游戏、即兴吟诵等于一体的娱乐形式。新疆各地的麦西热甫，具有明显的地方生活风俗特征，形式相当丰富。在众多的麦西热甫中，比较集中地保存着维吾尔族古老娱乐集会的特点、风格的是刀郎麦西热甫。在刀郎地区的男女老少都爱好麦西热甫，麦西热甫已成为他们生活中不可缺少的集体活动。因此，刀郎人说："没有麦西热甫的生活，是没有味的生活。"麦西热甫里的音乐、舞蹈、游戏、吟诵等游艺民俗常与其他民俗现象，喜庆、节日、婚娶等相联系。刀郎麦西热甫娱乐活动开始时先由一艺人唱序曲，接着奏乐，人们翩翩起舞，舞蹈动作仿佛一场狩猎活动，异常激烈并多旋转。能坚持到最后者被誉为"舞王"。刀郎麦西热甫文化内涵丰富，外延宽泛，民众参与，有刀郎地区维吾尔人历史、社会生活和精神风貌的

"百科全书"之称。①

新疆麦盖提县位于新疆维吾尔自治区西南部"刀郎地区"（即塔里木盆地西、北边的叶尔羌河至塔里木河两岸）。刀郎麦西热甫以表现刀郎地区维吾尔人民狩猎、丰收等生活情景为主，包含有刀郎木卡姆演唱、群众自娱舞蹈、餐饮、文学艺术表演及各种游戏等。它不受环境条件、时间、参与人数的限制，程序严格，种类繁多，内容丰富多彩。根据其性质和功能，大致可分为节庆礼仪和人生礼仪，如为庆祝维吾尔族传统节日古尔邦节（宰牲节）、肉孜节（开斋节）、奴肉孜节（迎春节）及当今社会生活中的国庆节、劳动节等节日而举行的巴依拉姆麦西热甫（又称艾依脱麦西热甫，意为节日麦西热甫）以及在男女婚嫁、妇女生第一个孩子、给孩子起名、男孩儿行割礼、女孩儿成年等喜庆的日子里所举行的托依麦西热甫（意为喜庆麦西热甫），其规模宏大，气氛隆重、热烈。

与农牧业生产有关的，如在冬日里下第一场雪时为表示瑞雪兆丰年而举行的卡尔勒克麦西热甫（意为迎雪麦西热甫）；从下第一场雪后直至春天麦苗返青时举行的玛依沙麦西热甫（意为青苗麦西热甫）；农业丰收后举行的莫尔胡苏尔麦西热甫（意为丰收麦西热甫）；瓜果成熟时在果园里举行的巴合麦西热甫（意为果园麦西热甫）；牛羊肥壮时举行的卡瓦泼麦西热甫（意为烤肉麦西热甫）等；其主旨为表达对农牧业丰收的渴望和取得丰收之后的喜悦，其规模大小不一，气氛愉快欢乐。

与社交活动有关的，如为远道而来的亲朋接风的米芒达其勒克麦西热甫（意为迎客麦西热甫），将已成年的儿女介绍给亲朋好友的阿依来麦西热甫，做错事后请求原谅的凯其里希麦西热甫，为了结恩怨、调节关系而举行的克里希土尔希麦西热甫，春日里举行的赛莱麦西热甫（意为春游麦西热甫）以及在农闲时所举行的卡塔尔麦西热甫（意为轮流做东麦西热甫）等；这类麦西热甫除娱乐欢聚外，还兼有协商事宜、互相帮助的功能，参加者常为一定范围内的亲朋好友，规模适中。

还有与其他民俗活动有关的麦西热甫也被称作恰依。如为商定某事而举行的梅斯来艾提恰依，为给朋友送行而举行的霍希里西恰依，迎接朋友归来而举行的卡里希叶里希恰依，送行和迎归两者又可统称为赛派尔恰依，为庆祝盖新房或乔迁之喜而举行的塔姆恰依（塔姆意为墙壁）、加依

① 丘富科编著：《中国文化遗产词典》，文物出版社 2009 年版。

恰依（加依意为地方）和乌依恰依（乌依意为家）等等。①

　　刀郎麦西热甫是研究刀郎维吾尔人历史、社会生活、精神风貌的百科全书，发掘、抢救、保护刀郎麦西热甫对新疆地区精神文明建设，丰富人民群众的文化生活，提高人民素质，促进人的全面发展，构建社会主义和谐社会都将产生积极的推动作用。

　　参考资料：

　　1.《国家级非物质文化遗产大观》编写组编：《国家级非物质文化遗产大观》，北京工业大学出版社 2006 年版。

　　2. 周和平主编：《第一批国家级非物质文化遗产名录图典》，文化艺术出版社 2007 年版。

　　3. 丘富科编著：《中国文化遗产词典》，文物出版社 2009 年版。

维吾尔族达瓦孜

项目名称：维吾尔族达瓦孜

项目类别：杂技与竞技

项目编号：Ⅵ－5

申报单位：新疆维吾尔自治区

批准时间：2008 年（第一批国家级非物质文化遗产扩展项目）

简介：

达瓦孜是维吾尔族一种古老的传统杂技表演艺术。"达"在维吾尔语是悬空之意，瓦孜是指嗜好做某件事的人。"达瓦孜"一词是借用波斯语"达尔巴里"，意思是高空走大绳表演，古时称为走索、高原祭、踏软索等。

　　汉文古籍中，有关走绳的记载，在东汉科学家、文学家张衡的《西京赋》中有"走索上而相逢"之语。赋中回述的是西汉元封三年（公元前108年）汉武帝在平乐观招待四夷宾客的情景，可见此时便已有走绳的形式。明代王圻编辑的《三才图会》中有"高絙"（意为高空走绳）等百戏，"大率其术皆西域来耳"类似说法，其他古籍也有。但都未能确指现在新疆某地，故只能说有可能是"达瓦孜"。②现在所知，最早出现

---

　　①　参见中国文化遗产信息产业中心·中国文化遗产资料库，网址：http：//www.whyc.org.cn/1970/0101/8819.html。

　　②　新疆维吾尔自治区文化厅编：《新疆非物质文化遗产代表作》，新疆人民出版社 2006 年版。

"达瓦孜"一词的是成书于 1072 年至 1074 年的《突厥语大辞典》，在
"伊波拉弟"的词条下，有"走软绳，走达瓦孜"。据此，达瓦孜至少已
有近千年的历史。汉文史籍中明确记载了达瓦孜的是清朝乾隆、嘉庆年间
的文学家赵翼所记"回人绳伎"，其表演方式都与今天的"达瓦孜"完全
相同。清朝中期至 20 世纪 40 年代，塔里木盆地的南缘和西南缘都有达瓦
孜民间班社，他们经常巡回演出于南疆的城镇农村，沿着阿克苏、库车一
线，到达吐鲁番、哈密和北疆的乌鲁木齐、伊犁等地，并在这些地区收徒
传艺。

　　维吾尔达瓦孜表演的基本内容，分为地面杂技和高空杂技两部分。地
面杂技是在高空杂技（即达瓦孜）开始之前，为了使演出丰富，招徕观
众而安排的。常演的节目有：翻跟斗、徒手武打、刀术、气功、飞刀、飞
吊子、钻火圈、钻刀圈、碗技、球艺杂耍、水流星、椅子顶、木砖顶、扛
杆、顶杆、抢椅子、狮子舞、魔术等。达瓦孜表演多在露天进行，其特点
是把多种多样的杂耍技艺搬到数十米高空的绳索或钢丝上演练，表演者手
持长约六米的平衡杆，不系任何保险带，在绳索上表演前后走动、盘腿端
坐、蒙上眼睛行走、脚下踩着碟子行走、飞身跳跃等一系列惊心动魄的技
艺。在维吾尔族民间乐曲的伴奏下，高空走索演员踏着节拍跳舞歌唱，迅
速替换着高难技巧，表演幽默，场面热闹非凡，极富特色。

　　达瓦孜早先流行于和田、莎车、英吉沙和喀什一带，后传至库车、吐
鲁番、哈密、伊犁和乌鲁木齐。1990 年 1 月，新疆杂技团吸纳仅存的英
吉沙县达瓦孜团，成立了由阿迪力·吾守尔等五位主要演员组成的达瓦孜
队。此外尚有艾山江·吾守尔的达瓦孜团。目前，两团均在乌鲁木齐。

　　达瓦孜历史悠久，技艺独特，在高空杂技节目中独树一帜，深受观众
欢迎，在中亚、日本、法国等地也广为人知，影响深远。但是，目前达瓦
孜技艺的传承出现困难，高难度、高危险的表演要求从艺者具备极强的身
体平衡能力和良好的心理素质，因此即使是有兴趣学习者也往往难以达到
项目既定要求，由此造成达瓦孜传人难觅的状况。再加上现代文艺娱乐活
动的冲击，达瓦孜的演出市场业已萎缩，这一古老杂技艺术日益陷入濒危
局面，需要开展有组织、有计划的保护工作。

参考资料：

1. 施生田、石永强主编：《走进新疆》，新疆人民出版社 2001 年版。

2. 新疆维吾尔自治区文化厅编：《新疆非物质文化遗产代表作》，新疆人民出版社 2006 年版。

3. 吉尔印象编著：《璀璨中华：中国非物质文化遗产完全档案》，金城出版社 2009 年版。

4. 王勇、高敬编著：《西域文化》，时事出版社 2011 年版。

维吾尔族达斯坦

项目名称： 维吾尔族达斯坦

项目类别： 民间文学

项目编号： Ⅰ－71

申报单位： 新疆维吾尔自治区

批准时间： 2008 年（第二批国家级非物质文化遗产）

简介：

"达斯坦"，意为叙事长诗或史诗，是维吾尔族的弹唱曲种。由一至三人演唱，主唱者操弹拨尔、萨它尔等乐器，助演者或持上述乐器伴奏，或持手鼓、石片等打击乐器击节，或不持乐器帮腔助唱。歌唱曲调为古老的木卡姆选段或其他民间音调，具有叙事性和抒情性。唱词为多段体分节歌式。一部达斯坦作品包括十几首至几十首唱词，每首唱词又分几段至十几段，每段句数根据文体各异。

维吾尔族达斯坦所反映的内容非常广泛，包括历史事件、英雄人物、爱情故事等，它在反映劳动人民的历史和现实生活的同时，还体现出了本民族的民俗文化、审美价值和哲学思想。根据维吾尔族达斯坦的内容和形式，分为英雄达斯坦、爱情达斯坦、历史达斯坦和江那麦（宗教达斯坦）。

维吾尔英雄达斯坦，以重大历史事件和英雄传说为题材，以诗歌的形式反映了维吾尔族的神话传说以及部落、民族之间的征战和英雄人物的丰功伟绩。如：《乌古斯传》、《英雄钦铁木尔》（*chintomur batur*）、《坟墓之子》（*gor oghli*）、《玉素甫·艾合买提》《阿里普阿尔图阿》（*alip artunga*）、《鲁斯坦米》（*rustem dastani*）等。以《乌古斯传》为例：《乌古斯传》分为两部分，第一部分叙述了乌古斯的诞生、成长以及成为可汗的经历；第二部分叙述了乌古斯可汗的征战事迹，其中包括古代维吾尔人的创世神话、民族起源传说、民间信仰、风俗习惯等。

维吾尔爱情达斯坦的内容包括幻想爱情情节与生活爱情情节。幻想爱情达斯坦以男主人公爱上美丽仙女为故事的始端，与妖魔鬼怪斗争，不辞辛苦得到仙女的爱情为内容，富于浓郁的幻想色彩。如：《卡迈尔夏与谢米斯加纳尼》（kemershah we shemsijanan）、《乌日丽卡—艾姆拉江》（horlika—hamrajan）、《赛努拜尔》（senuber）等。生活爱情达斯坦以现实的爱情生活为线索，主要反映了青年人对自由爱情的向往与追求，揭露了当时社会对年轻人婚恋的干涉所带来的悲剧。如：《艾里甫与赛乃木》《塔伊尔—祖合拉》《帕尔哈德—西仁》《莱丽—麦吉侬》《热比亚与赛依丁》《克孜里古丽木》（kizilgulum）、《卡库克与再乃普》（kakkuk bilen zayep）等是维吾尔族生活爱情达斯坦的代表作。

维吾尔族历史达斯坦以历史上的重大事件和历史人物活动为题材，主要叙述了历史人物为了人民利益而奋不顾身的奉献精神。其代表作有《诺孜古姆》《斯依提诺奇》《阿布都热合曼和卓》等。

江那麦（jengname）以伊斯兰教传入新疆期间所发生的宗教战争为主要题材。它描述了当时接受伊斯兰教的维吾尔族与拒绝接受伊斯兰教的和田一带信仰佛教的维吾尔族之间的战争场面及战争中涌现出的部分首领的英雄业绩等。这类达斯坦保留了操突厥语民族英雄史诗的表现手法。①

达斯坦的唱词因大部分经过文人加工，其结构大多为若干首多段体分节式律诗的组合。每部达斯坦包括几首、十几首甚至几十首唱词，每首唱词为几段至十几段居多。

维吾尔族达斯坦以民间表演艺人（达斯坦奇 meddah）的说唱形式代代相传，因此达斯坦奇在维吾尔族达斯坦的创造、流传与保存方面具有举足轻重的作用。达斯坦奇是有一定的艺术才能的民间艺人，首先他们具有很强的语言表达能力，认真学习民间故事，掌握了简洁、形象、精练的民间语言，能够深刻而且生动地叙述其作品；其次，大部分达斯坦奇擅长音乐，维吾尔族达斯坦的散文部分以口头语言叙述，而韵文部分则以歌曲形式叙述，所以达斯坦奇不仅要熟记达斯坦的文本，还要掌握达斯坦的曲调；再次，达斯坦奇擅长表演艺术，他们的表演根据达斯坦中人物的性别、年龄、社会地位、职业以及性格的不同而发生变化，面部表情和手势也随之而变化。全民性的节日、巴扎（集市）、劳动场所等都是达斯坦奇展示才能和智慧的大舞台，这些地方是农民们的主要社交活动场所，人数

---

① 参见新疆文化网，网址：http：// www. xjwh. gov. cn/cc190c58 - 071c - 4d08 - ace1 - 6ed12 e776d6f_ 1. html。

众多，达斯坦奇在这些场所的出色表演深深吸引着广大观众，达斯坦就在这样的文化背景下得以传播、保存、发展。

参考资料：

1. 杜亚雄、周吉：《丝绸之路的音乐文化》，民族出版社 1997 年版。

2. 俞人豪等：《音乐学基础知识问答》，人民音乐出版社 1997 年版。

3. 姜昆、倪钟之主编：《中国曲艺通史》，人民文学出版社 2005 年版。

4. 阿布都外力·克热木：《尼扎里的"达斯坦"创作研究》，民族出版社 2005 年版。

5. 姑丽娜尔·吾甫力：《维吾尔达斯坦的叙事学研究——以艾合买提·孜亚依〈热比亚—赛丁〉为例》，《民族文学研究》2007 年第 3 期。

6. 阿布都外力·克热木：《论维吾尔族达斯坦奇的学习与演唱》，《民族文学研究》2011 年第 1 期。

维吾尔族民歌（罗布淖尔维吾尔族民歌）

项目名称：维吾尔族民歌（罗布淖尔维吾尔族民歌）

项目类别：传统音乐

项目编号：Ⅱ－116

申报单位：新疆维吾尔自治区尉犁县

批准时间：2008 年（第二批国家级非物质文化遗产）

简介：

罗布泊又名罗布淖尔，罗布淖尔系蒙古语音译名，意为多水汇集之湖。《汉书》描述它"广袤三百里，其水亭居，冬夏不增减"。罗布淖尔的民间歌舞世代传承，罗布淖尔民歌就是其中的精华之一。罗布淖尔民歌包括朗诵、独唱、对唱等形式，其内容包括爱情歌、劳动歌、狩猎歌、历史歌、叙事歌、思念歌、婚嫁歌、喜庆歌、丧葬歌等，从不同侧面反映了罗布淖尔居民生产、生活的真实面貌。

罗布淖尔民歌具有维吾尔族音乐的一般特点——调式丰富。有汉族民间音乐的五声调式的宫调式、商调式、徵调式的民歌，也有欧洲大、小调式民歌，还有波斯、阿拉伯风格的民歌，节拍、节奏富于变化。四二、四三的混合节拍在一个乐句中交替出现。即使整体上的三拍子的音乐也常常间隔出现 2—3 个二拍子的音符，节奏上的切分音密集、松散也多次出现并反复，使节奏新意无穷，四度、三度的上行音和级进的下行音是旋律进行的主要形式。罗布淖尔民歌也有与一般维吾尔族音乐不同的特点：用音简省，音域一般都不宽。大都在一个八度以内或上方再多一个整音，无很高的音。以《我的红花》为代表的几首民歌、民间音乐经几代（现可考证的）民间艺人演唱、演奏，保持了罗布淖尔民间音乐特有的旋律和节奏形态，十分纯粹和古朴；大多以清唱为主，即兴性较强；内容上以歌唱生活、表达爱情为主；整体上，情绪起伏不大；有时将现成的歌词套用在流传较广的旋律上演唱。①

罗布淖尔维吾尔族民歌主要流传在巴音郭楞蒙古自治州尉犁县各乡、场等维吾尔族农牧民聚居区。在罗布淖尔地区世代聚居的罗布人，由于地域相对封闭，至今仍保持着许多原始、古朴的生活方式。因此，罗布淖尔民歌呈现出较强的古朴的原生态特征，成为新疆多元文化中一个极富特色的组成部分。

参考资料：

1. 新疆维吾尔自治区文化厅编：《新疆非物质文化遗产代表作》，新疆人民出版社 2006 年版。

2. 《新疆非物质文化遗产集锦》编委会编：《新疆非物质文化遗产集锦》，新疆美术摄影出版社、新疆电子音像出版社 2010 年版。

维吾尔族鼓吹乐

项目名称：维吾尔族鼓吹乐

项目类别：传统音乐

项目编号：Ⅱ－127

申报单位：新疆维吾尔自治区

批准时间：2008 年（第二批国家级非物质文化遗产）

简介：

维吾尔族鼓吹乐广泛流布于新疆各维吾尔族聚居区，其与本民族各类民间音乐与以木卡姆为代表的古典音乐和宗教礼仪音乐均有着千丝万缕的联系。新疆各地流传的鼓吹乐套曲，均有相对规范的结构和曲式，各套中的节拍、节奏型既复杂多变，又有一定之规，显示出维吾尔族鼓吹乐所具有的完整、成熟的特点。

---

① 新疆维吾尔自治区文化厅编：《新疆非物质文化遗产代表作》，新疆人民出版社 2006 年版，第 205—206 页。

维吾尔族鼓吹乐的常规组合是：一支苏乃依、三对纳格拉、一只冬巴克。亦可仅由一支苏乃依和一对纳格拉组合，或是由常规组合扩大到数支苏乃依、更大量的纳格拉和冬巴克，甚或加用卡娜依和达普、萨帕依、它石等打击乐器。在维吾尔族鼓吹乐中，旋律由苏乃依奏出，三对纳格拉因形制不同而发出不同的音高。形制最小、发音最高的一对被称作"头鼓"，常作复杂的加花变奏并起着指挥、领头的作用；形制适中、发音居中的一对被称作"中鼓"，既可奏贯穿于乐曲始终的基本节奏型，也可与头鼓轮流加花；形制偏大、发音低沉的那一对被称作"尾鼓"，一般从头到尾击打基本节奏型；冬巴克只在节奏型中的重音位置上击打。

维吾尔族鼓吹乐的主要功能是为群众性自娱舞蹈伴奏，在维吾尔族的各个喜庆节日及人生礼仪中都不可或缺。不同地区流传的维吾尔族鼓吹乐在乐队组合、乐曲风格等诸方面都有所不同，但其旋律都流畅起伏，节拍、节奏复杂多变，能够营造出热烈、欢快的喜庆气氛。吐鲁番地区更以用鼓吹乐的形式演奏各套《吐鲁番木卡姆》自始至终的旋律而著称。著名的维吾尔族鼓吹乐曲如《伊犁赛乃姆》《喀什噶尔节日舞曲》等。为了满足舞者的需求，除了散曲之外，维吾尔族鼓吹乐也演奏一些成套的传统乐曲，如伊犁地区流传的《伊犁十二套鼓乐》由套曲《赛乃姆》《苟希赛乃姆》《洛赫莎尔》《洛赫莎尔古丽》《库尔凯木》《赛亥尔亚勒》《古鲁尔》《月兰》《木夏乌热克》《夏地亚娜》《赛衣里尕赫》《谢地扬》组成，库尔勒地区流传的近20套《赛乃姆》，喀什地区流传的《萨玛舞曲》等。

维吾尔族鼓吹乐由古至今都以口传心授为主要传承方式，无曲谱可依。艺人们在演奏时，除了要遵循每个曲目相对固定的节拍和节奏的变化模式，在曲调选择、段落反复、变奏加花等方面，还有大量的即兴创造，这是现场调动必须具备的才智和技能，从而使每个演奏者的个人才华都能有最佳表现。

参考资料：

1. 周吉：《维吾尔族传统音乐文化》，新疆人民出版社 2009 年版。

2.《新疆非物质文化遗产集锦》编委会编：《新疆非物质文化遗产集锦》，新疆美术摄影出版社、新疆电子音像出版社 2010 年版。

维吾尔族赛乃姆

项目名称：维吾尔族赛乃姆

项目类别：传统舞蹈

项目编号：Ⅲ-96

申报单位：新疆维吾尔自治区哈密地区、莎车县

批准时间：2008年（第二批国家级非物质文化遗产）

项目名称：赛乃姆（若羌赛乃姆、且末赛乃姆、库尔勒赛乃姆、伊犁赛乃姆、库车赛乃姆）

项目类别：传统舞蹈

项目编号：Ⅲ-96

申报单位：新疆维吾尔自治区若羌县、且末县、库尔勒市、伊宁县、库车县

批准时间：2011年（第三批国家级非物质文化遗产扩展项目）

简介：

"赛乃姆"在维吾尔语中是偶像、美人、美女的意思，在音乐中则是一种由多首歌曲（多至十余首，少则七八首）联唱的歌舞音乐的名称。表演时大家围成圆圈席地而坐，乐队聚在一角，舞者在圈中。有一人独舞，二人对舞及三五人同舞等形式。舞者不唱，围观者则集体拍手唱和。赛乃姆的音乐由多首歌舞曲组成，开始是中速，中间渐快，最后转为快速并在高潮中结束。歌舞曲的唱词内容大多表现爱情生活。除歌唱群众熟悉的歌舞曲外，还可用旧曲调即兴编新词，描绘当时的欢乐情景。伴奏乐器有手鼓、萨巴依、四块石、弹拨尔、独它尔、热瓦甫、笛子、扬琴等。

"赛乃姆"最初源于南疆的喀什噶尔地区，后来经民间艺人们的传播，逐渐流传到天山南北，后因各地区方言、自然环境、历史背景和风土人情的差异，使"赛乃姆"又形成了不同的流派，大致可分为三类：南疆"赛乃姆"舞蹈比较明快活泼，深沉优美，步伐轻快灵巧，身体各部分运用较为细致，尤其是手腕和舞姿的变化非常丰富。南疆"赛乃姆"包括"喀什赛乃姆""阿图什赛乃姆""阿克苏赛乃姆""和田赛乃姆""叶城赛乃姆""库车赛乃姆""库尔勒赛乃姆""莎车赛乃姆"等。北疆的"伊犁赛乃姆"潇洒豪放，轻快利落，不时做些戛然而止和幽默风趣的小动作。东疆的"哈密赛乃姆"，真挚而朴实，手腕的动作变化不大，

基本是半握拳式，在头上左右摆动，单步较多，有些动作吸收了蒙古族舞蹈的动作，基本形式是前来参加者并排坐在一起，艾捷克演奏木卡姆后，手鼓击起，而后进行赛乃姆乐曲的演唱。这时主持人邀请一名公认的善舞者出场，双手交叉搭在胸前，绕场一周，向众人行礼，便转入舞蹈。舞一阵后邀请一位男子或女子同舞。舞后，再由他们邀请其他人共舞，这样，一邀二，二邀四，最后变成群舞而结束。

　　"赛乃姆"非常自由活泼，没有固定的程式，自娱性很强，舞者即兴表演，随意发挥。有单人舞、双人舞和群舞。节奏从缓慢逐渐到中速，再变快速。舞蹈动作运用非常灵活，主要是头部和两手腕的运用，如移颈、头部的摇、挑和丰富多变的转手腕及身体姿态的昂首、挺胸、立腰、急速旋转，加之眼神的巧妙配合，构成了维吾尔族别具一格的舞蹈形式。"赛乃姆"一般是在"古尔邦节""肉孜节""麦西热甫"（一种娱乐性集会）、"白雪节"（降雪时举行的娱乐活动）这些维吾尔族的佳节庆典和娱乐集会时表演。[①]

参考资料：

1. 李才秀等：《维吾尔族民间舞蹈》，上海文艺出版社 1981 年版。

2. 董伟建、钟建波编著：《中国 100 种民间戏曲歌舞》，广西人民出版社 1999 年版。

3. 周青青：《中国民间音乐概论》，人民音乐出版社 2003 年版。

4. 王文章主编：《第三批国家级非物质文化遗产名录图典》，文化艺术出版社 2012 年版。

维吾尔族刺绣

项目名称：维吾尔族刺绣

项目类别：传统美术

项目编号：Ⅶ–79

申报单位：新疆维吾尔自治区哈密地区

批准时间：2008 年（第二批国家级非物质文化遗产）

简介：

维吾尔族民间刺绣历史悠久，绣花枕头、绣花服装、绣花帽都是维吾尔族常见的刺绣品种。其中维吾尔族绣花帽最具地区特色，种类有近 400

---

　　① 董伟建、钟建波编著：《中国 100 种民间戏曲歌舞》，广西人民出版社 1999 年版，第 312—314 页。

种，色彩鲜明，享誉世界。维吾尔族绣花帽的外形有四瓣、五瓣、扣碗形、圆口尖顶、圆口平顶及儿童花帽等六种。使用平绣、结绣、盘金银绣、十字绣、勾花、扎绒绣、格架绣、串珠亮片绣等数种绣法；花纹多用维吾尔族传统图案，采用十字对称、满地散花、二方连续等布局，变化多端，千姿百态，各不相同。在花帽前部和边缘，一般有金银装饰、珠宝镶嵌或孔雀翎装饰。①

哈密维吾尔族刺绣，借鉴吸收了众多民族，众多宗教的文化，使得哈密维吾尔族刺绣艺术，在全疆众多民族的刺绣艺术上，独树一帜，另有一番特色。哈密维吾尔族民间刺绣最大的特点是在伊斯兰教文化的基础上，借鉴和融入了汉满文化和佛教文化，在工艺上吸收了中华民族苏绣和京绣的一些针法，采用汉族平绣针法。在图案的选材方面：内容多采用汉满文化和佛教文化的一些图案，色彩鲜明饱满，针法质朴、稳重，时至今日，仍用传统的手工操作，有别于新疆其他各地单一的色彩，单一的图案刺绣文化。

参考资料：

1. 李宝祥主编：《草原艺术论》，内蒙古文化出版社 2004 年版。
2. 郭晓东、王俊编著：《中国新疆民俗故事》，新疆美术摄影出版社 2008 年版。
3. 《新疆非物质文化遗产集锦》编委会编：《新疆非物质文化遗产集锦》，新疆美术摄影出版社、新疆电子音像出版社 2010 年版。
4. 热娜·买买提：《论维吾尔族民间刺绣艺术及其传承》，《文艺争鸣》2010 年第 11 期。

新疆维吾尔族艾德莱斯绸织染技艺

项目名称：新疆维吾尔族艾德莱斯绸织染技艺

项目类别：传统手工技艺

项目编号：Ⅷ – 109

申报单位：新疆维吾尔自治区洛浦县

批准时间：2008 年（第二批国家级非物质文化遗产）

简介：

"艾德莱斯"维吾尔语是"扎染"的意思，"艾德莱斯"即是以扎染方法的染丝织成的丝绸面料。艾德莱斯是纯丝织物，具有质地柔软、飘逸

① 李宝祥主编：《草原艺术论》，内蒙古文化出版社 2004 年版，第 137 页。

洒脱的特点，深受维吾尔族妇女欢迎。用艾德莱斯丝绸缝制的连衣裙，色泽绚丽如云霞，婉约流畅似流水，是维吾尔族妇女在节假日或重大庆典活动中的首选盛装。

艾德莱斯丝绸分为四大类：（1）"黑"：主色是黑色，图案纹样主要是耳坠、流苏、栅栏、公羊角、镰刀、花卉等。（2）"红"：主色是红色，图案纹样主要是梨子、苹果、锯子、木槌、植物叶、小花、热瓦甫琴、巴旦木杏等。（3）"黄"：主色是黄色，图案纹样是苹果、木梳、链条、栅栏、巴旦木杏等。（4）"莎车式（综合式）"，形成一种色与色之间相隔的多组合形式。这种组合形式，使色彩呈现出跳荡的韵律。[①]

洛浦县吉亚乡与布亚乡是洛浦艾德莱斯丝绸的重要发源地，洛浦的艾德莱斯讲究黑白效果，图案形象粗犷奔放，空间虚实布局得体。配色多采用黑底白花或白底黑花，或用红黄、黑白、蓝白相间的花色。图案疏而不凋，简洁而不单调，每件衣料的图案各有特点，很少重复雷同。吉亚乡有一所艾德莱斯丝绸织艺培训学校，注册登记"沙漠之花""沙漠丽人"系列的艾德莱斯产品，十几年来受到国内外旅客的普遍欢迎。目前吉亚乡艾德莱斯丝绸织艺培训学校在保护、发展艾德莱斯丝绸业文化遗产中的作用越来越大。

参考资料：

1. 李传珠：《传奇新疆》，经济日报出版社 2006 年版。

2. 楼望皓：《新疆民俗游记》，新疆美术摄影出版社 2007 年版。

3. 王勇、高敬编著：《西域文化》，时事出版社 2011 年版。

维吾尔族地毯织造技艺

项目名称：地毯织造技艺（维吾尔族地毯织造技艺）

项目类别：传统手工技艺

项目编号：Ⅷ－110

申报单位：新疆维吾尔自治区洛浦县

---

① 参见新疆文化网·文化遗产·名录体系·传统手工技艺，网址：http：//www. xjwh. gov. cn/8eb0b948－c37c－4896－a1c9－71215cf30928_1. html。

批准时间：2008 年（第二批国家级非物质文化遗产）

简介：

维吾尔族地毯是具有悠久历史传统的手工艺品，集绘画、编织、刺绣、印染于一体，以精湛的工艺和鲜明独特的艺术风格著称于世，主要品种有铺毯、挂毯、褥毯、坐垫毯等，或铺、或挂，是维吾尔族人必备的家居用品。

维吾尔族地毯主要产于新疆的和田、喀什、阿克苏、库尔勒、昌吉、乌鲁木齐等地，尤以和田地毯最为著名。1959 年和田地区民丰县的古精绝国故地墓葬中出土的地毯，经考证为东汉时期的产品。1980 年又在楼兰古墓中挖掘到西汉晚期地毯残片，是我国出现的历史最早的地毯实物。同时出土的一批佳卢文木简上已有"地毯""和阗地毯"等字样。据此推算已有 2000 年的历史。和田地毯具有鲜明的民族特色和浓厚的地方特色，被称为独具一格的"东方式"地毯。主要用于室内装饰，有铺毯、挂毯、坐垫毯、礼拜垫毯、褥毯等品种。毯面光泽平滑，毯板挺实柔和，美观大方，色调鲜丽。[①]

和田地毯原料采用半粗羊毛和细羊毛，多层边框，几何图形内填入丰富而多变的纹理，结构平整而富有韵律，形式多样而富有生活气息。和田地毯现有 16 种传统样式：（1）开力肯（洪水之意）此样式由开力肯巴依传来。（2）夏木努斯卡（夏木之意今日欧洲地区）努斯卡意为"式"。（3）伊朗努斯卡从伊朗传来，莱里夏阿吉首先织造。（4）阿拉班尼努斯卡，又名托盘纹，从阿塞拜疆传来。（5）艾地亚勒努斯卡，又名印第斯坦努斯卡。（6）扎伊乃玛子努斯卡，随伊斯兰教传入的拜毯。（7）阿纳尔古丽努斯卡，石榴花纹样，由卡德尔阿洪创造。（8）恰其曼努斯卡，散花之意，由毛拉吾斯达创造（毛拉师傅）。（9）偶依古丽努斯卡，月亮花，由毛拉吾斯达创造。（10）拜西其洁克古丽努斯卡，五枝花之意，创者不详。（11）团花式，创者不详。（12）平铺八边托盘纹，创者不详。（13）八角散花毯，创者不详。（14）缕窗纹毯，创者不详。（15）卓克努斯卡，又称博古纹，后改称龙卡（花瓶之意）。（16）牡丹纹，由吐尔地、阿洪、尤

---

①　铁木尔·达瓦买提主编：《中国少数民族文化大辞典·西北地区卷》，民族出版社 1999 年版，第 133 页。

努斯从内地传来的纹样。①

　　和田地毯以棉纱作经、纬，用羊毛栽绒。传统的图案有"石榴花"式、"洪水"式、"五朵花"式等。毯面光泽平滑，毯板挺实柔和，色调鲜丽，美观大方。种类有铺毯、挂毯、坐垫毯、礼拜垫毯、褥毯等，主要用于室内装饰。关于和田地毯"古兰姆"的称谓与起源，有一段美丽的传说。相传古时候，和田地区的国王命令一个织工在一个月内织出一条地毯。织工为了如期交差，夜以继日地不停赶织。他的小女儿古兰见父亲如此劳累，就十分懂事地在一旁帮助父亲。父女两人的勤劳感动了"胡大"，他暗中来帮助他们，使地毯如期织完了。国王看到雍容华贵、美丽异常的地毯十分高兴，决定重赏古兰父女两人。然而古兰父女没有接受国王的赏赐，而是向国王提出请求，请国王免除与他们一样贫苦的村民的三年赋税。国王被他们的爱心所感动，答应了他们的请求。村民们对古兰父女俩充满感激之情，向父女俩学习织毯的技艺，并将他们织出的地毯以古兰的名字命名。从那以后，和田地区的地毯就被称为"古兰姆"。②

参考资料：

　　1. 铁木尔·达瓦买提主编：《中国少数民族文化大辞典·西北地区卷》，民族出版社 1999 年版。

　　2. 高颖编著：《中国民间故事·生活礼俗卷》，中国世界语出版社 1999 年版。

　　3. 楼望皓：《中国新疆民俗》，新疆美术摄影出版社 2003 年版。

　　4. 陶犁主编：《民族民俗风情赏析》，旅游教育出版社 2006 年版。

　　5. 王勇、高敬编著：《西域文化》，时事出版社 2011 年版。

维吾尔族卡拉库尔胎羔皮帽制作技艺

项目名称：维吾尔族卡拉库尔胎羔皮帽制作技艺

项目类别：传统手工技艺

项目编号：Ⅷ－114

申报单位：新疆维吾尔自治区沙雅县

批准时间：2008 年（第二批国家级非物质文化遗产）

---

　　① 参见新疆文化网·文化遗产·名录体系·传统手工技艺，网址：http：//www. xjwh. gov. cn/e74c5282－4f35－4e0b－b001－5255f425f65b_ 1. html。

　　② 陶犁主编：《民族民俗风情赏析》，旅游教育出版社 2005 年版，第 94 页。

简介：

皮帽是维吾尔民族特有的工艺品，也是民族服饰最显著特征。沙雅位于天山南麓，塔里木河中游，塔克拉玛干沙漠北缘。沙雅先民自古以来农牧兼营，尤其是塔里木河谷的胡杨林区，是绝佳的天然牧场，更是卡拉库尔羊的生产基地，羊肉肥而不腻、不膻，鲜嫩溢香，羊毛色泽鲜艳分明，富有光泽，细而绒，胎羔皮尤为珍贵。胎羔皮亦称羔的皮，多为自然流产的羊羔的皮，毛长不超过 2 厘米，毛细紧密，有光泽，有坚实明显的波状花纹，皮板轻柔，花案美观，扑而不散，鞣制后可染成多种颜色，深受维吾尔族群众喜爱，适宜制作皮帽、皮领等物。[①] 卡拉库尔羊的胎羊皮，花色秀美，胎胶浓厚。胎羊皮毛经久不变的花纹，色泽温润，形态美观，有卧蚕形、跃鼠形、肋形、豌豆花形、水波纹形等。毫毛闪亮浓密紧凑，其皮手感温润，柔软坚韧，是世界上绝无仅有的珍贵裘皮，故而有民间歌谣"吐鲁番的葡萄哈密的瓜，龟兹的羊羔一朵花"流传中外，被人称颂。

沙雅人用胎羔皮做帽子已有上千年的历史。据县志记载：沙雅古代畜牧区之一的齐满村是制作沙雅卡拉库尔胎羔皮帽子的发源地，后流行于马扎胡贾木（现红旗镇），然后到央达克协海尔一带，逐渐扩散到全县范围。15 世纪以后，随着沙雅卡拉库尔胎羔皮向外出口，沙雅卡拉库尔胎羔裘皮及胎羔皮帽即通过多种渠道和许多口岸源源不绝地输入到中亚地区，又从中亚地区辗转流入到西亚、东欧等地方。民国初年，沙雅人艾山阿吉和沙拉姆多伯克专门经营卡拉库尔胎羔皮帽生意。每年向天津输运胎羔皮帽三万顶，成为沙雅县最大的外销商品。1953 年，新疆首府乌鲁木齐商业部门要求每年要生产三万顶卡拉库尔胎羔皮帽子以供外贸需要。1955 年，沙雅县成立"皮帽社"，隶属于县二轻局管理。

利用本地优势，以卡拉库尔羊为依托对胎羔皮进行深加工，生产高质量、新款式的羔皮服饰及帽子，市场销售远景好，具有很高的经济价值，增加了群众致富的渠道。帽子种类繁多，最具特色，材料选优，制工精细，颜色、质地讲究，显示了维吾尔族独特的风俗和服饰文化，展示了维吾

---

① 沙雅县党史地方志编纂委员会办公室编：《沙雅年鉴2007》，新疆人民出版社2008年版，第 237—238 页。

尔族高超的手工技艺和民族服饰的多彩性。

参考资料：

1. 沙雅县党史地方志编纂委员会办公室编：《沙雅年鉴2007》，新疆人民出版社2008年版。

2.《新疆非物质文化遗产集锦》编委会编：《新疆非物质文化遗产集锦》，新疆美术摄影出版社、新疆电子音像出版社2010年版。

维吾尔族传统小刀制作技艺

项目名称： 维吾尔族传统小刀制作技艺

项目类别： 传统手工技艺

项目编号： Ⅷ－122

申报单位： 新疆维吾尔自治区英吉沙县

批准时间： 2008年（第二批国家级非物质文化遗产）

简介：

维吾尔族传统小刀是维吾尔族的传统手工艺品，造型别致，制作精巧，既可作刀具，又有艺术欣赏价值，是颇具特色的丝绸之路旅游纪念品。它既实用又美观，深受新疆各族人民的喜爱，尤受维吾尔族的欢迎。

维吾尔族传统小刀制作技艺主要分布在喀什地区英吉沙县和阿克苏地区沙雅县。英吉沙小刀一般长十一二厘米，最大的长半米以上，最小的仅两寸左右，小刀家族中的巨人和侏儒只是极少数。它们造型各异，如月牙、如鱼腹、如凤尾、如雄鹰、如红嘴山鸦、如百灵鸟头，还有的难以名状。沙雅县传统小刀有红月亮刀、动物角刀、孔雀刀、弯把角刀、沙雅刀等品种。以上各地小刀都具有浓厚的维吾尔族风情，刀把采用精选黄铜、牦牛角、鹿角、黄羊角、人工宝石等材料。刀刃采用优质特硬不锈钢手工打制而成，异常锋利，双面流血槽，刀身水磨刻字。除了刀刃锋利以外，还讲究造型，刀柄有铜质、骨质等等，镶有银、铜、玉、宝石等，形成精美图案。刀鞘用牛、羊皮模戳压制成。①

维吾尔族传统小刀一直沿袭着手工制作的传统，因而每把小刀都是一

---

① 参见新疆文化网·文化遗产·名录体系·传统手工技艺，网址：http：//www.xjwh.gov.cn/a2ac0999－6935－4d24－969e－4b3a2ba5d5be_1.html.

个不可复制的艺术品。学徒拜一个师傅，这个师傅可能是他的长辈，也可能是家族里特意为他挑选的名师。小学徒进入师傅的作坊，从每天扫地、生火、打水做起，进而操风袋、抡大锤。经过锻打，小刀的基本造型已经确定，再一次烧红之后进行淬火。淬火就是将烧得发红的钢放入液体中快速冷却，以提高钢的坚硬度。放在凉水中淬火的钢硬度高但是发脆，小刀既需要坚硬又需要柔韧，所以淬火不能用凉水，而要用清油。小刀淬火后由徒弟去打磨，打磨用手动砂轮和磨光轮。小刀的造型除了按照客户预定之外，主要是师傅即兴创作的结果。

维吾尔族传统小刀集民间手工艺之大成，是地方民族艺术之精粹，是集百道工序、手工雕刻、镶嵌于一体的手工珍品。图案精美，手工精细，具备了观赏性、实用性、收藏性多种功能，展示了中华民族文化的多样性、民族精神的多彩性、民族手工艺的悠久性。

参考资料：

1. 楼望皓：《中国新疆民俗》，新疆美术摄影出版社 2003 年版。

2. 《新疆非物质文化遗产集锦》编委会编：《新疆非物质文化遗产集锦》，新疆美术摄影出版社、新疆电子音像出版社 2010 年版。

民族乐器制作技艺（维吾尔族乐器制作技艺）

项目名称： 民族乐器制作技艺（维吾尔族乐器制作技艺）

项目类别： 传统手工技艺

项目编号： Ⅷ－124

申报单位： 新疆维吾尔自治区疏附县、新和县

批准时间： 2008 年（第二批国家级非物质文化遗产）

简介：

维吾尔族传统乐器主要有吹奏乐器、弹拨乐器、弓弦乐器和打击乐器四类，其在形制结构、音序排列等方面经过长期改善已基本成形。维吾尔族乐器所选用的材料多为木材、动物骨骼、皮毛和肠等特定材料。[①]

维吾尔族的歌舞多姿多彩，音乐种类繁多，乐器也多种多样，而乐

---

① 马迎胜等：《新疆非物质文化遗产百问》，新疆美术摄影出版社 2010 年版，第 127—128 页。

器的制作技艺也由来已久。维吾尔族传统乐器制作作为一种手工技艺，主要依靠家传和师承两种方式，口传心授，代代相传。艺人凭着师傅的传授和个人的经验、悟性去掌握制作乐器的方法，特别是乐器作为演奏乐曲的工具，它的音质、音色、音准又与艺人的艺术修养、对音乐的理解能力和感受能力有着直接的关系。所以维吾尔族乐器制作技艺既继承了先辈制作维吾尔族乐器的经验，又主要依靠制作这些乐器的师傅们的细心领悟和精益求精。新疆疏附县吾库萨克乡被称作"乐器之乡"，而托门克吾库萨克村则被外界誉为"民族乐器村"，有 500 余人常年从事乐器制作，品种几乎涵盖了维吾尔族传统乐器的所有种类。①

疏附县、新和县民间乐器制作工艺是传统文化的组成部分，有着悠久的历史和极为丰富的内容。随着人类社会发展和延续，对于民间手工乐器制作工艺何时产生，我们已无法了解，只能借助遗留在民间的传说去了解推测。由此可见，民间手工乐器制作工艺虽是一种乐器制作，但围绕这些乐器制作形成的民族文化却贯穿了新疆各民族的形成、发展的历史进程。

民间手工艺源远流长、背景深远，历代以来植根于维吾尔族民间，制作出的乐器是人们在生活中最普遍使用的民族乐器。从古龟兹国传承到现在，最初是由鲁都斯巴格镇和依其艾日克乡手工匠人用桑木制作出来的，并培养徒弟，把民族乐器制作技术传承到现在。

参考资料：

《新疆非物质文化遗产集锦》编委会编：《新疆非物质文化遗产集锦》，新疆美术摄影出版社、新疆电子音像出版社 2010 年版。

维吾尔族服饰

项目名称：维吾尔族服饰

项目类别：民俗

项目编号：X－117

申报单位：新疆维吾尔自治区于田县

批准时间：2008 年（第二批国家级非物质文化遗产）

---

① 文昊：《新疆文化撷英》，新疆美术摄影出版社 2011 年版，第 41 页。

简介：

维吾尔族人的服饰都比较讲究，有着明晰的形式、多样的纹路以及鲜明的色彩。

1. 男子服装

"袷袢"，是一种宽松的长袍，系最具代表性的维吾尔族服装款式。男女均穿，而尤以男性穿着为多，男子一般内着贯首衣，外套袷袢。袍长多过膝，对襟，袖长过指，无领、无纽扣，穿时用细棉线织成的绣花腰带束扎。腰带上系有长方巾，称为"波塔"，用来存放食物及其他生活用品。这种随意性很强的长方巾既紧身又舒适保暖，给惯于骑马的维吾尔人带来了极大的方便。

传统的袷袢面料是手感轻软、织造细密的土织面料，称为"切克曼""拜合散"。老年人的袷袢多为黑色和深褐色，着装效果古朴大方。青年男子夏季着白色合领衬衣，领口、前胸、袖口均绣有花边，腰束绣花腰巾；冬季用的袷袢色彩鲜明，一般为墨绿、土黄、棕、蓝、黑等色调。另外，也有用皮质面料的，还有用狐皮或獭皮做领的袷袢。

另有一种被称为"托尼""叶克台克"的袷袢，其长不过膝，对襟，有纽扣，下摆两侧有口袋。夏季穿的多为白色面料，系腰带。

作为礼服穿着的袷袢，除衣料上乘、制作精良外，还绣有宽窄相间的彩色纹饰或本色条纹。

除袷袢外，还有一种有显著民族特色的男子短上衣，半开右衽，无饰纹，仅在领、袖、襟处有宽窄两道镶边。

男子下装为长裤，多为青蓝色，也有灰、白、黑、棕色长裤。足穿靴子，上饰享有盛誉的"英吉沙"小刀。

2. 妇女服装

维吾尔族妇女一般内着衣长及膝的各色衬衣，外穿宽松连衣裙。此连衣裙上部短，下裙长且宽大，面料多用丝绸，其中又以维吾尔族特有的艾德莱斯丝绸为上品，饰纹以折枝、水波纹为主。

艾德莱斯丝绸系采用扎染法按图案的要求先在经线上扎结进行染色，然后再织成面料。由于产地不同，艾德莱斯丝绸又有两种不同风格：新疆和田、洛浦的讲究黑白效果，空间虚实得当，布局得体；莎车的则以纹样结构细密、色彩鲜明而著称。另一种工艺为模戳多色印花，即在大小不等的木基上雕刻出各种饰纹，然后蘸上各种颜色，戳印到土布或机织白布上，多用作衣里、腰巾。

维吾尔族女子服饰过去常在连衣裙外套金丝绒对襟坎肩。冬天则穿长袷袢，襟边、下摆及袖口等处绣有连续图案，节日穿的盛装则饰以丰满的花纹。在裙内，多配穿用印花细布做成的长裤，裤脚处绣有折枝卷草纹或散点折枝图纹，一般用平绣或锁绣针法。

妇女还喜穿一种用绸缎或布做成的合领、高领长外衣。此衣一般在领口处加绣云头如意纹，制作精美者用金银线盘绣团花或散花。有的高领长外衣只在胸前和两侧衣衩处加绣如意云头纹样。衣上缀有五对铜质、银质或金质的圆球、圆片或橄榄形扣袢。

因宗教原因，妇女外出要披一袭"披顶长外衣"，将头遮掩，多用薄纱织成，领口处有补花纹饰，袖子已退化为一种装饰品，缝连在背后。这种长外衣现已少用。

在南疆，妇女长外衣的领口内有时加戴一条饰带，带与外衣等长，编织而成，饰有几何纹样。

居住在民丰、于田一带的维吾尔族妇女仍保留了古朴、淳厚的传统服饰样式。最有代表性的是一种款式为交领、对襟、长袖的丝绸长外衣，这也是一种袷袢式的民族服饰。胸前两侧各精心缝制七条尖头浅蓝色绸条，呈扇形排列。内衣是合领半开襟，左右两侧各缝制九条饰带。头披白色长纱巾，头顶右方戴一顶直径不到 10 厘米的小花帽，帽多以紫红、墨绿色绸缎作面料，边缘镶饰细绒羔皮或镶嵌珠花，戴时用别针固定在头巾上。下装多为青色长裤。

3. 发式、帽式

发辫。未婚姑娘一般梳数条至十条小辫。南疆妇女婚后梳四条辫，再在额前合并成两条；北疆妇女婚后只梳两条辫，辫梢散开，以长为美，头上常插一新月形梳子。也有将双辫盘成发髻的。

花帽。维吾尔族男女老少有戴帽冠的习俗。其历史悠久，早在唐代就有类似的款式。如西域男性戴的卷檐尖顶胡帽，就类似现在的"四片瓦"毡帽。吐鲁番伯孜克里石窟第二十窟壁画中，少年供养童子所戴圆形小花帽，与现今维吾尔人戴的花帽颇为相似。

维吾尔花帽选料精良，工艺精湛，制作小花帽的维吾尔族工匠都有一套"绝活"。花帽的样式、纹样各具地方特色。南疆喀什地区的男式花帽以黑底白花纹为主，色彩对比强烈。格调典雅的"巴旦木"花帽，由四朵"巴旦木"纹样旋转排列而成，具有线条分明、棱角突出的特点。和田地区的女式花帽选用优质丝绒面料，以彩色丝线满绣花卉图案，纹样细密有致，花帽四角明显突出，有强烈的立体感。吐鲁番地区的花帽则以色彩艳丽著称，有一种花帽的帽面铺满了红色花朵及绿叶，似簇新的花冠。库车地区的花帽种类繁多，以串珠、金银饰片为主要镶饰物，其中有一类帽顶纹饰凸起，串缀的彩珠闪亮夺目，彩线绣织细腻。伊犁地区的花帽素雅大方，造型扁浅圆巧，纹样简练概括。

皮帽。南疆英吉沙县流行圆形黑色羊羔皮帽。帽的高度达20—30厘米。从事宗教事务的维吾尔人戴的帽子，以黑平绒作面，用羊皮或旱獭皮缝缀成厚厚的圆形作边饰，整体效果庄重。牧区的维吾尔人戴翻皮帽，帽檐镶黑色皮边。

4. 妆饰

描眉。维吾尔族妇女采用手工特制的"奥斯曼"生眉汁，这是一种用植物的根与茎榨压而成的汁液，使用时用自制的小木棍缠上棉花，蘸汁描眉。用"奥斯曼"描眉不仅使眉毛浓黑，而且有护眉及刺激眉毛生长的作用。

涂眼影。用一种矿石磨研成粉状，称作"苏日曼"，呈浓黑色，淡淡地敷于眼圈、眼窝处，与一对浓黑的眉毛互相映衬。这种眼影粉无副作用，持久、耐看，深得妇女们的喜爱。

涂指甲。南疆妇女喜在自家庭院里种植"海纳花"，花开季节，将花瓣采下，挤压成汁，即可用来涂指甲，鲜红漂亮。

抹发胶。南疆农村的妇女喜欢采来沙枣树胶，再加上适量的清水搅拌成液体，自制成名叫"依里穆"的发胶，用梳子将其梳抹在头发上，再编辫子，发胶干后头发乌黑放亮，发型保持持久，辫梢不用结扎也不会松散。

5. 鞋靴

维吾尔人传统穿着鞋靴，这与其早年的游牧生活有关。鞋多为牛皮面制作，有自己动手制鞋的，也有专门制作鞋靴的民间工匠，他们掌握了从制作木楦头、选皮、鞣革到制靴的一整套工艺，技术熟练，手艺精湛。居住在城镇的维吾尔人喜在鞋靴外面穿上套鞋，进入室内前都要在门外脱去套鞋，这是出于良好的卫生习惯。套鞋有两种款式：一种是圆头的套鞋；

另一种是软底皮靴套鞋。①

参考资料：

1. 缪良云主编：《中国衣经》，上海文化出版社 2000 年版。
2. 张新泰、于文胜主编：《中国新疆民俗大观》，新疆美术摄影出版社 2008 年版。
3. 马雄福等：《新疆少数民族的服饰与节庆》，中国旅游出版社 2008 年版。
4. 李肖冰：《丝绸之路服饰研究》，新疆人民出版社 2009 年版。
5. 王勇、高敬编著：《西域文化》，时事出版社 2011 年版。

叼羊（维吾尔族叼羊）

项目名称： 叼羊（维吾尔族叼羊）

项目类别： 传统体育、游艺与杂技

项目编号： Ⅵ - 44

申报单位： 新疆维吾尔自治区巴楚县

批准时间： 2008 年（第二批国家级非物质文化遗产）

简介：

维吾尔族叼羊是维吾尔族传统的马上运动项目，这项运动要求行动迅速、果敢、敏捷。叼羊比赛多在喜庆、节日、郊游、聚会之时举行。

叼羊开始之前，要将预先准备好的一只山羊或者羊羔宰杀，割去头和小腿，把食道口用绳勒紧（有的还将内脏掏净），浸泡在水中（浸透的羊皮不易被撕烂）。之后，把羊抛到叼羊选定的场所。双方骑手准备好后，听到开始的号令，就向着羊纵马疾驰。若甲方骑手抢先将羊拾取，便将羊压在大腿之下，策马飞奔。这时，其他骑手也都蜂拥而至，乙方骑手紧紧围堵他，试图把羊夺走。甲方其他骑手既要阻挡乙方骑手，又要接应持羊者冲出重围。持羊者左冲右突但终被乙方骑手靠近，伸手拽出羊来，持羊骑手也拽住羊身，与乙方骑手撕扯起来。这时，几个人团团围住，拼命撕拽，若终被乙方骑手撸去，甲方骑手们就紧追其后。持羊骑手又被双方骑手围了个水泄不通，互不相让，奋力争夺，在马背上展开了激烈的争抢战。十来匹马紧紧靠在一起，左盘右旋，高嘶急鸣，不停地转着圈子。骑手们也斗志昂扬，志在必得，不肯退让半步。他们个个汗流浃背，为夺过羊使出浑身解数。观众的情绪也随着比赛时而紧张、时而兴奋，呐喊助

---

① 缪良云主编：《中国衣经》，上海文化出版社 2000 年版，第 502—504 页。

威，人声鼎沸。在叼羊比赛中，既有战术配合，也有责任分工。各队人员要达成默契，互相呼应，互相保护。马匹健壮，身高力大的骑手担任突入抢羊的重任，其他骑手则主要担当阻截对方、掩护突围和接应的任务。持羊骑手要千方百计绕开对手，策马飞奔，把羊投到指定的地方，便获得胜利，并把羊作为战利品奖给获胜方。①

巴楚县是古代刀郎地区的一部分，仍保留着一些反映渔猎文明的传统习俗。叼羊在全县极为普及，是一种在节日、婚礼等喜庆日子由民间自发组织的群体性竞技活动，群众参与度很高。

参考资料：

1. 铁木尔·达瓦买提主编：《中国少数民族文化大辞典·西北地区卷》，民族出版社 1999 年版。

2. 哈佛大学《克里姆森》报编：《塞外风情》，陈冰、张颖译，福建人民出版社 2003 年版。

3. 《新疆非物质文化遗产集锦》编委会编：《新疆非物质文化遗产集锦》，新疆美术摄影出版社、新疆电子音像出版社 2010 年版。

恰克恰克

项目名称：恰克恰克

项目类别：民间文学

项目编号：Ⅰ-123

申报单位：新疆维吾尔自治区伊宁市

批准时间：2011 年（第三批国家级非物质文化遗产）

简介：

"恰克恰克"是维吾尔语，意为幽默玩笑，民间幽默的一种，有较强的时间、地点和环境条件等要求。根据具体人物、事件即时提出问题，即时作出答复，要求轻松幽默、不能对他人有侮辱性的言辞。恰克恰克有不同的形式，一种是俩人相互开玩笑，从对方的生活经历、性格撷取一事作为笑料，或用对方的"绰号"或用某句谚语来概括对方的特征。还有一种以对方的容貌、体态、动作与某些动物相比拟，编出有韵的顺口溜来取

---

① 《新疆非物质文化遗产集锦》编委会编：《新疆非物质文化遗产集锦》，新疆美术摄影出版社、新疆电子音像出版社 2010 年版，第 12—15 页。

笑对方。① 根据内容和语言特点的不同，大致分为攻击型、绰号型、谚语型、故事型和歌谣型五种类型。

攻击型，通常以某一话题为中心，展开一场比拼智慧和幽默的战役，在场的"恰克恰克奇"们都会围绕这个主题，极尽搞笑逗乐之能事，幽默讽刺，句句紧逼，使得每一次发言就如同一次激烈的进攻，整个过程始终处在紧张而热烈的气氛当中。

绰号型，在维吾尔族民间，把人名与绰号连用作为称呼的习俗由来已久，许多人都有绰号。而在绰号型"恰克恰克"中，就是在某个人的绰号上做文章，运用谐音、多意或曲解、联想等方法，来搞笑逗乐。

谚语型，在这种"恰克恰克"中，对话双方会通过精彩的谚语或俗语等形式的语句互相讽刺，对话双方中后者所说的内容必须能够对前者所说的内容进行有力的反击，抑或是能够利用对方的绰号制造幽默。此类"恰克恰克"要求恰克恰克奇具有良好的文化底蕴，将大量民间谚语、俗语等知识烂熟于心，才能够在"恰克恰克"表演中运用自如，出奇制胜。

故事型，是由恰克恰克奇讲述一个短小的故事，通常会在结尾部分引出笑点，达到幽默效果。

歌谣型，使用的语言与维吾尔族民间歌谣类似，相继表演的两位恰克恰克奇的对话必须押韵。这种类型的"恰克恰克"对恰克恰克奇的民间知识储备和语言技巧都有很高的要求。②

参考资料：

1. 铁木尔·达瓦买提主编：《中国少数民族文化大辞典·西北地区卷》，民族出版社1999年版。

2. 马兰：《维吾尔族"恰克恰克"初探》，《民族文学研究》2010年第1期。

3. 王文章主编：《第三批国家级非物质文化遗产名录图典》，文化艺术出版社2012年版。

萨玛舞

项目名称：萨玛舞

项目类别：传统舞蹈

---

① 铁木尔·达瓦买提主编：《中国少数民族文化大辞典·西北地区卷》，民族出版社1999年版，第268页。

② 马兰：《维吾尔族"恰克恰克"初探》，《民族文学研究》2010年第1期。

项目编号：Ⅲ－110

申报单位：新疆维吾尔自治区喀什市

批准时间：2011 年（第三批国家级非物质文化遗产）

简介：

"萨玛"一词为阿拉伯语，意为"苍穹""天河""高空"，萨玛舞主要流传在新疆南部的喀什、莎车等地区。萨玛舞有三种：第一种是年节时在清真寺前广场合着鼓乐跳的萨玛，虽与宗教节日有关，但基本属礼俗性活动，有娱乐气氛。第二种是定期去圣者墓地纪念圣者和祈福消灾的萨玛，所跳的动作与年节时差别不大，也有鼓乐伴奏，但许多参加者却沉浸在宗教的虔诚中。第三种是伊斯兰教依禅（伊善）教派在寺院内举行"齐克尔"（宗教功课）时跳的萨玛，在阿訇唱诵经文中参加者不断呼喊"噢——安拉（上帝）"，这种萨玛虽有近似舞蹈的动作，实为齐克尔的宗教活动。①

萨玛舞是伴随着伊斯兰教苏菲派在喀什噶尔的广泛传播而形成的。萨玛舞蹈最初只在宗教祭祀活动中进行，即回历每年三月十二日（穆哈默德圣人的诞辰和逝世纪念日），八月十四、十五、十六日（称"推乃克"，意为守夜祈祷），九月一日至十月一日整个斋月及十二月十日（古尔邦节）的每天入夜，信徒们在"伊惮"（教仪主持者）的祷词颂唱声中向真主安拉祈祷，并且无休止地跳萨玛舞直至天明。萨玛舞蹈又有"捷黑力萨玛""则克力萨玛""吾苛买提萨玛"之分。捷黑力萨玛，即公开或大声宣扬自己的信仰。舞蹈形式为所有信教徒边合着伊惮吟唱祷词的节奏，边喊"噢——安拉！噢——安拉！"边舞蹈。则克力萨玛，意为将自己心中虔诚的信仰用隐秘的神态表现出来。口不出声，心中默念"噢——安拉！噢——安拉！"起舞。吾苛买提萨玛，指具有领唱与齐唱相间的宗教祷词吟唱形式。用这种吟唱形式伴奏的宗教仪式舞蹈，也称为"吾苛力萨玛"，它是女性苏菲派信徒在"布维"（即女性主持教仪者）的带领下举行的宗教仪式舞蹈。形式为布维吟唱一句祷词，众信徒接着齐唱此句祷词，如此一唱一和，无限循环，并合着吟唱节奏舞蹈。

萨玛舞动作单一，但与鼓点紧紧相扣。各个舞者动作不尽相同，但都合着每小节第一拍的"咚"声落脚，开始四拍循环一次的一组舞步的第

---

① 杜学德：《民间演艺》，河北人民出版社 2009 年版，第 56—57 页。

一步，从而取得整体的和谐一致，形成其特有的舞蹈动律。与舞蹈简约的构图及舞者专注的神情相配，构成了萨玛舞独特的风格特色。①

萨玛舞一般由男子在较宽阔的广场上集体活动，人数不限，几百甚至几千人可同时随乐起舞。每当穆斯林传统的肉孜节、古尔邦节之际，人们聚集在清真寺前的广场上，举行盛大而隆重的庆典活动。当鼓乐进入萨玛舞节奏时，人们纷纷进场，围成一个又一个里外几层、大小不等的圆圈，开始舞蹈。有些圈以大家公认的舞蹈能手为中心，大多数则以各人所处的位置随意组成。舞者合着冬巴克浑厚的"咚！咚！"声，稳踏舞步，前俯后仰，悠摆旋转。时而里进外出，时而逆时针方向缓缓行进。神情专注，步履沉稳，显示出一种古朴凝重的宗教舞蹈的遗风。随着时间的延伸，进场的人不断增多，逐渐围成十几个、几十个甚至上百个圆圈，圈圈相靠，布满整个广场。人群按统一节奏动律，似大海波澜涌动，一望无际。这类大型的萨玛活动，以喀什市艾提尕尔清真大寺前广场所举行的最为典型。

参考资料：

1.《中国民族民间舞蹈集成·新疆卷》编辑部编：《中国民族民间舞蹈集成·新疆卷》，中国 ISBN 中心 1998 年版。

2. 蒲开夫、朱一凡、李行力主编：《新疆百科知识辞典》，陕西人民出版社 2006 年版。

3. 李乡状主编：《民族舞艺术与欣赏》，吉林音像出版社 2006 年版。

4. 徐寒主编：《中国艺术百科全书》第七卷，人民出版社 2006 年版。

5.《中华舞蹈志》编委会编：《中华舞蹈志·新疆卷》，学林出版社 2007 年版。

6. 杜学德：《民间演艺》，河北人民出版社 2009 年版。

7. 王文章主编：《第三批国家级非物质文化遗产名录图典》，文化艺术出版社 2012 年版。

传统棉纺织技艺（维吾尔族帕拉孜纺织技艺）

项目名称：传统棉纺织技艺（维吾尔族帕拉孜纺织技艺）

项目类别：传统技艺

项目编号：Ⅷ－100

申报单位：新疆维吾尔自治区拜城县

批准时间：2011 年（第三批国家级非物质文化遗产扩展项目）

---

① 《中国民族民间舞蹈集成·新疆卷》编辑部编：《中国民族民间舞蹈集成：新疆卷》，中国 ISBN 中心 1998 年版，第 101—102 页。

简介：

"帕拉孜"即"织毯"，是喀什地区出产的最为著名的手工艺品，是维吾尔族家庭中常见的生活用品。

帕拉孜分毛、棉两种，都是将毛、棉搓纺成粗线，用经、纬线交织的方式编织成厚 3—5 毫米的织物。其工艺类似于织布，但又有编织的成分。毛织帕拉孜作为炕毯、墙围子使用。在过去，财主富户或官家有用毛帕拉孜搭临时帐篷的。在起居生活中，帕拉孜是介于地毯和布单之间的用品，因而用途很广。棉线编织的帕拉孜可制作口袋、褡裢、马褡子。

编织帕拉孜的工艺相对简单，男女老少都可以编织，但这项工作还是以中年妇女为主。编织帕拉孜一般都在室外，将经线固定在相距二十多米远的石头或木头上，分出阴阳线组，匠人们手持梭子，将纬线织入经线的阴阳线组之中，随着阴阳线组的上下交错，编织成织物。

简单的帕拉孜一般只有黑白两色，但是都会经过彩色经纬线装饰。日常使用的帕拉孜大都被编织出鲜艳的图案，图案有菱形、绳纹形、几何交错形等，偶尔可见符号；图形以直线条为主，少见弯曲线。图案色彩以白底黄、红、蓝、绿色图案为主，用于铺炕或围墙的帕拉孜也有黑底红、蓝色图案的。图案设色大胆夸张，经常使用对比色以造成炫目的效果。在化学染料普及之前，为织帕拉孜的毛、棉线染色，靠的是当地能找得到的矿物和植物染料，有鲜核桃外皮、鲜石榴皮、蒲公英、黑蜀葵、彩色矿石等。20 世纪 60 年代以后，普遍使用化学染料。

参考资料：

1. 李肖冰编著：《中国新疆吐鲁番民间图案纹饰艺术》，新疆人民出版社 1999 年版。

2. 赵力编著：《喀什旅游地理》（下册），克孜勒苏柯尔克孜文出版社 2006 年版。

3. 《新疆非物质文化遗产集锦》编委会编：《新疆非物质文化遗产集锦》，新疆美术摄影出版社、新疆电子音像出版社 2010 年版。

维吾尔族民居建筑技艺（阿依旺赛来民居营造技艺）

项目名称：维吾尔族民居建筑技艺（阿依旺赛来民居营造技艺）

项目类别：传统技艺

项目编号：Ⅷ-212

申报单位：新疆维吾尔自治区和田地区

批准时间：2011 年（第三批国家级非物质文化遗产）

简介：

"阿依旺"，维吾尔语音译为外廊，是维吾尔族传统民居建筑的一部分。维吾尔族民居面向庭院，旧居室前多设外廊，位于全宅的中心，高3.5—4 米，结构为木梁，上排木檩，中央留井孔采光，底层外廊多设炕台，高 40—50 厘米，供户外起坐，沿外廊在院内多设葡萄棚遮阴，形成夏天室外活动地方。

"阿依旺赛来"是和田维吾尔族典型民居建筑形式，"阿依旺"是指房顶中间凸出的方形建筑，含有明亮、透风的意思；"赛来"是指这种建筑的客厅或招待客人的地方，整体建筑称为"阿依旺赛来"。阿依旺中的空间一般分为两个部分，即敞开的庭院空间和封闭的居室空间。阿依旺是一个封闭型、内庭式的平行布局，居室空间由兼作起居的客房、餐室、后室、储藏室、淋浴室等小间组成；面向庭院的居室前多设有外廊，底层外廊多设有实心的不能加热的炕，即"束盖"，供户外起坐。阿依旺赛来没有明确的中轴线，平面上的布置也非常灵活，庭院和建筑面积不固定，可大可小，根据人口和经济条件来定。和田阿依旺在建筑装饰方面，多采用虚实对比、重点装缀的手法。廊檐彩画、拼花砖、木雕以及窗棂花饰，多为花草或几何图形，其装饰主要在廊柱、阿依旺的侧窗等部分。

维吾尔族民居建筑技艺（阿依旺赛来民居营造技艺）以师传为主，从事者皆为男性，以口传心授的方法代代相传，没有文字记载。

参考资料：

1. 《中国少数民族民俗大辞典》编写组编：《中国少数民族民俗大辞典》，内蒙古人民出版社 1995 年版。

2. 苑军编著：《中外环境艺术设计简史》，知识产权出版社 2008 年版。

3. 叶禾编著：《少数民族民居》，中国社会出版社 2008 年版。

4. 白云翔编著：《民居建筑史话》，社会科学文献出版社 2011 年版。

5. 王文章主编：《第三批国家级非物质文化遗产名录图典》（上），文化艺术出版社 2012 年版。

维吾尔医药

维药传统炮制技艺、木尼孜其·木斯力汤药制作技艺、食物疗法、库

西台法

项目名称：维吾尔医药（维药传统炮制技艺、木尼孜其·木斯力汤药制作技艺、食物疗法、库西台法）

项目类别：传统医药

项目编号：Ⅸ-21

申报单位：新疆维吾尔医学高等专科学校、新疆维吾尔自治区和田地区、新疆维吾尔自治区莎车县、新疆维吾尔自治区维吾尔医药研究所

批准时间：2011年（第三批国家级非物质文化遗产）

简介：

维吾尔医药副作用小，采取食疗、养生全方位辨证论治，对疾病预防和抗衰长寿功效明显。

唐代，祖国医学巨著《千金翼方》和《外台秘要》中有回鹘医生治疗中风的"阿魏雷丸散"等特效方剂的记载。伊吾（哈密）著名回鹘医生占巴西拉哈进行人体解剖研究，著有《人体测量》和《尸体图鉴》两部解剖学专著，曾传入西藏，对藏医学产生积极影响。皮肤科创制"茴香末和水外敷"疗法，治疗白癜风。骨伤科运用"局部敷药与外固定"疗法治疗骨折、脱臼。五官科采用"畜禽肝脏配方"治疗弱视、夜盲。《回鹘医学文献》记载的各种疗法、药物和医方，有浓厚的地域、民族特色。

宋（金、辽）元时期，回鹘医学出现了"体液和四津"学说。喀什名医艾勒·法拉比研究人体生理，著有《论人体学》《器官的功能》《论自然界物质的热性、凉性、湿性、干性》等医学著作。喀什名医伊麻地丁·喀什噶里运用药物麻醉，进行切开、摘除、缝合、截肢等骨外科手术，著有《医疗法规手册》。同期，还出现了脉学、药物学专著，名医司马义撰写的《孜里拉买克曼》和加尔卡晒撰写的《苏打赫》（临床医学辞典）是当时较有影响的回鹘医学代表作。回鹘医生用研制的"秋水仙丸"治疗无名肿毒，"汞合丸"治疗麻风，疗效卓著，风行一时。

明清时期，于阗（和田）维吾尔名医木合买提·阿拉依丁著《治疗经验手册》，载药物近千种，医方数百。苏皮·阿洪著《西帕依库甫》（精灵效益方），收载维吾尔医药方剂更加丰富。在外伤科，手术器械有较精制的刀、剪、钳、镊和金针、银针等，基本能够满足一般骨外科手术

需要。民国时期，洛浦县维吾尔医生巴卡洪的祖父研制"水银丸"，治疗梅毒等性病，疗效显著。①

参考资料：

1. 新疆维吾尔自治区地方志编纂委员会、《新疆通志·科学技术志》编纂委员会：《新疆通志·科学技术志》第七十二卷（上），新疆人民出版社 2000 年版。

2. 鲍迺文主编：《和田县志》，新疆人民出版社 2006 年版。

3. 蒲开夫、朱一凡、李行力主编：《新疆百科知识辞典》，陕西人民出版社 2006 年版。

摔跤（维吾尔族且力西）

项目名称： 摔跤（维吾尔族且力西）

项目类别： 传统体育、游艺与杂技

项目编号： Ⅵ–21

申报单位： 新疆维吾尔自治区岳普湖县

批准时间： 2011 年（第三批国家级非物质文化遗产扩展项目）

简介：

维吾尔族摔跤也称"且力西"，是新疆维吾尔族人民喜爱的传统体育项目，在节日或盛会上都举行摔跤比赛。据文献记载，该运动在新疆广泛开展并有着悠久的历史，不仅男子喜爱，姑娘也有不俗的技艺。《突厥语大词典》就有："勿与姑娘摔跤，勿骑骒马奔跑"的说法。《新疆图志》也载："婴儿四、五岁行割礼，诸戚友相率馈物致贺，为赛马斗跤之乐。"元代，在西域还专设"校署"，统管各个民族部落的摔跤等竞赛活动。千百年来，这类竞技活动相沿成习，并发展为民间节日、喜庆的助兴节目。

新疆草原上流传着许多激励年轻摔跤手成长的谚语和故事。例如，摔跤前"要把对方看上三眼"，意思是摔跤手要肯动脑筋，知己知彼，去夺取胜利。许多摔跤后起之秀从长辈谆谆教诲中，学会了每天"抱三次牛犊"，以增强体力训练。据说这种风习来源于这样的传说：一个有志于摔跤的哈萨克少年，每天早、中、晚各抱起一次家中的牛犊。开始牛犊很小，不费力气就抱起来了；日久天长，牛犊逐渐长大了，小伙子由于每天都坚持抱它，自己的体力也在不知不觉中增强了。半年、一年过去，牛犊变成了大

① 新疆维吾尔自治区地方志编纂委员会、《新疆通志·卫生志》编纂委员会：《新疆通志·卫生志》第八十二卷，新疆人民出版社 2000 年版，第 217 页。

牛，小伙子也变成了大力士，终于实现了自己当摔跤英雄的宏愿。①

维吾尔族摔跤主要有两种形式，一是流行于南疆喀什噶尔、阿图什、阿克苏、和田等地的喀什噶尔式摔跤。这是一种类似于站立式的摔跤法，在摔跤前，双方都要在腰间系上一条长 2 米、宽 20—30 厘米的蓝棉布腰带。在听到裁判宣布开始后即可进攻，以将对方摔倒并肩、背着地为胜。比赛中如双方倒地分不出先后上下，算平跤，则重新开始比赛；如果使对手一手一膝着地，或使用犯规动作摔倒对方，则判为无效；如双方有意拖延比赛时间，互不进攻，则同时取消比赛资格。喀什噶尔式摔跤，采用一跤定输赢的比赛规则。一人连续战胜三至五人即为冠军，冠军人数的多少由参赛总人数决定。

二是流行于吐鲁番、鄯善、托克逊和哈密一带的吐鲁番式摔跤。这种摔跤方式要求双方在比赛开始前，在右大腿根部各系一条毛巾，以供对方抓握。比赛中，如毛巾松动下滑则立即停止比赛，待系紧后继续比赛。结果以将对方摔倒并使肩、背着地为胜，如对方倒地后肩、背未着地，双方还可以在地上滚翻角力，直至使一方肩、背着地。比赛一般采用团体三人对抗，若一人接连战胜对方三名选手，即为获胜。胜者继续比赛，负者输一场即被淘汰，直到一方将对方最后一人战胜为止。比赛采用三局二胜制。比赛结束后，获胜者将得到一个牛角上系红绸子的大牛头。众人将获胜者抬起欢呼，获奖者则双手高举牛头，向大家致意。一般情况下，红绸子由战胜对方最后一名选手获得，牛头则由获胜方的三名选手共同分享。②

参考资料：

1. 黄斌、陆昕：《摔跤、柔道运动小知识》，人民体育出版社 1983 年版。

2. 新疆人民出版社编：《新疆风物志》，新疆人民出版社 1985 年版。

3. 蒲开夫、朱一凡、李行力主编：《新疆百科知识辞典》，陕西人民出版社 2006 年版。

4. 卢兵：《维吾尔族摔跤（且力西）》，《中南民族大学学报》2012 年第 10 期。

5. 隋红：《多元文化背景下的抉择与传承：以"且力西"摔跤为例》，《当代体育科技》2013 年第 1 期。

①　新疆人民出版社编：《新疆风物志》，新疆人民出版社 1985 年版，第 243 页。
②　卢兵：《维吾尔族摔跤（且力西）》，《中南民族大学学报》2012 年第 10 期。

哈萨克族

哈萨克族达斯坦

项目名称： 哈萨克族达斯坦

项目类别： 民间文学

项目编号： Ⅰ－72

申报单位： 新疆维吾尔自治区文学艺术界联合会民间文艺家协会、沙湾县、福海县

批准时间： 2008 年（第二批国家级非物质文化遗产）

简介：

"达斯坦"一词来源于波斯语，有"传记、小说、故事、神话、音乐剧"等含义。哈萨克族的"达斯坦"是其民间文学的一种表现形式，它用冬布拉伴奏，以讲唱叙事长诗为主，充分体现了哈萨克民族的生活情境，展现了哈萨克族的民俗风情、社会结构，表现出哈萨克族人民的性格特点和气质形象。同维吾尔族的"达斯坦"不同，哈萨克族的"达斯坦"一般有比较固定的曲谱。旋律欢快简洁，声音嘹亮，感情丰富。歌手们在相互交流中把不同部落的代表作品创作成口头的民间艺术，使其内容不断丰富，演奏形式不断完善。歌者通过丰富多彩的表情动作，展示了草原音乐文化的风采，表现出哈萨克族人民对美好生活的向往。"哈萨克族民间'达斯坦'包容了哈萨克族古代历史生活的各个方面，使它成为哈萨克族政治、经济、历史、文化、语言、哲学、宗教、军事、习俗的百科全书。根据内容分类可分为：英雄长诗，爱情长诗，历史长诗。"①

英雄长诗。代表作有《别根拜》《哈帮拜》《阿尔帕米斯》《阔布兰德》《塞里木湖的传说》以及由几十部长篇诗组成的《巴合提亚尔的四十枝条》等。在这些英雄史诗中有的是宣扬团结和平的精神，有的是揭露鞭挞部落统治阶级的罪恶，有的是颂扬与自然英勇斗争的英雄豪杰。在英雄史诗中的英雄人物都有着与众不同的各自的特点。如在《哈帮拜》中，对哈帮拜的描述是：它头如木盆，眼如泉眼，双腿之间能通过百头大骆

---

① 韩育民：《中国哈萨克族音乐文化》，新疆人民出版社 2009 年版，第 104—107 页。

驼；又如在《阿尔帕米斯》中讲，在阿尔帕米斯出生之前，恰什特则孜圣人就给他的父母托梦说他们要生一个"剑刺不伤，刀砍不死的儿子"，名字叫"阿尔帕米斯"；再如《阔布兰德》中说，勇士阔布兰德在六岁时就能手握兵器冲锋陷阵等等，这些都反映出哈萨克族人民对英雄的无比崇拜。

爱情长诗。代表作有《奴隶与姑娘》《阔孜情郎与巴艳美人》《康巴尔勇士》《叶尔塔尔根》等。其中有描绘哈萨克族女性正直和勇敢的，将她们的容貌形容成冲破黑暗的太阳，夜晚中银色的月光。也有反映青年男女自由选择情侣的故事，如《康巴尔勇士》，她们通过"姑娘追""对唱"的形式来选择心目中的情人，真实地再现了哈萨克族的恋爱观。还有的通过跌宕起伏的情节和戏剧性的对抗过程表现悲剧性的结局，从而使人们从中获得启示，如《阔孜情郎与巴艳美人》和《萨丽哈与萨曼》都是悲剧性的结局，借此体现了哈萨克族青年不屈服于旧势力的压迫，为纯真的爱而献出宝贵生命的精神。

历史长诗。代表作有《北极屋》《四个匠人》《苏来曼国王》等。这些历史长诗大多取材于古阿拉伯、波斯和阿富汗等国家。揭示了哈萨克古老的社会形态、思想观念和宫廷秘闻，作品具有传奇性和幻想性。例如，有的人可以将湖水一饮而尽，飞禽走兽之间也可以相互对话。在曲折的故事发展中包含了正义战胜邪恶、善良战胜虚伪的情节。这些都是哈萨克民族的精神财富和文化遗产，并不断地丰富发展，流传至今。

参考资料：
1. 韩育民：《中国哈萨克族音乐文化》，新疆人民出版社 2009 年版。

2. 佚名：《哈萨克民间达斯坦》（第 1 卷），新疆人民出版社 2009 年版。

3. 佚名：《哈萨克民间达斯坦》（第 2 卷），哈依夏·塔巴热克译，新疆人民出版社 2012 年版。

哈萨克六十二阔恩尔

项目名称：哈萨克六十二阔恩尔

项目类别：传统音乐

项目编号：Ⅱ－126

申报单位：新疆维吾尔自治区伊犁哈萨克自治州

批准时间： 2008 年（第二批国家级非物质文化遗产）

简介：

六十二阔恩尔是哈萨克族的民间古典音乐，意为"六十二部连贯优美动听的音乐"，是把诗歌、音乐、神话、曲艺、舞蹈等融为一体，以独奏、合奏、单人舞、双人舞、集体舞和诗歌吟咏等形式表现出来的音乐，它用冬布拉进行弹唱。"六十二"和"阔恩尔"在哈萨克人心目中是两个神圣的词汇，"六十二"不是一个单纯的数量概念，而有着"众多的""具有代表性的"等多种含义，哈萨克人民认为每个人都有"六十二根血脉"，生命是靠着"六十二根血脉"支撑的，同样生活中有了六十二阔恩尔，人们才能精神振奋。"阔恩尔"是古哈萨克语，形容歌声的优美，乐曲的动听。

六十二阔恩尔具有抒情和叙事相结合的特点，内容多数来自古代的神话传说、爱情故事、战争史实、历史故事、民俗民风、动物故事以及英雄人物及其事迹等，是哈萨克族历史与现实的真实写照。从现有的史实来看，六十二阔恩尔大致经历了汉初的早期形态，汉代至唐代到宋元时期的孕育期，明清时期的成熟、兴盛期，清末至民国的衰退和演化期。现如今，六十二阔恩尔在我国境内主要分布在哈萨克族人口比较集中的农牧区，即伊犁州天山中部的伊犁河谷、伊犁州中西部的塔城地区、伊犁州北部的阿勒泰地区。

六十二阔恩尔是哈萨克人民在长期的生产生活实践中继承和发展了"康居乐"和"悦般乐"，并且在此基础上吸取汉代以来的中原文化及天山南北各民族的文化精髓，同时又受到由丝绸之路带来的西方音乐的影响，再结合本民族的文化艺术而形成的一种曲艺形式，是继承、发展和创新的成果，是哈萨克人民集体智慧的结晶。

六十二阔恩尔是以器乐曲为主，集"赍"（一种器乐曲）、"憎"（民歌）、"哦吟"（说唱）、"哎吐嘶"（阿肯弹唱）以及"赫萨—达斯坦"（叙事诗演唱）为一体的综合艺术，以"赍"为主，并辅之以舞蹈、民歌、弹唱等表演形式。其中"赍"根据不同的内容和情绪表现，可以分为"沃黑哈勒赍"（历史叙事乐曲）、"阿俄孜赍"（民间传说乐曲）、"哈热勒赍"（悲伤乐曲）、"阿热闹赍"（敬献乐曲）、"托勒豪赍"（抒怀乐曲）五大类，每类由 12—13 部"阔恩尔"组成。每部"阔恩尔"由二三十支，甚至更多的曲目组成；每部"阔恩尔"展现一个主题，由一个主旋律和诸多变奏曲合成，乐曲深沉动人，是哈萨克族最具代表性的民间优秀传统文化的集大成者。它经过历代民间阿肯、演奏艺人们的不断加工整理，逐渐形成了具有哈萨克人民生活方式、演奏方法、道德观念、心理素质和民族特点的民族调式。并通过本民族独特的演奏方法、音乐形式以及演奏乐器体现出来。

参考资料：

1. 阿合买提别克编著：《〈六十二阔恩尔〉论文集》，新疆人民出版社 2003 年版。

2. 新疆维吾尔自治区文化厅编：《新疆非物质文化遗产代表作》，新疆人民出版社 2006 年版。

3. 贺元秀、乌鲁木齐拜主编：《哈萨克文化新论》，新疆人民出版社 2007 年版。

4. 刘向晖主编：《新疆你早》，新疆人民出版社 2009 年版。

5.《新疆非物质文化遗产集锦》编委会编：《新疆非物质文化遗产集锦》，新疆美术摄影出版社、新疆电子音像出版社 2010 年版。

哈萨克族冬布拉艺术

项目名称：哈萨克族冬布拉艺术

项目类别：传统音乐

项目编号：Ⅱ－132

申报单位：新疆维吾尔自治区伊犁哈萨克自治州

批准时间：2008 年（第二批国家级非物质文化遗产）

简介：

新疆哈萨克族冬布拉艺术是以哈萨克族最古老的民间乐器冬布拉为中心的古老乐种之一，它是在古代许多氏族、部落、部落联盟逐步融合发展而形成的哈萨克族悠久历史的过程中，产生、发展并历代积淀而形成的多元艺术。

关于冬布拉的起源，学界看法不一，有研究者认为其萌发距今已有几千年的历史。千百年来，哈萨克人用冬布拉奎依（冬布拉乐曲）和冬布拉弹唱的方式记述着他们的历史、文化、生活、信仰等诸多方面，并以口传心授方式代代流传，冬布拉艺术成为哈萨克人在民族、文化、思想与精神方面的重要标志。

哈萨克人把冬布拉乐曲称为"冬布拉奎依"，根据音乐结构和演奏技法的不同，分为"托克别奎依"（弹击乐曲）和"切尔特别奎依"（拨奏乐曲）两大类。"冬布拉奎依"的数量很多，据统计，在新疆哈萨克族民间流传的冬布拉乐曲就达几千首。冬布拉弹唱是哈萨克族古老的艺术形式，体裁按民间传统分类可分为：安（弹唱）、阿依特斯（对唱）、铁尔麦、托勒傲、克萨、达斯坦六类，冬布拉音乐是这些艺术种类和艺术表现的重要组成部分。

冬布拉也是哈萨克族民间舞蹈音乐的主要演奏乐器，著名的舞蹈《卡拉角勒哈》《摔跤舞》《赛马舞》《圆月》《鹰舞》《熊舞》《擀毡舞》《绣花舞》等的伴奏和有萨满教遗迹习俗的"巴克斯"在作法时的歌唱与舞蹈等等。这些舞蹈以冬布拉弹奏的乐曲为背景，形成了独具特色的草原舞蹈艺术。

哈萨克人在长期的冬布拉演奏实践中，总结和创造了完整而系统的演奏方法与技巧。在演奏姿态、左手指法、右手弹与拨法、声音力度控制、音色变化等诸多方面都有着一定的传统和理论。

关于冬布拉，在草原上流传着一个优美动人的传说。据说，冬布拉本是一位国王的独生子，他为草原上消灭熊害而献出了生命。国王知道后悲痛万分，派人四处寻找仍无结果。后来，有位叫阿肯的牧民，用松木做了一把乐器，把王子为民除害的英雄事迹编成韵文故事，用这把乐器在草原上日夜弹唱，那悠悠的琴声中传出了王子和黑熊搏斗的声音，琴声表达了草原人民怀念王子的深厚感情。为了纪念王子，人们把这种乐器命名为"冬布拉"。

参考资料：

1. 袁起广编著：《天山南北的民俗与旅游》（新疆卷），旅游教育出版社 1995 年版。
2. 毛继增编著：《冬布拉与冬布拉音乐》，中国文联出版公司 1988 年版。
3. 安邑江主编：《酒泉史话》，甘肃文化出版社 2005 年版。
4. 王志艳主编：《中国音乐：被以管弦，动以干羽》，北京燕山出版社 2006 年版。

哈萨克族铁尔麦

项目名称：哈萨克族铁尔麦

项目类别：曲艺

项目编号：Ⅴ－45

申报单位：新疆维吾尔自治区伊犁哈萨克自治州

批准时间：2008 年（第二批国家级非物质文化遗产）

简介：

铁尔麦是哈萨克族的一种曲艺形式，是在哈萨克民歌和民间音乐的基础上发展起来的，是哈萨克族最早出现的一种极为常见的弹唱形式。主要流传于新疆伊犁、塔城、阿勒泰及巴里坤哈萨克自治县、木垒哈萨克自治县等哈萨克族聚居区。

公元 8 世纪至 9 世纪，哈萨克族克普恰克部之乌古斯汗时期，有位音乐家名叫阔尔库特，他游历了哈萨克族的许多地方，欣赏了各种音乐也创作了许多曲子，流传至今的仍有二十多首，他被称为哈萨克族的"娱乐之父"。那时，哈萨克已经有了冬布拉和库布孜及其弹唱形式。12 世纪时，钦查部落布哈尔汗时期就有民间艺人库巴台肯在民间节庆活动时自弹冬布拉自己演唱。13 世纪有位克尔布哈，他是成吉思汗的近臣，也善于弹唱。15 世纪开始才把这种弹唱的形式称为铁尔麦。

"铁尔麦"的汉意为"精华""精选""集粹"等，因此铁尔麦乐曲的内容大都是从哈萨克族谚语、格言或诗歌中汲取的精华。艺人们通过通俗、精练、优美的语言抒发对大自然的热爱，对科学知识的认识，总结自己的人生经验，并通过弹唱的形式表现出来，具有深刻的教育意义。

铁尔麦由一个人自弹自唱，用冬布拉或库布孜伴奏，演唱者根据内容自选传统曲调或自编曲调。铁尔麦音乐有一曲多用和单曲独词两种类型，在表演上既可以独立演奏，又可以穿插运用，但总体上有着很强的独立性。铁尔麦的唱段可由两行唱词组成，也可以是四行、六行或者八行，甚至十余行的唱词组成，每行唱词可由七八个或十一个音节组成，但同一首铁尔麦曲目每行词的音节数必须相同。铁尔麦传统表现内容涵盖了哈萨克族社会生活和家庭生活的方方面面，它可以歌功颂德，也可以嘲讽调侃。在长期的演唱实践中，铁尔麦艺人对其不断地创新和改造，使铁尔麦音乐有了新的突破，演唱曲调不断丰富，旋律更富有激情。随着生活的日新月异，文化交流的增多和眼界的开阔，铁尔麦的内容和演奏形式也都发生了显著的变化，这种民间的娱乐形式在近年以来的一些民族类大型演唱会上，经常作为特邀节目登台演出，并参加各种文艺会演，登上了大雅之堂。

阿山·海戈创作的铁尔麦《湖里游的褐色鸭》是流传至今最早的铁

尔麦曲目。新中国成立以来铁尔麦艺术有了新的发展，通过专业艺术院校和业余艺术培训班培养的大量演奏、演唱人才充实了铁尔麦的创作和演出队伍，提高了整体的艺术素质，涌现了一大批如瓦里吾拉·沙德娃卡斯、海来提、艾赛木汗等青年铁尔麦艺人。1984 年 7 月，在尼勒克县举行的第九届伊犁哈萨克自治州阿肯演唱会上，阿斯力汗、努尔沙拉等被授予"优秀青年铁尔麦什"① 的荣誉称号。

铁尔麦曲目的其他代表作还有：《劝告》《穷人的日子》《团结》《有的人》《我感到遗憾》，等等。

参考资料：

1. 《中国曲艺音乐集成》全国编辑委员会、《中国曲艺音乐集成·新疆卷》编辑委员会编：《中国曲艺音乐集成·新疆卷》，中国 ISBN 中心 2003 年版。

2. 黄中祥：《传承方式与演唱传统——哈萨克族民间演唱艺人调查研究》，民族出版社 2009 年版。

3. 《新疆非物质文化遗产集锦》编委会编：《新疆非物质文化遗产集锦》，新疆美术摄影出版社、新疆电子音像出版社 2010 年版。

哈萨克毡绣和布绣

项目名称：哈萨克毡绣和布绣

项目类别：传统美术（民间美术）

项目编号：Ⅶ－83

申报单位：新疆生产建设兵团农六师

批准时间：2008 年（第二批国家级非物质文化遗产）

简介：

毡绣和布绣是哈萨克族民间传统的手工技艺，有着悠久的历史，同哈萨克人民的生活息息相关，现在主要流传于新疆的 107 团、奇台农场、农六师红旗农场等哈萨克族牧民聚居地。是每个哈萨克族妇女都擅长的技艺，是哈萨克族姑娘出嫁前在娘家的"必修课"。

花毡是哈萨克人最为普及的家庭工艺品，哈萨克语称之为"斯尔玛构"，它制作精美，独具风格，图案繁多，工艺复杂。做一张漂亮的花毡往往要耗费几个月的时间，花毡从打羊毛、擀毡子到缝制都是全手工的，

---

① 铁尔麦什：对铁尔麦艺人的称呼。

花毡上的图案和花纹是哈萨克妇女一针一线缝出来的。如果有谁家需要做花毡，周围的妇女都来帮忙，这其中凝结着她们的汗水和心血，是集体智慧的结晶。花毡的构图紧凑，中心的主图案是简练的几何对称图形，四周再配以对称的羊角变形花纹，显得既端庄大气又不失柔美温和。

花毡的制作方法和品种主要有：（1）毡贴，把毡子染成五颜六色，用彩色毡子拼成各种图案，再用羊毛线缝起来；（2）布贴，将彩色布剪成图案，用羊毛线缝制在毡子上，尤其喜用红色布；（3）毡、布并用，拼成富有浓郁特色的图案，再用羊毛线缝起来；（4）针绣，用彩色的羊毛线直接在白毡上绣出图案。花毡有不同的种类和不同的用途，如有用于取暖和做饭的火头花毡，接待客人用的上座花毡，结婚用的嫁妆花毡（哈萨克族姑娘出嫁时不可缺少的嫁妆之一），做工讲究的床上花毡和地上铺的花毡，门上挂的花毡及毡房用的花毡等。[①] 不同的地区、不同的部落其花毡的图案和样式也不尽相同。

毡绣的做法同花毡差不多，但是，一定要用碱或盐和面粉、牛奶调制的液体画成图案，这样画在毡上的图案会很清晰，易于在上面进行刺绣，同时也容易被毡吸收，增强附着力，图案不易脱落。

毡绣和布绣是哈萨克族民俗风情和古老文化的杰出代表，所使用的线可以是彩色纺线、彩色毛线、金丝线。广泛用于哈萨克族的婚嫁、送礼和日常家用，被视为哈萨克族手工技艺的珍品。

参考资料：

1. 中国大百科全书总编辑委员会《轻工》编辑委员会、中国大百科全书出版社编辑部编：《中国大百科全书·轻工》，中国大百科全书出版社1991年版。

2. 楼望皓：《新疆民俗游记》，新疆美术摄影出版社2007年版。

3. 《新疆非物质文化遗产集锦》编委会编：《新疆非物质文化遗产集锦》，新疆美术摄影出版社、新疆电子音像出版社2010年版。

4. 少数民族毯项目组编：《少数民族毯》（第二期工程），民族出版社2010年版。

哈萨克族毡房营造技艺

项目名称：哈萨克族毡房营造技艺

项目类别：传统技艺（传统手工技艺）

---

① 楼望皓：《新疆民俗游记》，新疆美术摄影出版社2007年版，第230页。

项目编号：Ⅷ－183

申报单位：新疆维吾尔自治区塔城地区

批准时间：2008 年（第二批国家级非物质文化遗产）

简介：

　　毡房，是哈萨克族传统的住房，是千百年来以游牧、狩猎为主，逐水草而居的哈萨克民族在长期的游牧生活中发明创造的简捷又方便搬迁的房屋，是哈萨克牧民生活和生产中不可或缺的用品，在我国民居建筑中独树一帜，占有重要的地位。哈萨克族的毡房历史悠久。相传，西汉元封年间，远嫁到乌孙的细君公主在一首诗中写道"穹庐为室兮旃为墙"，其中"穹庐"就是穹拱，也就是毡房的结构形式；"旃"，指毡子。"穹庐"和"旃"就是指哈萨克族的毡房。毡房一般使用于哈萨克族的牧区，在广袤无垠的大草原上星星点点散布着白色蘑菇似的毡房，那是一幅多么美丽的中国山水画。

　　毡房因使用毡子搭制而得名，整个毡房由编壁围墙、房顶、房毡和门构成，主要的构件是由工匠精心制作的，整个构架大都是柳木做的，不用一枚铁钉，方便拆卸，各处的连接点用牛皮绳和牛筋固定，这样既轻便又稳固。

　　毡房整体占地 20—30 平方米，一般高约三米，呈圆柱形。毡房的上部为穹庐形，主要由圆形的天窗和撑杆构成。天窗面积大约一平方米，将弧形红柳木加工成圆形，再钻几个小眼儿，把撑杆上端塞进眼里，衔接处用没有处理过的湿骆驼皮包扎后晒干，再用弯成半圆形的细木交叉嵌在天窗顶上，呈锅底朝天形。撑杆的上端笔直，顶端箭头光滑、细圆，长约三米，下端弯曲。毡房的下半部是圆柱形，由围墙围制而成，这种围墙是由横竖交错、相连的木杆栅栏构成，每块栅栏宽 3.2—3.5 米，高 1.5—1.7 米。栅栏一般分为两种：一种是宽眼栅栏，这种栅栏便于携带，但经不起风雨长时间的吹打；另一种是窄眼栅栏，虽携带起来比较繁重，但是能经受长期的风吹雨打。搭建时先将栅栏与门固定，后在栅栏外围用长短、粗细、大小一样的芨芨草编织成的草帘以及房毡围成墙体。一座毡房往往要用上几千根芨芨草，还要编织起来，仅这一项就得花费很大的工夫，然后在围墙外部用毛绳扎紧。扎围墙的毛绳是用染成黑、红、蓝、绿色的毛绒编成，宽 25—40 厘米，哈萨克语称为"巴什库尔"，捆在房墙和房杆的接头处，既能保护围墙和房杆不受损坏，又能使毡房更加美观。围在毡房门两边的草帘尤其讲究，每根芨芨草上都绕着彩色的毛线编织成对称、和谐的图案。另外，围毡、篷毡和顶毡都用绳索连接固定，使整个毡房十分结实。过去一般牧民住的毡房多是用四个或六个栅栏片拼凑起来，而封建牧主和达官贵人所住的毡房都用八到十个栅栏片组成，称为"白色的宫殿"。毡房的门，一般高 1.5 米，宽 0.8 米，并且还雕刻着许多花纹和图案。毡房的内部布置也颇具民族特色。

哈萨克族的毡房制造技术是一项古老的工艺，其中涉及的力学、材料学、综合动态学造型艺术及其工艺思想，都具有极高的研究价值。哈萨克毡房还囊括了雕、刻、凿、编、扎、染等多种工艺手法，制作工程相当复杂，在科学技术尚不发达的情况下，全手工制作的毡房处处展示了哈萨克人高超的手工技艺，显示了哈萨克人无穷的创造力和智慧。这对哈萨克族的民俗学、历史学、美学以及人文学的研究都有着重要的意义。

现如今，随着工业化的快速发展以及牧区实行定居的生活方式，这对传统毡房的冲击很大。加之，如今的年轻人不愿意学习传统毡房的制作，毡房的使用量越来越少，用不了多久，这个具有两千多年历史的毡房制作工艺也许会消失。

参考资料：

1. 汪之力主编：《中国传统民居建筑》，山东科学技术出版社 1994 年版。

2. 阿斯力汗·巴根编著：《哈萨克毡房文化（中、英、哈文本）图集》，新疆青少年出版社 2001 年版。

3. 韩欣主编：《中国名居》，东方出版社 2006 年版。

哈萨克族服饰

项目名称：哈萨克族服饰

项目类别：民俗

项目编号：X - 118

申报单位：新疆维吾尔自治区伊犁哈萨克自治州

批准时间：2008 年（第二批国家级非物质文化遗产）

简介：

哈萨克族的民族服饰是在古代乌孙、乃蛮、吐热克、瓦克和克列衣等部落或氏族服饰的基础上不断发展而来。在漫长的形成过程中不断吸收其他民族的服饰特点，并结合自身的生产生活，使哈萨克族的服饰形成了自己独特的民族风格，是哈萨克人文化心理的物化表现，充分反映了哈萨克族人民的才华和智慧以及审美观和价值观。

哈萨克族服饰的种类繁多、色泽艳丽，其颜色包含着吉祥、祝福的意思，它的装饰图案不仅整体上对称，而且还在个体上对称。哈萨克族服饰带有高寒草原游牧民族的生活特征，早期的服饰多由兽皮、牲畜皮以及各种布料纯手工制成，并以羊皮、羊毛、羊绒最多。在新疆天山等地发现的各处岩画中保留的哈萨克族古老游牧人和动物形象中，有的人还戴着插有羽翎的帽子。哈萨克族还利用松树皮、草蓟、海娜等天然植物颜料漂染各种兽皮，制作成衣，再在上面绣上花卉等纹样。哈萨克族牧民生活离不开骑马，为了乘骑方便，衣服大都宽大随意，结实耐磨。

哈萨克族服饰男女有别，而且年龄不同，穿着不同；季节不同，服饰的款式和面料也不相同。

哈萨克族男子多穿白色或条格套头绣花衬衫，领子高低不等，外套黑平绒、绿条绒或毛布坎肩，坎肩前襟处多绣有牛角花纹。外穿对襟短上衣或无扣对襟及膝"袷袢"。哈萨克族男子在冬季常穿皮衣、皮裤。皮衣宽大肥厚、抗寒耐穿，款式多为合领、对襟、不结扣，衣长过膝，以盖住脚踝为限，下摆不开叉，袖长过指。皮衣多用老羊皮缝制，有的罩上布面，称为"依什克"，有的不罩布面，称为"托恩"。有的男子还穿用羊羔皮、狼皮、狐皮或者其他兽皮缝制的外有布面的圆领皮衣，也有穿用马驹皮缝制的皮大衣。哈萨克族男子穿的皮裤多用羊皮制成，毛在内，光板在外，裤腰裤裆宽松耐磨，讲究的人还在裤边绣上花纹。夏季哈萨克族男子上穿"库普"，一种布里布面，内夹骆驼毛或绵羊毛的大衣，这种大衣在雨天还可以充当雨衣。裤子除了大裆的皮裤外，也有用毛布、棉布制成的裤子，贴身穿一条绒夹裤。由于信奉伊斯兰教，哈萨克族男子必须戴帽子，而且非常重视帽冠的整洁，禁忌脱帽露顶。哈萨克族男子头戴尖顶帽子，一般分为冬帽和夏帽。冬帽多是用牲畜的皮毛制作的，具有很好的保暖功能；夏帽大多为布帽，形制简单美观，极富有民族特色。由于哈萨克人居住得比较分散，不同地区和部落的人所戴帽子的样式和种类也有所不同，因此帽子的品种繁多。

哈萨克族妇女的服饰多种多样，不同年龄的妇女穿戴的款式各异。从哈萨克族妇女的穿着打扮上就可以看出她们的年龄、婚姻以及家庭状况。

哈萨克族妇女喜欢穿色彩艳丽的连衣裙或短裙，多选用各种花色的棉布、绸缎、毛布、条绒缝制而成。青年妇女穿的连衣裙袖子绣花，下摆多褶，袖口与裙摆缀荷叶边，外边套红、绿、黑色的对襟坎肩，缀银纽扣；少女的内衣色彩鲜艳，衣领绣有花纹，套多褶大摆连衣裙，胸前佩戴银元、串珠、纽扣等装饰品；已婚青年女子的裙长过膝，或穿半截筒裙；老年妇女多穿深色或浅色带花纹的宽大过膝的褶布裙，外套长坎肩。按照哈萨克族传统习俗，妇女不能在婆婆家或者不熟悉的异性面前随便摘头巾或者帽子，而且，少女和妇人由于身份的不同，所戴的帽子也不一样。一般来说，没有出嫁的女子会戴"塔合亚""标尔克"和"包头巾"，出嫁时的新娘则要戴"沙吾克烈"，结婚一年后则要戴花头巾，生过第一个孩子戴"可衣谢米克"或者"齐拉吾拾"套头巾。

哈萨克族无论男女老少都喜穿高跟高筒的皮靴和套鞋。高筒皮靴外加套鞋，防止雨雪。他们的套鞋是用柔软的皮子做的平底鞋，鞋的外面包有各种颜色的布料，再绣上各种美丽的纹样和图案。

保护、传承、研究哈萨克族服饰，对于我们继承和弘扬优秀的民族传统，丰富和发展中华民族艺术宝库，加强哈萨克族传统文化与其他文化的交流都有着深刻的意义。

参考资料：

1. 楼望皓：《中国新疆民俗》，新疆美术摄影出版社 2003 年版。

2. 段梅：《东方霓裳：解读中国少数民族服饰》，民族出版社 2004 年版。

3. 帕提曼编著：《哈萨克族民俗文化：暨哈萨克族研究资料索引（1879—2005）》，民族出版社 2008 年版。

4. 王勇、高敬编著：《西域文化》，时事出版社 2011 年版。

哈萨克族民歌

项目名称：哈萨克族民歌

项目类别：传统音乐

项目编号：Ⅱ-148

申报单位：新疆维吾尔自治区伊犁哈萨克自治州

批准时间：2011 年（第三批国家级非物质文化遗产）

简介：

哈萨克族是喜欢唱歌的民族，新疆人称哈萨克族的小孩"会说话就会唱歌"，而在谚语中把歌和马比作是哈萨克族的两只翅膀。近代哈萨克族杰出诗人阿拜·库南拜在诗中写道："歌声打开你生命之门，歌声又送你进入坟墓。"可见，哈萨克人民对歌声情有独钟。哈萨克族的民歌中唱道："哈萨克族的歌声永远也唱不完，就像伊犁河的流水一样，当你诞生时，歌声迎你来人间；当你逝世时，歌声送你进天堂。"

　　哈萨克族民歌大多是用哈萨克语创作，歌词大都四行一段，每行11个音节。歌曲的旋律经常采用重复的方法，每段的后两句重复前两句的旋律。歌词富有音韵，听起来婉转悠扬。由于哈萨克语属于黏着语类型，没有声调，但多音节的词有轻重音之分，语音上和谐并富有规律，因此形成了哈萨克族民歌别具的结构特点。

　　哈萨克族民歌的演唱形式可以分为独唱、对唱和弹唱三种。其中对唱在哈萨克族文化中占据着重要的位置，几乎在所有的节日庆祝、娱乐晚会和婚礼庆典中都要举行对唱，在酷爱音乐的哈萨克人民的心目中，对唱既是一种荣誉，也是一种乐趣。在一些大型的晚会现场，对唱时还有专门的裁判，获胜一方可以得到失败一方赠送的礼品。

　　哈萨克族族民歌大致可以分为如下几类。（1）颂赞歌：主要是歌颂祖国、歌颂家乡、歌颂新生活的歌曲，表现出哈萨克人民对祖国和故乡的热爱和思念之情。代表作有《阿勒泰》《页里麦》《可爱的祖国》《新修的路》等。（2）爱情歌：主要是表达青年男女互相爱慕相恋的心情，有独唱、对唱，可以分为互相赞颂歌、询问家谱歌、讽刺嘲笑歌等多种类型。传统的男女情歌对唱一般为男女各两人，他们相互对坐，其中一男一女为主，即时编唱，另一男一女为辅，随声附和，尽兴时可以从黄昏唱到天明。代表作有《色热木坡》《红麦子》《艾泥》等。（3）劳动歌：主要表现从事牧业生产的哈萨克人狩猎和放牧的场景。代表作有《黄骠马》《梅花鹿》《火红骏马》等。（4）习俗歌：这类歌的内容很广泛，有小孩诞生时的《诞生歌》，姑娘成年时的《劝嫁歌》，姑娘出嫁时的《上马歌》，举行婚礼时的《揭面纱歌》，送葬时的《送葬歌》等等。（5）关于自然界的歌：哈萨克族人民对自然界的各种现象编成的歌一直流传到现在，其中有些歌与宗教也有联系。大致可分为山水歌、石头歌、牲畜歌以及关于岁数的歌等。（6）诙谐歌：这类歌也很普遍，用夸张幽默的方式演唱是这类歌的特点，男女老少都非常喜欢。

盛大的节日活动、婚礼及其他重大的礼仪活动等社交场合，都是哈萨克的阿肯们，演奏、演唱艺人们展示才能和智慧的大舞台，也是民间器乐、歌舞大放光彩的机会。每当这个时候，各种曲艺形式的艺人们都会欢聚一堂，一代又一代的民间器乐演奏能手们在这里相互观摩、彼此学习，增进了人们的技艺，传播了本民族的民间艺术，不断推进着哈萨克民间音乐的继承和发展。

参考资料：

1. 中国音乐家协会西安分会编：《哈萨克民歌》，陕西人民出版社 1957 年版。

2. 中国艺术研究院音乐研究所编：《哈萨克民歌》，文化艺术出版社 1982 年版。

3. 毕桪：《哈萨克民间文学概论》，中央民族学院出版社 1992 年版。

4. 努尔坦等编：《哈萨克族民歌选》，民族出版社 2006 年版。

哈萨克族库布孜

项目名称：哈萨克族库布孜

项目类别：传统音乐

项目编号：Ⅱ－155

申报单位：新疆维吾尔自治区伊犁哈萨克自治州

批准时间：2011 年（第三批国家级非物质文化遗产）

简介：

库布孜，又译作柯布孜、霍布斯等，是哈萨克族的一种弓弦乐器。乐声同小提琴相仿，原来是突厥族的乐器，称作"火不思"。唐代时曾兴盛于内地，现流行于新疆哈萨克族聚居地区和青海省海西蒙古族藏族哈萨克族自治州以及甘肃省阿克塞哈萨克自治县等地。

最早的库布孜又称克勒库布孜，琴体呈弓形，是由一整块木料挖制而成，琴颈无指板，琴身长 60—65 厘米，只设一条马尾弦，运弓方法与大提琴相同，后来在克勒库布孜的基础上，在左右各增加了一个弦轴，还有琴弦和指板，制成了两弦的库布孜，仍采用马尾弦或牛筋弦，它同今日柯尔克孜族的拉弦乐器克亚克十分相似。目前在哈萨克的边远山区还能见到这种原始的拉弦乐器。据说，在远古时代，库布孜是哈萨克族的巫师们给人治病和占卜时所使用的乐器，同宗教有着密切的联系。巫师需要用库布孜演奏出神灵喜欢的乐曲，神灵才会下凡，因此，库布孜成了神灵和巫师之间相互沟通的工具，是巫师们必须学好的一门技艺。每到哈萨克族盛大节日或有喜庆之事时，巫师便会演奏库布孜助兴，于是它又成了群众娱乐的民间乐器。

对库布孜的产生年代，历史文献中没有明确的记载，但是从古代哈萨克族和柯尔克孜族、蒙古族人民睦邻而居，库布孜与柯尔克孜族的克亚克、蒙古族的托甫秀尔的形制相似，从中也可以看出其历史渊源久远。库布孜的声音婉转动听，惟妙惟肖，可以达到以假乱真的地步，多用于伴奏或独奏，并经常同冬布拉一起演奏。代表作有：《赛驼》《额尔齐斯河的波浪》《红色走马》等。

参考资料：

1. 刘维新主编：《新疆民族辞典》，新疆人民出版社 1995 年版。

2. 索文清等主编：《中国少数民族民俗大观》，福建人民出版社 1998 年版。

3. 董源主编：《最新中西乐器制作装配工艺及通用技术与质量鉴别标准实用全书》，中国音乐学院出版社 2004 年版。

4. 唐译编著：《一生不可不知道的中国乐器》，中国戏剧出版社 2007 年版。

哈萨克族卡拉角勒哈

项目名称：哈萨克族卡拉角勒哈

项目类别：传统舞蹈

项目编号：Ⅲ－111

申报单位：新疆维吾尔自治区伊犁哈萨克自治州

批准时间：2011 年（第三批国家级非物质文化遗产）

简介：

"卡拉角勒哈"是哈萨克语，汉意为"黑色的走马"，是哈萨克族人民根据名曲《黑走马》所创作的最具代表性的民间舞蹈。在哈巴河县唐巴尔塔斯等山岩上，额敏县玛衣勒山康巴拉羊圈等地方都出现了和卡拉角勒哈的舞蹈动作相近的岩石壁画。据考证，岩石壁画产生至少有千年以上的历史。

马是哈萨克族人生活中不可缺少的工具和伙伴，而"黑走马"形象剽悍雄壮，走时步伐平稳有力，姿势优美，蹄声犹如铿锵的鼓点。骑上黑走马，犹如进入一种艺术境界。由此形成了以卡拉角勒哈命名的民间舞蹈和同名乐曲。卡拉角勒哈乐曲的节奏感极强，明快活泼，旋律宛如骏马在草原上驰骋。它由哈萨克族传统乐器冬布拉伴奏，按音乐的节奏进行舞蹈，快慢变换，并形成了大同小异的地方特点和个人表演技巧。①

相传在很久以前，一位哈萨克族的小伙子放牧时在草原上发现了一群野马，他用套马杆套住了其中一匹剽悍的黑色野马，并将其驯化成了上好的走马。当他回到牧村，牧民们纷纷前来祝贺，小伙子也很自豪，不停地上马下马，用诙谐幽默的动作表演他捕捉和驯马的全过程，自此，以马为题材来展现草原骏马驰骋时矫健姿态的《卡拉角勒哈》舞蹈便在民间流传开来。哈萨克族男人骑马放牧，女人从事剪毛、擀毡、挤奶等活动。舞蹈的表演者于是就把生活、劳动中具有特色的动作姿态融入到舞蹈中，使卡拉角勒哈舞蹈的内容更加丰富，并且由此衍生出了《挤奶舞》《绣花舞》《劳动舞》等表现生产劳动的舞蹈和《熊舞》《抵角舞》《鹰舞》等拟兽舞。

卡拉角勒哈表演者一般没有专门的道具和服装，但是在一些民俗活动的表演时都穿着民族盛装。男子的动作轻快有力，模仿黑走马的走、跑、跳跃等姿态，在形象的"翻手硬肩""板腰""紧握缰绳"等舞蹈动作中，在全身一张一弛的动律中表演出粗犷、剽悍、豪放的风格；女子则以自豪的"花儿赞"，窥视恋人的"羞愧"，前俯后仰的"展群吊花"等动作，使舞蹈优美舒展，活泼含蓄。② 这种舞蹈场地不限，表演人数不限，并且轻松愉快，风格迥异，经常使观众捧腹大笑，赞不绝口。

参考资料：

1. 《中华舞蹈志》编委会编：《中华舞蹈志·新疆卷》，学林出版社 2007 年版。

2. 马雄福等：《新疆少数民族的服饰与节庆》，中国旅游出版社 2008 年版。

哈萨克族阿依特斯

项目名称：哈萨克族阿依特斯

项目类别：曲艺

项目编号：Ⅴ–45

申报单位：新疆维吾尔自治区伊犁哈萨克自治州

批准时间：2006 年（第一批国家级非物质文化遗产）

---

① 马雄福等：《新疆少数民族的服饰与节庆》，中国旅游出版社 2008 年版，第 52 页。

② 《中华舞蹈志》编委会编：《中华舞蹈志·新疆篇》，学林出版社 2007 年版，第 114 页。

简介：

"阿依特斯"是哈萨克语，意为"对唱"，也是哈萨克族的一种演唱形式。在哈萨克族的民歌中最富民族特色，2006 年被国务院列入中国首批国家级非物质文化遗产名录。阿依特斯从唱词到音乐都体现着哈萨克族浓郁的民族特点，具有突出的历史文化价值，演唱内容涵盖了哈萨克人的生活、生产、社会、文化等多个领域，被誉为反映哈萨克人民社会生活的一部"百科全书"，是哈萨克族的艺术瑰宝。

阿依特斯产生于新疆维吾尔自治区伊犁哈萨克自治州，它是何时兴起的虽无从考察，但是它的产生与发展同哈萨克族长久以来的社会组织形式和风俗习惯联系密切。阿依特斯对唱没有固定的唱腔和曲牌，唱词也为即兴创作，因此对阿肯[①]的要求极高，必须知识渊博，并且才思敏捷，能够对答如流。

阿依特斯是哈萨克族最古老的民间文学样式之一，也是最完整、最活跃、最具生命力的民间文学艺术。无论从内容还是思想上都可以称得上原生态的纯民众艺术。以它深厚的传统艺术形式，通过口耳相传的对唱发展到今天，始终没有放弃朴素自然、通俗易懂的口头创作形式。它以口头性的传承特点编织着各个时代的信息网络，是民族精神标本的信息源，从不同的历史角度体现了哈萨克族草原人文文化的背景和逐水草而居、四季游牧的生活特征。[②]

如今阿依特斯依然是哈萨克人民的娱乐方式之一，同哈萨克的一些风俗民情有着密切联系：如在婚礼上，新娘唱《出嫁歌》，亲友对唱《劝嫁歌》，新娘唱《哭娘歌》，亲友对唱《远嫁歌》等。

"百得克阿依特斯"是一种流传至今的驱邪治病的对唱，由于多是在夜晚举行，所以又称"百得克之夜"。歌唱时，病人或牲畜放在中间，男女分坐在两边，小伙子唱完了，姑娘再唱，还不时地齐呼"滚，滚吧"。同其他阿依特斯不同的是，它一般有比较固定的词曲，但是在不同的场合会有所变化。

每逢盛大节日、宗教典礼或婚丧嫁娶，阿肯们都要举行隆重的弹唱，并利用这个机会斗智斗勇、唇枪舌剑、互不相让，胜者可以获得公

---

① 阿肯，哈萨克族人民对善于歌唱的艺人的尊称。
② 赵嘉麒主编：《哈萨克文学简史》，新疆人民出版社 2007 年版，第 68 页。

认的"阿依特斯阿肯"的资格，但是阿肯们胜不骄败不馁，只是把它当做是一种竞技表演。随着旅游业的发展，阿依特斯已经成为哈萨克民俗风情旅游中最有特色的一项。每逢夏秋季节，哈萨克牧民转到水草丰美的牧场时，相邻的牧民们就会聚集在一起，举办一次阿肯弹唱的盛会，男女老少只要会唱歌的，口才稍好的都会前来参加。届时，人们身着盛装，骑着骏马，载歌载舞来到这里。牧场顿时成为歌声的海洋，在高潮迭起的对唱中，牧民们各显神通，充分地展示自己的歌喉，豪情万千，听者也随声附和，陶醉其中，悠扬的琴声和悦耳的歌声响彻草原夜空。哈萨克阿依特斯就像一朵奇葩，绚丽地开放在奇美的哈萨克大草原上。

参考资料：

1. 《国家级非物质文化遗产大观》编写组编：《国家级非物质文化遗产大观》，北京工业大学出版社 2006 年版。

2. 赵嘉麒主编：《哈萨克文学简史》，新疆人民出版社 2007 年版。

3. 中国曲艺志全国编辑委员会、《中国曲艺志·新疆卷》编辑委员会编：《中国曲艺志·新疆卷》，中国 ISBN 中心 2009 年版。

4. 夏木斯·胡玛尔、胡安迪·阿布旦拜编：《哈萨克阿依特斯选集》（第 1 卷），新疆人民出版社 2009 年版。

5. 吉尔印象编著：《璀璨中华：中国非物质文化遗产完全档案》，金城出版社 2009 年版。

6. 新疆维吾尔自治区文化厅编：《哈萨克族阿依特斯论文集》，新疆人民出版社 2010 年版。

7. 王勇、高敬编著：《西域文化》，时事出版社 2011 年版。

婚俗（哈萨克族传统婚俗）

项目名称：婚俗（哈萨克族传统婚俗）

项目类别：民俗

项目编号：X－139

申报单位：新疆维吾尔自治区伊犁哈萨克自治州

批准时间：2011 年（第三批国家级非物质文化遗产）

简介：

哈萨克族的婚礼，具有浓郁的民族特色，结婚仪式十分隆重，结婚前都要举行一系列走访和喜庆娱乐活动，一般分为两个步骤举行，即女方家送亲礼和婆家迎新礼。大部分仪式均按照伊斯兰教的教规举行，也掺杂一些本民族长期形成的古老习俗。

哈萨克族的婚事从说亲到完婚要经过一系列的仪式，哈萨克族称为"托依"。主要有说亲、订婚、吉尔提斯礼、送彩礼、出嫁、迎亲等仪式，这些仪式的规模大小，主要根据双方家里的经济情况而定。

哈萨克族说亲有三种情形：第一种是靠父母或亲属包办，事前男子不认识、不了解女方，完全按父母的意志办事；第二种是男子看上了某一个姑娘，便告诉嫂子或其他亲属、朋友，请他们前往说亲；第三种是男女双方在社交场合接触认识，互相了解，从而产生了感情，然后再通过男方亲近的人转告父母，请父母前去说亲。说亲时，只是男方的父母或亲朋好友携带礼物前往女方家。如女方有意则收下礼物，并宴请男方家的客人；如果男女双方家长都满意，即商定订婚日期。

男女方订亲以后，男方要给女方扎"持特"（三角巾、方巾）或戴"乌克"（猫头鹰羽毛）。举行订婚仪式，选择吉日交送聘礼，此时女婿方可正式登女方家的门，订婚仪式在女方家举行。女方的父母在这天要给女婿吃羊胸部肉，以表示双方已正式订亲。附近的青年男女在这一天可以跟女婿打闹玩耍，如把女婿投到水池里或泼水，或者将衣服缀缝到花毡上，让女婿出丑等。订婚后，男方就可公开去女方家。

举行结婚典礼时，新娘由伴娘陪同进入父母毡房，举行"拜火"仪式，即由两个妇女将新娘搀扶着站在火堆前，一个妇女伸出双手在火焰上烤烤，在自己脸上虚擦几下，再伸进新娘的面纱，在新娘的脸上擦几下。这时来参加婚礼的女人们都说"新婚幸福""让祖先的灵魂保佑新娘"等吉利的贺词。中华人民共和国成立后，甘肃哈萨克族的婚姻风俗和习惯均有所改进。新中国成立前，妇女受各种旧思想和封建伦理道德的束缚，社会上没有地位，家庭中没有自由。新中国成立以后，哈萨克族家庭里男女平等，妇女享受着平等自由的权利，社会地位也日益提高，自己决定自己的婚姻大事，自己掌握自己的命运，同时一些带有封建色彩的习俗在逐步发生变化。

参考资料：

1. 雪犁主编：《中国丝绸之路辞典》，新疆人民出版社 1994 年版。

2. 袁起广编著：《天山南北的民俗与旅游》（新疆卷），旅游教育出版社 1995 年版。

3. 李耕耘编著：《新疆：伊犁风物志》，云南人民出版社 2001 年版。

4. 楼望皓：《新疆婚俗》，新疆人民出版社 2006 年版。

草编（哈萨克族芨芨草编织技艺）

项目名称： 草编（哈萨克族芨芨草编织技艺）

项目类别： 传统美术

项目编号： Ⅶ – 54

申报单位： 新疆维吾尔自治区托里县

批准时间： 2011 年（第三批国家级非物质文化遗产扩展项目）

简介：

哈萨克族牧民居住和生活均离不开芨芨草编织品和羊毛编织品。芨芨草手工编织的图案、样式、技术多为哈萨克人民就地取材，并在日常生活中吸取兄弟民族的多元文化，创造出的一种文化表现形式，体现出草原游牧民族的淳朴和原生态，具有传统文化的价值。

芨芨草编织品主要用于人们的生产生活，是哈萨克族毡房的重要组成部分。毡房的四周使用芨芨草编织的围身，可以抵挡外来物的侵犯，既实用又美观。用芨芨草编织成的草篓等生活用品，大大方便了哈萨克人民的日常生活。芨芨草编织技艺在哈萨克语中为"棋托乎"，其编织品是哈萨克族人民必备的生活用品。

参考资料：

1. 袁起广编著：《天山南北的民俗与旅游》（新疆卷），旅游教育出版社 1995 年版。

2. 谭红丽、战国栋编著：《草编》，中国社会出版社 2008 年版。

柯尔克孜族

玛纳斯

项目名称： 玛纳斯

项目类别： 民间文学

项目编号： Ⅰ – 25

申报单位： 新疆维吾尔自治区克孜勒苏柯尔克孜自治州、新疆维吾尔自治区文联民间文艺家协会

批准时间：2006 年（第一批国家级非物质文化遗产）

简介：

柯尔克孜族的英雄史诗《玛纳斯》是我国三大史诗之一，全诗共八部，有 20 余万行，在民间流传的变体多达 40 种。诗中描写的是柯尔克孜族的民族英雄玛纳斯祖孙八代前赴后继，率领柯尔克孜人民抵御外来入侵，同邪恶势力进行斗争的英勇事迹。它体现了柯尔克孜人不屈不挠的民族性格和团结一致、奋发进取的民族精神。

《玛纳斯》主要流传于我国新疆维吾尔自治区的克孜勒苏柯尔克孜自治州及邻近的伊犁哈萨克自治州，喀什地区和阿克苏地区的柯尔克孜族聚居的地区。另外，在中亚的吉尔吉斯斯坦、阿富汗、哈萨克斯坦的吉尔吉斯人中也有流传。据文献记载，《玛纳斯》产生于 10—13 世纪，在 16 世纪广泛流传开来。千百年来，一直是以口耳相传的，其中，民间歌手在史诗的创作和传承过程中起着重要的作用。

《玛纳斯》凝聚着柯尔克孜族的精神力量，被视为柯尔克孜的民族魂。它汲取古老的柯尔克孜史诗和柯尔克孜民间文学的丰厚营养，包容了柯尔克孜族古老神话、习俗、传说、民间叙事诗和民间谚语，是柯尔克孜族民间文化的"百科全书"。

对《玛纳斯》的普查工作开始于 20 世纪 60 年代，期间发现了许多演唱《玛纳斯》的民间艺人，也记录了各种《玛纳斯》的异文。目前已经整理出版了《玛纳斯》的柯尔克孜文本，并有了英、俄、日、汉等多种译文。

随着现代化进程的加速和一些重要的史诗歌手的相继去世，《玛纳斯》的传承面临着严峻的危机。因此对《玛纳斯》等史诗的抢救、保护和传承工作刻不容缓。

参考资料：

1. 中国人民政治协商会议玛纳斯县委员会文史资料委员会编：《玛纳斯文史资料》（第 1 辑），1985 年。

2. 中国人民政治协商会议玛纳斯县委员会文史资料委员会编：《玛纳斯文史资料》（第 2 辑），1986 年。

3. 中国人民政治协商会议玛纳斯县委员会文史资料委员会编：《玛纳斯文史资料》（第 3 辑），1988 年。

4. 中国人民政治协商会议玛纳斯县委员会文史资料委员会编：《玛纳斯文史资料》（第 4

辑），1990 年。

　　5. 中国人民政治协商会议玛纳斯县委员会文史资料委员会编：《玛纳斯文史资料》（第 5 辑），1992 年。

　　6. 中国人民政治协商会议玛纳斯县委员会文史资料委员会编：《玛纳斯文史资料》（第 6 辑），1996 年。

　　7. 中国人民政治协商会议玛纳斯县委员会文史资料委员会编：《玛纳斯文史资料》（第 7 辑），2003 年。

　　8. 郎樱：《〈玛纳斯〉论析》，内蒙古大学出版社 1991 年版。

　　9. 阿地里·居玛吐尔地：《〈玛纳斯〉史诗歌手研究》，民族出版社 2006 年版。

柯尔克孜约隆

　　项目名称：柯尔克孜约隆

　　项目类别：民间文学

　　项目编号：Ⅰ-83

　　申报单位：新疆维吾尔自治区阿克陶县、新疆师范大学

　　批准时间：2008 年（第二批国家级非物质文化遗产）

　　简介：

　　约隆歌是柯尔克孜的一种民间文艺形式。说它是歌，它还像是在诉说；说它是口头文学，它却是唱出来而不是说出来的。它是歌，也是民话，是曲艺，也是诗，又是即兴说唱，它偏偏不按照专家学者划定好的体裁标准来确定自己的形态。约隆歌的种类繁多，有劝嫁约隆、迎客约隆、谜语约隆、对唱约隆、讽刺约隆、弹拨约隆、劝善约隆以及男性约隆和女性约隆等等。

　　在帕米尔高原地区的任何一个群众性的活动中都少不了约隆歌的演唱。在柯尔克孜族的婚礼仪式上常常演唱约隆歌，被邀请到的约隆奇相当于今天的婚礼主持人，他的主要职责是主持婚礼，歌手们把婚礼盛况及新郎新娘的美好幸福生活等即兴编入约隆歌里来唱，从而为婚礼增添了光彩和荣耀。歌手们还以"劝善约隆"的形式对一对新人进行有关善与恶、是与非、同胞情谊、和睦友善、人格尊严等方面的教育和引导。

　　在对唱约隆歌时，有提问，也有对答。提问的内容从日常生活、自然现象一直延伸到宇宙常识。比如：四种家畜的祖先是什么，什么动物和植物能存活千年，水的源头是什么等。甚至有的对唱约隆歌就世界和宇宙的

起源问题进行对答演唱。这种传统在哈萨克文学中，在印度的巴尔提斯坦地区也存在过。约隆歌的即兴性很强，民间艺人一方面传唱前人的约隆歌，一方面即兴创作来体现现实情境的新的约隆歌。

参考资料：

1. 新疆维吾尔自治区丛刊编辑组编辑：《柯尔克孜族风俗习惯》，新疆人民出版社 1986 年版。

2. 杜荣坤、安瓦尔：《柯尔克孜族》，民族出版社 1991 年版。

3. 《中国少数民族社会历史调查资料丛刊》修订编辑委员会编：《柯尔克孜族风俗习惯》，民族出版社 2009 年版。

4. 曼拜特·吐尔地撰，巴赫特·阿曼别克：《帕米尔柯尔克孜族民歌：约隆歌》，《民族文学研究》2009 年第 1 期。

5. 李季莲主编：《新疆非物质文化遗产集锦》，新疆美术摄影出版社、新疆电子音像出版社 2010 年版。

6. 阿地里·居玛吐尔地编著：《中华民族全书·中国柯尔克孜族》，宁夏人民出版社 2012 年版。

柯尔克孜族库姆孜艺术

项目名称：柯尔克孜族库姆孜艺术

项目类别：传统音乐

项目编号：Ⅱ－133

申报单位：新疆维吾尔自治区克孜勒苏柯尔克孜自治州、乌恰县

批准时间：2008 年（第二批国家级非物质文化遗产）

简介：

"库姆孜"是柯尔克孜语，汉意为"美丽的乐器"。是柯尔克孜族所独有的古老弹拨乐器。主要是在我国新疆的克孜勒苏柯尔克孜自治州的乌恰县、阿合奇县和阿克陶县的柯尔克孜族的聚居地区流传。

柯尔克孜族有一句谚语，"伴你生和死的，是一把库姆孜琴"。库姆孜是最能表达柯尔克孜人民喜怒哀乐的情感乐器，有着重大的社会价值。在文化方面，库姆孜是柯尔克孜族传统乐器和音乐的代表，在柯尔克孜族的民族乐器中使用最广泛，应用最普及，传承最完整，是柯尔克孜族民间乐器的"活化石"。在历史方面，库姆孜的琴声伴随着《玛纳斯》的歌声，是柯尔克孜民族演变和发展历史的现实记录，对于研究柯尔克孜民族

史有着重要的参考价值。

库姆孜琴有多种演奏形式，包括独奏、对奏、合奏、二重奏、伴奏等，其演奏的风格也是变化多端，风格迥异。库姆孜的表演形式也不同，有说唱表演的，也有按曲表演的，还有即兴表演的。是我国少数民族乐器中少有的乐器种类，是少数民族乐曲中的一朵奇葩。

近年来，青少年多不愿学习这种古老的艺术，许多"库姆孜"演奏的老艺人也都年事已高有的已逝世，使这古老的民族乐器的演奏者后继乏人。目前已有许多库姆孜的变体演奏技巧失传。此项目已被列为濒危项目。

参考资料：

1. 新疆维吾尔自治区丛刊编辑组编辑：《柯尔克孜族风俗习惯》，新疆人民出版社 1986 年版。

2. 贺继宏、张光汉编著：《柯尔克孜族风情录》，四川民族出版社 1998 年版。

3. 韩连赟：《图说新疆民间工艺》，新疆人民出版社 2006 年版。

4. 《中国少数民族社会历史调查资料丛刊》修订编辑委员会编：《柯尔克孜族风俗习惯》，民族出版社 2009 年版。

5. 李季莲主编：《新疆非物质文化遗产集锦》，新疆美术摄影出版社、新疆电子音像出版社 2010 年版。

柯尔克孜族刺绣

项目名称：柯尔克孜族刺绣

项目类别：传统美术

项目编号：Ⅶ－82

申报单位：新疆维吾尔自治区温宿县

批准时间：2008 年（第二批国家级非物质文化遗产）

简介：

柯尔克孜族在漫长的游牧生活中，长期以家畜毛、绒为原料制作生活用品，创造了绚丽多彩的柯尔克孜绣花布单制作技艺，并成为这个民族日常生活中不可或缺的组成部分。

刺绣艺术是每一个柯尔克孜族妇女都擅长的技艺。在每个柯尔克孜族人的家中，四周的墙壁悬挂着花卉图案的刺绣围墙，炕上整整齐齐地排列着各类绣花靠枕、被面、毛毯等。屋中的各种物件，如电视机、洗衣机、茶几等也都用不同的、各式各样的绣花布单覆盖着，这些重重叠叠、五彩缤纷的刺绣手工艺品布满了整个房间，看上去美丽动人。

柯尔克孜族的刺绣织品不仅在家庭使用，也作为礼品相互赠送，还可以当做商品在外地出售。这些刺绣织品可以用来制作花毡、毛毡、口袋、布单等生活用品。

整个刺绣过程的第一步就是设计和选择图案，刺绣图案技艺相当精巧，图案题材也是多种多样，最基本的是花草树木、动物、星辰和各种几何图形，可以根据不同的需要选择不同类型。刺绣图案的着色也富有象征性，不过，红色始终是柯尔克孜族人民的最爱，大多数的刺绣产品为红色。刺绣时，先在一块长方形的硬纸板上，用一枚大头针在纸板上刺出图案模型，密密麻麻的针眼瞬间就变成了一幅复杂的花卉图案。然后用粉笔沿着针眼描一遍，印在需要刺绣的布单上，为了使粉笔印记能够持久清晰地留在布单上，须用盐水在印痕上细细地再描一遍，这样一个精美的花卉局部图案就印在了布单上。再反复地按压、临摹这个图案，直到整个布单上有规则地印满了图案后就可以刺绣了。刺绣艺人手拿着一根长约四厘米、系着红丝线的绣花钩针，在固定着一块黑色绒布的刺绣架前来回地穿针引线，这样，一点点地将平淡无奇的黑色绒布变成了一块花团锦簇的绣花布单，这注定是一个艰辛的孕育过程。

这项历史悠久、祖辈相传、积累了柯尔克孜族人民无穷智慧的刺绣技艺逐步显示出其独特的魅力。以绣花布单为代表的柯尔克孜族刺绣技艺在日益成熟的同时，又受到科技含量低、成本高昂等因素影响，在工业文明发达的今天逐渐退出了人们的生活。

参考资料：

1. 新疆维吾尔自治区丛刊编辑组编辑：《柯尔克孜族风俗习惯》，新疆人民出版社 1986 年版。

2. 杜荣坤、安瓦尔：《柯尔克孜族》，民族出版社 1991 年版。

3. 常沙娜主编：《中国织绣服饰全集 2·刺绣卷》，天津人民美术出版社 2004 年版。

4. 贺琛编著：《中国女红》，古吴轩出版社 2009 年版。

5. 《中国少数民族社会历史调查资料丛刊》修订编辑委员会编：《柯尔克孜族风俗习惯》，民族出版社 2009 年版。

6. 李季莲主编：《新疆非物质文化遗产集锦》，新疆美术摄影出版社、新疆电子音像出版社 2010 年版。

7. 阿地里·居玛吐尔地编著：《中华民族全书·中国柯尔克孜族》，宁夏人民出版社2012年版。

柯尔克孜族驯鹰习俗

项目名称：柯尔克孜族驯鹰习俗

项目类别：民俗

项目编号：Ⅹ－143

申报单位：新疆维吾尔自治区阿合奇县

批准时间：2011年（第三批国家级非物质文化遗产）

简介：

驯鹰是柯尔克孜族人们长期以来形成的一种生活习俗，在过去的游牧生活中起到了捕食的重要作用。鹰的寿命在40—50年。柯尔克孜族人一般将一只鹰人工驯养5—7年后就放归大自然，让其繁衍后代。驯鹰时，为了消除鹰的野性，牧民一般采用"熬鹰"的办法，即把鹰的眼睛蒙上，然后放在一根横木上，吊在半空中，来来回回地晃动横木，使鹰不能够稳定地站立，逐渐地消除了鹰的自然野性。"熬鹰"之后还要"养鹰"，柯尔克孜族人民也有自己的一套养鹰的方法，驯鹰人把肉放在手臂的皮套上，让鹰前来啄食，同时还调驯鹰在空中俯冲捕食的能力，让它为牧民所用。

千百年来，柯尔克孜族人与鹰有着千丝万缕的联系。位于新疆西部的天山南脉腹地的阿合奇县地处高寒的山区草原，北部是天山山脉，南部是喀拉铁克山，中间夹着一个狭长的托什干河谷。在这个河谷的山麓地带，夏秋季节水草丰美，为猎鹰准备了丰富的美食，提供了充足的兔子、狐狸、老鼠等美味。世代居住在此的柯尔克孜族人和他们的猎鹰都在这里找到属于他们的乐土。在阿合奇县的苏木塔什乡，全乡四百多户牧民几乎都会驯鹰技术，该乡也被中国文化部命名为"猎鹰之乡"。过去，一只鹰的价格比一位柯尔克孜族姑娘的嫁妆还要高。养鹰也是一件奢侈的事。先不说办一个驯鹰许可证要500元，光鹰的食量就大得惊人，每顿能吃上两公斤的肉，而且还得是新鲜的。

如今，政府为了改善牧民的生活状况，大力推广牧民定居在抗震安居房，同时鹰已被列为国家二级保护动物，不允许随意地抓捕，这一系列的原因都导致柯尔克孜族这种传统的生产生活习俗将濒临消失。

参考资料：

1. 新疆维吾尔自治区丛刊编辑组编辑：《柯尔克孜族风俗习惯》，新疆人民出版社 1986 年版。

2. 杜荣坤、安瓦尔：《柯尔克孜族》，民族出版社 1991 年版。

3. 《中国少数民族社会历史调查资料丛刊》修订编辑委员会编：《柯尔克孜族风俗习惯》，民族出版社 2009 年版。

4. 王文章主编：《第三批国家级非物质文化遗产名录图典》，文化艺术出版社 2012 年版。

5. 阿地里·居玛吐尔地编著：《中华民族全书·中国柯尔克孜族》，宁夏人民出版社 2012 年版。

蒙古族

江格尔

项目名称：江格尔

项目类别：民间文学

项目编号：Ⅰ-26

申报单位：新疆维吾尔自治区和布克赛尔蒙古自治县、博尔塔拉蒙古自治州、新疆维吾尔自治区文联民间文艺家协会

批准时间：2006 年（第一批国家级非物质文化遗产）

简介：

《江格尔》产生于 3 世纪的卫拉特蒙古族人民中间，是由卫拉特蒙古族人民集体口头创作的说唱叙事英雄史诗。《江格尔》与《蒙古秘史》《格斯尔可汗传》被学术界誉为世界蒙古族古典文学的三个高峰。最初《江格尔》以口头形式在民间流传，大约在明朝，出现了以托忒蒙文书写的《江格尔》。至今，《江格尔》仍然以口头和手抄本的形式，在天山南北广大地区的蒙古族人中广为流传。

《江格尔》是一部以主人公江格尔的名字命名的英雄史诗，讴歌了以江格尔为首的六千多位勇士同形形色色的敌人进行不屈不挠的斗争，建立无比美好的理想家园的故事。《江格尔》从产生到定型，经历了漫长的过程，是蒙古族劳动人民长期积累的集体智慧成果。《江格尔》以神话传说为根基，以英雄故事为主干，以诗韵说唱为形式，经过历代民间艺人江格尔奇的千锤百炼，内容不断丰富，篇章日益扩展，最终发展成为长达六十

余章十多万诗行的鸿篇巨制。① 目前，我国已经整理出版了《江格尔》13章和 15 章两种版本。

《江格尔》的 13 章和 15 章本，每一章都用说唱艺术的形式，讲述一个完整的故事。全诗讲述以江格尔为首的 6012 名勇士为了捍卫家乡宝木巴，与进犯的敌人进行顽强抗争，最终取得胜利的故事。传说中，主人公江格尔是宝木巴地方首领乌宗·阿拉达尔汗的儿子。江格尔两岁时，宝木巴遭到了蟒古斯（魔王）的入侵，他的父母被魔王掳去杀害。小江格尔藏在山洞里，最终被大力士蒙根西克西日格所救。江格尔人小胆大，非常英勇。三岁时，他手持黄花戟，身跨枣红马。他四岁时就出征，七岁时开始建功立业，宝木巴地方的臣民把他推举为圣主江格尔可汗。但敌人蟒古斯不甘战败，经常伺机侵犯宝木巴国。江格尔率领他的 12 只雄狮、35 名虎将和 8000 勇士，打败了蟒古斯，保卫了宝木巴，并以他非凡的才能建立了一个"没有冬天和严寒，四季如春阳光灿烂；没有痛苦和死亡，人人永葆青春时光；没有潦倒和贫穷，只有富足和繁荣；没有孤儿和鳏寡，只有兴旺和发达；没有动乱和恐慌，只有幸福和安康；珍禽异兽布满山头，牛羊马驼撒满草原；和风轻吹，细雨润田"的理想乐园。②《江格尔》不但塑造了英勇机智的主人公江格尔，还塑造了红色雄狮洪古尔、铁臂力士萨布尔、智多星阿拉坦策基、真正的美男子明彦、雄辩家凯古拉干等英雄形象，充分展示了古代蒙古族人与恶势力抗争到底的英雄气概与乐观主义精神。

从故事内容上来说，《江格尔》包括了三类故事，即部落联盟故事、婚姻故事和征战故事。部落联盟故事，主要是叙述英雄们经过战场上的交锋或者其他考验，发誓与江格尔并肩作战，为保卫家乡宝木巴抛头颅洒热血。婚姻故事则描述了江格尔和其他英雄人物求婚娶亲的各种经历。征战故事是在《江格尔》中出现最多的，也是内容最为复杂的。这类故事描述了英雄好汉为了保卫家乡，求得生存，在战场上与敌人进行生死搏斗的情形。

《江格尔》使用卫拉特民间口语进行说唱，其中融合穿插了古代民

---

① 吉尔印象编著：《璀璨中华：中国非物质文化遗产完全档案》，金城出版社 2009 年版、第 39 页。

② 同上书，第 39—40 页。

歌、祝词、赞词、格言、谚语等民间文学形式。除了讲述英雄人物的故事外，卫拉特蒙古族人的生活、武器、衣服、民族建筑、装饰等在《江格尔》中也得到了很好的反映，因此，可以将《江格尔》称为是一部民俗知识的百科全书，为研究卫拉特蒙古族社会历史、经济文化、语言民俗等方面提供了宝贵资料。

《江格尔》从词的运用到情节的安排都是高度程式化的，因此，艺人们在演唱过程中想要随意改变史诗情节是非常容易的。为了保持《江格尔》的原貌，民间形成了一套演唱规则，其中最重要的原则就是不能随意改变主干情节。此外，还有一系列规则，如演唱者要完整地唱完一部长诗，听众要坚持听到结束等等。《江格尔》的演唱是即兴的，但又很传统，这使它得以保留更多更完整的古代生活信息和演唱风格。演唱者在演唱《江格尔》时，一概使用蒙古语，并且有独特的韵律。

从20世纪80年代以来，我国开始大规模搜集和记录《江格尔》的工作，到目前为止，在境内外已经出版了多种文字的版本，产生了广泛的影响。但是，在全球化趋势不断加强的背景之下，经济和社会发生了急剧变迁，《江格尔》的生存、保护和发展也遇到了新的情况和问题，形势十分严峻。会演唱《江格尔》的民间艺人，有的已经过世，在世的也都年事已高，《江格尔》面临着消失的危险。

参考资料：

1. 加·奥其尔巴特、李行力：《蒙古族》，新疆美术摄影出版社1996年版。

2. 《国家级非物质文化遗产大观》编写组编著：《国家级非物质文化遗产大观》，北京工业大学出版社2006年版。

3. 郭晓东、王俊编著：《中国新疆民俗故事》，新疆美术摄影出版社、新疆电子音像出版社2008年版。

4. 吉尔印象编著：《璀璨中华：中国非物质文化遗产完全档案》，金城出版社2009年版。

祝赞词

项目名称：祝赞词

项目类别：民间文学

项目编号：Ⅰ－114

申报单位：内蒙古自治区东乌珠穆沁旗，新疆维吾尔自治区博湖县、

和布克赛尔蒙古自治县

批准时间：2011 年（第三批国家级非物质文化遗产）

简介：

祝词、赞词、祭词和召唤词等，人们一般统称为"祝赞词"。它是产生于古代祭祀和各种民俗仪式的古代韵文形式，具有悠久的历史。

古人认为，世间的一切都是由神灵这一不可抗拒的力量所支配的，因此，为了实现温饱和安宁，他们用最好的食物供奉神灵，向它们献歌献舞，还用优美的诗歌赞颂他们，以此求得神灵的保佑和恩赐。于是，就产生了各种祭祀仪式以及与之相应的祝词、赞词。以前，这些仪式祝赞词由萨满教的巫师主持咏唱，所以也被称为"萨满诗歌"。发展到后来，这些仪式祝赞词不再为萨满所垄断，在人民群众中也出现了许多优秀的祝赞词咏颂家，他们用祝赞词的形式来表达对理想的追求。

祝赞词音域高亢、辽阔，节奏自由，旋律婉转。祝赞词的章法、韵律及表现手法与民歌相近。祝赞词的章法结构有很多种，主要有喻体与本事平行的四句段、排比四句段、白描四句段等。因吟咏的关系，祝赞词不讲究严格的韵律，音节自由追求口语的自然旋律，朗朗上口。祝赞词多用比、兴、夸张等表现手法，与民歌相比，祝赞词语言更为洗练。

祝赞词可以根据形式和内容的不同，分为多种类别。形式上可分歌体、谣体两类；内容上可分"那达慕赞"（包括"赛马赞""摔跤赞""弓箭赞""布鲁赞"等）"风物赞""家乡赞""牛羊赞""五谷赞""用具赞"（包括"彩鞍赞""套杆赞""荷包赞""顶针赞"等）。① 赞词与祝词相近，都属于说唱艺术。

祝词一般用于各种礼仪，比如"婚礼祝词""丧仪祝词""节日祝词""拜祭祝词""盟誓祝词"等，表达对安宁生活和美好事物的热爱和追求。祝词根据实际需求，用吉利的语言和动听的诗歌来歌颂美好的事物，祈求理想的未来。在建新房、做毛毡、狩猎、嫁娶等喜庆场合，都会吟诵祝词，相对应地就产生了诸如"对三般技世的祝词""对毡包的祝词""对炉灶的祝词""婚礼祝词""土地词"等祝词，从内容上来说，

---

① 南快莫德格：《蒙古语族诸民族民俗概论》，民族出版社 2008 年版，第 275 页。

这些祝词几乎涵盖了蒙古族人日常生活的方方面面。致祝词是蒙古族人日常生活中的一项重要礼仪，且不只在隆重场合才能使用。在蒙古族人的日常交往中，他们也常常用祝词彼此问候，表达美好祝愿。按照蒙古族人的习俗，所致祝词的内容要视场合和对象而定。在不同场合，或者面对不同对象，所致祝词内容是不同的，如以下这一祝词就表达了长辈对新婚夫妻的美好祝愿。

> 像奶一样的洁白，
> 像油一样的紧密，
> 像葡萄一样的繁多，
> 前襟依偎着儿女，
> 后襟依偎着羊羔，
> 祝你们子孙满堂！
> 祝你们永远繁盛！[①]

　　赞词除了在各种仪式中使用之外，还普遍用于日常生活、劳动之中。赞词主要赞美人与物，表达了人们对一切美好事物的喜悦和赞赏之情。赞词的种类很多，内容十分丰富，涉及了人民群众生活的各个方面，有《蒙古包赞》《英雄赞》《十二生肖赞》《骏马赞》等等。无论是赛马、摔跤还是隆重喜庆的婚礼仪式，都有相应的优美的赞词来赞颂。《骏马赞》是赞词中最有特色的一种。马在蒙古族人的生产生活中扮演着极为重要的"角色"。在生产中，它是不可缺少的工具；在日常生活中，它又是亲密伙伴；同时，它还是娱乐场上的骄傲、激战中生死与共的战友。因此，蒙古族人民从不同的角度，用洋溢着喜爱之情的赞词来赞美各种马，如战马、烈性马、赶狼快马、走马等等。

参考资料：

1. 加·奥其尔巴特、李行力：《蒙古族》，新疆美术摄影出版社 1996 年版。
2. 马大正、成崇德主编：《卫拉特蒙古史纲》，新疆人民出版社 2006 年版。
3. 南快莫德格：《蒙古语族诸民族民俗概论》，民族出版社 2008 年版。

---

① 　马大正、成崇德主编：《卫拉特蒙古史纲》，新疆人民出版社 2006 年版，第 648 页。

蒙古族绰尔

项目名称： 蒙古族绰尔

项目类别： 传统音乐

项目编号： Ⅱ－134

申报单位： 新疆维吾尔自治区阿勒泰地区

批准时间： 2008 年（第二批国家级非物质文化遗产）

简介：

"绰尔"是新疆蒙古族图瓦人的一种古老的竖吹管乐器。"绰尔"作为阿勒泰草原民间乐器的代表，具有悠久的历史。据相关资料记载，图瓦人是我国最古老的民族之一乌梁海的后裔，而其民间乐器"绰尔"的雏形，可以追溯到夏代的"龠"。

《周礼·郑玄注》和《礼记注》中同云："龠（竹遂）三孔。"《风俗通》中则说"龠乐之器，竹管三孔"。《说文解字》中云："龠乐之管，三孔。"清代《钦定黄舆与西域图志音乐》一书中记有："绰尔，形如内地之箫，以竹为之，通体长二尺三寸九分三厘……以舌侧抵管之上口，吹之成音"等。① 由于历史上的数次战争，图瓦人经历了无数次大规模的迁徙，并一直在与世隔绝的深山老林里避居，这使得"绰尔"在制作、吹奏、形状等方面至今仍保留着原始的"三孔"竖吹，宫、商、角、徵、羽五声音阶的音乐特征。因而，绰尔有中国音乐史上的"活化石"之称。

"绰尔"的制作材料与制作工艺都十分原始古老。"绰尔"用原始森林中采集的被称为"曼达利西"的一种内空的草本植物的茎秆制作，这种茎秆要在每年深秋时采集，而后用老艺人的手量"三拃四指"，制成 90 厘米长、竖执管身的三孔吹奏乐器。演奏"绰尔"时，演奏者先从喉中呼出一段喉鼻长音，然后吹奏出旋律音，形成"绰尔"的特殊音色。

"绰尔"的演奏曲目流传下来的很少，目前收集到的曲目大都是表现"万物有灵"以及歌颂大自然的音乐，如《行走的黑熊》《黑走马》《喀

---

① 新疆维吾尔自治区文化厅编：《新疆非物质文化遗产代表作》，新疆人民出版社 2006 年版，第 223—224 页。

纳斯河的波浪》《白色的母驼》等。"绰尔"的每个曲目都蕴涵着动人的传说故事。《遗失腰带的姑娘》这一曲目的背后，就有一个表现人与人情感的令人动容的故事。传说在很久很久以前，有一个非常漂亮的女孩，她的父母早逝、孤苦伶仃，幸好她父亲去世时给她留下了一条漂亮的腰带，这成了她的精神寄托。但是，在一次放牧中，女孩不小心将腰带弄丢了，她找遍了所有地方，都没有找到，于是她坐在草地上大哭起来，她伤心的哭声感动了所有部族群众。备受感动的艺人就拿出"绰尔"，吹奏出了这首表达父女之情的《遗失腰带的姑娘》。从此以后，《遗失腰带的姑娘》这首曲子一直流传至今。

目前，会演奏"绰尔"的艺人仅有四五人，而且技艺差别很大，有的只能吹奏一两首曲目，有的甚至一首完整的曲目也吹奏不了。"绰尔"面临失传。

参考资料：

1. 马大正、成崇德主编：《卫拉特蒙古史纲》，新疆人民出版社 2006 年版。

2. 新疆维吾尔自治区文化厅编：《新疆非物质文化遗产代表作》，新疆人民出版社 2006 年版。

蒙古族长调民歌

项目名称：蒙古族长调民歌

项目类别：传统音乐

项目编号：Ⅱ－3

申报单位：新疆维吾尔自治区巴音郭楞蒙古自治州、和布克赛尔蒙古自治县

批准时间：2008 年（第一批国家级非物质文化遗产扩展项目）

简介：

蒙古族长调民歌，蒙古语称"乌日图道"，除了曲调悠长之意以外，还有历史久远之意，有时也被译为"长歌""长调歌"或"草原牧歌"等。长调民歌是最具代表性的蒙古族音乐文化，被称为"草原音乐的活化石"。据考证，蒙古族长调民歌在蒙古族形成时期就已经存在，距今约有上千年历史，它的产生与蒙古族的游牧生活传统密切相关。蒙古族长调民歌用蒙古语演唱，一般为上、下两句歌词，内容以歌唱草原风光、歌颂

爱情、赞美生命等为主。以字少腔长、曲调舒缓、节奏自由、音域宽广、气息悠长、装饰音多而细腻等为主要特点，尤其是演唱方式"诺古拉"①所形成的华彩唱法最具民族和地域特色。

新疆蒙古族无论是在亲友聚会、婚礼寿宴、岁时节日、集体劳作还是独自一人时，都会演唱各种长调民歌，尤其是在聚会、婚礼、节日等场合，对歌曲的演唱顺序和内容都有着较为严格的规定，不能随意变换，否则被视为不懂传统礼仪。新疆蒙古族长调内容丰富，主要有对历史人物的怀念、对长辈的尊敬和祝福、对故乡美景的赞叹、对幸福生活的向往、对美好爱情的歌颂、对友情亲情的赞颂等。歌词语言简练，内容深刻贴切，结构较为自由灵活。不同于内蒙古长调民歌的羽调式和押头韵，新疆蒙古族长调民歌以徵调为主，且以押尾韵为主②。主要曲目有歌颂故乡的《和布克赛尔》、献给母亲的《河边的花儿》、抒发手足之情的《吐尔孟郭勒的兔子》、赞美爱情的《扎呼松克日马》、表现草原女子离乡远嫁之情的《查干敖包》等。

和布克赛尔蒙古自治县的长调民歌丰富多彩，类型多样，可以分为以下几种：（1）唱给喇嘛或活佛的歌，如《在阔普钦高山上》；（2）唱给"诺颜"③的歌，如《蒙河的树》；（3）长辈唱给晚辈的歌，包括婚礼上唱给新人的歌《两匹亮鬃草黄马》，在节日、聚会、人生礼仪中唱给子女的歌《湖水》等；（4）晚辈唱给长辈的歌，主要是家庭聚会时演唱，以赞颂和思念为主要内容，如唱给母亲的《用松木做的枪托》、唱给父亲的《吊膘的黄白花骏马》、唱给舅舅的《乃仁戈壁的枣红马》等；（5）唱给同辈的歌，多见于婚礼或亲友聚会场合，唱给兄弟姐妹的《飞奔的枣红马》、唱给朋友的《七座山的达坂》等；（6）情歌，在长调民歌中所占比例较大，一般在婚礼仪式、亲友聚会等场合演唱，如《金黄色的骏马》；（7）其他，如给母驼做仪式的《洁白的小驼羔》，表达人们对幸福生活和美好品质赞美的《青色的海青》，作为仪式开端演唱的《宽阔的伏尔加河》《博格达赛尔山顶》等。每首长调民歌少则两节，多则八节，每节多

---

① 诺古拉：蒙古语音译，意为"波折音"，是蒙古族一种特殊的发音技巧，对形成蒙古长调的独特风格具有重要作用。在发声时，配合口腔与咽腔的复杂动作，发出类似颤音的抖动效果，一般抖动两三次。

② 续西发：《新疆世居民族》，新疆人民出版社2006年版，第132页。

③ 诺颜，蒙古语音译，意为贵族、官吏。

为四行，每行三到四字、六到八个音节。押韵方式分头韵、尾韵和腰韵三种，而且不同的押韵方式常常在一首民歌中交替使用。歌词多用比兴手法而少用直陈①。

　　总之，新疆蒙古族长调民歌是蒙古族人民生活中必不可少的组成部分，不仅较好地保留了蒙古族传统音乐文化，同时形成了自己较为独特的音乐风格。

参考资料：

1. 梁米娅：《新疆和布克赛尔蒙古族长调民歌的调查研究》，硕士学位论文，新疆师范大学，2008 年。

2. 《新疆非物质文化遗产集锦》编委会编：《新疆非物质文化遗产集锦》（第二卷），新疆美术摄影出版社、新疆电子音像出版社 2009 年版。

3. 王晓燕：《浅析新疆蒙古族长调民歌艺术特点及传承状况》，《大众文艺》2011 年第 11 期。

4. 吴怡霏：《浅谈新疆蒙古族长调歌曲的歌唱礼仪》，《大众文艺》2012 年第 10 期。

5. 吴磊：《浅谈新疆蒙古族民歌——长调与短调》，《大众文艺》2013 年第 5 期。

蒙古族呼麦

项目名称：蒙古族呼麦

项目类别：传统音乐

项目编号：Ⅱ-4

申报单位：新疆维吾尔自治区阿勒泰地区

批准时间：2008 年（第一批国家级非物质文化遗产扩展项目）

简介：

　　呼麦，又名"浩林·潮尔"，是一种古老而高超的蒙古族"喉音"歌唱艺术。在我国主要分布在内蒙古自治区的锡林郭勒、呼伦贝尔草原及呼和浩特市等地以及新疆维吾尔自治区阿勒泰地区。

　　呼麦最大的特点即在于其演唱技巧。演唱者依靠自身器官的协调配合，运用特殊的声音技巧，一个人同时发出低声部和高声部两个声部，形成多声部形态，且两个声部中间可达六个八度的音差。呼麦发音原

---

① 梁米娅：《新疆和布克赛尔蒙古族长调民歌的调查研究》，硕士学位论文，新疆师范大学，2008 年。

理特殊，有时声带振动，有时不振动而是用口腔内的气量产生共鸣。"演唱者运用闭气技巧，使得气息猛烈冲击声带，发出粗壮的气泡音，形成低音声部。在此基础上，巧妙调节口腔共鸣，强化和集中泛音，唱出透明清亮、带有金属声的高音声部，获得无比美妙的声音效果。"①

从音乐风格来看，蒙古族呼麦以短调音乐为主，但也能演唱一些简短的长调歌曲。由于受到特殊演唱技巧的限制，呼麦的曲目并不是特别丰富，现存的曲目根据内容大致可以分为三种类型：吟咏美丽的自然风光，如《阿尔泰山颂》《额布河流水》等；表现和模拟野生动物的形象，如《黑走熊》《布谷鸟》；赞美骏马和草原，如《四岁的海骝马》等②。

参考资料：

1. 乌兰杰：《蒙古族音乐史》，内蒙古人民出版社 1998 年版。

2.《国家级非物质文化遗产大观》编写组编著：《国家级非物质文化遗产大观》，北京工业大学出版社 2006 年版。

3. 吉尔印象编著：《璀璨中华：中国非物质文化遗产完全档案》（上），金城出版社 2009 年版。

蒙古族萨吾尔登

项目名称：蒙古族萨吾尔登

项目类别：传统舞蹈

项目编号：Ⅲ－94

申报单位：新疆维吾尔自治区和静县、新疆维吾尔自治区博湖县

批准时间：2008 年（第二批国家级非物质文化遗产）

简介：

萨吾尔登是新疆蒙古族最主要的民间舞蹈。它产生于蒙古族西迁之后，集舞乐于一体，其中融合了维吾尔、哈萨克等族的舞蹈语汇，在新疆蒙古族中非常流行。

萨吾尔登具有鲜明的特点。受到生活、居住环境及服饰穿戴习惯的影

---

① 吉尔印象编著：《璀璨中华：中国非物质文化遗产完全档案》（上），金城出版社 2009 年版，第 55 页。

② 乌兰杰：《蒙古族音乐史》，内蒙古人民出版社 1998 年版，第 173 页。

响，萨吾尔登下肢动作比较简单，舞蹈的走动幅度较小，脚步节奏缓慢，而上身及手臂、双肩的动作却丰富多彩，脚慢手快，棱角分明、刚健有力，极具表现力。表演萨吾尔登，要以新疆蒙古族特有的二弦弹拨乐器——托布秀尔为伴奏。在托布秀尔的伴奏下，舞者随着乐曲的不同节奏，不停地变换自己的舞姿，可以自由发挥。

萨吾尔登乐舞有不同的种类。通常认为萨吾尔登舞有 12 种曲目，相对应的就有 12 个同名的萨吾尔登舞。在这 12 种流行于民间的萨吾尔登舞中，"tekin bi" 舞是一种模仿动物的舞蹈。[①] 这种舞一般由两人、四人或六人表演，是早期舞蹈的一种主要形式。

萨吾尔登乐曲大多以马为主题，专门描绘马的形象。萨吾尔登表演者或者独自表演骏马漫步于草原之上，或者两人一起表演双马竞技。表演者高超的舞技让观众身临其境，表演进入高潮时，演奏托布秀尔的乐手更加投入，在快速弹奏中，还不时地模拟马的嘶鸣声，瞬间把观众的思绪引向广阔无垠的草原。这时，观众可以随着乐曲节奏的变化，自由进场即兴而舞，或者表现挤奶、擀毡的场景，或者模拟山羊顶角、雄鹰展翅的姿态。

萨吾尔登有阿吉姆萨吾尔登、阿恰萨吾尔登、沙力戈台克萨吾尔登这样几种类型。

阿吉姆萨吾尔登：广泛流传于博尔塔拉蒙古自治州的博乐市、精河县，温泉县以及巴音郭楞蒙古自治州的和静县、焉耆县、和硕县、博湖县等地。这种舞蹈具有很强的随意性，因此普及率非常高，新疆的蒙古族男女老少几乎人人会跳。

阿恰萨吾尔登：这是一种男子双人舞，主要流传于博尔塔拉蒙古自治州的博乐市、精河市、温泉县等地。这种舞蹈通过两位舞者的动作来模拟蒙古族牧民用马、牛驮运物资的形象，因此表演者大多为身强力壮的中青年男子。该舞表演者大多是在众人推举或起哄下出场的，也有自告奋勇上场的表演者。舞蹈表演开始时，舞者的舞蹈动作中往往含有友好的挑衅成分，两人你进我退，你退我进，比谁强壮。忽然间，一位舞者跳到另一位舞者身上，用双腿夹住对方的腰部，而被夹腰的一方也毫不示弱，观众在一旁加油助威，舞蹈常常在一片欢呼声与掌声中结束。

---

① 马大正、成崇德主编：《卫拉特蒙古史纲》，新疆人民出版社 2006 年版，第 658 页。

沙力戈台克萨吾尔登：有些地方也叫欧力戈台克萨吾尔登。这种舞蹈流传于新疆蒙古族聚居的巴音郭楞蒙古自治州及博尔塔拉蒙古自治州等地，是一种很风趣的舞蹈。这种舞蹈主要是模仿一种传说中的小动物。据说，有一位猎人在打猎时，看到了几只他从来没有见过的小动物，它们跟猫一般大，头上有两个小角。小动物不停地跳跃，一会儿四只脚一起跳起，一会儿抬起前面的两只脚，只用后面两只脚跳跃，跳得非常轻快。猎人对此很好奇，不由自主地在一旁模仿这种动物的动作跳了起来。后来，他又给同伴们模仿这几只奇特的小动物的动作，边说边跳，大家觉得很新奇，也都跟着学跳，从此以后，这个舞蹈就流传了下来。

参考资料：

1. 加·奥其尔巴特、李行力：《蒙古族》，新疆美术摄影出版社 1996 年版。
2. 余太山、陈高华、谢方主编：《新疆各族历史文化词典》，中华书局 1996 年版。
3. 续西发：《新疆世居民族》，新疆人民出版社 2006 年版。
4. 马大正、成崇德主编：《卫拉特蒙古史纲》，新疆人民出版社 2006 年版。

蒙古族刺绣

项目名称：蒙古族刺绣

项目类别：传统美术

项目编号：Ⅶ－81

申报单位：新疆维吾尔自治区博湖县

批准时间：2008 年（第二批国家级非物质文化遗产）

简介：

蒙古族刺绣是蒙古族人民在长期生产和生活中逐渐形成的一种传统民间手工技艺，拥有自身独特的艺术风格，是蒙古族传统民间美术中的杰出代表。

刺绣，蒙古语称之为“哈塔戈玛拉”或“敖由达力敖由呼”，是蒙古族妇女必备的技能和看家本领。在古代，无论是出身贵族还是平民，蒙古族女子从十岁左右开始，就要在母亲的教导下学习刺绣技艺，从最简单的荷包、袜底开始学起，到十五六岁时开始学习绣制绣花鞋、马海靴，裁剪蒙古袍和各种衣服，学习各种服饰和用品的刺绣方法。到了十七八岁时，蒙古族女子要开始为自己准备嫁妆，在出嫁前要为婆家的每位成员做一双“斯布登高吐拉”（即绣花靴子），还要为新郎精心绣制靴子、荷包等礼物。此后，刺绣将伴随蒙古族女性的一生。

　　蒙古族刺绣的方法大致可以分为绣花、贴花和缂花三大类。绣花，蒙古语称"花拉敖由呼"，一般是在黑色或者青色的绸缎、棉布或者绒布上绣各种花卉图案，色彩明快，讲究浓淡过渡自然。绣制时很少使用绷架。贴花，蒙古语称"那戈玛拉"或"海其木勒敖由呼"，先将各式布料剪成需要的花样，贴在布底或者毡底上，然后通过缝缀、锁边的方法将花样缝制在布底或毡底上。缂花，蒙古语称"套古其呼"，一般用在男靴、鞍鞯等不需要艳丽花纹的物品上，是用大小相等的点均匀地缝成各种花卉或几何图案，既朴素、庄重，又美观耐用。此外，在刺绣中常常不限于使用一种刺绣方法，而是将上述两种或三种方法相结合，以期达到最佳的刺绣效果。

　　根据史料的记载，蒙古族在元代以前就十分注重刺绣艺术在生活中的应用。在随后的历史发展中，刺绣艺术广泛运用于蒙古族衣、食、住、行各个方面。蒙古族所穿的长袍、鞋靴、毡袜，所戴的耳套、帽子，所系的腰带、荷包、碗袋，所用的枕头、帘子、鞍鞯、蒙古包、毡毯，无不绣有精美的图案。这些图案或者是对自然物的形象刻画，如动物图案马、鹿、蝴蝶、金鱼、蝙蝠、鸟等；植物图案牡丹、梅花、桃花、杏花等或者是高度抽象的几何图形，如寓意部族繁衍的卷草纹、盘肠纹、云纹，代表五畜兴旺的犄纹，代表四季轮替的回纹，祝福健康长寿、百年好合、富贵吉祥的万寿纹、龙凤纹和如意纹等。图案色彩绚丽夺目，配色自由，同时又显得生动自然，凝重质朴，具有极强的装饰效果。

　　总之，蒙古族刺绣凝聚着蒙古族妇女的聪明才智和审美情趣，是装饰和实用完美结合的典范。新疆蒙古族也非常珍视民族传统刺绣技艺，刺绣装饰的运用也非常普遍。

参考资料：

1. 邢莉：《游牧文化》，北京燕山出版社1995年版。

2. 阿木尔巴图编著：《蒙古族美术研究》，辽宁民族出版社1997年版。

3. 《新疆非物质文化遗产集锦》编委会编：《新疆非物质文化遗产集锦》（第三卷），新疆美术摄影出版社、新疆电子音像出版社2009年版。

蒙古族服饰

项目名称：蒙古族服饰

项目类别：民俗

项目编号：X – 108

申报单位：新疆维吾尔自治区博湖县、内蒙古自治区、甘肃省肃北蒙古族自治县

批准时间：2008 年（第二批国家级非物质文化遗产）

简介：

蒙古族的传统服饰主要有帽子、蒙古袍和蒙古靴三大类。除了这三大类之外，蒙古族的腰带、腰饰以及头饰等，也极具民族特色。

帽子

新疆蒙古族传统的帽子，由于其形状似鹰，被称为"鹰帽"。鹰帽多用羔皮、狐皮或毡呢、绸缎、布制作而成。鹰帽有两种形状，一种为圆形，帽檐卷起，帽筒前高后低，帽顶中央凹陷，帽筒与帽檐相接的地方，缀有花边。这种圆形的鹰帽一般在冬季戴，故而又称为"暖帽"，以棕色或深灰色为主。另一种为锥形，帽檐宽而平，以白毡为里子，用红布作顶，顶缀红缨，外面用皮装饰。蒙古帽在形状上没有季节差别，但冬天和夏天，帽子的薄厚是不同的。

蒙古袍

蒙古族的传统服装为长袍，又被人们称为"蒙古袍"。长袍按照季节的不同，可以分为单袍、夹袍、棉袍和皮袍。内蒙古的蒙古人称单袍为"特尔利克"，新疆的蒙古族则将单袍叫做"拉布锡克"，将皮袍叫做"得不勒"。蒙古袍最初以皮、棉布制作而成，后来改用织锦、丝绸制作。蒙古袍的基本样式是，长而宽大，右开襟，高领长袖，袖长而窄，宽下摆。在长袍的领口、袖口和衣襟处，一般镶有红、黄、深蓝等颜色的布料花边。蒙古袍男女均穿，男袍多为蓝色、棕色、灰色，女袍则以红色、绿色、紫色为主。蒙古袍适合牧区生活，骑马放牧时，能起到护膝、防风的作用。有些人在白天把蒙古袍当衣服穿，在夜晚当被子盖。

蒙古靴

蒙古靴可以分为毡靴、布靴和皮靴三种。毡靴用羊毛或牛毛制作而

成。布靴一般以高级布料或大绒为材料，并用金丝线在靴头和靴面绣满蒙古族纹样图案。皮靴通常用牛皮做成，有长靴和短靴之分。有些牧民还穿用马或骆驼皮自己制作而成的靴子，叫"恰日格"，其四周穿上牛筋作为系带，具有轻快耐磨的特点。牧民放牧或爬山时，一般都穿上恰日格。在蒙古族的传统靴子中，还有一种"不里阿耳靴"，这种靴子用马皮、狼皮或是鱼皮来制作，并且在靴面上用贴花的方法缝缀上新疆蒙古族特有的盘肠式花纹图案。蒙古靴的靴体较为宽大，能够在靴内套裹腿毡、棉袜、毡袜等，具有护腿、防露等作用。

腰带

蒙古族有系腰带的习俗。腰带通常用3—5米长的整幅布或绸料做成。腰带对于牧人来说很重要，既能保暖，又便于在马上活动，而且非常漂亮。男子扎腰带，多把袍襟向上提，束得较短，以便乘骑。男子习惯在腰带右边佩挂蒙古刀，左边佩挂烟荷包。烟荷包是很漂亮的装饰品，通常缀有八条或六条飘带，锁口绳索用丝线编制而成，一端常用很贵重的玛瑙、翡翠饰物。女子会把腰带扎得很紧，并把袍襟向下拉，以衬托出身体曲线。腰带是未婚女子的主要装饰物，而已婚女子不再束腰带。新疆蒙古族将男子称为"布斯台浑"，意思是"扎腰带的人"，将已婚妇女称为"布斯贵浑"，意思是"不扎腰带的人"。

哈布特塔

"哈布特塔"是蒙古族妇女的传统腰饰，用两片浆过的硬布垫上棉花，裹上绸缎，缝成一个口袋样的小夹子。哈布特塔宽为二寸，长为三寸，有月牙、金鱼、花瓶、树叶、桃子、蝴蝶或是椭圆、三角等多种形状，表面绣有花纹图案或花草鸟兽。哈布特塔不仅可以用作装饰物，还可以用来放置香料和佛教仙丹。哈布特塔体现了姑娘的心灵手巧，是友情和爱情的信物，常常用来赠送恋人。

袱头

袱头是蒙古族传统头饰，在元代就已经出现，一直沿用至今。蒙古族妇女尤其喜欢包袱头。袱头的包法是：将一条三四尺长的绸子或是布，在头上由后向前缠几圈，最后头巾两头垂下，左右各一，因此又称为垂巾袱头。袱头的绸子，男子多用褐色，女子一般用粉红、浅绿和天蓝色。

长辫

蒙古族女子喜欢留发辫，有时会梳多达几十根的辫子。蒙古族未婚女子与已婚女子的发式不同。未婚女子经常把头发从头顶中间分开，扎成两个发辫，发辫上戴有两个大圆珠，发梢自然下垂，用玛瑙、珊瑚、碧玉等装饰；已婚妇女梳双辫，垂于双耳，并将绢、丝做成长穗与金圈、银圈、铜片、碧玉坠于发辫。节庆时，蒙古族女性会在前额缀上串串珍珠，两鬓挂较大的珍珠或珊瑚等结成的串串长穗，垂于耳畔。

花簪

花簪是蒙古族妇女的传统头饰，一般用骨或金属、宝石精工细琢而成。花簪有多种款式，有的用金银丝线串连各色珍珠、珊瑚而成凤凰和各种飞禽，有的用玛瑙、珊瑚、松石雕琢而成甲虫，还有用金、银、翡翠、玉石制成各种圆、方、三角形的花簪。蒙古族女子到 15 岁时就要佩戴花簪，以表示成年，可以婚嫁。

自进入现代以来，除少数居住在高山牧区的老人仍保持原来的服饰外，年轻人及农区、城镇的蒙古人则大大改变了他们的着衣习惯。当代蒙古人的服饰多种多样，有中山装、西服、夹克衫、牛仔装等。蒙古袍已成为节庆时的礼服和舞台服装。①

参考资料：

1. 加·奥其尔巴特、李行力：《蒙古族》，新疆美术摄影出版社 1996 年版。

2. 张秀华编著：《蒙古族生活掠影》，沈阳出版社 2001 年版。

3. 武立德主编：《新疆博尔塔拉蒙古族发展简史》，民族出版社 2003 年版。

4. 张国杰、程适良主编：《中国民俗大系·新疆民俗》，甘肃人民出版社 2004 年版。

塔吉克族

塔吉克族鹰舞

项目名称：塔吉克族鹰舞

项目类别：民间舞蹈

项目编号：Ⅲ－41

申报单位：新疆维吾尔自治区塔什库尔干塔吉克自治县

批准时间：2006 年（第一批国家级非物质文化遗产）

---

① 武立德主编：《新疆博尔塔拉蒙古族发展简史》，民族出版社 2003 年版，第 133—134 页。

简介：

塔吉克族聚居于帕米尔高原的塔什库尔干塔吉克自治县。这里海拔较高，在高山峡谷中间，塔吉克人经常可以看到雄鹰展翅高翔的雄姿。塔吉克人把鹰当做塔吉克族的图腾崇拜，更将鹰视为爱情和善良的化身。鹰文化在塔吉克人中源远流长、薪火相传，它已经成为这个民族的灵魂所在、力量之源。塔吉克人自称为鹰的传人，自觉地把鹰文化融入到本民族歌舞中，由此创造了独具民族特色的文化奇葩——鹰笛和鹰舞。

鹰舞是塔吉克族民间传统舞蹈。舞蹈中模仿高原雄鹰的各种动作，将之组合成为舞蹈的基本舞步，用以表现各种题材。鹰舞中较为著名的作品有《挤奶姑娘》《爱劳动的小伙子》等。

关于鹰舞的起源，有多种传说。其中广为流传的一种说法是，古时候塔吉克族奴隶被奴隶主欺压，没有人身自由，他们向往自由，企盼自己能像雄鹰一样，在空中自由翱翔。传说在帕米尔高原上，有一对恋人阿发与古丽碧塔。他们相恋的事情，被奴隶主知道了，出于嫉妒，他想方设法拆散阿发和古丽碧塔这对恋人。他把阿发派到高山牧场去放羊，并且派人监视阿发，不允许他下山；同时，他又安排古丽碧塔去磨面粉，永远不准她离开磨房。在磨房中，古丽碧塔可以听见阿发吹奏的鹰笛，却无法见到她日思夜想的阿发。日子就这样一天一天地过着，日复一日，年复一年，总是见不到阿发回来。有一天，古丽碧塔看到了在天空自由翱翔的雄鹰，她想，要是自己能变成雄鹰那该多好啊！于是，她伸展双臂，高高举起，伴随着阿发吹奏的鹰笛声，模仿雄鹰飞翔、腾空、俯冲的各种动作，跳啊，跳啊，她越跳越高兴……据说有一天，古丽碧塔的双手，突然变成了两只巨大的鹰翅膀。于是，她一跺脚、一弓腿，两个翅膀一摆动，就向蓝天飞去，她循着鹰笛声，终于见到了阿发。从此，他们一个吹着鹰笛，一个跳着鹰舞，自由自在，过上了幸福的生活。自从阿发和古丽碧塔团聚之后，塔吉克族无论男女老少，都以鹰为榜样，开始学习雄鹰，跳起了鹰舞。

塔吉克族的鹰舞是在鹰笛、手鼓等的伴奏下，模仿鹰的飞翔而翩翩起舞，矫健而富于变化。鹰舞的舞步与鹰笛的曲调是一致的，主要形式有"恰甫苏孜""买力斯""拉泼依"等。"恰甫苏孜"在塔吉克语中的意思是"快速、熟练"，它既指节奏，又是即兴表演并带有竞技性的舞蹈形式，代表了塔吉克族舞蹈特有的风格。

鹰舞的基本动作是双手上下摆动、反背手，步法是脚后跟着地、上屈抬腿、跺碎步等。跳鹰舞时腰微弯，右臂朝前伸，手指微朝上，左臂弯曲朝后，位于腰部，手指伸开。脚步随着笛声和鼓点旋转 360 度，这个时候，收回右臂放在背后，伸出左臂朝前。有时两臂平行，有时两臂一上一下，就像是雄鹰的翅膀，脚步随着笛声和鼓点可以旋转 180 度和 360 度，也可朝着前面或左右前进。无论在旋转或是在前进时，肩膀都要随着曲调的节奏不停地一上一下地抖动。在一般情况下，鹰舞表演以双人对舞为主，形式活泼，舞者可自由进退，也可以两三组同舞，或者是男女同舞。

鹰舞是塔吉克族的民间传统自娱性舞蹈，通常是即兴表演，场地不受任何限制。无论是在田间地头，还是在庭院室内，只要人们兴致所至都可起舞。在节日里或者是欢庆场合，只要是鹰笛和手鼓声一响起，塔吉克族男男女女都会翩翩起舞。

参考资料：

1. 吕静涛：《塔吉克族风情录》，四川民族出版社 1998 年版。

2. 张国杰、程适良主编：《中国民俗大系·新疆民俗》，甘肃人民出版社 2004 年版。

3. 郭晓东、王俊编著：《中国新疆民俗故事》，新疆美术摄影出版社、新疆电子音像出版社 2008 年版。

4. 张新泰主编：《中国新疆民俗大观》，克孜勒苏柯尔克孜文出版社、新疆电子音像出版社 2008 年版。

5. 甘肃省古籍文献整理编译中心主编：《中国民俗知识·新疆民俗》，甘肃人民出版社 2008 年版。

塔吉克族民歌

项目名称：塔吉克族民歌

项目类别：传统音乐

项目编号：Ⅱ-149

申报单位：新疆维吾尔自治区塔什库尔干塔吉克自治县

批准时间：2011 年（第三批国家级非物质文化遗产）

简介：

塔吉克族民歌内容丰富多彩，语言优美形象，形式自由，多采用反复吟唱的艺术手法。在塔吉克族的民间歌谣中，雄鹰是经常出现的形象，鹰成了民间歌谣中高扬的主旋律。这在塔吉克族著名的《白鹰》《雄鹰》《龙吉格之歌》等优秀民歌中，可以略见一斑。塔吉克族的民间情歌和叙述歌曲一般用热布朴伴奏，表演形式通常是一人自弹自唱，或者是三四人用一领众和的形式演唱。伴奏乐器除了热布朴之外，还有鹰笛、手鼓等。塔吉克族民歌根据内容和节拍的不同，可以分为"拜依特""麦依丽斯""法拉克"和"塔勒肯"四种。

拜依特，广义为"歌曲"，狭义指一般的"民谣"。拜依特常用节拍为7/8、4/4及散板等。这类民歌数量较多，这其中又以情歌为最多，还有不少内容是歌颂祖国、歌颂家乡的。《古丽塔扎》是塔吉克情歌中最为流行的，在汉文中被称为《鲜花般的情人》。这是一首追求爱情的歌：

> 鲜花啊，为了你，
> 我神魂飘散，
> 你芬芳的秀发将我缠绕，
> 你锋利的钢刀刺中了我的心田，
> 你熊熊的情火烧得我像焦土一般，
> 将我推进火海，
> 你真是铁石心肝！①

1963年，《冰山上的来客》这部影片，让其中的插曲《花儿为什么这样红》红遍大江南北。这首歌就是以塔吉克族民间歌曲《古力碧塔》为素材而创作成的。民歌《古力碧塔》讲述了这样一个故事：有一位为商人赶脚的塔吉克青年，爱上了喀布尔城的一位公主，但遭到了反对。于是，这位青年只能顺着古丝绸之路流浪，把优美凄凉的歌声传遍了所有他经过的地方，最后传回到帕米尔高原他的故乡。

塔吉克族民间著名的拜依特有《青冈古力》《红玫瑰》《古力碧塔》《白鸽》《我想到你家做客》《含苞待放的沙枣花》《红头巾》等。

麦依丽斯，就是"叙事歌曲"。这类民歌的歌词大多是歌颂民族英雄

---

① 李晓霞：《塔吉克族》，新疆美术摄影出版社1996年版，第75页。

的叙事长诗，曲调多运用5/8的节拍。塔吉克族民间著名的麦依丽斯，广为流传的有《白鹰》《雄鹰》和《公主堡的传说》等。

《雄鹰》这首民歌，是歌颂塔吉克族著名的民族英雄库尔察克的。库尔察克年幼时被浩罕侵略者掳去，在布哈拉当奴隶。21年后他从布哈拉逃回家乡。从此，库尔察克代替了他依达亚提的真实名字。塔吉克语中的"库尔察克"译成汉语就是小奴隶的意思。1830年，清政府任命库尔察克为三品阿奇木伯克，统辖帕米尔。1836年秋天，库尔察克率兵抵抗浩罕侵略军时，血战七天七夜，最终因寡不敌众，不幸以身殉国，时年49岁。库尔察克壮烈殉职后，塔吉克族人民非常怀念他。在塔什库尔光复后，塔吉克族人民饱含泪水，重新隆重地给库尔察克举行了葬礼。在举行葬礼那天，不少塔吉克群众在他的墓地、在街头、在慕士塔格冰山前自编自唱《雄鹰》歌谣：

　　　　雄鹰珍贵无双，
　　　　世上纵多谁能比得上；
　　　　我为你啊心儿绞痛，
　　　　雄鹰，你是母亲的骄郎。
　　　　……
　　　　雄鹰黄莺本是一双，
　　　　唯有雄鹰情深意长；
　　　　黑眼睛蕴藏着多少秘密，
　　　　它吐露出无穷的力量！①

此外，在麦依丽斯中还有反映19世纪末塔吉克族人抗击外来侵略者的《保卫父母，捍卫家乡》，以及揭露黑暗封建制度的《还有什么属于我》《不像法官，倒像强盗》等民歌。

法拉克是"悲歌"的意思。法拉克的内容大多是抒发离别之情和怀念逝去的亲人的。歌唱者在山冈之上，独自吟唱。法拉克的曲调低沉，节拍常用散板。

塔勒肯意为"葬歌"。演唱塔勒肯的场合，一般是亲人逝世后在送葬

---

① 吕静涛：《塔吉克族风情录》，四川民族出版社1998年版，第187页。

途中。演唱塔勒肯的时候，通常伴有舞蹈。

除了"拜依特""麦依丽斯""法拉克"和"塔勒肯"这四类民歌之外，还有劳动歌谣、风俗歌谣、宗教仪式歌谣等。劳动歌谣是塔吉克族民歌中最为古老的一种，反映了塔吉克人民的生产活动情况，如《打场歌》《挤奶歌》《牧人之歌》等。风俗歌谣反映了塔吉克人民的生活习惯以及道德规范，如妇女演唱的摇篮曲《多米克·多姆》，阐述待客之道的《我要宴请我的朋友》，在结婚时为新郎演唱的《祝你成为国王》等等。

参考资料：

1. 李晓霞：《塔吉克族》，新疆美术摄影出版社 1996 年版。

2. 吕静涛：《塔吉克族风情录》，四川民族出版社 1998 年版。

3. 张国杰、程适良主编：《中国民俗大系·新疆民俗》，甘肃人民出版社 2004 年版。

4. 张新泰主编：《中国新疆民俗大观》，克孜勒苏柯尔克孜文出版社、新疆电子音像出版社 2008 年版。

马球（塔吉克族马球）

项目名称：马球（塔吉克族马球）

项目类别：传统体育、游艺与杂技

项目编号：Ⅵ–37

申报单位：新疆维吾尔自治区塔什库尔干塔吉克自治县

批准时间：2008 年（第二批国家级非物质文化遗产）

简介：

塔吉克族马球是塔吉克族的传统体育运动项目，也是塔吉克族马背运动中的一类。塔吉克族马球运动，是从各种类型的马背运动中发展起来的，也可以说是塔吉克人在长期叼羊运动的发展过程中，逐步形成、不断完善和普及的。塔吉克马球深受塔吉克族群众的喜爱。

马球，在塔吉克语中叫做"高保孜"，也有人称它为"乔干"。马球是木质的，用当地的一种被称作"托和"的灌木树根做成。马球呈圆形，直径长 17—18 厘米。这种用木头做成的马球比较结实，一般不会被打坏。还有一种马球是用毡子缝制而成的，里面要放碎毡片、碎布，中间要放一些干羊粪蛋，这样球会有弹性。这种球的直径在 20 厘米左右，比木质球稍微大些。球棍也有两种，一般长 1 米左右，直径约

10 厘米。一种球棍上端呈圆形，下端是扇形，手握的地方比较细。另一种马球木杆呈扁形，下端突出的部分呈"J"字型，手握的地方圆滑，也比较细。

进行马球比赛时，双方的马球运动员是没有专门服装的，而是通过头上所系头巾的颜色来区别，一方系红色头巾，而另一方则系白色头巾。双方上场的运动员人数不作统一规定，通常情况下是每队 6—12 人，每一个队都代表一个家族或是一个部落进行比赛。参加人数多的时候，有四个裁判，两个主裁判，两个副裁判；参加人数少时，两个裁判，一主一副。裁判身上挂有布条，作为标记，他们骑着马在场上流动裁决。马球比赛场地长 180 米，宽 90 米，中间有一条直线，用来区分两个阵营。比赛时间每场半个小时，分上下两场进行。比赛双方进球的地方不设网，而是有一个直约 50 厘米，深为 50 厘米的小坑，把球打进对方的坑里即为胜利。双方都有一名持棍守门员。在比赛过程中，也有一些比赛规则，如不准用球棍打马、打人或是拽人，三次犯规可以罚下场，比赛途中可以换人等。

关于塔吉克族马球的起源，有多种说法。有人认为马球是在唐代由波斯（今伊朗）经阿拉伯传至吐蕃（今西藏）尔后流行于中原地区，而塔什库尔干是必经之路。也有人认为，马球是古代中国人自己创造的。关于马球的起源，至今没有定论。但根据历史传说来看，马球这项体育活动在塔吉克人信仰伊斯兰教之前就已经有了。据说，伊斯兰教哈瓦利吉教派的人杀了阿里的两个儿子，并且把他俩的脑袋当作马球打着玩。从此以后，伊斯玛仪教派就再也不允许打马球了。出于这种原因，马球在信奉伊斯玛仪教派的塔吉克族人中，并不十分普遍。

过去，马球是贵族运动，如"阿英拜衣格"（首领、头目、贵族）之类的人，普通群众是玩不起的。根据历史资料记载，1897 年英国在塔什库尔干地区驻有领事馆。当时英国领事馆的人员，还经常与当地塔吉克族牧民进行马球比赛。在塔什库尔干县石头城遗址的东面，至今还保留着历史上的马球场。

虽然马球是塔吉克人传统的体育项目，但是见过或是参加过马球运动的塔吉克人并不多。有一些老人听说过或见过马球运动，但年轻人只是听过而从来没有见过。1974 年，塔什库尔干塔吉克自治县为了庆祝建县 20 周年，县里组织成立了塔吉克族马球队。塔吉克族马球队成立后，经常举行马球比赛。但之后由于各种原因，该地区很长时间没有开展塔吉克族马球赛事。到 2004 年，塔吉克马球运动得到恢复，每年塔吉克族的"肖贡巴哈尔节"来临之际，各乡镇都会举行塔吉克族马球比赛。

马球作为塔吉克族传统的体育项目，一度濒危。但在各方努力下，停滞了近半个世纪的塔吉克族马球运动又得以恢复，并且不断完善。一些乡还成立了马球队，塔吉克族小伙子骑着骏马，手持马球棍，经常开展马球比赛。现在，游客到塔什库尔干旅游时，常常可以看到这种马球表演。

参考资料：

1. 李晓霞：《塔吉克族》，新疆美术摄影出版社 1996 年版。

2. 甘肃省古籍文献整理编译中心主编：《中国民俗知识·新疆民俗》，甘肃人民出版社 2008 年版。

3. 楼望皓：《帕米尔高原上的马球遗踪》，《新疆人文地理》2012 年第 11 期。

塔吉克族引水节和播种节

项目名称：塔吉克族引水节和播种节

项目类别：民俗

项目编号：X－28

申报单位：新疆维吾尔自治区塔什库尔干塔吉克自治县

批准时间：2006 年（第一批国家级非物质文化遗产）

简介：

引水节和播种节是塔吉克族的传统民族节日。在塔吉克语中，引水节和播种节分别被称为"祖吾尔节"和"铁合木祖瓦斯节"，这两个节日都是农事节日。

引水节

塔吉克族的引水节，就是在春季来临的时候，全村人砸开冰块，引水入渠，灌溉耕地。塔吉克人将为此而欢庆的节日称作引水节。引水节反映了塔吉克人对帕米尔高原自然环境的适应。塔吉克族人生活在塔什库尔干地区，这里气候寒冷，居民稀少。一到冬季，山水就会结成冰。因此，为了能够顺利地开展农事生产，春天来临时，塔吉克人就要把冰块砸开，将水引入渠中，开耕播种。引水开耕是一项浩大的工程，仅凭一家之力是不够的，所以全村人必须一起出动。

引水节一般在塔吉克族春月进行，即公历3月22日至4月22日之间。每当春季来临之际，塔吉克人就在水渠的主要渠道的冰面上撒土，以加快冰融化的速度，并准备好各种工具。在引水节这一天，每家都要烤制三个节日馕，一个留在家里，两个带往引水工地。全村人在穆拉甫（水官）的带领下，骑着马到水渠的源头，参加破冰引水和整修渠道的劳动。当劳动完毕，成功地把水引入渠中之后，人们就聚在一起，共同享用带来的烤馕。孩子们就在水渠边互相撩水嬉闹。吃完东西之后，大家一起祈祷，祈求风调雨顺、庄稼丰收。最后，大家骑着马隆重地庆祝引水节，并举行叼羊、赛马等欢庆活动。这个时候，全村一片欢腾。在引水节这一天，帕米尔高原上的塔吉克族牧民纷纷打开紧闭了整整一个寒冬的天窗，让阳光照射到屋子里面。引水节过后，塔吉克人便开始耕种。

播种节

塔吉克人每年春天，在开始耕种前，都要过"播种节"。播种节紧接着引水节，是引水节的第二天，也是正式播种的第一天。

在播种节之前，每家每户都要烤制一些各式各样的馕，还要用碾碎的青稞加上一些干奶酪，熬煮成称为"代力亚尔"的稀粥，作为节日食物供家人食用。播种节那天，太阳一出山，家家户户的男人和女人都会不约而同地相互登门拜节，相互问候，并且品尝各家的面食、奶酪和干果等。当前来拜节的人出门离开时，妇女们提着水壶，跟在他们后面，洒水相送，以此祈求丰收。之后，各家都会牵上自家的马牛，到田间相聚，举行"哈莫孜瓦斯特"仪式。全村人在田野中聚集，都把耕畜和工具带到田间地头，庆祝春播开始。在田头，女人们用面粉做出各式各样的耕牛、犁耙等面团饲喂马牛。男人们则象征性地套马耕地播种，并从带来的口袋中掏出种子，邀请富有农作经验的老人向田里撒种。塔吉克人相信，这种人撒种，可以获得丰收，所以大家请他撒下第一粒种子，以求吉利。撒种时，都要在田间地头堆上几堆柴草，然后点燃熊熊烟火，滚滚狼烟可以用来驱邪。据塔吉克老人说，播种时燃放烟火，是琐罗亚斯德教的遗风。一人撒种时，其他人都将衣服撩起，让种子落到自己怀中，这些种子要带回家去。然后请一位有福气的老婆婆坐在田地中间，一个人象征性地围绕着她转圈，并且翻挖土地。接着，人们开始相互分发口袋里剩下的种子，并开渠把水引入农田。在播种节的第二天，大面积的春播就开始了。

参考资料：

1. 李晓霞：《塔吉克族》，新疆美术摄影出版社1996年版。

2. 吕静涛：《塔吉克族风情录》，四川民族出版社1998年版。

3. 甘肃省古籍文献整理编译中心主编：《中国民俗知识·新疆民俗》，甘肃人民出版社2008年版。

4. 张新泰主编：《中国新疆民俗大观》，克孜勒苏柯尔克孜文出版社、新疆电子音像出版社2008年版。

5. 郭晓东、王俊编著：《中国新疆民俗故事》，新疆美术摄影出版社、新疆电子音像出版社2008年版。

塔吉克族婚俗

项目名称： 塔吉克族婚俗

项目类别： 民俗

项目编号： X – 100

申报单位： 新疆维吾尔自治区塔什库尔干塔吉克自治县

批准时间： 2008年（第二批国家级非物质文化遗产）

简介：

塔吉克族实行一夫一妻制，按照塔吉克族的传统习俗，禁止女性嫁给别的民族，但是男性可以娶其他民族的妇女为妻。塔吉克人一旦结婚，就不能离婚。如果有人休妻或者离开丈夫，就会成为族人的耻辱。塔吉克族婚俗具有非常浓厚的民族特色，大多按照传统礼节进行。塔吉克人结婚大致要经过择偶、提亲、定亲、结婚这一系列过程和仪式。

择偶

虽然在过去，塔吉克族盛行包办婚姻，但是青年男女在日常生活中，经过彼此交往，常常会产生爱慕之情。塔吉克族青年男女表达爱慕之情的方式有：荷包传情、叼羊传情、舞场示情等。

荷包传情：当小伙子向姑娘求爱时，姑娘一般不作明确回答。如果姑娘也喜欢这位小伙子，她会悄悄地将自己精心绣制并装有一根烧焦的火柴杆的荷包送到小伙子手中。这寓意着，你是我的意中人，爱人已把我的心烧焦。小伙子收到心上人的荷包后，会立即将一粒杏仁装进用红线缝合的小黄布包，送给姑娘。意思是：我将整颗心都给了你。

叼羊传情：叼羊传情是一种公开的表白。在叼羊场上，获得胜利的小伙子会骑着马，在众人的掌声与欢呼声中，绕场一周，然后将自己的胜利品——羔羊，丢到自己的心上人面前。如果姑娘接受了小伙子的心意，她会请身边年长的妇女，把自己的绣花手帕拴到小伙子的马头上。

舞场示情：在喜庆场合，塔吉克人常常载歌载舞。小伙子们在笛声的伴奏下，迈开舞步，向围观的姑娘们展现自己的高超舞技。如果姑娘对某位小伙子有意思，会将自己的红头巾搭在小伙子左肩，以此表示爱慕之情。

提亲

在过去，父母先为儿子选定儿媳妇，然后征得儿子同意后就准备提亲。现在，大多数是年轻人相恋后，请父母出面去提亲。塔吉克人提亲时，由男女双方有威望的人商定有关事宜。男方家长请若干名男性长者和一位年长的已婚妇女，带着礼物到女方家里求婚。带的礼物除了衣物、首饰外，还必须有一只羊。女方也会请几位男女长者在自己家迎候、接待男方的人。提亲时，未来的新娘需要回避。

男方的人一进女方家门，就会有一位德高望重的老人作为代表，表达结亲的愿望。提亲的说词由男方"代表团"中一位年长有威望者作为代表，首先表达结亲的愿望，提亲的说词是约定俗成的，大意是："塔什库尔干的乡亲们说，你们家的某某姑娘是帕米尔高原上最艳丽的红玫瑰，我们想请她到我们家里烤馕做饭，照顾老人。我们的儿子某某是马群里的最矫健的马，他希望能到你们家来，给你们劈柴、磨面。"提亲的人并说："前来提亲不为罪过，未商议好就走才是罪过。"① 女方代表们在商议之后决定是不是同意这门婚事。如果女方接受了求婚，男方代表就会吻女方代表的手，表示感谢。

定亲

在塔吉克族的婚俗中，当女方答应男方的提亲之后，男方来的年长妇女要进入姑娘房间，给姑娘戴上带来的耳坠、戒指、红头巾。然后，男女

---

① 张新泰主编：《中国新疆民俗大观》，克孜勒苏柯尔克孜文出版社、新疆电子音像出版社2008年版，第125页。

双方商定聘礼的具体数目和结婚日期。聘礼一般由7—8只绵羊，一头牦牛或黄羊，10—12件衣料组成，有的还会送一些首饰。粮食、油、柴等物品以及现金不能作为聘礼。结婚日期依男方准备彩礼时间的长短而定，一般在三个月到一年之间。一切商定完毕，为了表示祝贺，女方将男方带来的羊宰杀后招待客人。提亲和定亲仪式是在众人面前公开进行的，不能有任何隐瞒。

婚礼

塔吉克人很注重婚礼，因此婚礼仪式非常隆重，在婚礼前夕要进行细致、周全的准备。在婚礼前两天，男女双方就会邀请村中在一年之内有丧事的人家到家里做客，热情款待他们。然后将手鼓放到他们面前，请他们为新人祝福。如果他们敲响手鼓，就表示同意开始进行婚礼前的娱乐活动。因为在塔吉克人的习俗中，在没有死者家属的许可之下，村中其他人家是不能举行婚礼和其他庆祝活动的。

塔吉克族的婚礼一般选在秋高气爽、牛羊肥壮的秋季进行。婚礼要持续三天。

婚礼第一天，男女双方在各自家里准备菜肴，款待前来贺喜的亲朋好友。亲朋好友会带来礼品，一般为4—6个馕，在馕上面摆放衣服、其他用品以及首饰。有些亲近的亲戚还会送上羊。母亲在礼品上撒面粉，表示吉祥。双方亲友分别在两家以歌舞欢庆结婚大喜。

在这一天，新郎、新娘分别在自己家中进行沐浴净身仪式。举行仪式时，阿訇面对新郎，高声祈祷，然后将早就准备好放在馕坑边的绵羊杀死，用来给新郎的大礼驱邪。接着，新郎的家人及亲朋好友都要在新郎的礼服上撒面粉祝福。随后，新郎用清水将全身洗干净，并且换上新婚礼服。到第三天迎亲前，新郎都要待在自己家中，不能出门。新娘在举行完仪式之后，也只能待在家中。在举行婚礼之前，新娘还要盖上厚厚的被子，捂出汗来。在塔吉克人看来，这样可以让待嫁的姑娘变得更美。

婚礼第二天，男女双方都要在本村举行规模盛大的娱乐活动，亲戚和邻居会穿上最好的衣服前来祝贺。一家举办婚事，全村都会沉浸在节日的氛围中。

婚礼第三天，要进行迎亲仪式和结婚仪式。这天上午，新郎骑上骏马，在一位已婚青年和一批未婚青年的陪同下，吹打着乐器前往女方家。迎亲途中，小伙子们一面叼羊，一面唱着名为《国王来临》的婚礼歌。

塔吉克人将新婚中的新郎比作国王。男方的迎亲队伍快到女方家时，女方家人要出来迎接。这时，男方放出一只带过来的山羊，新郎及陪同的小伙子们便骑着马去叼抢。女方的人设法阻拦，不让对方接近山羊。如果男方的人将这只山羊抢到手，就会受到奖赏。塔吉克人将这一习俗称为"屯巴克"。当"屯巴克"进入高潮时，新郎骑着马到女方家门口，女方隆重欢迎，两位伴娘敬上两碗加了酥油的奶茶，新郎喝完之后下马。这时，女方的长者在新郎和"拜尔德汗"① 等人肩头撒上面粉表示庆贺。塔吉克人认为，面粉是最纯净的物质，通过撒面粉相互祝福是古老的习俗。新郎要进屋的时候，女方的女宾们堵住门不让新郎进入。男方的一位有威望的代表便将事先商定好的聘礼交给女方，女方的几位长者坐在屋内，一一验看收到的聘礼，并挑出最好的衣服为新娘换装。男方的一位女宾先进屋为新娘梳妆打扮，在打扮好之后，新郎才能进屋。

　　接下来就是结婚仪式。举行结婚仪式时，前来参加婚礼的长者和亲朋好友都要在场。在一位已婚女士和一位未婚女士的陪同下，新郎和新娘站在一起。结婚仪式由宗教人士海里派主持，并诵经祈祷。这时，证婚人端来一碗盐水，新郎新娘各喝一口，再吃点肉和馕，这象征着新郎、新娘从此将生活在一起。新郎、新娘相互交换系有红白两色绸带的戒指。女方的一位妇女向新郎、新娘头上抛撒糖果，孩子们就围上去抢。前来参加婚礼的宾客们一一上前祝贺新人，祝愿他们幸福美满，早生贵子，白头偕老。这时，女方父母走上前来，请新郎、新娘就座。新郎则走上前去，对岳父母行吻手礼，表示敬重。此后，宾客们奏乐歌舞，向新人表示祝贺，婚礼达到了高潮。女方家用奶茶、酥油和点心等食品开始招待客人。

　　傍晚时，迎亲队伍要起程返回。这时新娘要对自己的父母兄弟及亲朋挚友施礼辞行，感谢父母的养育之恩。然后挥泪告别，与新郎同骑一匹骏马返回男方家。到男方家时，男方要在门前举行隆重的迎接仪式。男方在地上铺起红地毯，婆婆端上加了酥油的奶茶，新郎、新娘喝完之后下马。男方的家人向新人肩部撒上面粉表示祝贺后，新人才能进屋。进屋之后，新郎、新娘仍然蒙着面纱。男方家里举行歌舞、叼羊等庆祝活动，并宴请前来祝贺的亲友。

---

① 塔吉克语，意为证婚人。

　　塔吉克人在结婚后的第三天，要举行"揭面纱仪式"。这一天，证婚人、女方家人及亲戚、宗教人士等会来到男方家做客。娘家人要带来好的食品、礼物和一只宰好的羊。新娘到夫家之后，要戴三天面纱。这时，由证婚人亲手将新娘的面纱揭下。然后，给新娘拿来面、油、奶等东西，让她和面打馕，这象征着她在新的家庭即将开始新的生活。男方家人要宰羊招待女方来客，并给女方的每位来客送上衣料等礼物。如果路途较远，男方就要留他们住宿。再过一段时间，新郎、新娘必须回女方家探望女方父母，女方父母和亲人将宰羊招待他们。到这里，塔吉克人婚礼的一系列过程和仪式方告结束。

参考资料：

1. 李晓霞：《塔吉克族》，新疆美术摄影出版社 1996 年版。

2. 张国杰、程适良主编：《中国民俗大系·新疆民俗》，甘肃人民出版社 2004 年版。

3. 季成家主编：《风情万种》（丝绸之路珍藏版），甘肃文化出版社 2008 年版。

4. 甘肃省古籍文献整理编译中心主编：《中国民俗知识·新疆民俗》，甘肃人民出版社 2008 年版。

5. 张新泰主编：《中国新疆民俗大观》，克孜勒苏柯尔克孜文出版社、新疆电子音像出版社 2008 年版。

塔吉克族服饰

项目名称：塔吉克族服饰

项目类别：民俗

项目编号：X－144

申报单位：新疆维吾尔自治区塔什库尔干塔吉克自治县

批准时间：2011 年（第三批国家级非物质文化遗产）

简介：

塔吉克族服饰色彩鲜明，大多绣有几何形图案，极具民族特色。由于地处帕米尔高寒地区，塔吉克族传统的民族服装以棉衣和夹衣为主，没有明显的四季变化。

帽子

塔吉克族男子一般戴吐马克帽，妇女一般戴刺绣精美的库勒塔帽。

吐马克帽：一种黑绒圆筒高帽，用上等黑色平绒缝制而成，平顶，呈圆筒状。帽面上下都用各色丝线绣出不同图案。帽里子用优质黑羊羔皮缝制，黑羊羔皮又可以沿着帽檐向外翻上去，绕成一圈。这一设计，很适合高寒山区。在天气暖和的时候，可以将黑羊羔皮向上卷起；而在刮风下雪的时候，可以将黑羔羊皮放下，能够护住脸部和颈部，很好地抵御风寒。

库勒塔帽：一种绣花圆顶戴耳围的花帽，做工精美，堪称艺术品。库勒塔帽大多用白色或浅色的花布绣成。帽子的后檐有一块布帘，将它往上翻卷，可以变成后帽檐；而在冬天，把它放下，就能起到保暖作用。库勒塔帽最大的特点是前帽檐上的刺绣功夫。库勒塔帽的前帽檐被塔吉克人称为"可尔塔勒克"，这块小小的前帽檐，需要妇女们废寝忘食地用上十几天时间才能制作完成。在外出时，妇女们可以根据自己的年龄，在帽子上披上不同颜色的用丝绸或百缎做成的头巾。一般来说，年龄较大的用白色，青少年多用黄色和绿色，而新娘则披大红头巾。妇女盛装时，也会在库勒塔帽檐上加缀一圈叫做"斯力斯拉"的小银链，使得库勒塔帽更加美观。

袷袢

塔吉克族男子的着装一般是套头衬衫，外套一件"袷袢"。所谓"袷袢"，就是一种既没有领子，又没有纽扣的对襟长外套，腰间系一条腰带。① 天气寒冷时，会加穿皮袄或皮大衣，下身穿皮裤。塔吉克族男子的服饰看似简单，但实际上在细微之处，是极为精致的。在他们的衬衣领子、腰带上面，都会绣有别具特色的花卉图案。

连衣裙

塔吉克族女子的着装是连衣裙，里面穿衬布长裤。夏天可以在连衣裙外面搭一件背心，冬天可以外罩棉袷袢。不同年龄的女子所穿着连衣裙的颜色是有讲究的。老年妇女多穿蓝、绿花色的连衣裙，年轻妇女和姑娘则穿鲜艳的红、黄花色的连衣裙。

靴子

塔吉克族男女穿的靴子，是一种被叫做"乔洛克"的高筒皮靴。这种皮靴的靴筒是用野山羊皮做成的，靴子的前首翘起一个尖尖的头；靴底用牦牛皮制作，轻便耐穿。"乔洛克"除了有底软、尖尖头儿的特点之外，其独特之处更在于皮靴筒是鲜红色的。

---

① 吕静涛：《塔吉克族风情录》，四川民族出版社1998年版，第43页。

女性发饰

发饰是区分塔吉克族女性年龄、婚姻状况的重要标志。没有结婚的姑娘，不留鬓发，四条发辫上不佩戴饰物，而是用小铜链将辫梢联结在一起。已婚少妇，会梳四条长辫，并且发辫从上到下缀有两排名叫"马洛吾伊"的白色大型纽扣，这是与姑娘区别的明显标志。中年妇女留鬓发，发长与耳垂相齐，头发从中间分开，梳成两条辫子，辫梢佩戴上银线和彩线缨等饰物。老年妇女会留一条长辫，不佩戴任何饰物，出门的时候，还要在帽子外面披上方形白色大头巾。

绣花腰带

绣花腰带是已婚妇女外出时的装饰，多呈三角形，短而窄，又被称为"米腰达"。腰后面系一块大绣花布，将臀部遮住，称之为巴勒达木齐，也就是后围裙的意思。在妇女的腹部，经常挂有三至四排红色圆珠以及四五枚银质的圆形大钱。

婚礼装

在塔吉克人看来，红色代表着喜庆。因此，塔吉克人结婚时，男女服饰都以红色为主。新娘穿红色连衣裙，外套大红色的袷袢，披上大红头巾，戴上红色绣花小帽，并且在帽檐上垂挂银链，四根发梢上系上大红丝穗，佩戴辫饰、胸饰和项链，以及银质大耳环；脚上穿绣花长袜和红色短勒皮靴。新郎穿绣花衬衫，外套袷袢，并在腰间系上绣带；在帽子外檐缠上红色和白色的布；脚上穿绣花边长袜和红色长筒靴。新郎、新娘都在左右手小指上戴戒指，每个戒指上都系有红白两色绸带四条。

丧服

塔吉克族有服丧的习俗。塔吉克人家里有长辈离世时，男子要头缠蓝布或者黑布，女子也要披蓝色或者黑色的头巾，并且禁止穿红衣服和花衣服，年轻的女子也不允许佩戴首饰。丧家在一周之内，不能换洗衣物，男子两周之内不能刮脸，也不能剃头，一两年内不能举行婚礼及其他娱乐活动。在没有死者家属的许可之下，村中其他人家也不能举行婚礼和其他庆祝活动。直系亲属要戴孝半月、一月甚至是一年。

现在，塔吉克人在日常生活中，也会穿着社会上流行的服饰，像鸭舌帽、西装等等，但是在逢年过节，特别是在具有隆重纪念意义的日子，大多会戴上象征本民族标志的黑羊羔皮帽子，穿上本民族的衣服，足蹬鲜红色的"乔洛克"。①

参考资料：

1. 李晓霞：《塔吉克族》，新疆美术摄影出版社 1996 年版。

2. 吕静涛：《塔吉克族风情录》，四川民族出版社 1998 年版。

3. 张国杰、程适良主编：《中国民俗大系·新疆民俗》，甘肃人民出版社 2004 年版。

4. 甘肃省古籍文献整理编译中心主编：《中国民俗知识·新疆民俗》，甘肃人民出版社 2008 年版。

锡伯族

锡伯族贝伦舞

项目名称： 锡伯族贝伦舞

项目类别： 传统舞蹈

项目编号： Ⅲ－95

申报单位： 新疆维吾尔自治区察布查尔锡伯自治县

批准时间： 2008 年（第二批国家级非物质文化遗产）

简介：

贝伦舞，又被称为"贝伦玛克辛"，是中国锡伯族传统舞蹈。锡伯人将贝伦舞视为"生命舞蹈"。在新疆，只要是在锡伯人居住的地方，都能够见到贝伦舞的即兴表演。贝伦舞形成于锡伯人早期的渔猎生活时代，原始古朴，是地道的原生态歌舞，堪称活化石。

贝伦舞作为锡伯族的"生命艺术"，它的形成和发展，都与锡伯族的历史沿革息息相关。贝伦舞的形成与锡伯族早期的游牧渔猎生产生活方式有着密切的联系。在明清以前，锡伯族先民在大兴安岭一带，以渔猎为生，那时的锡伯人就以自己对神灵的图腾崇拜和劳动生活，创造了一种以人体动态为主的娱乐形式，既能表达心愿、抒发情感，又能强身健体，这种形式可能就是贝伦舞的雏形。到了明代中期，锡伯族先民迁居到东北嫩江流域，处于科尔沁蒙古族的统治之下，这期间锡伯族与科尔沁蒙古族在文化上相互渗透、相互交流，这使得锡伯族贝伦舞在原始形态的基础上，又融汇了蒙古族舞蹈的特点。到清初和康熙年间，锡伯族再次南迁到东北

---

① 吕静涛：《塔吉克族风情录》，四川民族出版社 1998 年版，第 44 页。

各境和京师等地驻防，在这过程中，锡伯族的宗教信仰、社会生活、生产方式和文化等都发生了急剧变化。贝伦舞也从单一走向复杂，表现形式逐渐多样化。公元1764年，五千多名锡伯族官兵及其眷属奉旨从东北西迁到新疆伊犁地区长期戍边，在之后的二百多年里，锡伯人不断丰富、完善贝伦舞，在多代人的不懈努力之下，贝伦舞终于成为能够代表锡伯族舞蹈艺术的民族传统舞蹈。

贝伦舞历史悠久、形式独特、内涵丰富，舞蹈形象鲜明生动。贝伦舞以即兴表演、自娱为主，也有经过改编之后搬上舞台的。表演时，多以独舞、男女对舞的形式出现，伴以传统乐器东布尔弹奏的欢快乐曲。贝伦舞中的每一种舞蹈都有完整的故事情节、表演程式和各种不同的舞蹈形态，可以分为锡伯贝伦、单阿合苏尔（单人舞）、双阿合苏尔（双人舞）、行礼舞、拍手舞、呼妻舞、醉舞、拾粪舞、烧茶舞、蝴蝶舞、走马舞、打场舞、伊尔克尔德克、吾朗克等十多种。

锡伯贝伦：这是贝伦舞的基础舞蹈，各种贝伦舞的基本动作都包含在其中。

单阿合苏尔（单人舞）：这是一种单步踢舞，步伐移动范围小，要求严格，风格庄重，一般由行家表演，它有专门的舞曲。

双阿合苏尔（双人舞）：舞者左右脚交相踢踏，舞步灵活，热情奔放，俏皮幽默。

行礼舞：在锡伯语中称为"多若罗贝伦"，大多在婚礼或贵宾到来等喜庆场合表演。行礼舞由一个男性青年表演，表演者根据观众的民族成分，在舞步中插入各民族的行礼动作。如果有贵宾光临，就首先向贵宾行礼，然后按宾客的年龄大小依次行礼。

拍手舞：它的曲调叫"扎克处尔登登"。这种舞蹈主要由男性青年表演，表演时，舞者可用双手拍身体的各个部位，并在两个拍手的动作之间，穿插进舞步。拍手舞活泼明快，欢畅热烈。

呼妻舞：在锡伯语中称为"赫赫胡拉热贝伦"，通常在节假日和婚礼上跳。小伙子跟着节拍表演恋爱情景，他跳着舞步来到姑娘的闺房外，对着窗户招手示意。一声狗叫，引来姑娘父亲的警觉，老人故意咳嗽，小伙子吓跑了；但他还是不甘心，带着夸张的表情，闲跳一阵，又来到窗下。姑娘终于被他召唤出来，于是双双对舞。

醉舞：在锡伯语中称为"梭克托火贝伦"，这是男性舞蹈，舞者模仿喝酒，微醺酩酊，脚步趔趄，走不动以至醉倒的姿态。舞蹈幽默滑稽，具有讽刺警世之意。

烧茶舞：锡伯语中称为"查伊付伊不勒贝伦"，这是女性舞蹈，舞姿模仿一个主妇挑水、挤牛奶、烧茶、冲奶茶等日常生活动作，烧茶节奏舒缓、细腻温柔。

走马舞：锡伯语中称为"着若莫林贝伦"。这是男性模仿马慢步、小跑、驰骋的舞蹈动作，形象生动地表现了马在草坡上、水中、冰上行走的步态。

按照表演风格的不同，贝伦舞又分为硬性贝伦和软性贝伦。硬性贝伦是男子的舞蹈，粗犷、刚健、诙谐、气势豪放。软性贝伦是女子的舞蹈，舞姿翩然，婀娜娉婷。这些舞蹈风格迥异，独具特色，又刚柔相济，各显其彩。

贝伦舞有广泛的群众性和自娱色彩，它不选时间，不选场地，在田间地头、房内堂间都可以跳，无论人多人少，只要乐手弹起贝伦舞曲，人们便翩翩起舞。贝伦舞一般为男女双人舞，男子先出场独舞一会儿，在男子的邀请之下，女子才出场相伴。贝伦舞的动作主要体现在上肢，男子上肢的动作不能高出双肩，根据音乐节奏扭动臀部和双臂。贝伦舞曲节奏鲜明，由慢而快，具有强烈的节奏感。

在当下，随着现代生活娱乐形式的多样化，锡伯族贝伦舞受到很大的冲击，但在锡伯族的春节、西迁节、端午节等传统民族节日以及锡伯族婚礼庆典等场合中，贝伦舞的表演仍是必不可少的。

参考资料：

1. 贺灵、佟克力编著：《锡伯族风俗志》，中央民族大学出版社 1994 年版。

2. 贺灵主编：《锡伯族百科全书》，新疆人民出版社 1995 年版。

3. 张国杰、程适良主编：《中国民俗大系·新疆民俗》，甘肃人民出版社 2004 年版。

4. 张新泰主编：《中国新疆民俗大观》，克孜勒苏柯尔克孜文出版社、新疆电子音像出版社 2008 年版。

锡伯族刺绣

项目名称：锡伯族刺绣

项目类别：传统美术

项目编号：Ⅶ－108

申报单位：新疆维吾尔自治区察布查尔锡伯自治县

批准时间：2011 年（第三批国家级非物质文化遗产）

简介：

锡伯族民间刺绣具有悠久的历史，是锡伯族妇女擅长的民间手工技艺。明末清初甚或是更早锡伯族刺绣就已经出现。从尚存的比较早的刺绣制品来看，锡伯族刺绣一般在清乾隆二十八年（1763）之后，主要用作兵服和官服图案。

在旧社会，锡伯族妇女不参加田间劳动是不会遭到非议的。但是，如果不会刺绣，就像男子不会骑射一样，会被人轻视。所以，锡伯族女子从会拿针线时起，就开始学刺绣。农闲时，锡伯族妇女们除炊事缝补之外，就是施展特有的手艺——刺绣。锡伯族妇女的刺绣工艺对挑花、贴花、针织等种类尤为擅长，绣品在锡伯族的家庭摆设中常常出现，如服装、头巾、枕套、鞋子、窗帘、桌布、挂饰和一些手工艺品上都能看到精美的锡伯族刺绣。

荷包是锡伯族吸烟男子的必备之物。按照传统习俗，男女双方一旦确立恋爱关系，女方要缝制精致的荷包，并在荷包上绣精美的花卉、蝴蝶、飞禽等图案送给男方。在各式各样的刺绣绣品中，最常见的是长方形枕头顶刺绣和绣花鞋。枕头顶刺绣一般采用蓝底色的布料，绣布样为长方形，所设计纹样，或用彩笔在绣布上勾勒出来，或先剪纸贴在绣布上，然后用各种颜色的丝线按照纹样刺绣而成。绣花鞋一般用平绒黑布，做好鞋帮之后，在鞋帮和鞋头布面上或绘或剪贴好刺绣纹样，然后按照纹样搭配各种颜色的丝线绣制。在以前，锡伯族姑娘出嫁前，都会偷偷做一双鞋，鞋面上绣有花朵和蝴蝶，等到坐篷车的那天拿出来穿。

锡伯族刺绣绣品有多种花样，广泛用于日常生活之中。根据使用场合的不同，可将锡伯族刺绣绣品分三类：一是情馈类，主要有袜子、裤带、荷包等，这些都可用作妇女赠送亲友、情人的礼物；二是礼仪类，主要用于寿帐和挽联；三是宗教类，主要用来装饰佛像和寺庙殿堂。

锡伯族刺绣追求朴实的自然美，所选图案大多为现实生活中表达吉祥意义的花草鸟虫，常以牡丹、莲花、蝙蝠为刺绣纹样。锡伯族刺绣讲究图案纹样设计的多样性，总的来说有平面图案和立体图案两大类。具体纹样有：角隅纹样、边缘纹样、连续纹样等等。刺绣者运用艺术的手法，生动地将这些实物绣在各种生活用品上。

在绣制的过程中，刺绣者娴熟地运用各色丝线，有时还用绒毛绣成绒绣，使绣品更显精致。此外，锡伯族刺绣还讲究色彩的搭配。色彩的处理方法大致分为两类：一类是深底浅花，另一类是浅底深花。绣品的色调一般由底色来选择和决定，底色深、中、浅不同决定绣品的色度和外观。锡伯族刺绣色彩和线条的运用独具特色。锡伯族女性偏爱桃花和牡丹，因此刺绣往往都以桃红色和大红色作为底子，并在底子上绣寓意着吉祥如意或甜美幸福的牡丹与蝴蝶。男性衣物上的刺绣展现出来的是粗犷的风格。锡伯族男子好骑善射、剽悍骁勇，因此通常会在锡伯族男性的衣边、衣领上，用粗犷奔放的线条绣上古代狩猎图案，而这恰好有力地体现了锡伯族的民族性格。

参考资料：

1.《察布查尔锡伯自治县概况》编写组：《察布查尔锡伯自治县概况》，新疆人民出版社1986年版。

2. 贺灵、佟克力编著：《锡伯族风俗志》，中央民族大学出版社1994年版。

3. 佟克力：《锡伯族》，新疆美术摄影出版社1996年版。

弓箭制作技艺（锡伯族弓箭制作技艺）

项目名称：弓箭制作技艺（锡伯族弓箭制作技艺）

项目类别：传统技艺

项目编号：Ⅷ－44

申报单位：新疆维吾尔自治区

批准时间：2008年（第一批国家级非物质文化遗产扩展项目）

简介：

锡伯族素来以"好骑善射"而著称，弓箭是锡伯族人生活中不可或缺的组成部分，是锡伯族民族文化与民族精神的象征，其弓箭制作工艺更是锡伯族人引以为傲的传统技艺。

锡伯族弓箭制作技艺精湛，自古遵循先制弓后制箭的制作传统。

首先，弓身的制作。锡伯族人先民早期使用的是以皮为弦、以桦木为弓身主材的单体弓，但是这种弓的弹力较差且容易折损，后来逐渐被稳定性更强的"角弓"所替代。角弓制作工艺复杂，要求严格，取材考究，主要使用羊角、牛角、木头、竹子、动物胶、牛筋、骨骼、油漆、毛皮、丝线等多种材质。在制作时，首先将选择好的木材或竹材打磨光滑，将牛角或羊角切割成合适大小的弓片，用熬好的动物胶（以鱼胶最为常见）将竹木与弓片黏合起来，并在弓身的握把处粘上事先选好的动物骨骼，形成弓身的主体。之后用细长的牛筋缠绕加固弓身，在牛筋之上再缠绕至少一层的丝线，并刷上油漆以防止弓身受潮，有的还会在弓身上缠动物皮革以保护弓身免受磨损。弓身制作完成后，反曲上拉，固定弓弦。弓弦一般用动物皮革制成，制作时将动物皮切割成细条并拧合成绳索状，以保证弓弦的弹力和牢固程度。

其次，箭的制作。锡伯族人在不同的场合使用不同的箭。近距离作战和狩猎时主要使用箭身长而重、箭头大而宽的重箭（锡伯语称"niru"），远距离射击时主要使用箭身短而轻、箭头小而尖的轻箭（锡伯语称"sir-dan"）。箭由箭身和箭头两部分组成，早期是将箭头直接绑在箭身之上，后来逐渐演变为将二者套合起来并用胶黏合。箭身一般用桃木、杨木、松木或沙柳制成，要求长短粗细一致，在尾部饰以鹰毛或雕毛的尾翎，尾翎的长度取决于箭杆的长短及箭头的重量，如果没有尾翎时，则在箭身尾部剔刻出空槽以保持箭的飞行稳定性。箭头，锡伯语称"kacilan"，可以分为杀伤性和非杀伤性两种。杀伤性箭头主要用于作战和狩猎，早期以木头、石头或者骨头制作而成，后来主要以铁质箭头为主。箭头形状有棒形、叶形、三角形等。非杀伤性箭头主要用于训练和传递信号，俗称"响箭"。响箭以牛角制成，箭头呈圆锥形，上有四个小孔，在射出后会发出清脆的响声。在制作过程中，要求箭身和箭头重量匹配，否则会影响箭的射程和准确性。

此外，为了配合弓箭的使用，锡伯族还要制作精美的箭袋、扳指、护臂等。箭袋多用牛皮制成并装饰有各种花纹图案，其大小和形状取决于所装弓箭的大小和数量，使用时可以系在腰部或者背部，既方便携带，又能很好地保护弓箭。扳指有骨、铁、铜、玉等多种材质，是射箭时戴在拇指之上以保护手指的一种护具。护臂一般用牛皮制作，长 10—20 厘米，或者缝制在上衣袖口，或者在使用时套在手腕小臂处，主要用来保护手腕和小臂，以免在射箭时被弓弦所伤。

总之，锡伯族弓箭制作技艺精良，选材考究，是锡伯族民族文化的重要组成部分。近年来，为了保护这一传统技艺，新疆维吾尔自治区采取了一系列措施，除了举行各个级别的射箭比赛以保持锡伯族弓箭的生存土壤之外，还于 2012 年 8 月在察布查尔锡伯自治县设立了我国第一个以弓箭文化为主题的博物馆——中华弓箭文化博物馆，让人们有更多的机会去了解这项民族技艺。

参考资料：

1. 锋晖编：《中国弓箭文化》，新疆人民出版社 2006 年版。
2. 赵洁：《新疆锡伯族弓箭民俗文化考察》，硕士学位论文，西北民族大学，2008 年。

锡伯族西迁节

项目名称：锡伯族西迁节

项目类别：民俗

项目编号：Ⅹ－9

申报单位：新疆维吾尔自治区察布查尔锡伯自治县

批准时间：2006 年（第一批国家级非物质文化遗产）

简介：

西迁节是锡伯族的民族化节日。西迁节，在锡伯语中称为"杜因拜专扎坤"，意思是"农历四月十八日"，因而，锡伯人又把西迁节称作"四·一八节"。西迁节是新疆的锡伯族为了缅怀先辈从中国东北部西迁到新疆伊犁地区戍边的英雄壮举而制定的纪念性节日。

根据史料记载，为维护西北边陲地区安定，大规模开垦边疆，1764年，乾隆帝下旨，从盛京（今辽宁沈阳）抽调千余名锡伯族官兵，连同其家眷计三四千人，在满族协领哈木古朗带领下，于农历四月十八日，开始西迁。在西迁队伍出发之前，锡伯族同胞在家庙太平寺集会，举行祭祖仪式，吃离别饭，为即将西迁的亲人们壮行。历经一年多的艰苦跋涉，西迁队伍终于在 1765 年到达新疆伊犁地区。后来，西迁到新疆的锡伯人就把出发之日作为缅怀先辈的节日固定下来，加以纪念。1983 年，通过新疆察布查尔锡伯族自治县六届人大第一次会议的决议，"西迁节"被正式定为锡伯族的传统节日。

在锡伯人的生活中，西迁节是仅次于春节的隆重节日。西迁节这一天，每个牛录①以牛录为单位组织纪念活动。每家每户都要宰杀羊只，炖

---

①　牛录，满语，意为"箭"或"大披箭"，是清代八旗组织的基层建制。1937 年左右，牛录制被撤销，但牛录之称一直沿用至今，等同于"乡"。

羊肉汤，做高粱饭。然后，全乡人聚集到附近的寺庙，共同分享"牛录饭"，再现当年西迁远征前亲人离别壮行的场面，以缅怀先辈离乡之情。按照惯例，孩子们优先吃"牛录饭"，接着请长辈享用，并由年轻媳妇们端饭服侍，青壮年要到最后才吃。

除了吃"牛录饭"，西迁节这一天，还会举行丰富多彩的庆祝活动，包括野炊、射箭、比武、唱歌、跳舞等内容。其中，演唱西迁之歌是西迁节最独特的文化表现形式。西迁之歌是锡伯族叙事歌之一，描述了锡伯族先辈从东北迁至新疆伊犁地区的历史。它以独唱和合唱的形式进行演唱，全曲唱词达四百余行。经过二百多年不断丰富、加工和创作，传承至今的西迁之歌已达七种之多。"念说"，即民间说书，也是西迁节的重要习俗。纪念活动结束后，锡伯人围坐在一起，聆听民间艺人讲述先辈西迁的历史故事，以及"念说"本民族和汉民族的古今传说与文学作品等。

锡伯人能歌善舞，在西迁节这一天，他们会充分展示自己的歌舞才艺。其中，缠绵、欢快的"街舞春"尤为引人入胜。"街舞春"表演一开始是独唱，然后是男女对唱，接着又变成一人领唱，众人合唱。正唱得起劲时，表演者突然向四周散开，在东布尔、三弦、四胡、曼达林、笛子等乐器的伴奏下，翩翩起舞。年轻小伙以舞代步，走到会场中，右手斜伸，频频向姑娘致意，邀请她和自己一起跳舞。姑娘如果接受邀请，也会婆娑起舞。小伙子的"鸭步"，姑娘的"斜肩"等舞蹈动作妙趣横生，赢得观众的阵阵喝彩与掌声。这种民间的"贝伦舞"将欢乐的节日氛围推向了高潮。

西迁节这一具有纪念意义的民族节日，曾在"文化大革命"中被诬蔑为"四旧"，而被迫停止，直到"文化大革命"结束之后，才得以恢复。目前，锡伯族口头和文学作品失传现象日渐严重，精通满语满文的人越来越少，西迁节民俗艺术的个性特色也在逐年弱化。

参考资料：

1. 张国杰、程适良主编：《中国民俗大系·新疆民俗》，甘肃人民出版社 2004 年版。

2. 张新泰主编：《中国新疆民俗大观》，克孜勒苏柯尔克孜文出版社、新疆电子音像出版社 2008 年版。

3. 郭晓东、王俊编著：《中国新疆民俗故事》，新疆美术摄影出版社、新疆电子音像出版社

2008 年版。

婚俗（锡伯族传统婚俗）

项目名称：婚俗（锡伯族传统婚俗）

项目类别：民俗

项目编号：Ⅹ－139

申报单位：新疆嘎善文化传播中心

批准时间：2011 年（第三批国家级非物质文化遗产）

简介：

锡伯族一般实行一夫一妻制。锡伯族主要是在本民族内通婚，过去禁止女子外嫁给别的民族，但是男子可以娶其他民族女子为妻，同一家族内禁止通婚，不同辈分的男女也不能结婚。在新中国成立前，锡伯族青年男女的婚姻都是由父母包办的，现在多是自由恋爱结婚。过去锡伯族择偶不仅讲究门当户对，还注重女方母亲的人品、脾气和生活作风。锡伯族传统的婚嫁习俗礼节繁冗复杂，须历经多个程序。一般来说，要经过说亲、定亲、认亲、迎亲四个阶段。

说亲

如果男方家长看中某家的姑娘，他会先征求儿子的意见。儿子同意了，就会请一位在本地名望很高并且同女方家长关系好的人前往女方家提亲。通常情况下，要在上门提亲三次之后，男女双方的婚事才能定下来。

媒人第一次领男方家人去女方家时，只是一般性的串门，不用带礼品。但是在告别时，媒人要给女方留个话："我们改日再来拜访。"这样，女方家长就能察觉到来客的意图。客人走了之后，女方家人会讨论对方的家道和为人，并打听男方的人品，商量是否能够答应这门亲事。媒人第二次带男方家长去女方家时，要带上首次提亲的见面礼———一瓶白酒。在一番寒暄之后，媒人与男方家长一起给女方家父母敬酒并说明来意。女方家父母如果也有结为亲家的意愿，就会把酒喝了；如果不同意就婉言谢绝，绝对不会接受敬酒。在客人告辞时，女方家父母会明确表明态度。如果女方家父母同意，媒人会带男方家长第三次登门拜访，这次只带一瓶酒，大家一边喝酒一边聊天。这时，女方的父母会将家族内部商量的结果如实告诉媒人和男方家长。在作决定之前，除了征得女儿同意外，还要征求姑、舅、姨的意见。如果女方家族的意见已经达成一致，就当场告诉男方家长下次带儿子来；如果家族内部意见还有分歧，不能作最终决定，也要当场讲清楚，不能含糊其辞。女方家同意后，媒人带着男方及父母，以及两瓶白酒来到女方家，让男方给女方家长辈——行礼、敬酒。数杯酒之后，媒人让男方跪下给女方父母敬酒。女方如果没有异议，她的父母便正式许亲。

定亲

女方家同意这门婚事后，男方家就要和女方父母商量定亲的日子举行"虚叩头礼"和"实叩头礼"。"虚叩头礼"，就是媒人同男方及其双亲，带两瓶贴红的喜酒到女方家，让未来女婿给女方父母及女方家的长辈磕头、敬酒，表示感谢许亲之恩。女方家则准备一顿便宴，接待男方。第二次为"实叩头礼"，就是男方在虚叩头礼之后，准备些彩礼，选个日子到女方家举行家宴，宴请女方所有直系亲属，并向女方直系亲属敬献衣料、茶叶、白糖之类，以感谢直系亲属对姑娘的养育之恩以及认自己为女婿的恩情。经过"虚叩头礼"和"实叩头礼"之后，男女双方正式缔结婚约，结为亲家。之后，男女两家经常来往，未婚嫁前，每年春节，男方都要给女方送件衣料；女方家也给未来女婿送一双女儿亲手缝制的布鞋，表示关系亲密。如果男方不想让婚约继续下去，无故连续三年不尽这个义务，婚约就自行解除。女方如果悔婚，男方可索回所送彩礼。

认亲

过了说亲、定亲之后，在方便的时候，男方在自己家里准备几桌酒席，宴请姑娘的父母、姑舅、兄嫂等直系亲属。这一天，没有许多礼节约束，男方请自己的直系亲属相陪。这样做的目的，是想让姑娘的父母和直系亲属们认一认女婿家的门庭和女婿的许多至亲，以后相遇时好称呼或遇到婚事、丧事等便于相互通气或下请帖。

迎亲

锡伯人的婚事大多在农闲时进行。婚礼一般要举行三天。婚礼日期临近时，男方家要在亲戚中请"奥父""奥母"来主持婚礼、迎亲等事宜。"奥父""奥母"必须是村里声望很高、能说会道、精明能干又没有丧偶的人。

婚礼的第一天一般都在星期五凌晨开始，新郎家请萨满来举行祭天仪式。家长先到羊群中去挑选认为"天神"乐意接受的一只肥公羊，并系上红布条，步行牵着回家。在回家路上，如果羊顺从听话，则代表着天神已经喜欢上了它。到了家门口，要举行入门仪式，给土地神点香化钱、跪拜磕头。接着将羊牵到住房西屋八仙桌前，点香磕头，家长在萨满的主持下，面对祖先画像说明祭天的原因，祈求祖先保佑新婚夫妇。然后用干净的棉花蘸着清水，在羊身上轻轻擦拭，拿一把刀将羊从下巴颏一直拉到肚心，不一会儿，羊就自然死去。只有这样，祭者才认为"天神"已经正式接受了羊。接下去，把羊剥皮下锅，把羊心、肝、头等杂碎扔到房顶上。羊肉煮熟之后，选用完整的后腿祭祀祖先，供祖先享用。举行祭天仪式的主要寓意是：祈求天神赐福于新建立的家庭，并求子孙满堂，两位新人白头偕老。

早饭后，至亲在新郎家聚集，燃放鞭炮，送走迎新娘的红篷车。红篷车车前悬挂铜镜，车后挂八卦图。奥母和护送新娘衣物的少女坐在车内。由奥父赶车，代表新郎父母来新娘家送宴接亲。红篷车的后面跟着送宴车，车上装活猪、活羊各一对，还有喜酒喜米喜面之类的礼物。所有礼物都要标红，拉红篷车和送宴车的马匹的马鬃上也系有红缨。新郎家亲属和老人都来送行，预祝一切顺利，这叫做"送喜车"。新郎穿着结婚礼服，在胸前佩戴绢制大红花，骑着骏马，走在红篷车前带路。

同一天，女方家一早便积极准备迎接喜车，他们事先派人或发请帖邀请亲朋好友光临第二天的婚礼大宴。喜车一到，女方家的长者和亲人立即出门迎接，收下礼物。然后杀猪宰羊，准备喜宴，招待前来送喜车的新郎和新郎家的亲人以及近邻至亲。这只是小宴，主要是为了让近亲聚集，共同商议和筹办第二天的"大宴"事宜。

第二天为新娘家办大宴的日子，众多亲朋好友前来祝贺。这一天，新郎必须整日在新娘家答谢应酬。晚上，由奥父、奥母主持，请新郎家能歌善舞的男女伙伴到新娘家参加迎亲晚会，与新娘的男女伙伴对歌对舞，一对一比赛。按照传统习俗，新郎一方必须以绝对的优势压倒新娘一方，否则，就等于新郎在新娘家出了"丑"，新娘的朋友们也会笑话他们没本事，所以新郎一方人人都很努力，争取有好的表现。新娘家大宴的那天，奥父、奥母还要带新郎给新娘家的亲朋好友一一敬酒。宴席上，奥父、奥母还要唱"婚礼歌"，表演节目等。

婚礼第三天，是男方家设宴款待宾客的大喜之日，也是迎娶新娘，举行结婚仪式的日子。喜篷车到新娘家，奥父、奥母必须使出浑身解数让新娘的父母和亲戚满意。经过奥父、奥母的多次"求情"，新娘的父母才让女儿出来坐喜篷车，在伴娘和奥母陪伴下到婆家去。新娘坐在喜篷车里，新郎骑马，在喜车前引路。喜车在路上不能停顿。喜车到达新郎家后，新娘踩着红毡走到正屋前，与新郎拜天地，然后新郎到屋内，新娘站在门外，双方对拜。接着，新郎用鞭梢揭开新娘的面纱，一起到厨房灶前对拜，并将羊尾巴油片抖落到灶中燃烧的火上。这样连续七次，意味着海誓山盟。仪式结束后，新娘进入洞房，坐在炕上，不能再下地，直到晚上与新郎喝三次交杯酒之后，才能下炕。新郎家热情招待新娘家的客人。客人们临走前，要"偷"新郎家的碗筷。第二天新郎拜见岳父岳母，这时岳父岳母把"偷"来的碗筷交回给女婿。这天婆家派车来接娘家双亲，专门款待一次。

参考资料：

1. 佟克力：《锡伯族》，新疆美术摄影出版社 1996 年版。

2. 张国杰、程适良主编：《中国民俗大系·新疆民俗》，甘肃人民出版社 2004 年版。

3. 张新泰主编：《中国新疆民俗大观》，克孜勒苏柯尔克孜文出版社、新疆电子音像出版社 2008 年版。

4. 甘肃省古籍文献整理编译中心主编：《中国民俗知识·新疆民俗》，甘肃人民出版社 2008 年版。

乌孜别克族

乌孜别克族埃希来、叶来

项目名称：乌孜别克族埃希来、叶来

项目类别：传统音乐

项目编号：Ⅱ-117

申报单位：新疆维吾尔自治区艺术研究所、伊犁哈萨克自治州、喀什地区

批准时间：2008 年（第二批国家级非物质文化遗产）

简介：

乌孜别克族是主要居住在我国新疆地区的少数民族之一，人口约 1.0569 万人（2010 年统计），主要分布在新疆伊宁、塔城、乌鲁木齐、喀什、莎车、叶城等地，其余散居在南北疆的许多大小城镇和农村、牧区。乌孜别克族拥有自己本民族的语言——乌孜别克语（属阿尔泰语系

突厥语族），同时还拥有以阿拉伯字母为基础的拼音文字——乌孜别克文，但现一般通用维吾尔文、哈萨克文或者汉文。

乌孜别克族继承其先民优秀的乐舞传统，在历史发展中形成了丰富的民族音乐文化，尤其以"埃希来"和"叶来"为代表的民歌最为引人注目。

埃希来

埃希来，又称"大艾修来""穷艾修来"等，是一种多段体叙事性民歌，主要在"喔朵鲁希"① 等民间娱乐集会上由歌手自弹自唱或者多人在手鼓、都达尔、弹布尔的伴奏下演唱，个别乐曲可以用作舞蹈时的伴唱。埃希来篇幅较长，每首歌有五六段以上，每段四句，每句十余个音节。唱词大部分来自中亚著名古典诗人纳瓦依、莫米克以及乌孜别克族诗人费尔凯特等人的诗作，格律严谨，情节完整，首尾呼应，内容主要表现人生的苦难、失恋的痛苦或者规劝世人弃恶向善。埃希来旋律优美抒情，节奏徐缓，音域宽广，时而深沉，时而激昂，调式变化繁复。埃希来曲目主要有《木纳佳提》《我是多么忧伤》《叹息》《地里哈拉奇》等。

叶来

叶来，又称"也勒来""库夏克"等，是一种篇幅较为短小的歌舞性民歌，一般在各种岁时节日、人生仪礼等民间集会上为舞蹈伴唱。叶来的唱词主要来自历代民间歌手的创作，内容以表现男女青年之间的爱情为主。叶来的曲调轻松欢快，节奏鲜明，变化复杂，音域相对较窄，主要曲目有《黑眉毛的姑娘》《小水渠》等。

埃希来和叶来是乌孜别克族民歌中的杰出代表，更是乌孜别克人日常生活中不可或缺的一部分，其中蕴涵着乌孜别克族深厚的民族历史和民族文化，具有不可替代的社会文化价值和历史文化价值。但是由于种种原因，埃希来和叶来面临着失传的危险，尤其是能够演唱多首曲目的歌手越来越少，这要求我们必须及时采取有力的措施予以保护，以保证其能代代传唱。

---

① "喔朵鲁希"意为"坐一坐"，是新疆少数民族聚居区较为常见的一种小型的融餐饮与歌、舞、说笑等娱乐为一体的聚会形式。

参考资料：

1. 中华文化通志编委会编：《中华文化通志·民族文化典·维吾尔、柯尔克孜、哈萨克、乌孜别克、塔吉克、塔塔尔、俄罗斯、裕固、撒拉族文化志》，上海人民出版社1998年版。

2. 张国杰、程适良主编：《中国民俗大系·新疆民俗》，甘肃人民出版社2004年版。

3. 张琪编著：《乌孜别克族》，吉林文史出版社2010年版。

俄罗斯族

俄罗斯族民居营造技艺

项目名称：俄罗斯族民居营造技艺

项目类别：传统技艺（传统手工技艺）

项目编号：Ⅷ-184

申报单位：新疆维吾尔自治区塔城地区

批准时间：2008年（第二批国家级非物质文化遗产）

简介：

俄罗斯族是我国人口较少、分布较分散的少数民族之一，现有人口1.5393万人（2010年统计），主要居住在新疆维吾尔自治区伊犁、塔城、阿勒泰和乌鲁木齐等地，还有少数散居在黑龙江省逊克、呼玛等县和内蒙古自治区呼伦贝尔盟等地。俄罗斯族是历史上从沙皇俄国迁居中国的俄罗斯人的后裔，信仰东正教，使用俄语（印欧语系斯拉夫语族）和俄文，同时兼用汉语。

新疆维吾尔自治区塔城地区是俄罗斯族的主要居住地之一，这里历来都有"东方莫斯科"之称，整个城市洋溢着浓厚的俄罗斯风情，尤其是塔城的建筑，体现了俄罗斯族独特而高超的民居营造技艺，其中既包含着俄罗斯的传统建造工艺，同时也符合塔城地区的气候和物产条件，并且结合了中国维吾尔族、哈萨克族、汉族的一些建筑元素，是中国俄罗斯族民族文化的杰出代表。

俄罗斯族民居多为土木或者砖木结构，地基坚固，有用石头砖块砌起的高60—80厘米的台基，四方形的房屋就建造在台基之上。主体房屋墙壁厚多在50厘米以上，既可抵御冬日严寒，又可阻挡夏日酷暑，真正实现了冬暖夏凉。屋顶倾斜，有的用木头搭成三角形，上铺木板，钉上铁皮并施以彩色油漆。房屋窗户较宽大，使屋内空气流通且光照充足。从外部的装饰来看，这些民居具有浓厚的民族特色。无论是墙壁、屋檐，还是窗户、门扇，都装饰砖块或木头雕成的几何形图案和花纹；屋顶的铁皮、阳台栏杆等也被打造成各种造型，涂有不同颜色的油漆。从房屋结构和布局来看，正门外有建在几层台阶之上的门厅，门厅为半开放式，顶部为木质圆拱形，用圆形木柱支撑，廊檐下左右有木质围栏和长凳；正门内是过道，过道两旁分别是卧室、客厅、书房等，屋内地面用木地板铺就，有的上漆，有的则为原木，屋内陈设雕花桌椅，墙角有冬季用来取暖的高大壁炉。厨房比较宽大，建有用来做饭的灶台和用来烤制面包和点心的烤炉。生活在农村地区的俄罗斯族，在主体房屋之外，还会用高大土墙围起宽敞的院子，院里栽种蔬菜、花卉、果木等，后院饲养牲畜，院中建有存放生产工具、生活用品的库房和用来储存食物的地窖等。

　　新中国成立初期，塔城拥有俄罗斯式的民居和公共设施约 300 座，现在其中绝大部分已被拆毁，今天还能看到的只有红楼、原莫洛托夫俄语学校（现塔城四中）礼堂等 10 座建筑，但这些建筑都面临经费不足、维护困难等问题，保存状况令人堪忧。不仅如此，全面掌握俄罗斯民族营造技艺的工匠也越来越少，这项技艺面临着濒临失传的境地。

参考资料：

1. 余建忠、姜勇主编：《俄罗斯族：新疆塔城市二工镇、内蒙古额尔古纳市室韦乡调查》，云南大学出版社 2004 年版。

2. 楼望皓：《俄罗斯族民居营造术》，《新疆画报》2009 年第 6 期。

塔塔尔族

塔塔尔族撒班节

项目名称：塔塔尔族撒班节

项目类别：民俗

项目编号：Ⅹ - 80

申报单位：新疆维吾尔自治区塔城地区

批准时间：2008 年（第二批国家级非物质文化遗产）

简介：

塔塔尔族是散居在我国新疆地区的一个少数民族，人口数量较少，主要分布在塔城、伊宁和乌鲁木齐等地。塔塔尔人多信仰伊斯兰教，拥有自己的民族语言——塔塔尔语（属阿尔泰语系突厥语族），还拥有以阿拉伯字母为基础的文字，但现在多通用哈萨克文或维吾尔文。

撒班节，又称"犁头节""春耕节"等，是塔塔尔族特有的传统节日，主要分布在新疆维吾尔自治区塔城、伊犁、乌鲁木齐市、奇台、吉木萨尔、阿勒泰等地的塔塔尔人聚居区。撒班节一般在每年农历的6月20至25日举行，节期两天，但不固定日期。

撒班节的历史十分悠久，关于它的由来说法不一。一种观点认为，"撒班"是生长在中亚一带的一种野生植物的名称，塔塔尔族的先民鞑靼人在每年春夏时节都会聚集在撒班草生长的草滩上，并举行一些文体活动，这种古老的习俗一直沿袭至今。随着时间的推移，后人逐渐对这种活动赋予了更多的内容，成为今天极具民族色彩的"撒班节"。另一种说法则认为"撒班"是塔塔尔语"saban"（犁铧）的音译，塔塔尔人为了庆祝和纪念自己经过长期生产实践发明创造"saban"这一先进的生产工具，特地用犁铧的塔塔尔语读音"撒班"来称谓这种庆祝活动，久而久之，这种庆祝活动演变为塔塔尔族的传统节日。

撒班节是塔塔尔人一年一度的盛大节日，节前要进行大扫除，个人要沐浴更衣，妇女们要准备各种食物，还用麻线和棉线织手帕、围巾、刺绣衬衣等，交给担当节目主持人的长者，作为奖励各种比赛优胜者的奖品。撒班节当天，塔塔尔族的男女老少身着节日的盛装，以阿吾尔（乡）为单位，聚集到事先约定好的风景优美的地方，铺上地毯、毡子或毛毯，拿出早准备好的美味佳肴，等待节日的开始。在节日正式开始之前，要先举行一个马犁地的仪式，即由一匹骏马拖着一个古老的犁铧，模仿犁地的样子进入会场，此时主持人宣布节日开始。人们在各种乐器，如手风琴、巴扬、曼达林等的伴奏下，载歌载舞，并开展摔跤、拔河、赛马、叼羊、赛跳跑、爬杆等丰富多彩的文体活动。其中赛跳跑是塔塔尔族特有的一种娱乐活动，比赛开始时，参加者口中衔一把汤匙，匙内放鸡蛋一枚，有的还要在腿上绑上小沙袋，裁判口令一下，即迅速向前奔跑，以鸡蛋不落地而最先到达目的地者为优胜。爬杆也是塔塔尔人比较喜欢的一种活动，比赛前，先要在赛场上竖立若干木杆，杆上涂抹肥皂使其润滑，比赛开始后，参加者竞相上杆，先到顶者为胜。塔塔尔人热情好客，过节这一天，每家都准备了丰富的塔塔尔族传统食品和饮料带到节日现场，让其他民族的客人和他们一起享受节日的欢乐。

撒班节举行的时期，正值农历夏至前后，处于春耕和接羔结束后的农忙间歇，夏收农忙即将开始，此时举行庆祝活动，包含着祈盼农业丰收的意义。不仅如此，撒班节还具有鲜明的民族特色，其民俗活动内容与塔塔尔族的生产、生活、体育、文化等紧密相关。在历史上，撒班节曾经消失过一段时间，直到 1986 年才得到恢复，我们应该认真保护和传承塔塔尔族的撒班节，不能让这一非物质文化遗产再次陷入失传的境地。

参考资料：

1. 张国杰、程适良主编：《中国民俗大系·新疆民俗》，甘肃人民出版社 2004 年版。

2. 新疆维吾尔自治区文化厅编：《新疆非物质文化遗产代表作》，新疆人民出版社 2006 年版。

3. 杨启辰、杨华主编：《中国穆斯林的礼仪礼俗》，宁夏人民出版社 1999 年版。

达斡尔族

祭敖包（达斡尔族沃其贝）

项目名称：祭敖包（达斡尔族沃其贝）

项目类别：民俗

项目编号：X－80

申报单位：新疆维吾尔自治区塔城市

批准时间：2011 年（第三批国家级非物质文化遗产扩展项目）

简介：

达斡尔族是我国人口较少的民族之一，现有人口 13.1992 万人（2010 年统计），主要居住在内蒙古、黑龙江和新疆地区，少数散居在河北、山东、北京和天津等地。达斡尔族使用的达斡尔语属于阿尔泰语系蒙古语族，但没有对应的文字，清代时主要使用满文，民国之后主要使用汉文。达斡尔族信奉原始的萨满教，崇信多神。现在新疆塔城地区的达斡尔族主要是 18 世纪中叶清朝从世居黑龙江流域的达斡尔族调遣来的驻防军的后代。

沃其贝，全称为"斡包·沃其贝"，意为祭坛、祭祀等，是新疆达斡尔族从传统祭祀活动中逐渐演化而形成的一种节日民俗活动。在新疆塔城地区，每年 6 月 8 日，这里的达斡尔族都要举行隆重而盛大的沃其贝节。

节日当天清晨，达斡尔族人身着节日的盛装，带着精心准备的祭品和食物，赶往位于阿西尔达斡尔民族乡三眼泉的斡参加沃其贝节。斡，是达斡尔族人用石头等堆砌而成的祭坛，外形呈金字塔状，一般建在村落周围有水、有树林且地势较高的高岗上。斡包上插树枝代表天、地等神灵，平时从斡包经过的达斡尔族人都要往石堆上堆放石块以示对神灵的崇敬之意。

沃其贝节延续了达斡尔族的祭祀传统，在节日活动正式开始之前，需要先将散落的石块重新堆放到斡包之上，在斡包顶插上新的柳枝，绑上新的各色布条或彩绸，在斡包周围埋上新的柳枝，在斡包前摆上羊头、酸奶、白酒等各种祭品，并点燃香烛。沃其贝节在萨满祭司的主持下正式开始。人们在斡包前脱帽双膝跪地，祭司高声念诵祭文，念毕向斡包敬酒磕头，众人也随之磕头。此时往往还要现场宰杀献祭的牛羊等牲畜，并以牲畜血祭斡包，羊肉则现场煮食。之后众人在祭司的带领下围斡包顺时针转三圈，一边转一边将酸奶、糖果、白酒等祭品撒向斡包并分食剩余的祭品。转毕，众人将带来的彩色布条系在斡包周围的柳枝上，并许下心愿。

祭祀完毕，人们围坐在斡包周围，分食带来的食物和煮好的羊肉，并开怀畅饮。此时音乐响起，人们唱着古老的民歌，围成圆圈跳起贝勒别舞，模仿祖先狩猎、捕鱼等动作，表情丰富而夸张。歌舞结束之后，往往还要举行赛马、射箭、摔跤、拔河等体育比赛。直到傍晚时分，沃其贝节才在热闹的气氛中宣告结束。

沃其贝节作为达斡尔族的民俗节日，保留了达斡尔族的历史文化传统，是了解达斡尔族文化的一扇重要窗口。近年来，沃其贝节的传承和发展也面临着诸多考验，如萨满文化的衰微，传承人年事已高等，新疆塔城政府已经采取了修建民俗展览馆、建立达斡尔族文化生态保护区等多种措施来保护这一传统民俗节日。

参考资料：

1. 王素芬：《沃其贝节叙事》，《乌鲁木齐晚报（汉）》2011 年 6 月 21 日第 D06 版。

2. 郭白玲、郭巴尔登：《关于新疆达斡尔族沃其贝节》，http：//daurstudies. org/index. php? m = content&c = index&a = show&catid = 13&id = 81。

多民族共享

格萨（斯）尔

项目名称：格萨（斯）尔

项目类别：民间文学

项目编号：Ⅰ–27

申报单位：西藏自治区、青海省、甘肃省、四川省、云南省、内蒙古
　　　　　　自治区、新疆维吾尔自治区、中国社会科学院《格萨
　　　　　　（斯）尔》办公室

批准时间：2006 年（第一批国家级非物质文化遗产）

简介：

《格萨（斯）尔》是长篇英雄史诗。千百年来，流传于中国的青藏高
原藏族、蒙古族、土族、纳西族、普米族聚居区，还流传到境外的蒙古
国、俄罗斯的布里亚特、卡尔梅克地区以及喜马拉雅山以南的印度、巴基
斯坦、尼泊尔等国家和周边地区。

《格萨（斯）尔》以口耳相传的方式讲述了妖魔鬼怪横行人间，残害
百姓，白樊天王的三儿子"世界雄狮宝珠制敌王"格萨尔投生下界，他
的生母是龙王的女儿，幼年的他生活在一个偏僻的山区，过着艰苦的生
活，后来凭借高超的本领和战神的帮助，在当地"赛马称王"，赢得了王
位和七宝，娶岭国最美的姑娘珠牡为妻，降伏妖魔，抑强扶弱，拯救老百
姓，统一各部落，最后回归天国的英雄业绩。史诗歌颂了格萨尔降妖除
魔，英勇战斗的光辉业绩。

整个《格萨（斯）尔》大约有一百多部。《格萨（斯）尔》的主要
说部有：《天岭卜筮》《英雄诞生》《赛马称王》《降魔》《霍岭大战》
（上、下部）、《姜岭之战》（又称《保卫盐海》）、《门岭之战》《卡契玉
国》《象雄珍珠国》《松岭大战》《大食牛国》（或译《大食财国》）、《上

索布马国》《下索布铠玉国》《珊瑚聚国》《雪山水晶国》《朱古兵器国》《典玛青稞国》《白利羊国》《擦瓦绒箭国》《米努绸缎国》《西宁马国》《中华与岭国》《阿里黄金国》《梅岭大战》《穆古骡国》《阿扎玛瑙国》《辛典之争》《世界公桑》《地狱救母》《地狱救妻》《安定三界》等三四十部。①

《格萨（斯）尔》虽然以"宗"分列各部，形成套数，而各部（宗）所讲多是部落间的战争故事。史诗"以除暴安良为主题，赋予主人公格萨尔以超人的力量，以浪漫主义和现实主义相结合的手法，叙述了格萨尔南征北战为民除害的英雄业绩，表现了藏族人民希望统一、安居乐业的美好愿望。在这部伟大的史诗中，塑造的众多典型人物有血有肉，褒贬人物的标准也深入人心；它故事生动，情节曲折，气势磅礴；吸收了许多古老神话传说，运用了很多民间谚语、赞词，发挥了多段回环体和自由体民歌的优秀传统，加之采用藏族传统的说唱体裁，很为藏族人民所喜爱，具有广泛的群众性"。②

千百年来，《格萨（斯）尔》史诗艺人一直担任着讲述历史、传达知识、规范行为、维护社区、调节生活的角色，以史诗对民族成员进行温和教育。史诗演唱具有表达民族情感、促进社会互动、维持传统信仰的作用，也具有强化本民族认同、价值观念和影响民间审美取向的功能。《格萨（斯）尔》在多民族中传播，不仅是传承民族文化、凝聚民族精神的重要纽带，也是各民族相互交流和相互了解的生动见证。《格萨（斯）尔》是相关族群社区的宗教信仰、本土知识、民间智慧、族群记忆、母语表达的主要载体，是唐卡、藏戏、弹唱等传统民间艺术创作的灵感源泉，同时也是现代艺术形式的源头活水。③

参考资料：

1. 佟锦华：《藏族传统文化概述》，中国藏学出版社 1990 年版。

2. 倪钟之：《中国曲艺史》，春风文艺出版社 1991 年版。

3. 穆赤·云登嘉措主编：《青海少数民族》，青海人民出版社 1995 年版。

---

① 佟锦华：《藏族传统文化概述》，中国藏族出版社 1990 年版，第 53 页。

② 穆赤·云登嘉措主编：《青海少数民族》，青海人民出版社 1995 年版，第 99 页。

③ 《国家级非物质文化遗产大观》编写组编著：《国家级非物质文化遗产大观》，北京工业大学出版社 2006 年版，第 27—28 页。

4. 降边嘉措：《格萨尔论》，内蒙古大学出版社 1999 年版。

5. 《国家级非物质文化遗产大观》编写组编著：《国家级非物质文化遗产大观》，北京工业大学出版社 2006 年版。

甘肃花儿

项目名称：花儿（莲花山花儿会、松鸣岩花儿会、二郎山花儿会）

项目类别：民间音乐

项目编号：Ⅱ－20

申报单位：甘肃省康乐县、和政县、岷县

批准时间：2006 年（第一批国家级非物质文化遗产）

简介：

花儿会古称"唱山"或者"山场"，新中国成立后逐渐称为"花儿会"，是一种由民众自发组织和参与的大型花儿演唱集会。

莲花山花儿会

莲花山花儿会是甘肃省著名的花儿会之一，其举办地为甘肃省康乐县莲花山。莲花山位于康乐县西南部，距离康乐县城约 50 公里，海拔 3578 米，因其外形似莲花初绽，故而得名"莲花山"。

莲花山花儿会于每年农历六月初一至初六举行，为期六天。届时来自莲花山附近的回、汉、藏、土等族的优秀歌手云集于此，优美的花儿响彻云霄，昼夜不休，吸引着周边数十万民众的参与。

每年农历六月初一、初二，花儿歌手手摇彩扇，打着花伞，从四面八方向莲花山进发，一时间漫山遍野游人如织。当地民众以马莲草搓绳拦路，只有对得上拦路者花儿的歌手才能通过，场面热闹非凡。六月初三、初四，花儿歌手从莲花山下的足古川出发，花儿会进入高潮，即游山对歌。花儿歌手三五成群，临时自愿结成"串班子"，每个串班子都有专门负责编词的"串把式"，歌手们在互相的对歌和竞赛中一步步向山顶迈进，一路上歌声不断，笑声不停。六月初五，人们登上山顶，之后伴随着花儿的歌声向山下 30 里外的王家门沟走去，当夜在户外举行盛大的篝火夜歌，彻夜演唱花儿。六月初六清晨时分，人们从王家门沟向 20 里外的紫松山进发，花儿歌手们互相敬酒，对歌道别，直至傍晚时分，花儿会落下帷幕。

莲花山花儿会以洮岷花儿为主要演唱类型，曲令以《莲花山令》为

代表，曲调高亢奔放，节奏明快，情真意切。演唱方式分独唱、对唱、齐唱和轮唱等，男歌手在演唱时习惯将一只手搭在耳后或用一根手指堵住耳门，女歌手则多用白色手巾或者彩扇遮住半边面庞，只露出一双眼睛。莲花山花儿根据内容可以分为"整花"和"散花"两种。其中整花又叫"本子花儿"，有限定的范围，一般叙述完整的历史故事，如《水浒传》《西游记》《三国演义》中的片段等；散花则比较自由灵活，凡是身边的人和事都可以即兴编在其中，歌词一般为即兴创作，题材也比较广泛，以表达爱慕之意和歌颂新时代的美好生活为主。

莲花山花儿会以其规模宏大、程序独特、影响地区广泛、参与人数众多、歌唱流派繁多而著称。但是近年来，花儿歌手的数量锐减，给花儿会的发展带来极大冲击。2004 年，莲花山被中国民间文艺家协会命名为"中国花儿保护基地"，2006 年，莲花山花儿会经国务院批准列入第一批国家级非物质文化遗产名录，并确定了汪莲莲等国家级非物质文化遗产项目代表性传承人，当地政府也举办了各种花儿赛事，以保护和传承莲花山花儿。

松鸣岩花儿会

松鸣岩花儿会，因其举办地——甘肃省临夏回族自治州和政县松鸣岩而得名，俗称"四月八（实指农历四月二十八）花儿会"，是甘肃省河州花儿的发祥地和河州花儿之"南乡花儿"的代表。

松鸣岩又叫"须弥岩"，位于甘肃省临夏回族自治州和政县南部，距和政县城约 23 公里，面积约 10.8 平方公里。这里景色秀丽迷人，尤其是当山风吹过时，松林发出阵阵声响，故而得名"松鸣岩"。根据史料记载，在明代，松鸣岩上的建筑就已经颇具规模，而至迟在清代，在松鸣岩已经有了演唱花儿的传统。

松鸣岩花儿会在每年的农历四月二十六至四月二十九日之间举行，以四月二十八日为高潮。届时，来自临夏、和政、东乡、广河、康乐、卓尼、临洮、夏河等县的回、汉、东乡、藏等多民族的歌手云集于此，对唱交友。

松鸣岩花儿属河州花儿，曲调悠扬、高亢奔放，有基本固定的曲调，当地人称之为"令"，在花儿会上比较常见的有"河州三令""河州二令""尕马儿令""尕连手令""六六儿三令""水红花令""菊花令""二牡丹令""白牡丹令""蓝牡丹令""小花儿令"等。演唱形式有独唱、对唱、齐唱等，还有人演奏咪咪、唢呐、二胡和四弦子等乐器为歌手伴奏或者独奏花儿曲调。松鸣岩花儿内容丰富，既有历史故事的讲述、对美好爱情的歌唱，也有对新生活的赞美。

松鸣岩花儿会比较完整地保留了原始花儿的曲调格式，花儿的内容体现了古代少数民族的历史、语言和地域文化特色，具有很高的历史和文化价值。2004 年，松鸣岩被中国民间文艺家协会正式命名为"中国花儿传承基地"；2006 年，松鸣岩花儿会经国务院批准列入第一批国家级非物质文化遗产名录；临夏州政府也以松鸣岩花儿会为依托，开展了一系列旨在弘扬花儿文化的赛事等活动，松鸣岩花儿会独特的文化价值也得到了越来越多的关注。

二郎山花儿会

甘肃省定西市岷县是洮岷南路花儿的主要流传地，每年农历五月，全县境内大大小小的花儿会有几十处之多，其中以二郎山花儿会规模最大，影响最广。二郎山花儿会以岷县城南的二郎山为举办地，以五月十七日为正会，故又称"五月十七花儿会"。届时来自附近十余县的回、汉、藏、撒拉、东乡等各民族花儿歌手及十余万群众汇集于二郎山，歌声此起彼伏，形成一片花儿的海洋。

关于二郎山花儿会究竟起于何时，至今尚无确凿的证据。但一般认为二郎山花儿会与当地的信仰和祭祀活动有关。

虽然二郎山花儿会以五月十七日为正会，但整个程序并不只集中在这一天，而是从农历五月初九就已经开始了。每年农历五月初九，人们在岷县县城东北角的洮河岸边聚集并演唱花儿一天，这可以说是花儿会的序幕；五月十五至十七日，人们倾巢而出，在二郎山集会，游山对歌，形成花儿会的高潮；五月十八日，会场转至岷县县城东南的迭藏河边，称"浪鸳桥"；五月十九日，在二郎山西北脚下集会一日，俗称"关门儿"，至此，二郎山花儿会才基本宣告结束。

二郎山花儿会以洮岷南路花儿为主要演唱类型，最有代表性的曲调为"啊欧怜儿"（也称"扎刀令"），这种曲调多以一声"啊欧——"开唱，声音高亢、粗犷、嘹亮。演唱形式有独唱、对唱和合唱等，尤其是赛歌对唱最受当地民众的喜爱。花儿的内容以表现爱情为主，同时也有专门唱给佛爷们听的"神花儿"和对佛爷倾诉自身苦难的"苦心曲儿"，还有的花儿以歌颂新生活为主。花儿歌词以三句式和四句式为主，每句多为七言，押韵灵活，通常为即兴创作，以当地方言为基础，擅长使用赋、比、兴等修辞手法，语言通俗易懂，直抒胸臆。

二郎山作为洮岷南路花儿的会场，其文化价值得到越来越多的关注。2004 年，岷县被联合国教科文组织确定为"联合国民歌考察采录基地"，被中国民间文艺家协会授予"中国花儿之乡"的荣誉称号；2005 年，岷县二郎山被中国民间文艺家协会授予"中国花儿传承基地"称号；2006 年，二郎山花儿会经国务院批准列入第一批国家级非物质文化遗产名录。

参考资料：

1. 郗慧民：《西北花儿学》，兰州大学出版社 1989 年版。

2. 柯杨：《诗与歌的狂欢节——"花儿"与"花儿会"之民俗学研究》，甘肃人民出版社 2002 年版。

3. 汪鸿明、丁作枢编著：《莲花山与莲花山"花儿"》，甘肃人民出版社 2002 年版。

4. 李璘：《乡音：洮岷"花儿"散论》，甘肃人民出版社 2006 年版。

5. 郭正清：《河州花儿》，甘肃人民出版社 2007 年版。

6. 康红英：《二郎山花儿与花儿会研究》，硕士学位论文，西北师范大学，2008 年。

青海花儿

项目名称：花儿（老爷山花儿会、七里寺花儿会、瞿昙寺花儿会）

项目类别：民间音乐

项目编号：Ⅱ－20

申报单位：青海省大通回族土族自治县、民和回族土族自治县、乐都县

批准时间：2006 年（第一批国家级非物质文化遗产）

简介：

"花儿"是表达对生活的认识、感受和思想感情的一种艺术样式。"花儿会"是一种节令性群众歌唱活动，由于庙会是中国农业社会最重要的群众集会形式，"花儿"演唱活动于是和庙会结合起来。"花儿会"是人们对具有群体集会场合的庙会的利用，也是基于抒发感情和进行交际需要的一种群众性的娱乐活动。

老爷山花儿会

老爷山位于大通县桥头镇东侧的苏木莲河（即北川河）畔，俗名

"老爷山"，又称"北武当"。山上原有药王庙、玉皇宫、百子宫等。每年六月初六，大通及西宁、互助、湟中、湟源等地各族群众，都来此观光朝会。因其会期在每年六月初六，又名"六月六朝山会"。

关于老爷山花儿会还有一个传说。据说玉皇大帝看到西王母和众神仙在凌霄宝殿上聚会，玉皇大帝更觉自己是至高的天神。西王母知其所思，于是就说天界也应像人间一样改朝换代。玉皇大帝一听，心里不愿意，就说如果西王母能用针那么大的宝物挑回须弥山界的两座山，就把位置让给西王母。西王母果真挑着两座山，当行至青海省大通县境内时遇到一位老人，老人奇怪，就问为什么不折，谁想到，这宝物应"折"而断，两座山一座成为老爷山，一座成为牦牛山。西王母站在老爷山头伤心，泪流不已，这天刚好是农历六月初六，西王母的泪化作了"洗山雨"。从此之后，每年六月六，人们都到老爷山祈雨，后来就逐渐发展成为了老爷山花儿会。①

老爷山"花儿会"上人们听花儿时，或席地而坐，或坐在摩托车上，或坐在高高的树杈上。"花儿"歌手们即兴编词，即兴演唱，看似简单，实则需要灵活、快捷的思维和扎实娴熟的花儿功底，有时候是台上唱，台下和，如：

> 老爷山下了下起给，青燕麦种起的要哩；家里人骂了骂起给，好花儿唱起的要哩。

七里寺花儿会

七里寺位于民和回族土族自治县以南古鄯镇境内的小积石山麓。"花儿会"是在农历的六月初五，会期两天。花儿会期间，附近的藏族、汉族、土族等民众来到这里，人数可达数万人。节日当天，进行紧张欢快的"花儿"比赛，歌手们从初五晚上就开始唱，一直持续到初六下午。七里寺花儿会上的花儿曲调嘹亮，节奏奔放。讲究即兴发挥，现场填词。花儿会期间，开始是自由独唱，接下来是比赛，可以一个对一个，也可以一个对一群，也可男女对唱。经过反复的比赛较量，之后都是唱花儿能手之间的精彩角逐，把比赛推向高潮。赛歌结束之后，人们也彼此结交朋友，青

---

① 莫福山主编：《中国民间节日文化辞典》，中国劳动出版社 1992 年版，第 202 页。

年男女借机寻找意中人。①

瞿昙寺花儿会

　　瞿昙寺花儿会是青海省乐都县当地的庙会，瞿昙寺花儿会持续三天，农历六月十四日起歌手们就陆续到来，并开始唱"花儿"的活动，直到十六日才结束。

　　瞿昙寺是一所古老的藏族喇嘛教寺院，位于青海省的乐都县城南 20公里处的岗子沟。据考证，瞿昙寺花儿会从清末道光年间瞿昙寺开庙会开始，一直到民国初年逐渐发展成为具有一定规模的花儿会。此外，还是当地各族人民交流花儿的舞台。

　　瞿昙寺花儿是一个歌唱河州型"花儿"的"花儿会"，主要曲调有《水红花令》《尕马儿令》《白牡丹令》《绕三绕令》《二牡丹令》《三闪令》《峡门令》《杨柳姐令》等，而唱的最红的是富有乐都县特色的《咿呀咿令》。歌唱方式有独唱、齐唱和对唱。瞿昙寺"花儿会"规模最大，化隆、民和、互助、西宁等地前来游览的不下四五万人，会场十分热闹，歌声此起彼伏，通宵达旦。② 有首民歌道出了当时的盛况：

　　　　一湾两湾连三湾，湾道里尽唱的少年；一天两天唱三天，耳朵里响给了九天。③

参考资料：

1. 郗慧民：《西北花儿学》，兰州大学出版社 1989 年版。
2. 唐祈等编：《中华民族传统节日辞典》，四川辞书出版社 1990 年版。
3. 陈元龙主编：《中国花儿新论》，甘肃文化出版社 2004 年版。

新疆花儿

项目名称： 花儿（新疆花儿）

项目类别： 传统音乐

项目编号： Ⅱ-20

---

① 周鸣琦、李人凡主编：《中国各民族年节祭会大事典》，陕西人民教育出版社 1995 年版，第 479 页。
② 郗惠民：《西北花儿学》，兰州大学出版社 1989 年版，第 357—358 页。
③ 乐都县志编纂委员会编：《乐都县志》，陕西人民出版社 1992 年版，第 437 页。

申报单位：新疆维吾尔自治区昌吉回族自治州、巴音郭楞蒙古自治州

批准时间：2008 年（第一批国家级非物质文化遗产扩展项目）

简介：

新疆花儿是随着迁居新疆的回族而在新疆落地生根的一种花儿形式，既保留了传统河湟花儿的某些特征，同时又带有强烈的新疆地域特色，音乐风格独树一帜，故而得名"新疆花儿"。

和其他类型的花儿一样，新疆花儿的内容也非常丰富。传统花儿大部分以歌颂爱情、惩恶扬善和反映人民苦难生活为主，尤其是反映迁徙者、拓荒者、出门人、脚户哥[①]的花儿数量较多，也从一个侧面反映了新疆回族的迁徙历史及早期的生活境况。新中国成立后的花儿除了和传统花儿一样歌颂爱情之外，还涌现出许多赞美新时代、吟咏新生活的花儿。

在语言方面，新疆花儿表现出非常明显的新疆地域特色。首先，在汉语方言的基础上，融合了维吾尔语、哈萨克语等新疆少数民族语言的词汇，如花儿"尕牛哈架上者羊赶上，家里的尕妹子带上；坎土曼拿上者锨拿上，开都河清水哈浇上"。中的"坎土曼"就是维吾尔语，指的是维吾尔人用来挖土、锄地的一种工具。其次，许多能够反映新疆特色的地名、物产等词汇也频繁出现在新疆花儿中，如"天山""棉花""海娜""馕""坎儿井"等，真实记录了新疆的风土人情。再次，新疆花儿除了完全用新疆地区的汉语方言来演唱的花儿之外，在昌吉地区还存在一种被称为"风搅雪"的花儿演唱形式，这种花儿在演唱时将维吾尔语、哈萨克语与汉语相交错，很受当地少数民族的喜爱。

在形式方面，新疆花儿最常见的是四句体，其中前两句比兴，后两句点题。还有被称为"折断腰"的六句体，即在第一和第三句之后各加一个短句，从而形成六句。此外，也有三句体或五句体的，但并不多见。押韵以地方方言和口语为标准，有通韵、交韵和间韵等多种押韵方式[②]。

在曲调方面，新疆花儿和其他类型花儿一样，也属五声音阶，但以徵调式和商调式为主。主要流行的曲令有"河州大令""河州三令""白牡

---

① 脚户哥：帮富商巨贾赶马、拉骆驼的青壮年，早期迁居新疆的回族青年从事这一行业者较多。

② 刘可英：《新疆昌吉地区回族"花儿"的风格特色研究》，硕士学位论文，首都师范大学，2008 年，第 10 页。

丹令""尕马儿令""大眼睛令"等。新疆花儿的唱腔既延续了内地花儿高亢粗犷的特点，又吸收了新疆其他少数民族的音乐特色，表现出细腻委婉的另一面。不仅如此，新疆花儿借鉴了维吾尔族的欢快风格，曲调明朗、欢快且富于变化，具有更强的音乐表现力和感染力；借鉴了哈萨克族阿肯弹唱的幽默，维吾尔族木卡姆歌男女老幼同台表演的家庭亲和模式，表现出载歌载舞的新疆特色；还加入了新疆民族乐器如四弦子等，丰富了花儿的伴奏音乐。

总之，新疆花儿在其两三百年的发展过程中表现出强大的包容性，汇集了新疆各民族的优秀文化，现已成为新疆各民族共同的精神财富。为了更好地保护和传承这一地方文化，当地政府采取了举办花儿培训班、成立花儿艺术团、寻访民间花儿歌手、搜集整理花儿档案、举办花儿演唱会、创作演出花儿歌舞等多种方式，力图使新疆花儿能够继续唱响天山南北。

参考资料：

1. 李桦：《新疆回族"花儿"源流初探》，《新疆师范大学学报》（哲学社会科学版）1983年第2期。

2. 柯杨：《新疆回族传统"花儿"琐议》，载王堡、雷茂奎主编《新疆民族民间文学研究》，新疆人民出版社1986年版。

3. 铁学林、马玉琪主编，李富搜集：《新疆回族传统花儿》，新疆青少年出版社1994年版。

4. 刘可英：《新疆昌吉地区回族"花儿"的风格特色研究》，硕士学位论文，首都师范大学，2008年。

传统箭术（南山射箭）

项目名称： 传统箭术（南山射箭）

项目类别： 传统体育、游艺与杂技

项目编号： Ⅵ－42

申报单位： 青海省乐都县

批准时间： 2008年（第二批国家级非物质文化遗产）

简介：

南山射箭，指的是居住在青海省乐都南山地区的村民，不定期举行的各类射箭比赛。箭队间的比赛自由商定，可在本乡镇村与村之间举行，也可跨乡镇比赛。作为一项传统体育活动，每年的射箭比赛都是在端午节前后举行，射箭地点也不固定，轮流择地。这项大型民俗活动不仅有藏族、

回族、汉族诸多民族参加，有十七八岁的青年，也有六七十岁的老人，具有广泛的群众参与性，射箭比赛的日子在当地人民心目中是神圣而热闹的节日。

赛前，"箭头"（也是村内射箭活动的组织者和领导者）商定被请的对方，然后带上两支箭和哈达前去邀请，当对方同意并商定比赛时间后，两支箭就留在对方。主办方的箭手们选择靶场和赛前的一切事宜。男的杀鸡、杀猪、宰羊，准备美酒；妇女们擀长面、炸油饼、蒸馍馍、澄凉粉等美味佳肴，准备招待客人。为了赶制各种食品，她们甚至会通宵达旦，体现了射箭比赛切磋技艺和发展友谊的宗旨。

比赛一般分两轮，每个箭手共射六箭，上午四箭，下午两箭。比赛时主客双方箭手都身穿民族服装。当客方莅临赛场时，主方大吼三声以示迎接，同时客、主双方嚎着、跳着进入赛场，欢歌跳舞后立即比赛。

比赛用的弓为牛角弓，箭为木杆铁镞带羽毛。靶子设在距离射箭场50米左右的半山坡，用杨柳枝条编成，约一米见方，中间有碗口大红心，俗称"月儿"。靶顶上插四到六面小彩旗，既醒目又可辨别风向。比赛中，按客主两方设两名监靶人，手持杨柳条，分别坐在靶子两边。若射中，则举杨柳条为记号。

第一箭叫开靶，都由双方的优秀射手开靶，接下来按事前拟定的次序，箭手各自找"对摹子"（即对手，不分民族）。选择"对摹子"不但射箭手本人重视，而且射手全家也很关心。经过比赛之后的对摹子，可能会成为终身的好朋友。所以当丈夫选择了一位出色的"对摹子"时，妇女们就会到处夸耀，有一首"花儿"就表达了此种心情：

> 亮明星对的是北斗星，天河口，亮光儿好像是白昼。
> 阿哥对的是神箭手，雄赳赳，千万人里头的射手。①

当射中一箭，箭手就一手举弓，一手叉腰，大吼三声，呼叫着向前跑去，以示庆贺和鼓励；本队其他射手和帮手一起欢歌跳跃地紧跟其后，甚至将射手抬回队列。有时命中后，围观的村民们、帮手们在场上尽情地欢歌跳舞，以示祝贺。赛场上喊声震天，热闹非凡。这样，一客一主直至第

---

① 钱中立：《青海风情》，青海人民出版社1988年版，第73页。

一轮比赛结束。

中午，主人请"对摹子"到家，用美味佳肴款待客人。下午，也是当天比赛的高潮，大家都力争夺魁。第二轮结束时，双方选出优秀箭手射最后一箭，叫盖靶。这是一天中最精彩的场面。神箭手上场盖靶，还会给自己提出只射靶子某一点的难度很大的要求，命中之后，全场都跟着欢呼不已。

射箭结束后，主人又请"对摹子"到家吃长面、凉粉，以示友情长在。当客人返回时，全村妇女的歌手，聚集在村口，拦住客箭手的马头，唱"花儿"，热情相送，就这样大家依依惜别。次日，主方箭手们去客方回射。"花儿"唱词如下：

（女）：百花群里的金石榴，千万人里的射手。勒住马儿且慢走，谁是尕妹的对手？

（男）：凤在山头龙在海，龙凤配下的精彩。香茶美酒桌子上摆，多亏了尕妹的招待。

（女）：松木箭杆牛尾弓，花羽毛箭尾上耀人。远来的阿哥是能人，射穿了靶子的红心。

（男）：箭场里没个八里弓，射箭手们咋射个箭哩。白天里没见个尕妹的面，射穿红心（者）叫谁看哩。[①]

在乐都地区，一直保持着"南山射箭，北山跑马"的习俗。当地甚至有"赛马射箭，胜似过年"的谚语，可见人们对此活动的热爱之情。南山射箭对于当地民众社会交往、民族团结以及体育活动传承发展具有重要的意义。

参考资料：

1. 中国人民政治协商会议青海省委员会文史资料研究委员会：《青海文史资料》（第10—12辑），内部发行1984年。

2. 钱中立：《青海风情》，青海人民出版社1988年版。

3. 乐都县志编纂委员会编：《乐都县志》，陕西人民出版社1992年版。

---

① 中国人民政治协商会议青海省委员会文史资料研究委员会：《青海文史资料》（第10—12辑），内部发行1984年版，第266—267页。

热贡六月会

项目名称：热贡六月会

项目类别：民俗

项目编号：Ⅹ－43

申报单位：青海省同仁县

批准时间：2006 年（第一批国家级非物质文化遗产）

简介：

热贡六月会，是在青海同仁县境内藏族、土族群众中盛行的大型祭祀表演活动，是特有的以愉悦神灵为主的传统文化节日。每年农历六月十七至二十五日定期举办，举办活动的村庄有五十多个。热贡六月会作为热贡地区历史最为悠久、范围最广的群众性节日，蕴涵着宗教历史、民俗风情等丰富的文化内容，充满了神奇与欢乐，已流传一千四百多年，其祭神方式在全藏区是独有的，所展现的特殊风俗和仪式弥漫着苯教、萨满教等原始宗教遗风。

热贡六月会追溯其渊源尚无史料记载。相关传说有两种。

第一种传说。据传唐蕃和解时，为了庆祝和平的到来，守卫当地的吐蕃将军于当年的六月十六至二十五日向当地的诸守护神叩拜，并隆重祭祀，由此发展成热贡六月会。

第二种传说。据传元末明初时，元朝一支蒙汉混编的军队在隆务河谷接受了明朝招安并在当地解甲务农。为了庆祝来之不易的和平安宁，他们举行了隆重的祭典活动，祈求消灾去难人寿粮丰，热贡六月会即从此发展而来。

热贡六月会正式参加者是所有的男子和年轻未婚的少女，其他人只是观赏者。热贡六月会的节目形式多种多样，气氛热烈而庄重。具体日程少则包括煨桑、请神、龙鼓、舞蹈、祭祀等，多则还有上口钎、开山、小品和山歌等。[①]

热贡六月会最先由同仁县隆务镇的四合村开始，随后，隆务河两岸各村以村庄为单位，依次举行各种祭神、娱神的庆典活动。各村举行开场仪

---

① 《国家级非物质文化遗产大观》编写组编著：《国家级非物质文化遗产大观》，北京工业大学出版社 2006 年版，第 375 页。

式时，全村男子在法师带领下举行祭祀本村所信仰的山神。祭拜结束后，祭神的队伍又在法师的带领下返回神庙，接着全村人聚集在会场上，跳起敬神的舞蹈。所有舞都由法师领跳，献舞前一定要举行煨桑、请神、献祭等仪式。热贡六月会从头到尾贯穿歌舞表演，主要分为三类：第一类是"拉什则"（藏语，意为神舞）；第二类是"勒什则"（藏语，意为龙舞）；第三类是"莫合则"（藏语，军舞）。每一类都由若干个舞蹈组成。"拉什则"是一种祭祀山神、二郎神、龙神及其他地方保护神的舞蹈，祈求神灵保佑。"勒什则"舞蹈产生于祈求降水之说，各村的跳法也不同，但祈求神灵保佑，降雨的功能大致相同。"莫合则"，即军舞，反映的是古代战争的场面。这三种舞蹈在不同村庄呈现出多样性。娱神、酬神同时也有娱人娱己的成分。热贡六月会的结束阶段，主要是把神轿送回神庙及其相关的降神活动。当地民间认为，通过"插口钎""插背钎"和"开红山"等仪式向神献舞，更能显示献供者对神的虔诚，从而得到神的欢心，降福护佑，消灾免祸。①

热贡六月会具有很强的传统文化特点。它集仪式、庆典、歌舞、民间小戏于一体，具有艺术学、宗教学、人类学、民俗学、文化学等方面的研究价值。

参考资料：

1. 马成俊：《热贡艺术》，浙江人民出版社 2005 年版。

2. 马盛德、曹娅丽：《人神共舞：青海宗教祭祀舞蹈考察与研究》，文化艺术出版社 2005 年版。

3. 《国家级非物质文化遗产大观》编写组编著：《国家级非物质文化遗产大观》，北京工业大学出版社 2006 年版。

---

① 马成俊：《热贡艺术》，浙江人民出版社 2005 年版，第 175—179 页；马盛德、曹娅丽：《人神共舞：青海宗教祭祀舞蹈考察与研究》，文化艺术出版社 2005 年版，第 161—171 页。

附　录

《保护非物质文化遗产公约》

巴黎，2003 年 10 月 17 日

MISC/2003/CLT/CH/14 REV. 1

保护非物质文化遗产公约

联合国教育、科学及文化组织（以下简称"教科文组织"）大会于 2003 年 9 月 29 日至 10 月 17 日在巴黎举行的第 32 届会议，

参照现有的国际人权文书，尤其是 1948 年的《世界人权宣言》以及 1966 年的《经济、社会及文化权利国际公约》和《公民权利和政治权利国际公约》，

考虑到 1989 年的《保护民间创作建议书》、2001 年的《教科文组织世界文化多样性宣言》和 2002 年第三次文化部长圆桌会议通过的《伊斯坦布尔宣言》强调非物质文化遗产的重要性，它是文化多样性的熔炉，又是可持续发展的保证，

考虑到非物质文化遗产与物质文化遗产和自然遗产之间的内在相互依存关系，

承认全球化和社会转型进程在为各群体之间开展新的对话创造条件的同时，也与不容忍现象一样，使非物质文化遗产面临损坏、消失和破坏的严重威胁，在缺乏保护资源的情况下，这种威胁尤为严重，

意识到保护人类非物质文化遗产是普遍的意愿和共同关心的事项，

承认各社区，尤其是原住民、各群体，有时是个人，在非物质文化遗产的生产、保护、延续和再创造方面发挥着重要作用，从而为丰富文化多样性和人类的创造性作出贡献，

注意到教科文组织在制定保护文化遗产的准则性文件，尤其是1972年的《保护世界文化和自然遗产公约》方面所做的具有深远意义的工作，

还注意到迄今尚无有约束力的保护非物质文化遗产的多边文件，

考虑到国际上现有的关于文化遗产和自然遗产的协定、建议书和决议需要有非物质文化遗产方面的新规定有效地予以充实和补充，

考虑到必须提高人们，尤其是年轻一代对非物质文化遗产及其保护的重要意义的认识，

考虑到国际社会应当本着互助合作的精神与本公约缔约国一起为保护此类遗产作出贡献，

忆及教科文组织有关非物质文化遗产的各项计划，尤其是"宣布人类口头遗产和非物质遗产代表作"计划，

认为非物质文化遗产是密切人与人之间的关系以及他们之间进行交流和了解的要素，它的作用是不可估量的，

于2003年10月17日通过本公约。

第一章
总则
第一条：本公约的宗旨

本公约的宗旨如下：

（一）保护非物质文化遗产；

（二）尊重有关社区、群体和个人的非物质文化遗产；

（三）在地方、国家和国际一级提高对非物质文化遗产及其相互欣赏的重要性的意识；

（四）开展国际合作及提供国际援助。

第二条：定义

在本公约中：

（一）"非物质文化遗产"，指被各社区、群体，有时是个人，视为其文化遗产组成部分的各种社会实践、观念表述、表现形式、知识、技能以及相关的工具、实物、手工艺品和文化场所。这种非物质文化遗产世代相传，在各社区和群体适应周围环境以及与自然和历史的互动中，被不断地再创造，为这些社区和群体提供认同感和持续感，从而增强对文化多样性和人类创造力的尊重。在本公约中，只考虑符合现有的国际人权文件，各

社区、群体和个人之间相互尊重的需要和顺应可持续发展的非物质文化遗产。

（二）按上述第（一）项的定义，"非物质文化遗产"包括以下方面：

1. 口头传统和表现形式，包括作为非物质文化遗产媒介的语言；

2. 表演艺术；

3. 社会实践、仪式、节庆活动；

4. 有关自然界和宇宙的知识和实践；

5. 传统手工艺。

（三）"保护"指确保非物质文化遗产生命力的各种措施，包括这种遗产各个方面的确认、立档、研究、保存、保护、宣传、弘扬、传承（特别是通过正规和非正规教育）和振兴。

（四）"缔约国"指受本公约约束且本公约在它们之间也通用的国家。

（五）本公约经必要修改对根据第三十三条所述之条件成为其缔约方之领土也适用。在此意义上，"缔约国"亦指这些领土。

第三条：与其他国际文书的关系

本公约的任何条款均不得解释为：

（一）改变与任一非物质文化遗产直接相关的世界遗产根据1972年《保护世界文化和自然遗产公约》所享有的地位，或降低其受保护的程度；

（二）影响缔约国从其作为缔约方的任何有关知识产权或使用生物和生态资源的国际文书所获得的权利和所负有的义务。

第二章
公约的有关机关
第四条：缔约国大会

一、兹建立缔约国大会，下称"大会"。大会为本公约的最高权力机关。

二、大会每两年举行一次常会。如若它作出此类决定或政府间保护非物质文化遗产委员会或至少三分之一的缔约国提出要求，可举行特别会议。

三、大会应通过自己的议事规则。

第五条：政府间保护非物质文化遗产委员会

兹在教科文组织内设立政府间保护非物质文化遗产委员会，下称"委员会"。在本公约依照第三十四条的规定生效之后，委员会由参加大会之缔约国选出的 18 个缔约国的代表组成。

二、在本公约缔约国的数目达到 50 个之后，委员会委员国的数目将增至 24 个。

第六条：委员会委员国的选举和任期

一、委员会委员国的选举应符合公平的地理分配和轮换原则。

二、委员会委员国由本公约缔约国大会选出，任期四年。

三、但第一次选举当选的半数委员会委员国的任期为两年。这些国家在第一次选举后抽签指定。

四、大会每两年对半数委员会委员国进行换届。

五、大会还应选出填补空缺席位所需的委员会委员国。

六、委员会委员国不得连选连任两届。

七、委员会委员国应选派在非物质文化遗产各领域有造诣的人士为其代表。

第七条：委员会的职能

在不妨碍本公约赋予委员会的其他职权的情况下，其职能如下：

（一）宣传公约的目标，鼓励并监督其实施情况；

（二）就好的做法和保护非物质文化遗产的措施提出建议；

（三）按照第二十五条的规定，拟订利用基金资金的计划并提交大会批准；

（四）按照第二十五条的规定，努力寻求增加其资金的方式方法，并为此采取必要的措施；

（五）拟订实施公约的业务指南并提交大会批准；

（六）根据第二十九条的规定，审议缔约国的报告并将报告综述提交大会；

（七）根据委员会制定的、大会批准的客观遴选标准，审议缔约国提出的申请并就以下事项作出决定：

1. 列入第十六条、第十七条和第十八条述及的名录和提名；

2. 按照第二十二条的规定提供国际援助。

第八条：委员会的工作方法

一、委员会对大会负责。它向大会报告自己的所有活动和决定。

二、委员会以其委员的三分之二多数通过自己的议事规则。

三、委员会可设立其认为执行任务所需的临时特设咨询机构。

四、委员会可邀请在非物质文化遗产各领域确有专长的任何公营或私营机构以及任何自然人参加会议，就任何具体的问题向其请教。

第九条：咨询组织的认证

一、委员会应建议大会认证在非物质文化遗产领域确有专长的非政府组织具有向委员会提供咨询意见的能力。

二、委员会还应向大会就此认证的标准和方式提出建议。

第十条：秘书处

一、委员会由教科文组织秘书处协助。

二、秘书处起草大会和委员会文件及其会议的议程草案和确保其决定的执行。

第三章
在国家一级保护非物质文化遗产
第十一条：缔约国的作用

各缔约国应该：

（一）采取必要措施确保其领土上的非物质文化遗产受到保护；

（二）在第二条第（三）项提及的保护措施内，由各社区、群体和有关非政府组织参与，确认和确定其领土上的各种非物质文化遗产。

第十二条：清单

一、为了使其领土上的非物质文化遗产得到确认以便加以保护，各缔约国应根据自己的国情拟订一份或数份关于这类遗产的清单，并应定期加以更新。

二、各缔约国在按第二十九条的规定定期向委员会提交报告时，应提供有关这些清单的情况。

第十三条：其他保护措施

为了确保其领土上的非物质文化遗产得到保护、弘扬和展示，各缔约国应努力做到：

（一）制定一项总的政策，使非物质文化遗产在社会中发挥应有的作用，并将这种遗产的保护纳入规划工作；

（二）指定或建立一个或数个主管保护其领土上的非物质文化遗产的机构；

（三）鼓励开展有效保护非物质文化遗产，特别是濒危非物质文化遗产的科学、技术和艺术研究以及方法研究；

（四）采取适当的法律、技术、行政和财政措施，以便：

1. 促进建立或加强培训管理非物质文化遗产的机构以及通过为这种遗产提供活动和表现的场所和空间，促进这种遗产的传承；

2. 确保对非物质文化遗产的享用，同时对享用这种遗产的特殊方面的习俗做法予以尊重；

3. 建立非物质文化遗产文献机构并创造条件促进对它的利用。

第十四条：教育、宣传和能力培养

各缔约国应竭力采取种种必要的手段，以便：

（一）使非物质文化遗产在社会中得到确认、尊重和弘扬，主要通过：

1. 向公众，尤其是向青年进行宣传和传播信息的教育计划；

2. 有关社区和群体的具体的教育和培训计划；

3. 保护非物质文化遗产，尤其是管理和科研方面的能力培养活动；

4. 非正规的知识传播手段。

（二）不断向公众宣传对这种遗产造成的威胁以及根据本公约所开展的活动；

（三）促进保护表现非物质文化遗产所需的自然场所和纪念地点的教育。

第十五条：社区、群体和个人的参与

缔约国在开展保护非物质文化遗产活动时，应努力确保创造、延续和传承这种遗产的社区、群体，有时是个人的最大限度的参与，并吸收他们积极地参与有关的管理。

第四章

在国际一级保护非物质文化遗产

第十六条：人类非物质文化遗产代表作名录

一、为了扩大非物质文化遗产的影响，提高对其重要意义的认识和从尊重文化多样性的角度促进对话，委员会应该根据有关缔约国的提名编

辑、更新和公布人类非物质文化遗产代表作名录。

二、委员会拟订有关编辑、更新和公布此代表作名录的标准并提交大会批准。

第十七条：急需保护的非物质文化遗产名录

一、为了采取适当的保护措施，委员会编辑、更新和公布急需保护的非物质文化遗产名录，并根据有关缔约国的要求将此类遗产列入该名录。

二、委员会拟订有关编辑、更新和公布此名录的标准并提交大会批准。

三、委员会在极其紧急的情况（其具体标准由大会根据委员会的建议加以批准）下，可与有关缔约国协商将有关的遗产列入第一款所提之名录。

第十八条：保护非物质文化遗产的计划、项目和活动

一、在缔约国提名的基础上，委员会根据其制定的、大会批准的标准，兼顾发展中国家的特殊需要，定期遴选并宣传其认为最能体现本公约原则和目标的国家、分地区或地区保护非物质文化遗产的计划、项目和活动。

二、为此，委员会接受、审议和批准缔约国提交的关于要求国际援助拟订此类提名的申请。

三、委员会按照它确定的方式，配合这些计划、项目和活动的实施，随时推广有关经验。

第五章
国际合作与援助
第十九条：合作

一、在本公约中，国际合作主要是交流信息和经验，采取共同的行动，以及建立援助缔约国保护非物质文化遗产工作的机制。

在不违背国家法律规定及其习惯法和习俗的情况下，缔约国承认保护非物质文化遗产符合人类的整体利益，保证为此目的在双边、分地区、地区和国际各级开展合作。

第二十条：国际援助的目的

可为如下目的提供国际援助：

（一）保护列入《急需保护的非物质文化遗产名录》的遗产；

（二）按照第十一条和第十二条的精神编制清单；

（三）支持在国家、分地区和地区开展的保护非物质文化遗产的计划、项目和活动；

（四）委员会认为必要的其他一切目的。

第二十一条：国际援助的形式

第七条的业务指南和第二十四条所指的协定对委员会向缔约国提供援助作了规定，可采取的形式如下：

（一）对保护这种遗产的各个方面进行研究；

（二）提供专家和专业人员；

（三）培训各类所需人员；

（四）制订准则性措施或其他措施；

（五）基础设施的建立和营运；

（六）提供设备和技能；

（七）其他财政和技术援助形式，包括在必要时提供低息贷款和捐助。

第二十二条：国际援助的条件

一、委员会确定审议国际援助申请的程序和具体规定申请的内容，包括打算采取的措施、必须开展的工作及预计的费用。

二、如遇紧急情况，委员会应对有关援助申请优先审议。

三、委员会在作出决定之前，应进行其认为必要的研究和咨询。

第二十三条：国际援助的申请

一、各缔约国可向委员会递交国际援助的申请，保护在其领土上的非物质文化遗产。

二、此类申请亦可由两个或数个缔约国共同提出。

三、申请应包含第二十二条第一款规定的所有资料和所有必要的文件。

第二十四条：受援缔约国的任务

一、根据本公约的规定，国际援助应依据受援缔约国与委员会之间签署的协定来提供。

二、受援缔约国通常应在自己力所能及的范围内分担国际所援助的保护措施的费用。

三、受援缔约国应向委员会报告关于使用所提供的保护非物质文化遗产援助的情况。

第六章

非物质文化遗产基金

第二十五条：基金的性质和资金来源

一、兹建立一项"保护非物质文化遗产基金"，下称"基金"。

二、根据教科文组织《财务条例》的规定，此项基金为信托基金。

三、基金的资金来源包括：

（一）缔约国的纳款；

（二）教科文组织大会为此所拨的资金；

（三）以下各方可能提供的捐款、赠款或遗赠：

1. 其他国家；

2. 联合国系统各组织和各署（特别是联合国开发计划署）以及其他国际组织；

3. 公营或私营机构和个人。

（四）基金的资金所得的利息；

（五）为本基金募集的资金和开展活动之所得；

（六）委员会制定的基金条例所许可的所有其他资金。

四、委员会对资金的使用视大会的方针来决定。

五、委员会可接受用于某些项目的一般或特定目的的捐款及其他形式的援助，只要这些项目已获委员会的批准。

六、对基金的捐款不得附带任何与本公约所追求之目标不相符的政治、经济或其他条件。

第二十六条：缔约国对基金的纳款

一、在不妨碍任何自愿补充捐款的情况下，本公约缔约国至少每两年向基金纳一次款，其金额由大会根据适用于所有国家的统一的纳款额百分比加以确定。缔约国大会关于此问题的决定由出席会议并参加表决，但未作本条第二款中所述声明的缔约国的多数通过。在任何情况下，此纳款都不得超过缔约国对教科文组织正常预算纳款的百分之一。

二、但是，本公约第三十二条或第三十三条中所指的任何国家均可在交存批准书、接受书、核准书或加入书时声明不受本条第一款规定的约束。

三、已作本条第二款所述声明的本公约缔约国应努力通知联合国教育、科学及文化组织总干事收回所作声明。但是，收回声明之举不得影响该国在紧接着的下一届大会开幕之日前应缴的纳款。

四、为使委员会能够有效地规划其工作，已作本条第二款所述声明的本公约缔约国至少应每两年定期纳一次款，纳款额应尽可能接近它们按本条第一款规定应交的数额。

五、凡拖欠当年和前一日历年的义务纳款或自愿捐款的本公约缔约国不能当选为委员会委员，但此项规定不适用于第一次选举。已当选为委员会委员的缔约国的任期应在本公约第六条规定的选举之时终止。

第二十七条：基金的自愿补充捐款

除了第二十六条所规定的纳款，希望提供自愿捐款的缔约国应及时通知委员会以使其能对相应的活动作出规划。

第二十八条：国际筹资运动

缔约国应尽力支持在教科文组织领导下为该基金发起的国际筹资运动。

第七章
报告

第二十九条：缔约国的报告

缔约国应按照委员会确定的方式和周期向其报告它们为实施本公约而通过的法律、规章条例或采取的其他措施的情况。

第三十条：委员会的报告

一、委员会应在其开展的活动和第二十九条提及的缔约国报告的基础上，向每届大会提交报告。

二、该报告应提交教科文组织大会。

第八章
过渡条款

第三十一条：与宣布人类口头和非物质遗产代表作的关系

一、委员会应把在本公约生效前宣布为"人类口头和非物质遗产代表作"的遗产纳入人类非物质文化遗产代表作名录。

二、把这些遗产纳入人类非物质文化遗产代表作名录绝不是预设按第十六条第二款将确定的今后列入遗产的标准。

三、在本公约生效后，将不再宣布其他任何人类口头和非物质遗产代表作。

第九章

最后条款

第三十二条：批准、接受或核准

一、本公约须由教科文组织会员国根据各自的宪法程序予以批准、接受或核准。

二、批准书、接受书或核准书应交存教科文组织总干事。

第三十三条：加入

一、所有非教科文组织会员国的国家，经本组织大会邀请，均可加入本公约。

二、没有完全独立，但根据联合国大会第 1514（XV）号决议被联合国承认为充分享有内部自治，并且有权处理本公约范围内的事宜，包括有权就这些事宜签署协议的地区也可加入本公约。

三、加入书应交存教科文组织总干事。

第三十四条：生效

本公约在第三十份批准书、接受书、核准书或加入书交存之日起的三个月后生效，但只涉及在该日或该日之前交存批准书、接受书、核准书或加入书的国家。对其他缔约国来说，本公约则在这些国家的批准书、接受书、核准书或加入书交存之日起的三个月之后生效。

第三十五条：联邦制或非统一立宪制

对实行联邦制或非统一立宪制的缔约国实行下述规定：

（一）在联邦或中央立法机构的法律管辖下实施本公约各项条款的国家的联邦或中央政府的义务与非联邦国家的缔约国的义务相同；

（二）在构成联邦，但按照联邦立宪制无须采取立法手段的各个州、成员国、省或行政区的法律管辖下实施本公约的各项条款时，联邦政府应将这些条款连同其建议一并通知各个州、成员国、省或行政区的主管当局。

第三十六条：退出

一、各缔约国均可宣布退出本公约。

二、退约应以书面退约书的形式通知教科文组织总干事。

三、退约在接到退约书十二个月之后生效。在退约生效日之前不得影响退约国承担的财政义务。

第三十七条：保管人的职责

教科文组织总干事作为本公约的保管人，应将第三十二条和第三十三条规定交存的所有批准书、接受书、核准书或加入书和第三十六条规定的退约书的情况通告本组织各会员国、第三十三条提到的非本组织会员国的国家和联合国。

第三十八条：修订

一、任何缔约国均可书面通知总干事，对本公约提出修订建议。总干事应将此通知转发给所有缔约国。如在通知发出之日起六个月之内，至少有一半的缔约国回复赞成此要求，总干事应将此建议提交下一届大会讨论，决定是否通过。

二、对本公约的修订须经出席并参加表决的缔约国三分之二多数票通过。

三、对本公约的修订一旦通过，应提交缔约国批准、接受、核准或加入。

四、对于那些已批准、接受、核准或加入修订的缔约国来说，本公约的修订在三分之二的缔约国交存本条第三款所提及的文书之日起三个月之后生效。此后，对任何批准、接受、核准或加入修订的缔约国来说，在其交存批准书、接受书、核准书或加入书之日起三个月之后，本公约的修订即生效。

五、第三款和第四款所确定的程序对有关委员会委员国数目的第五条的修订不适用。此类修订一经通过即生效。

六、在修订依照本条第四款的规定生效之后成为本公约缔约国的国家如无表示异议，应：

（一）被视为修订的本公约的缔约方；

（二）但在与不受这些修订约束的任何缔约国的关系中，仍被视为未经修订之公约的缔约方。

第三十九条：有效文本

本公约用英文、阿拉伯文、中文、西班牙文、法文和俄文拟定，六种文本具有同等效力。

第四十条：登记

根据《联合国宪章》第一〇二条的规定，本公约应按教科文组织总干事的要求交联合国秘书处登记。

《中华人民共和国非物质文化遗产法》

（2011 年 2 月 25 日第十一届全国人民代表
大会常务委员会第十九次会议通过）

目录

第一章　总则

第一条　为了继承和弘扬中华民族优秀传统文化，促进社会主义精神文明建设，加强非物质文化遗产保护、保存工作，制定本法。

第二条　本法所称非物质文化遗产，是指各族人民世代相传并视为其文化遗产组成部分的各种传统文化表现形式，以及与传统文化表现形式相关的实物和场所。包括：

（一）传统口头文学以及作为其载体的语言；

（二）传统美术、书法、音乐、舞蹈、戏剧、曲艺和杂技；

（三）传统技艺、医药和历法；

（四）传统礼仪、节庆等民俗；

（五）传统体育和游艺；

（六）其他非物质文化遗产。

属于非物质文化遗产组成部分的实物和场所，凡属文物的，适用《中华人民共和国文物保护法》的有关规定。

第三条　国家对非物质文化遗产采取认定、记录、建档等措施予以保存，对体现中华民族优秀传统文化，具有历史、文学、艺术、科学价值的非物质文化遗产采取传承、传播等措施予以保护。

第四条　保护非物质文化遗产，应当注重其真实性、整体性和传承性，有利于增强中华民族的文化认同，有利于维护国家统一和民族团结，有利于促进社会和谐和可持续发展。

第五条　使用非物质文化遗产，应当尊重其形式和内涵。

禁止以歪曲、贬损等方式使用非物质文化遗产。

第六条　县级以上人民政府应当将非物质文化遗产保护、保存工作纳入本级国民经济和社会发展规划，并将保护、保存经费列入本级财政预算。

国家扶持民族地区、边远地区、贫困地区的非物质文化遗产保护、保存工作。

第七条　国务院文化主管部门负责全国非物质文化遗产的保护、保存工作；县级以上地方人民政府文化主管部门负责本行政区域内非物质文化遗产的保护、保存工作。

县级以上人民政府其他有关部门在各自职责范围内，负责有关非物质文化遗产的保护、保存工作。

第八条　县级以上人民政府应当加强对非物质文化遗产保护工作的宣传，提高全社会保护非物质文化遗产的意识。

第九条　国家鼓励和支持公民、法人和其他组织参与非物质文化遗产保护工作。

第十条　对在非物质文化遗产保护工作中作出显著贡献的组织和个人，按照国家有关规定予以表彰、奖励。

第二章　非物质文化遗产的调查

第十一条　县级以上人民政府根据非物质文化遗产保护、保存工作需要，组织非物质文化遗产调查。非物质文化遗产调查由文化主管部门负责进行。

县级以上人民政府其他有关部门可以对其工作领域内的非物质文化遗产进行调查。

第十二条　文化主管部门和其他有关部门进行非物质文化遗产调查，应当对非物质文化遗产予以认定、记录、建档，建立健全调查信息共享机制。

文化主管部门和其他有关部门进行非物质文化遗产调查，应当收集属于非物质文化遗产组成部分的代表性实物，整理调查工作中取得的资料，并妥善保存，防止损毁、流失。其他有关部门取得的实物图片、资料复制件，应当汇交给同级文化主管部门。

第十三条　文化主管部门应当全面了解非物质文化遗产有关情况，建立非物质文化遗产档案及相关数据库。除依法应当保密的外，非物质文化遗产档案及相关数据信息应当公开，便于公众查阅。

第十四条　公民、法人和其他组织可以依法进行非物质文化遗产调查。

第十五条　境外组织或者个人在中华人民共和国境内进行非物质文化遗产调查，应当报经省、自治区、直辖市人民政府文化主管部门批准；调查在两个以上省、自治区、直辖市行政区域进行的，应当报经国务院文化主管部门批准；调查结束后，应当向批准调查的文化主管部门提交调查报告和调查中取得的实物图片、资料复制件。

境外组织在中华人民共和国境内进行非物质文化遗产调查，应当与境内非物质文化遗产学术研究机构合作进行。

第十六条　进行非物质文化遗产调查，应当征得调查对象的同意，尊重其风俗习惯，不得损害其合法权益。

第十七条　对通过调查或者其他途径发现的濒临消失的非物质文化遗产项目，县级人民政府文化主管部门应当立即予以记录并收集有关实物，或者采取其他抢救性保存措施；对需要传承的，应当采取有效措施支持传承。

第三章　非物质文化遗产代表性项目名录

第十八条　国务院建立国家级非物质文化遗产代表性项目名录，将体现中华民族优秀传统文化，具有重大历史、文学、艺术、科学价值的非物质文化遗产项目列入名录予以保护。

省、自治区、直辖市人民政府建立地方非物质文化遗产代表性项目名录，将本行政区域内体现中华民族优秀传统文化，具有历史、文学、艺术、科学价值的非物质文化遗产项目列入名录予以保护。

第十九条　省、自治区、直辖市人民政府可以从本省、自治区、直辖市非物质文化遗产代表性项目名录中向国务院文化主管部门推荐列入国家级非物质文化遗产代表性项目名录的项目。推荐时应当提交下列材料：

（一）项目介绍，包括项目的名称、历史、现状和价值；

（二）传承情况介绍，包括传承范围、传承谱系、传承人的技艺水平、传承活动的社会影响；

（三）保护要求，包括保护应当达到的目标和应当采取的措施、步骤、管理制度；

（四）有助于说明项目的视听资料等材料。

第二十条　公民、法人和其他组织认为某项非物质文化遗产体现中华民族优秀传统文化，具有重大历史、文学、艺术、科学价值的，可以向省、自治区、直辖市人民政府或者国务院文化主管部门提出列入国家级非物质文化遗产代表性项目名录的建议。

第二十一条　相同的非物质文化遗产项目，其形式和内涵在两个以上地区均保持完整的，可以同时列入国家级非物质文化遗产代表性项目名录。

第二十二条　国务院文化主管部门应当组织专家评审小组和专家评审委员会，对推荐或者建议列入国家级非物质文化遗产代表性项目名录的非物质文化遗产项目进行初评和审议。

初评意见应当经专家评审小组成员过半数通过。专家评审委员会对初评意见进行审议，提出审议意见。

评审工作应当遵循公开、公平、公正的原则。

第二十三条　国务院文化主管部门应当将拟列入国家级非物质文化遗产代表性项目名录的项目予以公示，征求公众意见。公示时间不得少于二十日。

第二十四条　国务院文化主管部门根据专家评审委员会的审议意见和公示结果，拟订国家级非物质文化遗产代表性项目名录，报国务院批准、公布。

第二十五条　国务院文化主管部门应当组织制定保护规划，对国家级非物质文化遗产代表性项目予以保护。

省、自治区、直辖市人民政府文化主管部门应当组织制定保护规划，对本级人民政府批准公布的地方非物质文化遗产代表性项目予以保护。

制定非物质文化遗产代表性项目保护规划，应当对濒临消失的非物质文化遗产代表性项目予以重点保护。

第二十六条　对非物质文化遗产代表性项目集中、特色鲜明、形式和内涵保持完整的特定区域，当地文化主管部门可以制定专项保护规划，报经本级人民政府批准后，实行区域性整体保护。确定对非物质文化遗产实行区域性整体保护，应当尊重当地居民的意愿，并保护属于非物质文化遗产组成部分的实物和场所，避免遭受破坏。

实行区域性整体保护涉及非物质文化遗产集中地村镇或者街区空间规

划的，应当由当地城乡规划主管部门依据相关法规制定专项保护规划。

第二十七条　国务院文化主管部门和省、自治区、直辖市人民政府文化主管部门应当对非物质文化遗产代表性项目保护规划的实施情况进行监督检查；发现保护规划未能有效实施的，应当及时纠正、处理。

第四章　非物质文化遗产的传承与传播

第二十八条　国家鼓励和支持开展非物质文化遗产代表性项目的传承、传播。

第二十九条　国务院文化主管部门和省、自治区、直辖市人民政府文化主管部门对本级人民政府批准公布的非物质文化遗产代表性项目，可以认定代表性传承人。

非物质文化遗产代表性项目的代表性传承人应当符合下列条件：

（一）熟练掌握其传承的非物质文化遗产；

（二）在特定领域内具有代表性，并在一定区域内具有较大影响；

（三）积极开展传承活动。

认定非物质文化遗产代表性项目的代表性传承人，应当参照执行本法有关非物质文化遗产代表性项目评审的规定，并将所认定的代表性传承人名单予以公布。

第三十条　县级以上人民政府文化主管部门根据需要，采取下列措施，支持非物质文化遗产代表性项目的代表性传承人开展传承、传播活动：

（一）提供必要的传承场所；

（二）提供必要的经费资助其开展授徒、传艺、交流等活动；

（三）支持其参与社会公益性活动；

（四）支持其开展传承、传播活动的其他措施。

第三十一条　非物质文化遗产代表性项目的代表性传承人应当履行下列义务：

（一）开展传承活动，培养后继人才；

（二）妥善保存相关的实物、资料；

（三）配合文化主管部门和其他有关部门进行非物质文化遗产调查；

（四）参与非物质文化遗产公益性宣传。

非物质文化遗产代表性项目的代表性传承人无正当理由不履行前款规定义务的，文化主管部门可以取消其代表性传承人资格，重新认定该项目的代表性传承人；丧失传承能力的，文化主管部门可以重新认定该项目的代表性传承人。

第三十二条　县级以上人民政府应当结合实际情况，采取有效措施，组织文化主管部门和其他有关部门宣传、展示非物质文化遗产代表性项目。

第三十三条　国家鼓励开展与非物质文化遗产有关的科学技术研究和非物质文化遗产保护、保存方法研究，鼓励开展非物质文化遗产的记录和非物质文化遗产代表性项目的整理、出版等活动。

第三十四条　学校应当按照国务院教育主管部门的规定，开展相关的非物质文化遗产教育。

新闻媒体应当开展非物质文化遗产代表性项目的宣传，普及非物质文化遗产知识。

第三十五条　图书馆、文化馆、博物馆、科技馆等公共文化机构和非物质文化遗产学术研究机构、保护机构以及利用财政性资金举办的文艺表演团体、演出场所经营单位等，应当根据各自业务范围，开展非物质文化遗产的整理、研究、学术交流和非物质文化遗产代表性项目的宣传、展示。

第三十六条　国家鼓励和支持公民、法人和其他组织依法设立非物质文化遗产展示场所和传承场所，展示和传承非物质文化遗产代表性项目。

第三十七条　国家鼓励和支持发挥非物质文化遗产资源的特殊优势，在有效保护的基础上，合理利用非物质文化遗产代表性项目开发具有地方、民族特色和市场潜力的文化产品和文化服务。

开发利用非物质文化遗产代表性项目的，应当支持代表性传承人开展传承活动，保护属于该项目组成部分的实物和场所。

县级以上地方人民政府应当对合理利用非物质文化遗产代表性项目的单位予以扶持。单位合理利用非物质文化遗产代表性项目的，依法享受国家规定的税收优惠。

第五章　法律责任

第三十八条　文化主管部门和其他有关部门的工作人员在非物质文化遗产保护、保存工作中玩忽职守、滥用职权、徇私舞弊的，依法给予处分。

第三十九条　文化主管部门和其他有关部门的工作人员进行非物质文化遗产调查时侵犯调查对象风俗习惯，造成严重后果的，依法给予处分。

第四十条　违反本法规定，破坏属于非物质文化遗产组成部分的实物和场所的，依法承担民事责任；构成违反治安管理行为的，依法给予治安管理处罚。

第四十一条　境外组织违反本法第十五条规定的，由文化主管部门责令改正，给予警告，没收违法所得及调查中取得的实物、资料；情节严重的，并处十万元以上五十万元以下的罚款。

境外个人违反本法第十五条第一款规定的，由文化主管部门责令改正，给予警告，没收违法所得及调查中取得的实物、资料；情节严重的，并处一万元以上五万元以下的罚款。

第四十二条　违反本法规定，构成犯罪的，依法追究刑事责任。

第六章　附　则

第四十三条　建立地方非物质文化遗产代表性项目名录的办法，由省、自治区、直辖市参照本法有关规定制定。

第四十四条　使用非物质文化遗产涉及知识产权的，适用有关法律、行政法规的规定。

对传统医药、传统工艺美术等的保护，其他法律、行政法规另有规定的，依照其规定。

第四十五条　本法自 2011 年 6 月 1 日起施行。

《国务院关于加强文化遗产保护的通知》

国发〔2005〕42 号

各省、自治区、直辖市人民政府，国务院各部委、各直属机构：

我国是历史悠久的文明古国。在漫长的岁月中，中华民族创造了丰富多彩、弥足珍贵的文化遗产。党中央、国务院历来高度重视文化遗产保护工作，在全社会的共同努力下，我国文化遗产保护取得了明显成效。与此同时，也应清醒地看到，当前我国文化遗产保护面临着许多问题，形势严峻，不容乐观。为了进一步加强我国文化遗产保护，继承和弘扬中华民族优秀传统文化，推动社会主义先进文化建设，国务院决定从 2006 年起，每年六月的第二个星期六为我国的"文化遗产日"。现就加强文化遗产保护有关问题通知如下：

一、充分认识保护文化遗产的重要性和紧迫性

文化遗产包括物质文化遗产和非物质文化遗产。物质文化遗产是具有历史、艺术和科学价值的文物，包括古遗址、古墓葬、古建筑、石窟寺、

石刻、壁画、近代现代重要史迹及代表性建筑等不可移动文物，历史上各时代的重要实物、艺术品、文献、手稿、图书资料等可移动文物；以及在建筑式样、分布均匀或与环境景色结合方面具有突出普遍价值的历史文化名城（街区、村镇）。非物质文化遗产是指各种以非物质形态存在的与群众生活密切相关、世代相承的传统文化表现形式，包括口头传统、传统表演艺术、民俗活动和礼仪与节庆、有关自然界和宇宙的民间传统知识和实践、传统手工艺技能等以及与上述传统文化表现形式相关的文化空间。

我国文化遗产蕴含着中华民族特有的精神价值、思维方式、想象力，体现着中华民族的生命力和创造力，是各民族智慧的结晶，也是全人类文明的瑰宝。保护文化遗产，保持民族文化的传承，是联结民族情感纽带、增进民族团结和维护国家统一及社会稳定的重要文化基础，也是维护世界文化多样性和创造性，促进人类共同发展的前提。加强文化遗产保护，是建设社会主义先进文化，贯彻落实科学发展观和构建社会主义和谐社会的必然要求。

文化遗产是不可再生的珍贵资源。随着经济全球化趋势和现代化进程的加快，我国的文化生态正在发生巨大变化，文化遗产及其生存环境受到严重威胁。不少历史文化名城（街区、村镇）、古建筑、古遗址及风景名胜区整体风貌遭到破坏。文物非法交易、盗窃和盗掘古遗址古墓葬以及走私文物的违法犯罪活动在一些地区还没有得到有效遏制，大量珍贵文物流失境外。由于过度开发和不合理利用，许多重要文化遗产消亡或失传。在文化遗存相对丰富的少数民族聚居地区，由于人们生活环境和条件的变迁，民族或区域文化特色消失加快。因此，加强文化遗产保护刻不容缓。地方各级人民政府和有关部门要从对国家和历史负责的高度，从维护国家文化安全的高度，充分认识保护文化遗产的重要性，进一步增强责任感和紧迫感，切实做好文化遗产保护工作。

二、加强文化遗产保护的指导思想、基本方针和总体目标

（一）指导思想：坚持以邓小平理论和"三个代表"重要思想为指导，全面贯彻和落实科学发展观，加大文化遗产保护力度，构建科学有效的文化遗产保护体系，提高全社会文化遗产保护意识，充分发挥文化遗产在传承中华文化，提高人民群众思想道德素质和科学文化素质，增强民族凝聚力，促进社会主义先进文化建设和构建社会主义和谐社会中的重要作用。

（二）基本方针：物质文化遗产保护要贯彻"保护为主、抢救第一、

合理利用、加强管理"的方针。非物质文化遗产保护要贯彻"保护为主、抢救第一、合理利用、传承发展"的方针。坚持保护文化遗产的真实性和完整性，坚持依法和科学保护，正确处理经济社会发展与文化遗产保护的关系，统筹规划、分类指导、突出重点、分步实施。

（三）总体目标：通过采取有效措施，文化遗产保护得到全面加强。到 2010 年，初步建立比较完备的文化遗产保护制度，文化遗产保护状况得到明显改善。到 2015 年，基本形成较为完善的文化遗产保护体系，具有历史、文化和科学价值的文化遗产得到全面有效保护；保护文化遗产深入人心，成为全社会的自觉行动。

三、着力解决物质文化遗产保护面临的突出问题

（一）切实做好文物调查研究和不可移动文物保护规划的制定实施工作。加强文物资源调查研究，并依法登记、建档。在认真摸清底数的基础上，分类制定文物保护规划，认真组织实施。国务院文物行政部门要统筹安排世界文化遗产、全国重点文物保护单位保护规划的编制工作，省级人民政府具体组织编制，报国务院文物行政部门审查批准后公布实施。国务院文物行政部门要对规划实施情况进行跟踪监测，检查落实。要及时依法划定文物保护单位的保护范围和建设控制地带，设立必要的保护管理机构，明确保护责任主体，建立健全保护管理制度。其他不可移动文物也要依据文物保护法的规定制定保护规划，落实保护措施。坚决避免和纠正过度开发利用文化遗产，特别是将文物作为或变相作为企业资产经营的违法行为。

（二）改进和完善重大建设工程中的文物保护工作。严格执行重大建设工程项目审批、核准和备案制度。凡涉及文物保护事项的基本建设项目，必须依法在项目批准前征求文物行政部门的意见，在进行必要的考古勘探、发掘并落实文物保护措施以后方可实施。基本建设项目中的考古发掘要充分考虑文物保护工作的实际需要，加强统一管理，落实审批和监督责任。

（三）切实抓好重点文物维修工程。统筹规划、集中资金，实施一批文物保护重点工程，排除重大文物险情，加强对重要濒危文物的保护。实施保护工程必须确保文物的真实性，坚决禁止借保护文物之名行造假古董之实。要对文物"复建"进行严格限制，把有限的人力、物力切实用到对重要文物特别是重大濒危文物的保护项目上。严格工程管理，落实文物

保护工程队伍资质制度，完善从业人员管理制度，建立健全各类文物保护技术规范，确保工程质量。

（四）加强历史文化名城（街区、村镇）保护。进一步完善历史文化名城（街区、村镇）的申报、评审工作。已确定为历史文化名城（街区、村镇）的，地方人民政府要认真制定保护规划，并严格执行。在城镇化过程中，要切实保护好历史文化环境，把保护优秀的乡土建筑等文化遗产作为城镇化发展战略的重要内容，把历史名城（街区、村镇）保护规划纳入城乡规划。相关重大建设项目，必须建立公示制度，广泛征求社会各界意见。国务院有关部门要对历史文化名城（街区、村镇）的保护状况和规划实施情况进行跟踪监测，及时解决有关问题；历史文化名城（街区、村镇）的布局、环境、历史风貌等遭到严重破坏的，应当依法取消其称号，并追究有关人员的责任。

（五）提高馆藏文物保护和展示水平。高度重视博物馆建设，加强对藏品的登记、建档和安全管理，落实藏品丢失、损毁追究责任制。实施馆藏文物信息化和保存环境达标建设，加大馆藏文物科技保护力度。提高陈列展览质量和水平，充分发挥馆藏文物的教育作用。加强博物馆专业人员培养，提高博物馆队伍素质。坚持向未成年人等特殊社会群体减、免费开放，不断提高服务质量和水平。

（六）清理整顿文物流通市场。加强对文物市场的调控和监督管理，依法严格把握文物流通市场准入条件，规范文物经营和民间文物收藏行为，确保文物市场健康发展。依法加强文物商店销售文物、文物拍卖企业拍卖文物的审核备案工作。坚决取缔非法文物市场，严厉打击盗窃、盗掘、走私、倒卖文物等违法犯罪活动。严格执行文物出入境审核、监管制度，加强鉴定机构队伍建设，严防珍贵文物流失。加强国际合作，对非法流失境外的文物要坚决依法追索。

四、积极推进非物质文化遗产保护

（一）开展非物质文化遗产普查工作。各地区要进一步做好非物质文化遗产的普查、认定和登记工作，全面了解和掌握非物质文化遗产资源的种类、数量、分布状况、生存环境、保护现状及存在的问题，及时向社会公布普查结果。三年内全国基本完成普查工作。

（二）制定非物质文化遗产保护规划。在科学论证的基础上，抓紧制定国家和地区非物质文化遗产保护规划，明确保护范围，提出长远目标和近期工作任务。

（三）抢救珍贵非物质文化遗产。采取有效措施，抓紧征集具有历史、文化和科学价值的非物质文化遗产实物和资料，完善征集和保管制度。有条件的地方可以建立非物质文化遗产资料库、博物馆或展示中心。

（四）建立非物质文化遗产名录体系。进一步完善评审标准，严格评审工作，逐步建立国家和省、市、县非物质文化遗产名录体系。对列入非物质文化遗产名录的项目，要制定科学的保护计划，明确有关保护的责任主体，进行有效保护。对列入非物质文化遗产名录的代表性传人，要有计划地提供资助，鼓励和支持其开展传习活动，确保优秀非物质文化遗产的传承。

（五）加强少数民族文化遗产和文化生态区的保护。重点扶持少数民族地区的非物质文化遗产保护工作。对文化遗产丰富且传统文化生态保持较完整的区域，要有计划地进行动态的整体性保护。对确属濒危的少数民族文化遗产和文化生态区，要尽快列入保护名录，落实保护措施，抓紧进行抢救和保护。

五、明确责任，切实加强对文化遗产保护工作的领导

（一）加强领导，落实责任。地方各级人民政府和有关部门要将文化遗产保护列入重要议事日程，并纳入经济和社会发展计划以及城乡规划。要建立健全文化遗产保护责任制度和责任追究制度。成立国家文化遗产保护领导小组，定期研究文化遗产保护工作的重大问题，统一协调文化遗产保护工作。地方各级人民政府也要建立相应的文化遗产保护协调机构。要建立文化遗产保护定期通报制度、专家咨询制度以及公众和舆论监督机制，推进文化遗产保护工作的科学化、民主化。要充分发挥有关学术机构、大专院校、企事业单位、社会团体等各方面的作用，共同开展文化遗产保护工作。

（二）加快文化遗产保护法制建设，加大执法力度。加强文化遗产保护法律法规建设，推进文化遗产保护的法制化、制度化和规范化。积极推动《非物质文化遗产保护法》《历史文化名城和历史文化街区、村镇保护条例》等法律、行政法规的立法进程，争取早日出台。抓紧制定和起草与文物保护法相配套的部门规章和地方性法规。抓紧研究制定保护文化遗产知识产权的有关规定。要严格依照保护文化遗产的法律、行政法规办事，任何单位或者个人都不得作出与法律、行政法规相抵触的决定；各级

文物行政部门等行政执法机关有权依法抵制和制止违反有关法律、行政法规的决定和行为。严厉打击破坏文化遗产的各类违法犯罪行为，重点追究因决策失误、玩忽职守，造成文化遗产破坏、被盗或流失的责任人的法律责任。充实文化遗产保护执法力量，加大执法力度，做到执法必严，违法必究。因执法不力造成文化遗产受到破坏的，要追究有关执法机关和有关责任人的责任。

（三）安排专项资金，加强专业人才队伍建设。各级人民政府要将文化遗产保护经费纳入本级财政预算，保障重点文化遗产经费投入。抓紧制定和完善有关社会捐赠和赞助的政策措施，调动社会团体、企业和个人参与文化遗产保护的积极性。加强文化遗产保护管理机构和专业队伍建设，大力培养文化遗产保护和管理所需的各类专门人才。加强文化遗产保护科技的研究、运用和推广工作，努力提高文化遗产保护工作水平。

（四）加大宣传力度，营造保护文化遗产的良好氛围。认真举办"文化遗产日"系列活动，提高人民群众对文化遗产保护重要性的认识，增强全社会的文化遗产保护意识。各级各类文化遗产保护机构要经常举办展示、论坛、讲座等活动，使公众更多地了解文化遗产的丰富内涵。教育部门要将优秀文化遗产内容和文化遗产保护知识纳入教学计划，编入教材，组织参观学习活动，激发青少年热爱祖国优秀传统文化的热情。各类新闻媒体要通过开设专题、专栏等方式，介绍文化遗产和保护知识，大力宣传保护文化遗产的先进典型，及时曝光破坏文化遗产的违法行为及事件，发挥舆论监督作用，在全社会形成保护文化遗产的良好氛围。

与此同时，国务院有关部门也要切实研究解决自然遗产保护中存在的问题，加强自然遗产保护工作。

国务院

二〇〇五年十二月二十二日

《国务院办公厅关于加强我国
非物质文化遗产保护工作的意见》

国办发〔2005〕18 号

各省、自治区、直辖市人民政府，国务院各部委、各直属机构：

　　我国是一个历史悠久的文明古国，不仅有大量的物质文化遗产，而且有丰富的非物质文化遗产。党和国家历来重视文化遗产保护，弘扬优秀传统文化，为此做了大量工作并取得了显著成绩。但是，随着全球化趋势的增强，经济和社会的急剧变迁，我国非物质文化遗产的生存、保护和发展遇到很多新的情况和问题，面临着严峻形势。为贯彻落实党的十六大有关扶持对重要文化遗产和优秀民间艺术的保护工作的精神，履行我国加入联合国教科文组织《保护非物质文化遗产公约》的义务，经国务院同意，现就进一步加强我国非物质文化遗产保护工作，提出以下意见：

　　一、充分认识我国非物质文化遗产保护工作的重要性和紧迫性

　　非物质文化遗产是各族人民世代相承、与群众生活密切相关的各种传统文化表现形式和文化空间。非物质文化遗产既是历史发展的见证，又是珍贵的、具有重要价值的文化资源。我国各族人民在长期生产生活实践中创造的丰富多彩的非物质文化遗产，是中华民族智慧与文明的结晶，是连接民族情感的纽带和维系国家统一的基础。保护和利用好我国非物质文化遗产，对落实科学发展观，实现经济社会的全面、协调、可持续发展具有重要意义。

　　非物质文化遗产与物质文化遗产共同承载着人类社会的文明，是世界文化多样性的体现。我国非物质文化遗产所蕴含的中华民族特有的精神价值、思维方式、想象力和文化意识，是维护我国文化身份和文化主权的基本依据。加强非物质文化遗产保护，不仅是国家和民族发展的需要，也是国际社会文明对话和人类社会可持续发展的必然要求。

　　随着全球化趋势的加强和现代化进程的加快，我国的文化生态发生了巨大变化，非物质文化遗产受到越来越大的冲击。一些依靠口授和行为传承的文化遗产正在不断消失，许多传统技艺濒临消亡，大量有历史、文化价值的珍贵实物与资料遭到毁弃或流失境外，随意滥用、过度开发非物质文化遗产的现象时有发生。加强我国非物质文化遗产的保护已经刻不容缓。

　　二、非物质文化遗产保护工作的目标和方针

　　工作目标：通过全社会的努力，逐步建立起比较完备的、有中国特色的非物质文化遗产保护制度，使我国珍贵、濒危并具有历史、文化和科学价值的非物质文化遗产得到有效保护，并得以传承和发扬。

工作指导方针：保护为主、抢救第一、合理利用、传承发展。正确处理保护和利用的关系，坚持非物质文化遗产保护的真实性和整体性，在有效保护的前提下合理利用，防止对非物质文化遗产的误解、歪曲或滥用。在科学认定的基础上，采取有力措施，使非物质文化遗产在全社会得到确认、尊重和弘扬。

工作原则：政府主导、社会参与，明确职责、形成合力；长远规划、分步实施，点面结合、讲求实效。

三、建立名录体系，逐步形成有中国特色的非物质文化遗产保护制度

认真开展非物质文化遗产普查工作。要将普查摸底作为非物质文化遗产保护的基础性工作来抓，统一部署、有序进行。要在充分利用已有工作成果和研究成果的基础上，分地区、分类别制订普查工作方案，组织开展对非物质文化遗产的现状调查，全面了解和掌握各地各民族非物质文化遗产资源的种类、数量、分布状况、生存环境、保护现状及存在问题。要运用文字、录音、录像、数字化多媒体等各种方式，对非物质文化遗产进行真实、系统和全面的记录，建立档案和数据库。

建立非物质文化遗产代表作名录体系。要通过制定评审标准并经过科学认定，建立国家级和省、市、县级非物质文化遗产代表作名录体系。国家级非物质文化遗产代表作名录由国务院批准公布。省、市、县级非物质文化遗产代表作名录由同级政府批准公布，并报上一级政府备案。

加强非物质文化遗产的研究、认定、保存和传播。要组织各类文化单位、科研机构、大专院校及专家学者对非物质文化遗产的重大理论和实践问题进行研究，注重科研成果和现代技术的应用。组织力量对非物质文化遗产进行科学认定，鉴别真伪。经各级政府授权的有关单位可以征集非物质文化遗产实物、资料，并予以妥善保管。采取有效措施，防止珍贵的非物质文化遗产实物和资料流出境外。对非物质文化遗产的物质载体也要予以保护，对已被确定为文物的，要按照《中华人民共和国文物保护法》的相关规定执行。充分发挥各级图书馆、文化馆、博物馆、科技馆等公共文化机构的作用，有条件的地方可设立专题博物馆或展示中心。

建立科学有效的非物质文化遗产传承机制。对列入各级名录的非物质文化遗产代表作，可采取命名、授予称号、表彰奖励、资助扶持等方式，鼓励代表作传承人（团体）进行传习活动。通过社会教育和学校教育，使非物质文化遗产代表作的传承后继有人。要加强非物质文化遗产知识产

权的保护。研究探索对传统文化生态保持较完整并具有特殊价值的村落或特定区域，进行动态整体性保护的方式。在传统文化特色鲜明、具有广泛群众基础的社区、乡村，开展创建民间传统文化之乡的活动。

四、加强领导，落实责任，建立协调有效的工作机制

要发挥政府的主导作用，建立协调有效的保护工作领导机制。由文化部牵头，建立中国非物质文化遗产保护工作部际联席会议制度，统一协调非物质文化遗产保护工作。文化行政部门与各相关部门要积极配合，形成合力。同时，广泛吸纳有关学术研究机构、大专院校、企事业单位、社会团体等各方面力量共同开展非物质文化遗产保护工作。充分发挥专家的作用，建立非物质文化遗产保护的专家咨询机制和检查监督制度。

地方各级政府要加强领导，将保护工作列入重要工作议程，纳入国民经济和社会发展整体规划，纳入文化发展纲要。加强非物质文化遗产保护的法律法规建设，及时研究制定有关政策措施。要制定非物质文化遗产保护规划，明确保护范围、保护措施和目标。中国民族民间文化保护工程是非物质文化遗产保护工作的重要组成部分，要根据其总体规划，有步骤、有重点地循序渐进，逐步实施，为创建中国特色的非物质文化遗产保护制度积累经验。

各级政府要不断加大非物质文化遗产保护工作的经费投入。通过政策引导等措施，鼓励个人、企业和社会团体对非物质文化遗产保护工作进行资助。要加强非物质文化遗产保护工作队伍建设。通过有计划的教育培训，提高现有人员的工作能力和业务水平；充分利用科研院所、高等院校的人才优势和科研优势，大力培养专门人才。

要充分发挥非物质文化遗产对广大未成年人进行传统文化教育和爱国主义教育的重要作用。各级图书馆、文化馆、博物馆、科技馆等公共文化机构要积极开展对非物质文化遗产的传播和展示。教育部门和各级各类学校要逐步将优秀的、体现民族精神与民间特色的非物质文化遗产内容编入有关教材，开展教学活动。鼓励和支持新闻出版、广播电视、互联网等媒体对非物质文化遗产及其保护工作进行宣传展示，普及保护知识，培养保护意识，努力在全社会形成共识，营造保护非物质文化遗产的良好氛围。

附件：1. 国家级非物质文化遗产代表作申报评定暂行办法
2. 非物质文化遗产保护工作部际联席会议制度

3. 非物质文化遗产保护工作部际联席会议成员名单

国务院办公厅

二〇〇五年三月二十六日

《国务院关于公布第一批国家级
非物质文化遗产名录的通知》

国发〔2006〕18 号

各省、自治区、直辖市人民政府，国务院各部委、各直属机构：

国务院批准文化部确定的第一批国家级非物质文化遗产名录（共计518 项），现予公布。

我国是历史悠久的文明古国，拥有丰富多彩的文化遗产。非物质文化遗产是文化遗产的重要组成部分，是我国历史的见证和中华文化的重要载体，蕴含着中华民族特有的精神价值、思维方式、想象力和文化意识，体现着中华民族的生命力和创造力。保护和利用好非物质文化遗产，对于继承和发扬民族优秀文化传统、增进民族团结和维护国家统一、增强民族自信心和凝聚力、促进社会主义精神文明建设都具有重要而深远的意义。

各地区、各部门要按照《国务院关于加强文化遗产保护的通知》（国发〔2005〕42 号）的精神和有关要求，认真贯彻"保护为主、抢救第一、合理利用、传承发展"的工作方针，切实做好非物质文化遗产的保护、管理和合理利用工作。

国务院

二〇〇六年五月二十日

《国务院关于公布第二批国家级
非物质文化遗产名录和第一批国家级非物质
文化遗产扩展项目名录的通知》

国发〔2008〕19 号

各省、自治区、直辖市人民政府，国务院各部委、各直属机构：

国务院批准文化部确定的第二批国家级非物质文化遗产名录（共计

510 项）和第一批国家级非物质文化遗产扩展项目名录（共计 147 项），现予公布。

各地区、各部门要按照《国务院关于加强文化遗产保护的通知》（国发〔2005〕42 号）和《国务院办公厅关于加强我国非物质文化遗产保护工作的意见》（国办发〔2005〕18 号）要求，进一步贯彻"保护为主、抢救第一、合理利用、传承发展"的工作方针，认真做好非物质文化遗产的保护、管理工作，为弘扬中华文化，推动社会主义文化大发展大繁荣作出新的贡献。

国务院

二〇〇八年六月七日

《国务院关于公布第三批国家级
非物质文化遗产名录的通知》

国发〔2011〕14 号

各省、自治区、直辖市人民政府，国务院各部委、各直属机构：

国务院批准文化部确定的第三批国家级非物质文化遗产名录（共计 191 项）和国家级非物质文化遗产名录扩展项目名录（共计 164 项），现予公布。

各地区、各部门要按照《国务院关于加强文化遗产保护的通知》（国发〔2005〕42 号）和《国务院办公厅关于加强我国非物质文化遗产保护工作的意见》（国办发〔2005〕18 号）要求，认真贯彻落实"保护为主、抢救第一、合理利用、传承发展"的工作方针，坚持科学的保护理念，扎实做好非物质文化遗产名录项目的保护、传承和管理工作，努力推动非物质文化遗产保护迈上新的台阶，为构建完备的、有中国特色的非物质文化遗产保护制度，推动文化大发展大繁荣，建设中华民族共有精神家园，满足人民群众日益增长的精神文化需求，作出积极的贡献。

国务院

二〇一一年五月二十三日

《文化部关于公布国家级非物质文化
遗产项目代表性传承人的通知》

文化部关于公布第一批国家级非物质文化遗产
项目代表性传承人的通知

各省、自治区、直辖市文化厅（局）：

　　根据国务院办公厅《关于加强我国非物质文化遗产保护工作的意见》（国办发〔2005〕18 号）（以下简称《意见》）精神，为有效保护和传承国家级非物质文化遗产，鼓励和支持国家级非物质文化遗产项目代表性传承人开展传习活动，文化部印发了《文化部办公厅关于推荐国家级非物质文化遗产项目代表性传承人的通知》（办社图函〔2007〕111 号）。经各地推荐、申报，专家评审委员会评审、社会公示和复审，最后确定第一批民间文学、杂技与竞技、民间美术、传统手工技艺、传统医药等五大类的 226 名国家级非物质文化遗产项目代表性传承人，现予以公布。今后，我部将陆续分类、分批公布国家级非物质文化遗产项目代表性传承人。

　　非物质文化遗产是以传承人开展传习活动为重要特征。第一批国家级非物质文化遗产项目代表性传承人的公布，对促进非物质文化遗产保护工作，弘扬我国优秀的传统文化，具有重要意义。各地区、各部门要按照国务院有关非物质文化遗产保护的精神和要求，认真贯彻"保护为主、抢救第一、合理利用、传承发展"的工作方针，鼓励和支持国家级非物质文化遗产项目代表性传承人开展传习活动，切实做好非物质文化遗产保护工作。

　　特此通知。

　　附件：第一批国家级非物质文化遗产项目 226 名代表性传承人名单

二〇〇七年六月五日

附件：

第一批国家级非物质文化遗产项目
226名代表性传承人名单

（排名不分先后）

一　民间文学（32名）

序号	项目编码	项目名称	申报地区或单位	代表性传承人		
				姓名	性别	年龄
1	I-1	苗族古歌	贵州省台江县	王安江	男	72
2				刘永洪	男	71
3			贵州省黄平县	龙通珍	女	71
4				王明芝	女	68
5	I-3	遮帕麻和遮咪麻	云南省梁河县	曹明宽	男	64
6	I-4	牡帕密帕	云南省普洱市	李扎戈	男	68
7				李扎俸	男	64
8	I-5	刻道	贵州省施秉县	石光明	男	66
9				吴治光	男	61
10	I-13	河西宝卷	甘肃省酒泉市肃州区	乔玉安	男	63
11	I-14	耿村民间故事	河北省藁城市	靳景祥	男	79
12				靳正新	男	80
13	I-16	下堡坪民间故事	湖北省宜昌市夷陵区	刘德方	男	69
14	I-17	走马镇民间故事	重庆市九龙坡区	魏显德	男	84
15	I-20	谭振山民间故事	辽宁省新民市	谭振山	男	82
16	I-22	吴歌	江苏省苏州市	陆瑞英	女	75
17				杨文英	女	59
18	I-24	四季生产调	云南省红河哈尼族彝族自治州	朱小和	男	67
19	I-25	玛纳斯	新疆维吾尔自治区克孜勒苏柯尔克孜自治州、新疆维吾尔自治区文联民间文艺家协会	居素甫·玛玛依	男	89
20				沙尔塔洪·卡德尔	男	66
21	I-26	江格尔	新疆维吾尔自治区和布克赛尔蒙古自治县	加·朱乃	男	82
22				新疆维吾尔自治区巴音郭楞蒙古自治州、新疆维吾尔自治区文联民间文艺家协会	李日甫	男	65
23				夏日尼曼	男	50

续表

序号	项目编码	项目名称	申报地区或单位	代表性传承人		
				姓名	性别	年龄
24	I－27	格萨（斯）尔	西藏自治区	次仁占堆	男	39
25			青海省	才让旺堆	男	74
26				达哇扎巴	男	28
27			甘肃省	王永福	男	77
28			四川省	阿尼	男	65
29			新疆维吾尔自治区	吕日甫	男	72
30	I－28	阿诗玛	云南省石林彝族自治县	毕华玉	男	54
31				王玉芳	女	66
32	I－29	拉仁布与吉门索	青海省互助土族自治县	何全梅	女	40

二　杂技与竞技（15 名）

序号	项目编码	项目名称	申报地区或单位	代表性传承人		
				姓名	性别	年龄
33	Ⅵ－1	吴桥杂技	河北省吴桥县	王保合	男	63
34	Ⅵ－3	天桥中幡	北京市	傅文刚	男	45
35	Ⅵ－4	抖空竹	北京市宣武区	张国良	男	51
36				李连元	男	60
37	Ⅵ－5	维吾尔族达瓦孜	新疆维吾尔自治区	阿迪力·吾休尔	男	36
38	Ⅵ－8	武当武术	湖北省十堰市	赵剑英	女	81
39	Ⅵ－9	回族重刀武术	天津市	曹仕杰	男	40
40	Ⅵ－10	沧州武术	河北省沧州市	石同鼎	男	46
41	Ⅵ－11	太极拳（杨氏太极拳）	河北省永年县	杨振河	男	54
42				韩会明	男	82
43		太极拳（陈氏太极拳）	河南省焦作市	王西安	男	63
44				朱天才	男	62
45	Ⅵ－12	邢台梅花拳	河北省邢台市	张西岭	男	41
46				李玉琢	男	59
47	Ⅵ－13	沙河藤牌阵	河北省沙河市	胡道正	男	80

三　民间美术（72 名）

序号	项目编码	项目名称	申报地区或单位	代表性传承人		
				姓名	性别	年龄
48	Ⅶ-1	杨柳青木版年画	天津市	霍庆顺	男	55
49				霍庆有	男	53
50				冯庆矩	男	63
51				王文达	男	63
52	Ⅶ-2	武强木版年画	河北省武强县	马习钦	男	48
53	Ⅶ-5	杨家埠木版年画	山东省潍坊市	杨洛书	男	80
54	Ⅶ-6	高密扑灰年画	山东省高密市	吕臻立	男	54
55	Ⅶ-7	朱仙镇木版年画	河南省开封市	郭泰运	男	81
56	Ⅶ-8	滩头木版年画	湖南省隆回县	钟海仙	男	79
57				李咸陆	男	73
58	Ⅶ-9	佛山木版年画	广东省佛山市	冯炳棠	男	71
59	Ⅶ-11	绵竹木版年画	四川省德阳市	陈兴才	男	87
60	Ⅶ-12	凤翔木版年画	陕西省凤翔县	邰瑜	男	74
61				邰立平	男	55
62	Ⅶ-13	纳西族东巴画	云南省丽江市	和训	男	81
63	Ⅶ-14	藏族唐卡（勉唐画派）	西藏自治区	丹巴绕旦	男	66
64				格桑次旦	男	49
65	Ⅶ-15	衡水内画	河北省衡水市	王习三	男	69
66	Ⅶ-16	剪纸（蔚县剪纸）	河北省蔚县	周兆明	男	72
67		剪纸（丰宁满族剪纸）	河北省丰宁满族自治县	张冬阁	男	62
68		剪纸（中阳剪纸）	山西省中阳县	王计汝	女	60
69		剪纸（医巫闾山满族剪纸）	辽宁省锦州市	汪秀霞	女	60
70				赵志国	男	51
71		剪纸（扬州剪纸）	江苏省扬州市	张秀芳	女	64
72		剪纸（乐清细纹刻纸）	浙江省乐清市	林邦栋	男	81
73				陈余华	男	54
74		剪纸（傣族剪纸）	云南省潞西市	思华章	男	84
75		剪纸（安塞剪纸）	陕西省安塞县	李秀芳	女	67
76				高金爱	女	85
77	Ⅶ-17	顾绣	上海市松江区	戴明教	女	85
78	Ⅶ-18	苏绣	江苏省苏州市	李娥瑛	女	81
79				顾文霞	女	76

序号	项目编码	项目名称	申报地区或单位	代表性传承人		
				姓名	性别	年龄
80	VII-19	湘绣	湖南省长沙市	刘爱云	女	69
81	VII-20	粤绣（广绣）	广东省广州市	陈少芳	女	70
82		粤绣（潮绣）	广东省潮州市	林智成	男	85
83	VII-21	蜀绣	四川省成都市	郝淑萍	女	62
84	VII-24	土族盘绣	青海省互助土族自治县	李发秀	女	48
85	VII-25	挑花（黄梅挑花）	湖北省黄梅县	石九梅	女	56
86		挑花（花瑶挑花）	湖南省隆回县	奉雪妹	女	48
87	VII-26	庆阳香包绣制	甘肃省庆阳市	贺梅英	女	70
88	VII-27	象牙雕刻	北京市崇文区	孙森	男	71
89				王树文	男	64
90	VII-28	扬州玉雕	江苏省扬州市	江春源	男	60
91				顾永骏	男	65
92	VII-29	岫岩玉雕	辽宁省岫岩满族自治县	王运岫	男	55
93	VII-30	阜新玛瑙雕	辽宁省阜新市	李洪斌	男	68
94	VII-31	夜光杯雕	甘肃省酒泉市	黄越肃	男	57
95	VII-34	曲阳石雕	河北省曲阳县	卢进桥	男	80
96				甄彦苍	男	69
97	VII-35	寿山石雕	福建省福州市	冯久和	男	79
98				林亨云	男	77
99	VII-37	徽州三雕	安徽省黄山市	方新中	男	58
100				冯有进	男	54
101	VII-40	潮州木雕	广东省潮州市	李得浓	男	58
102				陈培臣	男	57
103	VII-43	东阳木雕	浙江省东阳市	陆光正	男	62
104				冯文土	男	63
105	VII-44	漳州木偶头雕刻	福建省漳州市	徐竹初	男	69
106				徐聪亮	男	57
107	VII-46	竹刻（宝庆竹刻）	湖南省邵阳市	曾剑潭	男	75
108	VII-47	泥塑（惠山泥人）	江苏省无锡市	喻湘涟	女	67
109				王南仙	女	66
110		泥塑（凤翔泥塑）	陕西省凤翔县	胡深	男	76
111		泥塑（浚县泥咕咕）	河南省浚县	王学锋	男	53

序号	项目编码	项目名称	申报地区或单位	代表性传承人		
				姓名	性别	年龄
112	VII-49	热贡艺术	青海省同仁县	更登达吉	男	43
113				启加	男	67
114		灯彩（仙居花灯）	浙江省仙居县	李湘满	男	63
115		灯彩（硖石灯彩）	浙江省海宁市	陈伟炎	男	85
116	VII-50	灯彩（泉州花灯）	福建省泉州市	李珠琴	女	66
117				蔡炳汉	男	78
118		灯彩（湟源排灯）	青海省湟源县	杨增贵	男	63
119	VII-51	嵊州竹编	浙江省嵊州市	俞樟根	男	75

四　传统手工技艺（78 名）

序号	项目编码	项目名称	申报地区或单位	代表性传承人		
				姓名	性别	年龄
120	VIII-1	宜兴紫砂陶制作技艺	江苏省宜兴市	汪寅仙	女	64
121	VIII-2	界首彩陶烧制技艺	安徽省界首市	王京胜	男	63
122				卢群山	男	57
123	VIII-3	石湾陶塑技艺	广东省佛山市	刘泽棉	男	70
124	VIII-4	黎族原始制陶技艺	海南省昌江黎族自治县	羊拜亮	女	72
125	VIII-6	维吾尔族模制法土陶烧制技艺	新疆维吾尔自治区英吉沙县	阿不都热合曼·买买提明	男	49
126	VIII-8	耀州窑陶瓷烧制技艺	陕西省铜川市	孟树锋	男	52
127	VIII-9	龙泉青瓷烧制技艺	浙江省龙泉市	徐朝兴	男	64
128	VIII-10	磁州窑烧制技艺	河北省峰峰矿区	刘立忠	男	63
129	VIII-11	德化瓷烧制技艺	福建省德化县	苏清河	男	66
130	VIII-12	澄城尧头陶瓷烧制技艺	陕西省澄城县	李义仓	男	76
131	VIII-13	南京云锦木机妆花手工织造技艺	江苏省南京市	朱枫	男	92
132	VIII-14	宋锦织造技艺	江苏省苏州市	钱小萍	女	68
133	VIII-15	苏州缂丝织造技艺	江苏省苏州市	王金山	男	68
134	VIII-16	蜀锦织造技艺	四川省成都市	叶永洲	男	78
135				刘晨曦	男	63

续表

序号	项目编码	项目名称	申报地区或单位	代表性传承人		
				姓名	性别	年龄
136	Ⅷ－17	乌泥泾手工棉纺织技艺	上海市徐汇区	康新琴	女	75
137	Ⅷ－18	土家族织锦技艺	湖南省湘西土家族苗族自治州	叶水云	女	40
138				刘代娥	女	52
139	Ⅷ－19	黎族传统纺染织绣技艺	海南省乐东黎族自治县	容亚美	女	52
140	Ⅷ－21	藏族邦典、卡垫织造技艺	西藏自治区山南地区	格桑	男	51
141	Ⅷ－22	加牙藏族织毯技艺	青海省湟中县	杨永良	男	45
142	Ⅷ－23	维吾尔族花毡、印花布织染技艺	新疆维吾尔自治区吐鲁番地区	牙生·阿不都热合曼	男	50
143				尧尔达西·阿洪	男	59
144	Ⅷ－24	南通蓝印花布印染技艺	江苏省南通市	吴元新	男	47
145	Ⅷ－26	白族扎染技艺	云南省大理市	张仕绅	男	66
146	Ⅷ－27	香山帮传统建筑营造技艺	江苏省苏州市	薛福鑫	男	79
147				陆耀祖	男	58
148	Ⅷ－28	客家土楼营造技艺	福建省龙岩市	徐松生	男	54
149	Ⅷ－30	侗族木构建筑营造技艺	广西壮族自治区三江侗族自治县	杨似玉	男	52
150	Ⅷ－32	苏州御窑金砖制作技艺	江苏省苏州市	金梅泉	男	58
151	Ⅷ－33	苗族芦笙制作技艺	贵州省雷山县	莫厌学	男	
152			云南省大关县	王杰锋	男	
153	Ⅷ－34	玉屏箫笛制作技艺	贵州省玉屏侗族自治县	刘泽松	男	61
154				姚茂禄	男	61
155	Ⅷ－35	阳城生铁冶铸技艺	山西省阳城县	吉抓住	男	61
156	Ⅷ－37	龙泉宝剑锻制技艺	浙江省龙泉市	沈新培	男	59
157	Ⅷ－38	张小泉剪刀锻制技艺	浙江省杭州市	施金水	男	74
158				徐祖兴	男	76
159	Ⅷ－39	芜湖铁画锻制技艺	安徽省芜湖市	杨光辉	男	75
160	Ⅷ－40	苗族银饰锻制技艺	贵州省雷山县	杨光宾	男	44
161	Ⅷ－41	阿昌族户撒刀锻制技艺	云南省陇川县	项老赛	男	47

序号	项目编码	项目名称	申报地区或单位	代表性传承人		
				姓名	性别	年龄
162	Ⅷ-42	保安族腰刀锻制技艺	甘肃省积石山保安族东乡族撒拉族自治县	马维雄	男	49
163				冶古白	男	77
164	Ⅷ-43	景泰蓝制作技艺	北京市崇文区	钱美华	女	80
165				张同禄	男	65
166	Ⅷ-44	聚元号弓箭制作技艺	北京市朝阳区	杨福喜	男	49
167	Ⅷ-50	雕漆技艺	北京市崇文区	文乾刚	男	66
168	Ⅷ-52	扬州漆器髹饰技艺	江苏省扬州市	张宇	男	63
169				赵如柏	男	68
170	Ⅷ-54	福州脱胎漆器髹饰技艺	福建省福州市	郑益坤	男	71
171	Ⅷ-55	厦门漆线雕技艺	福建省厦门市	蔡水况	男	68
172	Ⅷ-56	成都漆艺	四川省成都市	宋西平	女	56
173				尹利萍	女	54
174	Ⅷ-58	泸州老窖酒酿制技艺	四川省泸州市	赖高淮	男	73
175				沈才洪	男	41
176	Ⅷ-60	绍兴黄酒酿制技艺	浙江省绍兴市	王阿牛	男	82
177	Ⅷ-64	自贡井盐深钻汲制技艺	四川省大英县	严昌武	男	79
178	Ⅷ-65	宣纸制作技艺	安徽省泾县	邢春荣	男	53
179	Ⅷ-67	皮纸制作技艺	贵州省贵阳市	罗守全	男	65
180			贵州省贞丰县	刘世阳	男	55
181	Ⅷ-68	傣族、纳西族手工造纸技艺	云南省香格里拉县	和志本	男	79
182	Ⅷ-70	维吾尔族桑皮纸制作技艺	新疆维吾尔自治区吐鲁番地区	托乎提·吐尔迪	男	79
183	Ⅷ-71	竹纸制作技艺	四川省夹江县	杨占尧	男	62
184			浙江省富阳市	庄富泉	男	52
185	Ⅷ-72	湖笔制作技艺	浙江省湖州市	邱昌明	男	57
186	Ⅷ-73	徽墨制作技艺	安徽省歙县	周美洪	男	50
187	Ⅷ-74	歙砚制作技艺	安徽省歙县	曹阶铭	男	53
188	Ⅷ-75	端砚制作技艺	广东省肇庆市	程文	男	57

序号	项目编码	项目名称	申报地区或单位	代表性传承人		
				姓名	性别	年龄
189	Ⅷ-77	木版水印技艺	北京市荣宝斋	崇德福	男	53
190				王丽菊	女	48
191	Ⅷ-78	雕版印刷技艺	江苏省扬州市	陈义时	男	60
192	Ⅷ-80	德格印经院藏族雕版印刷技艺	四川省德格县	彭措泽仁	男	52
193	Ⅷ-81	制扇技艺	江苏省苏州市	徐义林	男	74
194	Ⅷ-82	剧装戏具制作技艺	江苏省苏州市	李荣森	男	51
195	Ⅷ-83	桦树皮制作技艺	黑龙江省	付占祥	男	52
196	Ⅷ-85	赫哲族鱼皮制作技艺	黑龙江省	尤文凤	女	55
197	Ⅷ-88	风筝制作技艺（南通板鹞风筝）	江苏省南通市	郭承毅	男	62

五　传统医药（29 名）

序号	项目编码	项目名称	申报地区或单位	代表性传承人		
				姓名	性别	年龄
198	Ⅸ-1	中医生命与疾病认知方法	中国中医科学院	路志正	男	87
199				王绵之	男	84
200				颜德馨	男	87
201				曹洪欣	男	49
202				吴咸中	男	82
203				陈可冀	男	77
204	Ⅸ-2	中医诊法	中国中医科学院	邓铁涛	男	91
205				周仲瑛	男	79
206	Ⅸ-3	中药炮制技术	中国中医科学院 中国中药协会	王孝涛	男	79
207				金世元	男	81
208	Ⅸ-4	中医传统制剂方法	中国中医科学院 中国中药协会	颜正华	男	87
209				张伯礼	男	59
210	Ⅸ-5	针灸	中国中医科学院 中国针灸学会	王雪苔	男	82
211				贺普仁	男	81

序号	项目编码	项目名称	申报地区或单位	代表性传承人		
				姓名	性别	年龄
212	Ⅸ-6	中医正骨疗法	中国中医科学院	郭维淮	男	78
213				孙树椿	男	68
214				施杞	男	70
215	Ⅸ-7	同仁堂中医药文化	中国北京同仁堂（集团）有限责任公司	卢广荣	女	70
216				金霭英	女	67
217				关庆维	男	47
218				田瑞华	男	47
219	Ⅸ-8	胡庆余堂中药文化	浙江省杭州市	冯根生	男	73
220	Ⅸ-9	藏医药	西藏自治区	强巴赤列	男	78
221		藏医药（拉萨北派藏医水银洗炼法和藏药仁青常觉配伍技艺）		尼玛次仁	男	48
222				索朗其美	男	45
223				嘎务	男	57
224				多吉	男	50
225		藏医药（甘孜州南派藏医药）	四川省甘孜藏族自治州	唐卡·昂翁降措	男	82
226				格桑尼玛	男	70

文化部关于公布第二批国家级非物质
文化遗产项目代表性传承人的通知

各省、自治区、直辖市文化厅（局），新疆生产建设兵团文化局，各计划单列市文化局：

根据国务院办公厅《关于加强我国非物质文化遗产保护工作的意见》（国办发〔2005〕18号）（以下简称《意见》）精神，为有效保护和传承国家级非物质文化遗产，鼓励和支持国家级非物质文化遗产项目代表性传承人开展传习活动，我部于2007年4月印发了《文化部办公厅关于推荐国家级非物质文化遗产项目代表性传承人的通知》（办社图函〔2007〕111号）。经各地申报、专家评审委员会评审、社会公示和复核，最后确定第二批民间音乐、民间舞蹈、传统戏剧、曲艺、民俗等五大类的551名国家级非物质文化遗产项目代表性传承人，现予以公布。

国家级非物质文化遗产项目代表性传承人掌握并承载着非物质文化遗产的知识和精湛技艺，既是非物质文化遗产活的宝库，又是非物质文化遗产代代相传的代表性人物。各地区、各部门要按照国务院办公厅《意见》的要求，认真贯彻"保护为主、抢救第一、合理利用、传承发展"的工作方针，鼓励和支持国家级非物质文化遗产项目代表性传承人开展传习活动，切实做好非物质文化遗产的保护工作，弘扬中华文化，建设中华民族共有精神家园。

附件：第二批国家级非物质文化遗产项目551名代表性传承人名单（排名不分先后）

二○○八年一月二十六日

第二批国家级非物质文化遗产项目
551名代表性传承人名单
（排名不分先后）

一　民间音乐（104名）

序号	项目编码	项目名称	申报地区或单位	代表性传承人		
				姓名	性别	年龄
1	Ⅱ-2	河曲民歌	山西省河曲县	辛里生	男	69
2				吕桂英	女	66
3	Ⅱ-3	蒙古族长调民歌	内蒙古自治区	巴德玛	女	67
4				额日格吉德玛	女	75
5				莫德格	女	75
6				宝音德力格尔	女	74
7	Ⅱ-8	兴国山歌	江西省兴国县	徐盛久	男	81
8	Ⅱ-9	兴山民歌	湖北省兴山县	陈家珍	女	72
9	Ⅱ-11	梅州客家山歌	广东省梅州市	余耀南	男	69

序号	项目编码	项目名称	申报地区或单位	代表性传承人		
				姓名	性别	年龄
10	Ⅱ－12	中山咸水歌	广东省中山市	吴志辉	男	68
11	Ⅱ－14	儋州调声	海南省儋州市	唐宝山	男	58
12	Ⅱ－15	石柱土家啰儿调	重庆市石柱土家族自治县	刘永斌	男	66
13	Ⅱ－16	巴山背二歌	四川省巴中市	陈治华	男	62
14	Ⅱ－17	傈僳族民歌	云南省泸水县	王利	男	78
15	Ⅱ－20	花儿（松鸣岩花儿会）	甘肃省和政县	马金山	男	58
16		花儿（老爷山花儿会）	青海省大通回族土族自治县	马得林	男	58
17		花儿（丹麻土族花儿会）	青海省互助土族自治县	马明山	女	58
18		花儿（七里寺花儿会）	青海省民和回族土族自治县	赵存禄	男	77
19				张英芝	女	60
20		花儿（瞿昙寺花儿会）	青海省乐都县	王存福	男	55
21		花儿（宁夏回族山花儿）	宁夏回族自治区	马生林	男	65
22	Ⅱ－21	藏族拉伊	青海省海南藏族自治州	切吉卓玛	女	65
23	Ⅱ－22	聊斋俚曲	山东省淄博市	蒲章俊	男	62
24	Ⅱ－25	南溪号子	重庆市黔江区	杨正泽	男	58
25	Ⅱ－26	木洞山歌	重庆市巴南区	潘中民	男	70
26	Ⅱ－27	川北薅草锣鼓	四川省青川县	王绍兴	男	65
27	Ⅱ－28	侗族大歌	贵州省黎平县	吴品仙	女	62
28			广西壮族自治区三江侗族自治县	吴光祖	男	63
29				覃奶号	女	62
30	Ⅱ－29	侗族琵琶歌	贵州省榕江县	吴家兴	男	
31			贵州省黎平县	吴玉竹	女	
32	Ⅱ－30	哈尼族多声部民歌	云南省红河哈尼族彝族自治州	车格	女	42
33				陈习娘	男	42
34	Ⅱ－31	彝族海菜腔	云南省红河哈尼族彝族自治州	后宝云	男	65
35				阿家文	男	68

序号	项目编码	项目名称	申报地区或单位	代表性传承人		
				姓名	性别	年龄
36	Ⅱ-32	那坡壮族民歌	广西壮族自治区那坡县	罗景超	男	64
37	Ⅱ-34	古琴艺术	中国艺术研究院	郑珉中	男	84
38				陈长林	男	75
39				吴钊	男	72
40				姚公白	男	59
41				刘赤城	男	69
42				李璠	男	92
43				吴文光	男	61
44				林友仁	男	69
45				李祥霆	男	67
46				龚一	男	66
47	Ⅱ-35	蒙古族马头琴音乐	内蒙古自治区	齐·宝力高	男	63
48	Ⅱ-36	蒙古族四胡音乐	内蒙古自治区通辽市	吴云龙	男	72
49				特格喜都楞	男	72
50	Ⅱ-37	唢呐艺术	河南省沁阳市	贺德义	男	54
51				李金海	男	59
52	Ⅱ-38	羌笛演奏及制作技艺	四川省茂县	龚代仁	男	73
53	Ⅱ-39	辽宁鼓乐	辽宁省	刘振义	男	93
54	Ⅱ-40	江南丝竹	上海市	陆春龄	男	86
55				周皓	男	78
56	Ⅱ-41	海州五大宫调	江苏省连云港市	赵绍康	男	82
57				刘长兰	女	68
58	Ⅱ-42	嵊州吹打	浙江省嵊州市	尹功祥	男	78
59	Ⅱ-43	舟山锣鼓	浙江省舟山市	高如丰	男	70
60	Ⅱ-44	十番音乐（茶亭十番音乐）	福建省福州市	陈英木	男	74
61	Ⅱ-45	鲁西南鼓吹乐	山东省嘉祥县	伊双来	男	59
62	Ⅱ-46	板头曲	河南省南阳市	宋光生	男	66
63	Ⅱ-47	宜昌丝竹	湖北省宜昌市夷陵区	黄太柏	男	72

序号	项目编码	项目名称	申报地区或单位	代表性传承人		
				姓名	性别	年龄
64	Ⅱ－48	枝江民间吹打乐	湖北省枝江市	杜海涛	男	73
65	Ⅱ－49	广东音乐	广东省台山市	陈哲深	男	69
66	Ⅱ－50	潮州音乐	广东省潮州市	黄义孝	男	72
67			广东省汕头市	林立言	男	72
68				杨秀明	男	74
69	Ⅱ－51	广东汉乐	广东省大埔县	罗邦龙	男	65
70	Ⅱ－52	吹打（接龙吹打）	重庆市巴南区	唐佑伦	男	47
71		吹打（金桥吹打）	重庆市万盛区	张登洋	男	44
72	Ⅱ－53	梁平癞子锣鼓	重庆市梁平县	刘官胜	男	52
73	Ⅱ－54	土家族打溜子	湖南省湘西土家族苗族自治州	罗仕碧	男	76
74				田隆信	男	66
75	Ⅱ－55	河北鼓吹乐	河北省永年县	刘红升	男	77
76	Ⅱ－59	冀中笙管乐（屈家营音乐会）	河北省固安县	冯月池	男	81
77		冀中笙管乐（高洛音乐会）	河北省涞水县	蔡玉润	男	53
78		冀中笙管乐（高桥音乐会）	河北省霸州市	尚学智	男	60
79		冀中笙管乐（胜芳音乐会）	河北省霸州市	胡德明	男	74
80	Ⅱ－60	铜鼓十二调	贵州省镇宁布依族苗族自治县	王芳仁	男	77
81			贵州省贞丰县	王永占	男	66
82	Ⅱ－61	西安鼓乐	陕西省	赵庚辰	男	89
83				顾景昭	男	61
84				田中禾	男	64
85	Ⅱ－63	回族民间器乐	宁夏回族自治区	马兰花	女	68
86	Ⅱ－65	智化寺京音乐	北京市	张本兴	男	84
87	Ⅱ－68	苏州玄妙观道教音乐	江苏省苏州市	毛良善	男	79
88				薛桂元	男	90
89	Ⅱ－70	新疆维吾尔木卡姆艺术（十二木卡姆）	新疆维吾尔自治区	玉素甫·托合提	男	55
90				阿布来提赛来	男	50
91				吐尼莎·萨拉依丁	女	63
92				乌斯曼·艾买提	男	48

续表

序号	项目编码	项目名称	申报地区或单位	代表性传承人		
				姓名	性别	年龄
93	Ⅱ-70	新疆维吾尔木卡姆艺术（吐鲁番木卡姆）	新疆维吾尔自治区鄯善县	买买提·吾拉音	男	58
94				吐尔逊·司马义	男	58
95		新疆维吾尔木卡姆艺术（哈密木卡姆）	新疆维吾尔自治区哈密地区	艾赛提·莫合塔尔	男	69
96		新疆维吾尔木卡姆艺术（刀郎木卡姆）	新疆维吾尔自治区麦盖提县	玉苏因·亚亚	男	66
97				阿不都吉力力·肉孜	男	73
98	Ⅱ-71	南音	福建省泉州市	黄淑英	女	65
99				苏统谋	男	68
100				吴彦造	男	81
101				丁水清	男	71
102				苏诗永	男	63
103				夏永西	男	62
104			福建省厦门市	吴世安	男	58

二　民间舞蹈（72 名）

序号	项目编码	项目名称	申报地区或单位	代表性传承人		
				姓名	性别	年龄
1	Ⅲ-1	京西太平鼓	北京市门头沟区	高洪伟	男	38
2	Ⅲ-2	秧歌（昌黎地秧歌）	河北省昌黎县	周贺华	男	69
3				于振江	男	63
4		秧歌（鼓子秧歌）	山东省商河县	杨克胜	男	61
5		秧歌（胶州秧歌）	山东省胶州市	吴英民	男	52
6		秧歌（海阳大秧歌）	山东省海阳市	王发	男	88
7				鞠洪钧	男	81
8		秧歌（陕北秧歌）	陕西省绥德县	李增恒	男	79

续表

序号	项目编码	项目名称	申报地区或单位	代表性传承人		
				姓名	性别	年龄
9	Ⅲ-3	井陉拉花	河北省井陉县	武新全	男	66
10	Ⅲ-4	龙舞（铜梁龙舞）	重庆市	黄廷炎	男	66
11		龙舞（汕尾滚地金龙）	广东省汕尾市	黄锐胜	男	64
12		龙舞（长兴百叶龙）	浙江省长兴县	谈小明	男	58
13		龙舞（奉化布龙）	浙江省奉化市	陈行国	男	46
14		龙舞（泸州雨坛彩龙）	四川省泸县	罗德书	男	58
15	Ⅲ-5	狮舞（徐水狮舞）	河北省徐水县	王利忠	男	64
16		狮舞（天塔狮舞）	山西省襄汾县	李登山	男	61
17		狮舞（黄沙狮子）	浙江省临海市	王曰友	男	58
18		狮舞（广东醒狮）	广东省遂溪县	李荣仔	男	42
19	Ⅲ-6	花鼓灯（蚌埠花鼓灯）	安徽省蚌埠市	冯国佩	男	93
20				郑九如	男	88
21		花鼓灯（凤台花鼓灯）	安徽省凤台县	陈敬芝	男	88
22		花鼓灯（颍上花鼓灯）	安徽省颍上县	王传先	男	85
23	Ⅲ-7	傩舞（南丰跳傩）	江西省南丰县	罗会武	男	68
24		傩舞（婺源傩舞）	江西省婺源县	胡振坤	男	75
25	Ⅲ-8	英歌（普宁英歌）	广东省揭阳市	陈来发	男	50
26		英歌（潮阳英歌）	广东省汕头市	杨卫	男	75
27	Ⅲ-9	高跷（海城高跷）	辽宁省海城市	邢传佩	男	54
28	Ⅲ-10	永新盾牌舞	江西省永新县	吴三桂	男	60
29	Ⅲ-11	翼城花鼓	山西省翼城县	杨作梁	男	69
30	Ⅲ-13	安塞腰鼓	陕西省安塞县	曹怀荣	男	68
31	Ⅲ-14	洛川蹩鼓	陕西省洛川县	张万玖	男	56
32	Ⅲ-15	兰州太平鼓	甘肃省兰州市	缪正发	男	52
33	Ⅲ-17	土家族摆手舞	湖南省湘西土家族苗族自治州	田仁信	男	74
34				张明光	男	69
35	Ⅲ-18	土家族撒叶儿嗬	湖北省长阳土家族自治县	覃自友	男	66
36				张言科	男	60

序号	项目编码	项目名称	申报地区或单位	代表性传承人		
				姓名	性别	年龄
37	Ⅲ-19	弦子舞（芒康弦子舞）	西藏自治区	次仁旺堆	男	51
38				江措	男	57
39	Ⅲ-20	锅庄舞（迪庆锅庄舞）	云南省迪庆藏族自治州	达珍区批	男	76
40				徐桂莲	女	63
41		锅庄舞（昌都锅庄舞）	西藏自治区	松吉扎西	男	69
42				洛松江村	男	70
43		锅庄舞（玉树卓舞）	青海省玉树藏族自治州	昂加措	男	63
44	Ⅲ-21	热巴舞（丁青热巴）	西藏自治区	丹增曲塔	男	65
45				四郎曲珍	女	60
46		热巴舞（那曲比如丁嘎热巴）		嘎鸟	男	39
47	Ⅲ-22	日喀则扎什伦布寺羌姆	西藏自治区	喇嘛·次仁	男	87
48				喇嘛·米玛	男	74
49	Ⅲ-23	苗族芦笙舞（锦鸡舞）	贵州省丹寨县	李金英	女	42
50				余贵周	男	42
51		苗族芦笙舞（滚山珠）	贵州省纳雍县	王景才	男	39
52	Ⅲ-24	朝鲜族农乐舞（象帽舞）	吉林省延边朝鲜族自治州	金明春	男	49
53	Ⅲ-25	木鼓舞（反排苗族木鼓舞）	贵州省台江县	万政文	男	56
54	Ⅲ-26	铜鼓舞（文山壮族、彝族铜鼓舞）	云南省文山壮族苗族自治州	陆孝宗	男	58
55				黄正武	男	62
56	Ⅲ-27	傣族孔雀舞	云南省瑞丽市	约相	男	59
57				旺腊	男	62
58	Ⅲ-29	蒙古族安代舞	内蒙古自治区库伦旗	那仁满都拉	男	61
59	Ⅲ-30	湘西苗族鼓舞	湖南省湘西土家族苗族自治州	洪富强	男	71
60				石顺民	女	58
61	Ⅲ-31	湘西土家族毛古斯舞	湖南省湘西土家族苗族自治州	彭英威	男	74
62	Ⅲ-32	黎族打柴舞	海南省三亚市	黄家近	男	84
63	Ⅲ-33	卡斯达温舞	四川省黑水县	斯旦真	男	82
64	Ⅲ-35	傈僳族阿尺木刮	云南省维西傈僳族自治县	熊自义	男	66
65	Ⅲ-36	彝族葫芦笙舞	云南省文山壮族苗族自治州	钟天珍	女	61
66				杨应金	男	54
67	Ⅲ-37	彝族烟盒舞	云南省红河哈尼族彝族自治州	施万恒	男	60

序号	项目编码	项目名称	申报地区或单位	代表性传承人		
				姓名	性别	年龄
68	Ⅲ-39	山南昌果卓舞	西藏自治区	索　朗	男	33
69				边巴次仁	男	44
70	Ⅲ-40	土族於菟	青海省同仁县	阿　吾	男	57
71	Ⅲ-41	塔吉克族鹰舞	新疆维吾尔自治区塔什库尔干塔吉克自治县	库尔班·托合塔什	男	76
72				买热木汗·阿地力	女	54

三　传统戏剧（304 名）

序号	项目编码	项目名称	申报地区或单位	代表性传承人		
				姓名	性别	年龄
1	Ⅳ-1	昆曲	江苏省	张继青	女	68
2				王　芳	女	44
3			浙江省	林天文	男	71
4				汪世瑜	男	66
5				林为林	男	43
6			上海市	蔡正仁	男	66
7				计镇华	男	64
8				倪传钺	男	100
9				梁谷音	女	65
10				张洵澎	女	66
11				刘异龙	男	67
12				岳美缇	女	66
13				张静娴	女	58
14			北京市	侯少奎	男	68
15				杨凤一	女	44
16			湖南省	傅艺萍	女	43
17				张富光	男	50
18	Ⅳ-2	梨园戏	福建省泉州市	许天相	男	65
19				曾静萍	女	44
20	Ⅳ-3	莆仙戏	福建省莆田市	黄宝珍	女	73
21				朱石凤	男	80

序号	项目编码	项目名称	申报地区或单位	代表性传承人		
				姓名	性别	年龄
22	IV-4	潮剧	广东省汕头市	方展荣	男	59
23				姚璇秋	女	72
24			广东省潮州市	陈 鹏	男	65
25				郑舜英	女	45
26	IV-6	青阳腔	安徽省青阳县	汪正科	男	76
27			江西省湖口县	殷武焕	男	75
28	IV-7	高腔（西安高腔）	浙江省衢州市	严帮镇	男	89
29				汪家惠	男	52
30		高腔（松阳高腔）	浙江省松阳县	吴陈基	男	43
31				陈春林	男	52
32		高腔（岳西高腔）	安徽省岳西县	蒋小送	男	72
33				王琦福	男	72
34		高腔（辰河高腔）	湖南省辰溪县	陈 刚	男	50
35			湖南省泸溪县	向 荣	男	72
36		高腔（常德高腔）	湖南省常德市	龚锦云	女	63
37				李少先	男	73
38	IV-8	新昌调腔	浙江省新昌县	章华琴	女	65
39				蔡德锦	男	64
40	IV-10	永安大腔戏	福建省永安市	熊德钦	男	53
41				邢承榜	男	54
42	IV-11	四平戏	福建省屏南县	陈秀雨	女	62
43				陈大井	男	58
44			福建省政和县	张孝友	男	56
45				李式青	男	58
46	IV-12	川剧	四川省	陈智林	男	43
47				陈巧茹	女	40
48				晓 艇	男	65
49			重庆市	陈安业	男	71
50				夏庭光	男	74
51				沈铁梅	女	42

续表

序号	项目编码	项目名称	申报地区或单位	代表性传承人		
				姓名	性别	年龄
52	IV－13	湘剧	湖南省衡阳市	谭东波	男	58
53				夏传进	男	38
54	IV－14	广昌孟戏	江西省广昌县	李安平	男	39
55				曾国林	男	45
56	IV－15	正字戏	广东省陆丰市	彭美英	女	63
57				黄壮营	男	45
58	IV－17	汉调桄桄	陕西省汉中市	陶和清	男	67
59				许新萍	女	66
60				李天明	男	67
61	IV－18	晋剧	山西省	牛桂英	女	82
62				郭彩萍	女	63
63				王爱爱	女	67
64				武忠	男	67
65	IV－19	蒲州梆子	山西省临汾市	张峰	男	82
66				任跟心	女	44
67				郭泽民	男	47
68			山西省运城市	武俊英	女	51
69				王秀兰	女	75
70	IV－20	北路梆子	山西省忻州市	李万林	男	69
71				翟效安	男	64
72	IV－21	上党梆子	山西省晋城市	马正瑞	男	68
73	IV－22	河北梆子	河北省	齐花坦	女	70
74				张惠云	女	66
75				裴艳玲	女	60
76	IV－23	豫剧	河南省	马金凤	女	84
77				张宝英	女	67
78				虎美玲	女	61
79				吴碧波	女	74
80				贾廷聚	男	70
81				张梅贞	女	66
82				李树建	男	45

序号	项目编码	项目名称	申报地区或单位	代表性传承人		
				姓名	性别	年龄
83	Ⅳ-24	宛梆	河南省内乡县	周成顺	男	50
84				程建坤	男	65
85	Ⅳ-25	怀梆	河南省沁阳市	赵玉清	女	67
86				郭全仁	男	66
87	Ⅳ-26	大平调	河南省濮阳县	张相彬	男	43
88			河南省滑县	魏守现	男	65
89			河南省延津县	杜学周	男	67
90				曹秀芝	女	67
91	Ⅳ-27	越调	河南省周口市	何全志	男	71
92	Ⅳ-28	京剧	中国京剧院	李世济	女	74
93				张春华	男	83
94				刘秀荣	女	72
95				刘长瑜	女	65
96				李金泉	男	87
97				杜近芳	女	75
98				杨秋玲	女	71
99			北京市	谭元寿	男	78
100				梅葆玖	男	73
101				孙毓敏	女	67
102				赵燕侠	女	79
103				李维康	女	60
104				叶少兰	男	64
105				王金璐	男	88
106				李长春	男	66
107			天津市	张幼麟	男	54
108				李荣威	男	81
109			辽宁省	周仲博	男	82
110				汪庆元	男	70
111			上海市	尚长荣	男	67
112				陈少云	男	59
113				王梦云	女	69
114				孙正阳	男	76
115				关栋天	男	51

序号	项目编码	项目名称	申报地区或单位	代表性传承人		
				姓名	性别	年龄
116	IV－29	徽剧	安徽省	章其祥	男	63
117				李龙斌	男	51
118			江西省婺源县	江裕民	男	63
119				江湘璈	男	64
120	IV－30	汉剧	湖北省武汉市	陈伯华	女	88
121	IV－31	汉调二簧	陕西省安康市	王发芸	女	66
122				龚尚武	男	70
123	IV－32	泰宁梅林戏	福建省泰宁县	黎秀珍	男	61
124	IV－35	荆河戏	湖南省澧县	张又君	男	69
125				萧耀庭	男	72
126	IV－36	粤剧	香港特别行政区	陈剑声	男	45
127			广东省广州市	红线女	女	80
128	IV－37	桂剧	广西壮族自治区	秦彩霞	女	74
129				周小兰魁	男	74
130	IV－39	乱弹	浙江省台州市	许定龙	男	66
131				傅林华	男	49
132	IV－40	石家庄丝弦	河北省石家庄市	边树森	男	67
133				张鹤林	男	63
134	IV－41	雁北耍孩儿	山西省大同市	薛瑞红	女	41
135				王斌祥	男	45
136	IV－43	柳子戏	山东省	李艳珍	女	65
137				黄遵宪	男	75
138	IV－44	大弦戏	河南省滑县	韩庆山	男	65
139			河南省濮阳县	戴建平	男	59
140	IV－45	闽剧	福建省福州市	林培新	男	56
141				林瑛	女	57
142	IV－46	寿宁北路戏	福建省寿宁县	缪清奇	男	44
143				刘经仓	男	67

序号	项目编码	项目名称	申报地区或单位	代表性传承人		
				姓名	性别	年龄
144	Ⅳ-47	西秦戏	广东省海丰县	吕维平	男	41
145	Ⅳ-48	高甲戏	福建省泉州市	赖宗卯	男	60
146				曾文杰	男	52
147				颜佩琼	女	63
148			福建省厦门市	纪亚福	男	59
149				陈炳聪	男	41
150	Ⅳ-49	碗碗腔（孝义碗碗腔）	山西省孝义市	张建琴	女	48
151				田学思	男	63
152	Ⅳ-50	四平调	河南省商丘市	邹爱琴	女	78
153				拜金荣	女	76
154			河南省濮阳市	崔太先	男	42
155				张绪斌	男	43
156	Ⅳ-51	评剧	河北省	刘秀荣	女	51
157				洪影	女	77
158			辽宁省沈阳市	冯玉萍	女	48
159				筱俊亭	女	86
160	Ⅳ-52	武安平调落子	河北省武安市	杜银方	男	65
161				陈淮山	男	50
162	Ⅳ-53	越剧	浙江省	茅威涛	女	45
163				董柯娣	女	47
164			上海市	袁雪芬	女	85
165				徐玉兰	女	86
166				傅全香	女	84
167				王文娟	女	81
168				范瑞娟	女	83
169				张桂凤	女	85
170	Ⅳ-54	沪剧	上海市	杨飞飞	女	84
171				马莉莉	女	58
172				王盘声	男	85
173				陈瑜	女	60

序号	项目编码	项目名称	申报地区或单位	代表性传承人		
				姓名	性别	年龄
174	Ⅳ-55	苏剧	江苏省苏州市	蒋玉芳	女	85
175				尹斯明	女	86
176	Ⅳ-56	扬剧	江苏省扬州市	李开敏	女	68
177				汪琴	女	67
178	Ⅳ-57	庐剧	安徽省合肥市	黄冰	男	48
179			安徽省六安市	武克英	女	66
180	Ⅳ-58	楚剧	湖北省	熊剑啸	男	85
181	Ⅳ-59	荆州花鼓戏	湖北省潜江市	胡新中	男	54
182	Ⅳ-60	黄梅戏	安徽省	韩再芬	女	39
183				赵媛媛	女	41
184				黄新德	男	60
185			湖北省黄梅县	周洪年	男	44
186	Ⅳ-62	泗州戏	安徽省宿州市	陈若梅	女	43
187			安徽省蚌埠市	李宝琴	女	74
188				鹿士彬	男	69
189	Ⅳ-64	歌仔戏	福建省漳州市	郑秀琴	女	63
190				吴兹明	男	59
191			福建省厦门市	纪招治	女	75
192				陈志明	男	45
193	Ⅳ-65	采茶戏（桂南采茶戏）	广西壮族自治区博白县	陈声强	男	60
194	Ⅳ-66	五音戏	山东省淄博市	霍俊萍	女	60
195	Ⅳ-67	茂腔	山东省胶州市	曾金凤	女	76
196	Ⅳ-68	曲剧	河南省	马琪	男	84
197				王秀玲	女	72
198	Ⅳ-69	曲子戏（华亭曲子戏）	甘肃省华亭县	康和	男	72
199	Ⅳ-70	秧歌戏（隆尧秧歌戏）	河北省隆尧县	刘巧菊	女	65
200				吴年成	男	65
201			秧歌戏（定州秧歌戏）河北省定州市	张占元	男	66
202			秧歌戏（朔州秧歌戏）山西省朔州市	张元业	男	75

序号	项目编码	项目名称	申报地区或单位	代表性传承人		
				姓名	性别	年龄
203	IV－71	道情戏（临县道情戏）	山西省临县	张瑞锋	男	43
204				任林林	女	38
205		道情戏（太康道情戏）	河南省太康县	朱锡梅	女	67
206	IV－72	哈哈腔	河北省清苑县	裘印昌	男	63
207				王兰荣	女	50
208			河北省青县	刘宗发	男	57
209	IV－73	二人台	内蒙古自治区呼和浩特市	冯来锁	男	42
210			河北省康保县	史万富	男	52
211				冯俊才	男	54
212	IV－74	白字戏	广东省海丰县	吴佩锦	男	35
213				钟静洁	女	36
214	IV－76	彩调	广西壮族自治区	傅锦华	女	68
215	IV－77	灯戏（梁山灯戏）	重庆市梁平县	陈德惠	女	64
216				阙太纯	男	57
217		灯戏（川北灯戏）	四川省南充市	彭涓	男	74
218				汪洋	男	70
219	IV－78	花灯戏（思南花灯戏）	贵州省思南县	秦治凤	女	46
220				刘芳	女	45
221		花灯戏（玉溪花灯戏）	云南省玉溪市	李鸿源	男	70
222				陈克勤	男	72
223	IV－80	藏戏（拉萨觉木隆）	西藏自治区	旦达	男	63
224				次旦多吉	男	69
225		藏戏（日喀则迥巴）		朗杰次仁	男	46
226		藏戏（日喀则南木林湘巴）		次多	男	58
227		藏戏（日喀则仁布江嘎尔）		次仁	男	79
228		藏戏（山南雅隆扎西雪巴）		次仁旺堆	男	32
229				尼玛次仁	男	34
230		藏戏（山南琼结卡卓扎西宾顿）		嘎玛次仁	男	60
231				白梅	男	40
232		藏戏（黄南藏戏）	青海省黄南藏族自治州	仁青加	男	41
233				多杰太	男	59

续表

序号	项目编码	项目名称	申报地区或单位	代表性传承人		
				姓名	性别	年龄
234	IV－81	山南门巴戏	西藏自治区	格桑旦增	男	37
235				巴　桑	男	57
236	IV－82	壮剧	广西壮族自治区	张琴音	女	74
237				闭克坚	男	71
238	IV－83	侗戏	贵州省黎平县	张启高	男	45
239				吴胜章	男	59
240	IV－84	布依戏	贵州省册亨县	罗国宗	男	81
241				黄朝宾	男	81
242	IV－85	彝族撮泰吉	贵州省威宁彝族回族苗族自治县	罗晓云	男	34
243				文道华	男	59
244	IV－86	傣剧	云南省德宏傣族景颇族自治州	刀保顺	男	70
245		目连戏（徽州目连戏）	安徽省祁门县	王长松	男	51
246				叶养滋	男	68
247	IV－87	目连戏（辰河目连戏）	湖南省溆浦县	周建斌	男	44
248				谢杳文	男	66
249		目连戏（南乐目连戏）	河南省南乐县	张占良	男	58
250				贺书各	男	73
251		傩戏（武安傩戏）	河北省武安市	李增旺	男	57
252		傩戏（池州傩戏）	安徽省池州市	刘臣瑜	男	77
253				姚家伟	男	42
254	IV－89	傩戏（侗族傩戏）	湖南省新晃侗族自治县	龙子明	男	93
255				龙开春	男	77
256		傩戏（沅陵辰州傩戏）	湖南省沅陵县	李福国	男	44
257		傩戏（德江傩堂戏）	贵州省德江县	张月福	男	57
258				安永柏	男	43

续表

序号	项目编码	项目名称	申报地区或单位	代表性传承人		
				姓名	性别	年龄
259	Ⅳ-90	安顺地戏	贵州省安顺市	顾之炎	男	67
260				詹学彦	男	55
261	Ⅳ-91	皮影戏（唐山皮影戏）	河北省唐山市	丁振耀	男	69
262				齐永衡	男	74
263		皮影戏（冀南皮影戏）	河北省邯郸市	傅希贤	男	71
264				申国瑞	男	73
265		皮影戏（孝义皮影戏）	山西省孝义市	梁全民	男	75
266				李世伟	男	60
267		皮影戏（复州皮影戏）	辽宁省瓦房店市	宋国超	男	57
268				孙德深	男	57
269		皮影戏（海宁皮影戏）	浙江省海宁市	徐二男	男	75
270		皮影戏（江汉平原皮影戏）	湖北省潜江市	汤先成	男	54
271				刘年华	男	58
272		皮影戏（陆丰皮影戏）	广东省汕尾市	蔡锦镇	男	45
273				彭忠	男	79
274		皮影戏（华县皮影戏）	陕西省渭南市	刘华	男	64
275				魏金全	男	43
276				潘京乐	男	78
277		皮影戏（华阴老腔）	陕西省华阴市	王振中	男	70
278				张喜民	男	60
279		皮影戏（弦板腔）	陕西省乾县	李育亭	男	43
280				丁碧霞	女	63
281		皮影戏（环县道情皮影戏）	甘肃省环县	史呈林	男	60
282				高清旺	男	44
283		皮影戏（凌源皮影戏）	辽宁省凌源市	徐积山	男	69
284				刘景春	男	55

续表

序号	项目编码	项目名称	申报地区或单位	代表性传承人		
				姓名	性别	年龄
285	IV-92	木偶戏（泉州提线木偶戏）	福建省泉州市	陈应鸿	男	42
286				陈志杰	男	43
287		木偶戏（晋江布袋木偶戏）	福建省晋江市	李伯芬	男	81
288		木偶戏（漳州布袋木偶戏）	福建省漳州市	庄陈华	男	63
289				陈锦堂	男	65
290		木偶戏（辽西木偶戏）	辽宁省锦州市	王娜	女	51
291		木偶戏（邵阳布袋戏）	湖南省邵阳县	刘永安	男	61
292				刘永章	男	65
293		木偶戏（高州木偶戏）	广东省高州市	何文富	男	61
294				曹章玲	女	47
295		木偶戏（潮州铁枝木偶戏）	广东省潮州市	丁清波	男	44
296				陈培森	男	39
297		木偶戏（临高人偶戏）	海南省临高县	陈少金	女	47
298				王春荣	男	46
299		木偶戏（川北大木偶戏）	四川省	李泗元	男	71
300		木偶戏（石阡木偶戏）	贵州省石阡县	饶世光	男	63
301				付正华	男	77
302		木偶戏（郃阳提线木偶戏）	陕西省	王红民	男	39
303				肖朋芳	女	38
304		木偶戏（泰顺药发木偶戏）	浙江省泰顺县	周尔禄	男	62

四　曲艺（66名）

序号	项目编码	项目名称	申报地区或单位	代表性传承人		
				姓名	性别	年龄
1	V-1	苏州评弹（苏州弹词）	江苏省苏州市	邢晏芝	女	59
2				金丽生	男	63
3	V-2	扬州评话	江苏省	王丽堂	女	67
4				李信堂	男	73

续表

序号	项目编码	项目名称	申报地区或单位	代表性传承人		
				姓名	性别	年龄
5	V－3	福州评话	福建省福州市	陈如燕	女	59
6				毛钦铭	男	76
7	V－4	山东大鼓	山东省	左玉华	女	60
8	V－5	西河大鼓	河北省	伍振英	女	50
9				张领娣	女	45
10	V－6	东北大鼓	黑龙江省	夏晓华	女	53
11	V－7	木板大鼓	河北省沧县	唐贵峰	男	68
12				刘银河	男	58
13	V－8	乐亭大鼓	河北省	何建春	男	46
14				张近平	男	45
15	V－12	河洛大鼓	河南省洛阳市	陆四辈	男	65
16	V－13	温州鼓词	浙江省瑞安市	阮世池	男	78
17				方克多	男	65
18	V－14	陕北说书	陕西省延安市	韩应莲	女	50
19				解明生	男	56
20	V－15	福州伬艺	福建省福州市	钱振华	男	80
21				强淑如	女	38
22	V－17	绍兴平湖调	浙江省绍兴市	郑关富	男	62
23				王玉英	女	62
24	V－19	贤孝（凉州贤孝）	甘肃省武威市	冯兰芳	女	42
25	V－20	河南坠子	河南省	刘宗琴	女	79
26	V－21	山东琴书	山东省	李湘云	女	68
27				姚忠贤	男	66
28	V－22	锣鼓书	上海市南汇区	谈敬德	男	65
29				康文英	女	45
30	V－23	绍兴莲花落	浙江省绍兴县	胡兆海	男	58
31				倪齐全	男	58
32	V－27	常德丝弦	湖南省常德市	谌晓辉	女	53
33				朱晓玲	女	38

续表

序号	项目编码	项目名称	申报地区或单位	代表性传承人		
				姓名	性别	年龄
34	V-28	榆林小曲	陕西省榆林市	林玉碧	男	62
35				王青	男	53
36	V-29	天津时调	天津市	王毓宝	女	81
37	V-30	新疆曲子	新疆维吾尔自治区昌吉回族自治州	郭天禄	男	70
38				侯毓敏	男	83
39	V-31	龙舟说唱	广东省佛山市顺德区	伍于筹	男	79
40				尤学尧	男	68
41	V-32	鼓盆歌	湖北省荆州市	望熙浩	男	79
42	V-33	汉川善书	湖北省汉川市	徐忠德	男	73
43	V-34	歌册（东山歌册）	福建省东山县	蔡婉香	女	67
44				黄春慧	女	44
45	V-35	东北二人转	辽宁省黑山县	李秀媛	女	68
46			辽宁省铁岭市	赵本山	男	50
47			吉林省	王中堂	男	73
48			黑龙江省海伦市	赵晓波	女	33
49				石桂芹	女	59
50	V-36	凤阳花鼓	安徽省凤阳县	孙凤城	女	56
51	V-37	答嘴鼓	福建省厦门市	陈清平	男	72
52				杨敏谋	男	59
53	V-38	小热昏	浙江省杭州市	安忠文	男	82
54				周志华	男	62
55	V-39	山东快书	山东省	孙镇业	男	63
56	V-40	乌力格尔	内蒙古自治区扎鲁特旗	劳斯尔	男	61
57			辽宁省阜新蒙古族自治县	杨铁龙	男	42
58				韩英福	男	44
59			吉林省前郭尔罗斯蒙古族自治县	包朝格柱	男	38

续表

序号	项目编码	项目名称	申报地区或单位	代表性传承人		
				姓名	性别	年龄
60	V－41	达斡尔族乌钦	黑龙江省	色 热	男	76
61				那音太	男	72
62	V－42	赫哲族伊玛堪	黑龙江省	吴明新	男	70
63				吴宝臣	男	47
64	V－43	鄂伦春族摩苏昆	黑龙江省	莫宝凤	女	71
65	V－46	布依族八音坐唱	贵州省兴义市	梁秀江	男	52
66				吴天玉	男	53

五　民俗（5名）

序号	项目编码	项目名称	申报地区或单位	代表性传承人		
				姓名	性别	年龄
1	X－14	瑶族盘王节	广东省韶关市	盘良安	男	71
2	X－27	傈僳族刀杆节	云南省泸水县	李学强	男	48
3	X－41	白族绕三灵	云南省大理白族自治州	赵丕鼎	男	65
4	X－45	瑶族耍歌堂	广东省清远市	唐买社公	男	63
5	X－46	壮族歌圩	广西壮族自治区南宁市	刘正城	男	72

文化部关于公布第三批国家级非物质文化遗产
项目代表性传承人的通知

各省、自治区、直辖市文化厅（局），新疆生产建设兵团文化局，各计划单列市文化局：

根据《国务院办公厅关于加强我国非物质文化遗产保护工作的意见》（国办发〔2005〕18号）（以下简称《意见》）精神，为有效保护和传承国家级非物质文化遗产，鼓励和支持国家级非物质文化遗产项目代表性传承人开展传习活动，按照《文化部办公厅关于推荐第三批国家级非物质文化遗产项目代表性传承人的通知》（办社图函〔2008〕367号）的要求，经各地申报、专家评审委员会评审、社会公示等程序，最后确定了张定强等711名第三批国家级非物质文化遗产项目代表性传承人名单，现予以公布。

国家级非物质文化遗产项目代表性传承人是非物质文化遗产的重要承载者和传递者，掌握着非物质文化遗产的丰富知识和精湛技艺，是非物质文化遗产活态传承的代表性人物。各地区、各部门要按照《意见》要求，认真贯彻"保护为主、抢救第一、合理利用、传承发展"的工作方针，鼓励和支持国家级非物质文化遗产项目代表性传承人开展传习活动，切实做好非物质文化遗产保护工作，为弘扬中华文化，建设中华民族共有精神家园，推动社会主义文化大发展大繁荣，构建社会主义和谐社会，作出新的贡献。

特此通知。

附件：第三批国家级非物质文化遗产项目711名代表性传承人名单（排名不分先后）

二〇〇九年五月二十六日

第三批国家级非物质文化遗产项目
711名代表性传承人名单

（排名不分先后）

一　民间文学（25人）

序号	项目编码	项目名称	申报地区或单位	姓名	性别	民族
03－0778	Ⅰ－1	苗族古歌	贵州省台江县	张定强	男	苗
03－0779	Ⅰ－2	布洛陀	广西壮族自治区田阳县	黄达佳	男	壮
03－0780	Ⅰ－13	河西宝卷	甘肃省武威市凉州区	李作柄	男	汉
03－0781	Ⅰ－15	伍家沟民间故事	湖北省丹江口市	罗成贵	男	汉
03－0782	Ⅰ－17	走马镇民间故事	重庆市九龙坡区	刘远扬	男	汉
03－0783	Ⅰ－18	古渔雁民间故事	辽宁省大洼县	刘则亭	男	汉

序号	项目编码	项目名称	申报地区或单位	姓名	性别	民族
03－0784	Ⅰ－19	喀左东蒙民间故事	辽宁省喀喇沁左翼蒙古族自治县	刘永芹	女	蒙古
03－0785	Ⅰ－22	吴歌	上海市青浦区	王锡余	男	汉
03－0786			江苏省无锡市	张浩生	男	汉
03－0787	Ⅰ－25	玛纳斯	新疆维吾尔自治区克孜勒苏柯尔克孜自治州	买买提阿力·阿拉马提	男	柯尔克孜
03－0788	Ⅰ－27	格萨（斯）尔	西藏自治区	桑珠	男	藏
03－0789			内蒙古自治区	罗布生	男	蒙古
03－0790	Ⅰ－53	满族民间故事	辽宁省文学艺术界联合会民间文艺家协会	爱新觉罗·庆凯	男	满
03－0791	Ⅰ－56	都镇湾故事	湖北省长阳土家族自治县	孙家香	女	土家
03－0792	Ⅰ－59	嘎达梅林	内蒙古自治区科尔沁左翼中旗	何巴特尔	男	蒙古
03－0793	Ⅰ－63	梅葛	云南省楚雄彝族自治州	郭有珍	女	彝
03－0794	Ⅰ－65	达古达楞格莱标	云南省德宏傣族景颇族自治州	李腊翁	男	德昂
03－0795	Ⅰ－68	米拉尕黑	甘肃省东乡族自治县	马虎成	男	东乡
03－0796	Ⅰ－69	康巴拉伊	青海省治多县	才仁索南	男	藏
03－0797	Ⅰ－70	汗青格勒	青海省海西蒙古族藏族自治州	茶汉扣文	男	蒙古
03－0798	Ⅰ－71	维吾尔族达斯坦	新疆维吾尔自治区	夏赫·买买提	男	维吾尔
03－0799	Ⅰ－72	哈萨克族达斯坦	新疆维吾尔自治区福海县	哈孜木·阿勒曼	男	哈萨克
03－0800	Ⅰ－75	彝族克智	四川省美姑县	海来热儿	男	彝
03－0801	Ⅰ－80	土家族梯玛歌	湖南省龙山县	彭继龙	男	土家
03－0802	Ⅰ－83	柯尔克孜约隆	新疆维吾尔自治区乌恰县	塔瓦力地·克里木	男	柯尔克孜

二　传统音乐（96 人）

序号	项目编码	项目名称	申报地区或单位	姓名	性别	民族
03－0803	Ⅱ－1	左权开花调	山西省左权县	刘改鱼	女	汉
03－0804	Ⅱ－2	河曲民歌	山西省河曲县	韩运德	男	汉
03－0805	Ⅱ－3	蒙古族长调民歌	内蒙古自治区	扎格达苏荣	男	蒙古
03－0806				阿拉坦其其格	女	蒙古
03－0807				淖尔吉玛	女	蒙古
03－0808				赛音毕力格	男	蒙古
03－0809			新疆维吾尔自治区和布克赛尔蒙古自治县	加·道尔吉	男	蒙古
03－0810	Ⅱ－7	畲族民歌	福建省宁德市	雷美凤	女	畲
03－0811			浙江省景宁畲族自治县	蓝陈启	女	畲
03－0812	Ⅱ－8	兴国山歌	江西省兴国县	王善良	男	汉
03－0813	Ⅱ－9	兴山民歌	湖北省兴山县	彭泗德	男	汉
03－0814	Ⅱ－11	梅州客家山歌	广东省梅州市	汤明哲	男	汉
03－0815	Ⅱ－15	石柱土家啰儿调	重庆市石柱土家族自治县	黄代书	男	土家
03－0816	Ⅱ－17	傈僳族民歌	云南省泸水县	李学华	男	傈僳
03－0817	Ⅱ－19	裕固族民歌	甘肃省肃南裕固族自治县	杜秀兰	女	裕固
03－0818				杜秀英	女	裕固
03－0819	Ⅱ－20	花儿（莲花山花儿会）	甘肃省康乐县	汪莲莲	女	汉
03－0820		花儿（二郎山花儿会）	甘肃省岷县	刘郭成	男	汉
03－0821		花儿（宁夏回族山花儿）	宁夏回族自治区	张明星	男	回
03－0822		花儿（新疆花儿）	新疆维吾尔自治区乌鲁木齐市米东区	韩生元	男	回
03－0823	Ⅱ－26	木洞山歌	重庆市巴南区	喻良华	男	汉

续表

序号	项目编码	项目名称	申报地区或单位	姓名	性别	民族
03-0824	Ⅱ-27	薅草锣鼓（武宁打鼓歌）	江西省武宁县	孟凡林	男	汉
03-0825		薅草锣鼓（长阳山歌）	湖北省长阳土家族自治县	王爱民	男	土家
03-0826	Ⅱ-28	侗族大歌	贵州省从江县	吴仁和	男	侗
03-0827				潘萨银花	女	侗
03-0828	Ⅱ-29	侗族琵琶歌	贵州省黎平县	吴仕恒	男	侗
03-0829	Ⅱ-30	多声部民歌（潮尔道－蒙古族合声演唱）	内蒙古自治区锡林浩特市	芒来	男	蒙古
03-0830		多声部民歌（壮族三声部民歌）	广西壮族自治区马山县	温桂元	男	壮
03-0831		多声部民歌（羌族多声部民歌）	四川省松潘县	郎加木	男	羌
03-0832	Ⅱ-34	古琴艺术	中国艺术研究院	李禹贤	男	汉
03-0833		古琴艺术（金陵琴派）	江苏省南京市	刘正春	男	汉
03-0834		古琴艺术（梅庵琴派）	江苏省镇江市	刘善教	男	汉
03-0835		古琴艺术（岭南派）	广东省广州市	谢导秀	男	汉
03-0836	Ⅱ-35	蒙古族马头琴音乐	内蒙古自治区	布林	男	蒙古
03-0837	Ⅱ-37	唢呐艺术（唐山花吹）	河北省唐海县	姚少林	男	汉
03-0838		唢呐艺术（晋北鼓吹）	山西省忻州市	卢补良	男	汉
03-0839		唢呐艺术（上党乐户班社）	山西省壶关县	牛其云	男	汉
03-0840		唢呐艺术（于都唢呐公婆吹）	江西省于都县	刘有生	男	汉
03-0841	Ⅱ-40	江南丝竹	上海市	周惠	男	汉
03-0842			浙江省杭州市	沈凤泉	男	汉
03-0843	Ⅱ-44	十番音乐（楼塔细十番）	浙江省杭州市	楼正寿	男	汉
03-0844	Ⅱ-49	广东音乐	广东省广州市	汤凯旋	男	汉
03-0845	Ⅱ-52	吹打（接龙吹打）	重庆市巴南区	李自春	男	汉

序号	项目编码	项目名称	申报地区或单位	姓名	性别	民族
03－0846	Ⅱ－54	土家族打溜子	湖北省五峰土家族自治县	简伯元	男	土家
03－0847	Ⅱ－56	晋南威风锣鼓	山西省临汾市	王振湖	男	汉
03－0848	Ⅱ－58	上党八音会	山西省晋城市	黄一宝	男	汉
03－0849	Ⅱ－59	冀中笙管乐（安新县圈头村音乐会）	河北省安新县	夏老肥	男	汉
03－0850		冀中笙管乐（东韩村拾幡古乐）	河北省易县	刘　勤	男	汉
03－0851		冀中笙管乐（子位吹歌）	河北省定州市	王如海	男	汉
03－0852	Ⅱ－61	西安鼓乐	陕西省	何忠信	男	汉
03－0853	Ⅱ－63	回族民间器乐	宁夏回族自治区	杨达吾德	男	回
03－0854	Ⅱ－64	文水鈲子	山西省文水县	武济文	男	汉
03－0855	Ⅱ－66	五台山佛乐	山西省五台县	释汇光	男	汉
03－0856				章样摩兰	男	汉
03－0857	Ⅱ－67	千山寺庙音乐	辽宁省鞍山市	洪振仁	男	汉
03－0858	Ⅱ－71	南　音	福建省泉州市	杨翠娥	女	汉
03－0859			福建省厦门市	王秀怡	女	汉
03－0860	Ⅱ－73	陕北民歌	陕西省榆林市	王向荣	男	汉
03－0861			陕西省延安市	贺玉堂	男	汉
03－0862	Ⅱ－75	高邮民歌	江苏省高邮市	王兰英	女	汉
03－0863	Ⅱ－81	马山民歌	湖北省荆州市荆州区	王兆珍	女	汉
03－0864	Ⅱ－83	吕家河民歌	湖北省丹江口市	姚启华	男	汉
03－0865	Ⅱ－87	嘉善田歌	浙江省嘉善县	顾友珍	女	汉
03－0866	Ⅱ－104	老河口丝弦	湖北省老河口市	余家冰	女	汉
03－0867	Ⅱ－109	苗族民歌（湘西苗族民歌）	湖南省吉首市	陈千均	男	苗
03－0868	Ⅱ－110	瑶族民歌（花瑶呜哇山歌）	湖南省隆回县	戴碧生	男	瑶
03－0869	Ⅱ－111	黎族民歌（琼中黎族民歌）	海南省琼中黎族苗族自治县	王女不大	女	黎

序号	项目编码	项目名称	申报地区或单位	姓名	性别	民族
03-0870	Ⅱ-114	布朗族民歌（布朗族弹唱）	云南省勐海县	岩瓦洛	男	布朗
03-0871	Ⅱ-115	藏族民歌（华锐藏族民歌）	甘肃省天祝藏族自治县	马建军	男	藏
03-0872		藏族民歌（甘南藏族民歌）	甘肃省甘南藏族自治州	华尔贡	男	藏
03-0873		藏族民歌（玉树民歌）	青海省玉树藏族自治州	达哇战斗	男	藏
03-0874	Ⅱ-117	乌孜别克族埃希来、叶来	新疆维吾尔自治区喀什地区	排孜拉·依萨克江	男	乌孜别克
03-0875	Ⅱ-118	回族宴席曲	青海省门源回族自治县	安宝龙	男	回
03-0876	Ⅱ-119	琵琶艺术（瀛洲古调派）	上海市崇明县	殷荣珠	女	汉
03-0877		琵琶艺术（浦东派）	浙江省平湖市	林嘉庆	男	汉
03-0878		琵琶艺术（平湖派）	上海市南汇区	朱大祯	男	汉
03-0879	Ⅱ-120	古筝艺术（山东古筝乐）	山东省菏泽市	赵登山	男	汉
03-0880	Ⅱ-121	笙管乐（复州双管乐）	辽宁省瓦房店市	刁登科	男	汉
03-0881		03-0881	河南省新密市	王国卿	男	汉
03-0882	Ⅱ-123	锣鼓艺术（太原锣鼓）	山西省太原市	刘耀文	男	汉
03-0883	Ⅱ-125	土家族咚咚喹	湖南省龙山县	严三秀	女	土家
03-0884	Ⅱ-126	哈萨克六十二阔恩尔	新疆维吾尔自治区伊犁哈萨克自治州	库尔曼江·孜克热亚	男	哈萨克
03-0885	Ⅱ-127	维吾尔族鼓吹乐	新疆维吾尔自治区	于苏甫江·亚库普	男	维吾尔
03-0886	Ⅱ-129	芦笙音乐（侗族芦笙）	湖南省通道侗族自治县	杨枝光	男	侗
03-0887	Ⅱ-132	哈萨克族冬布拉艺术	新疆维吾尔自治区伊犁哈萨克自治州	阿迪力汗·阿不都拉	男	哈萨克
03-0888	Ⅱ-133	柯尔克孜族库姆孜艺术	新疆维吾尔自治区乌恰县	阿迪里别克·卡德尔	男	柯尔克孜

序号	项目编码	项目名称	申报地区或单位	姓名	性别	民族
03－0889	Ⅱ－138	佛教音乐（天宁寺梵呗唱诵）	江苏省常州市	松　纯	男	汉
03－0890		佛教音乐（大相国寺梵乐）	河南省开封市	释隆江	男	汉
03－0891		佛教音乐（直孔噶举派音乐）	西藏自治区墨竹工卡县	顿　珠	男	藏
03－0892		佛教音乐（拉卜楞寺佛殿音乐道得尔）	甘肃省夏河县	成来加措	男	藏
03－0893		佛教音乐（北武当庙寺庙音乐）	宁夏回族自治区平罗县	徐建业	男	汉
03－0894	Ⅱ－139	道教音乐（广宗太平道乐）	河北省广宗县	张玉保	男	汉
03－0895		道教音乐（恒山道乐）	山西省阳高县	李满山	男	汉
03－0896		道教音乐（上海道教音乐）	上海市道教协会	石季通	男	汉
03－0897		道教音乐（无锡道教音乐）	江苏省无锡市	尤武忠	男	汉
03－0898		道教音乐（白云山道教音乐）	陕西省佳县	张明贵	男	汉

三　传统舞蹈（56人）

序号	项目编码	项目名称	申报地区或单位	姓名	性别	民族
03－0899	Ⅲ－2	秧歌（陕北秧歌）	陕西省绥德县	贺俊义	男	汉
03－0900		秧歌（济阳鼓子秧歌）	山东省济阳县	姚大新	男	汉
03－0901	Ⅲ－4	龙舞（曲周龙灯）	河北省曲周县	郑玉华	男	汉
03－0902		龙舞（舞草龙）	上海市松江区	费土根	男	汉
03－0903		龙舞（骆山大龙）	江苏省溧水县	杨书范	男	汉
03－0904		龙舞（醉龙）	广东省中山市	黄焯根	男	汉

续表

序号	项目编码	项目名称	申报地区或单位	姓名	性别	民族
03 - 0905		狮舞（白纸坊太狮）	北京市	王建文	男	汉
03 - 0906	Ⅲ - 5	狮舞（沧县狮舞）	河北省沧县	尹少山	男	汉
03 - 0907		狮舞（槐店文狮子）	河南省沈丘县	李大志	男	回
03 - 0908		花鼓灯（蚌埠花鼓灯）	安徽省蚌埠市	杨再先	男	汉
03 - 0909	Ⅲ - 6	花鼓灯（凤台花鼓灯）	安徽省凤台县	邓 虹	女	汉
03 - 0910				张士根	男	汉
03 - 0911		傩舞（婺源傩舞）	江西省婺源县	程长庆	男	汉
03 - 0912	Ⅲ - 7	傩舞（湛江傩舞）	广东省湛江市麻章区	彭英芳	男	汉
03 - 0913		傩舞（文县池哥昼）	甘肃省文县	余杨富	男	藏
03 - 0914		傩舞（永靖七月跳会）	甘肃省永靖县	范廷禄	男	汉
03 - 0915	Ⅲ - 9	高跷（海城高跷）	辽宁省海城市	杨 敏	女	汉
03 - 0916		高跷（盖州高跷）	辽宁省盖州市	王新惠	男	汉
03 - 0917	Ⅲ - 12	泉州拍胸舞	福建省泉州市	邱剑英	男	汉
03 - 0918	Ⅲ - 17	土家族摆手舞（酉阳摆手舞）	重庆市酉阳土家族苗族自治县	田景仁	男	土家
03 - 0919		锅庄舞（甘孜锅庄）	四川省新龙县	阿 德	女	藏
03 - 0920	Ⅲ - 20			白马尼麦	男	藏
03 - 0921		锅庄舞（称多白龙卓舞）	青海省称多县	才 哇	男	藏
03 - 0922		锅庄舞（囊谦卓干玛）	青海省囊谦县	布扎西	男	藏
03 - 0923	Ⅲ - 24	朝鲜族农乐舞（乞粒舞）	辽宁省本溪市	金明焕	男	朝鲜
03 - 0924		朝鲜族农乐舞	辽宁省铁岭市	韩奎昇	男	朝鲜
03 - 0925		鼓舞（横山老腰鼓）	陕西省横山县	李成元	男	汉
03 - 0926	Ⅲ - 42	鼓舞（凉州攻鼓子）	甘肃省武威市	杨门元	男	汉
03 - 0927		鼓舞（武山旋鼓舞）	甘肃省武山县	代三海	男	汉
03 - 0928	Ⅲ - 43	麒麟舞	河北省黄骅市	杨印海	男	汉
03 - 0929	Ⅲ - 44	竹马（东坝大马灯）	江苏省高淳县	汤裕道	男	汉
03 - 0930		灯舞（莆田九鲤灯舞）	福建省莆田市	陈金文	男	汉
03 - 0931	Ⅲ - 45	灯舞（沙头角鱼灯舞）	广东省深圳市	吴观球	男	汉
03 - 0932		灯舞（苏家作龙凤灯舞）	河南省博爱县	毋启富	男	汉

序号	项目编码	项目名称	申报地区或单位	姓名	性别	民族
03－0933	Ⅲ－46	沧州落子	河北省南皮县	张洪通	男	汉
03－0934	Ⅲ－48	火老虎	安徽省凤台县	孙永超	男	汉
03－0935	Ⅲ－52	肉连响	湖北省利川市	吴修富	男	土家
03－0936	Ⅲ－55	翻山铰子	四川省平昌县	吴华得	男	汉
03－0937	Ⅲ－56	靖边跑驴	陕西省靖边县	张有万	男	汉
03－0938	Ⅲ－60	瑶族长鼓舞	湖南省江华瑶族自治县	赵明华	男	瑶
03－0939	Ⅲ－62	羌族羊皮鼓舞	四川省汶川县	朱金龙	男	羌
03－0940	Ⅲ－70	彝族打歌	云南省巍山彝族回族自治县	茶春梅	女	彝
03－0941	Ⅲ－71	彝族跳菜	云南省南涧彝族自治县	鲁朝金	男	彝
03－0942	Ⅲ－77	布朗族蜂桶鼓舞	云南省双江拉祜族佤族布朗族傣族自治县	俸继明	男	布朗
03－0943	Ⅲ－79	拉祜族芦笙舞	云南省澜沧拉祜族自治县	李增保	男	拉祜
03－0944	Ⅲ－80	宣舞（普堆巴宣舞）	西藏自治区墨竹工卡县	昂　嘎	女	藏
03－0945	Ⅲ－82	堆谐（拉孜堆谐）	西藏自治区拉孜县	拉　巴	男	藏
03－0946	Ⅲ－83	谐钦（拉萨纳如谐钦）	西藏自治区拉萨市城关区	索朗次仁	男	藏
03－0947		谐钦（南木林土布加谐钦）	西藏自治区南木林县	次旺丹增	男	藏
03－0948	Ⅲ－85	嘎　尔	西藏自治区	平措玉杰	男	藏
03－0949	Ⅲ－86	芒康三弦舞	西藏自治区芒康县	江白轮珠	男	藏
03－0950	Ⅲ－89	廓　孜	西藏自治区曲水县	扎　桑	男	藏
03－0951	Ⅲ－90	多地舞	甘肃省舟曲县	李扎西	男	藏
03－0952	Ⅲ－91	巴郎鼓舞	甘肃省卓尼县	卢永祥	男	藏
03－0953	Ⅲ－95	锡伯族贝伦舞	新疆维吾尔自治区察布查尔锡伯自治县	月　香	女	锡伯
03－0954	Ⅲ－96	维吾尔族赛乃姆	新疆维吾尔自治区哈密地区	艾买提·司马义	男	维吾尔

四　传统戏剧（196 人）

序号	项目编码	项目名称	申报地区或单位	姓名	性别	民族
03-0955	IV-1	昆　曲	江苏省	张寄蝶	男	汉
03-0956				黄小午	男	汉
03-0957				石小梅	女	汉
03-0958				胡锦芳	女	汉
03-0959				林继凡	男	汉
03-0960				柳继雁	女	汉
03-0961			浙江省	林媚媚	女	汉
03-0962			上海市	辛清华	男	汉
03-0963				王芝泉	女	汉
03-0964			北京市	韩建成	男	汉
03-0965				丛兆桓	男	汉
03-0966			湖南省	雷子文	男	汉
03-0967	IV-2	梨园戏	福建省泉州市	陈济民	男	汉
03-0968				蔡娅治	女	汉
03-0969				王胜利	男	汉
03-0970	IV-3	莆仙戏	福建省莆田市	王少媛	女	汉
03-0971	IV-7	高腔（松阳高腔）	浙江省松阳县	吴陈俊	男	汉
03-0972	IV-12	川　剧	四川省	任庭芳	男	汉
03-0973				徐寿年	男	汉
03-0974				肖德美	男	汉
03-0975			重庆市	高凤莲	女	汉
03-0976				周继培	男	汉
03-0977				许倩云	女	汉
03-0978	IV-16	秦　腔	陕西省	马友仙	女	汉
03-0979				贠宗翰	男	汉
03-0980				李爱琴	女	汉
03-0981				肖玉玲	女	汉
03-0982				康少易	男	汉
03-0983				吕明发	男	汉

续表

序号	项目编码	项目名称	申报地区或单位	姓名	性别	民族
03－0984				余巧云	女	满
03－0985			山西省	田桂兰	女	汉
03－0986				程玉英	女	汉
03－0987	IV－18	晋　剧		马玉楼	女	汉
03－0988			河北省张家口市	吴　同	男	回
03－0989				牛学祯	女	汉
03－0990	IV－20	北路梆子	山西省忻州市	杨仲义	男	汉
03－0991				成凤英	女	汉
03－0992			山西省晋城市	吴国华	女	汉
03－0993				张爱珍	女	汉
03－0994	IV－21	上党梆子		张保平	男	汉
03－0995			山西省长治市	张志明	男	汉
03－0996	IV－22	河北梆子	河北省	田春鸟	男	汉
03－0997	IV－23	豫　剧	河南省	王冠君	男	汉
03－0998				冯占顺	男	汉
03－0999	IV－24	宛梆	河南省内乡县	李建海	男	汉
03－1000	IV－26	大平调	山东省菏泽市牡丹区	何西良	男	汉
03－1001	IV－27	越　调	河南省许昌市	毛爱莲	女	汉
03－1002			中国京剧院	冯志孝	男	汉
03－1003				王晶华	女	汉
03－1004				张春孝	男	汉
03－1005			北京市	张学津	男	汉
03－1006				赵葆秀	女	汉
03－1007	IV－28	京　剧	天津市	邓沐玮	男	汉
03－1008				杨乃彭	男	汉
03－1009				艾世菊	男	汉
03－1010				汪正华	男	汉
03－1011			上海市	李炳淑	女	汉
03－1012				童祥苓	男	汉
03－1013				周少麟	男	

序号	项目编码	项目名称	申报地区或单位	姓名	性别	民族
03 – 1014			湖北省京剧院	朱世慧	男	汉
03 – 1015	Ⅳ – 29	徽　剧	安徽省	谷化民	男	汉
03 – 1016	Ⅳ – 30	汉　剧	湖北省武汉市	胡和颜	女	汉
03 – 1017				程彩萍	女	汉
03 – 1018	Ⅳ – 33	闽西汉剧	福建省龙岩市	邓玉璇	女	汉
03 – 1019	Ⅳ – 35	荆河戏	湖北省荆州市	刘厚云	男	汉
03 – 1020	Ⅳ – 39	乱弹（威县乱弹）	河北省威县	孟凡真	男	汉
03 – 1021	Ⅳ – 40	石家庄丝弦	河北省石家庄市	安录昌	男	汉
03 – 1022	Ⅳ – 42	灵丘罗罗腔	山西省灵丘县	范　增	男	汉
03 – 1023	Ⅳ – 43	柳子戏	山东省	李松云	女	汉
03 – 1024				孔祥启	男	汉
03 – 1025				冯宝泉	男	汉
03 – 1026	Ⅳ – 44	大弦戏	河南省滑县	宋自武	男	汉
03 – 1027	Ⅳ – 45	闽　剧	福建省福州市	陈乃春	男	汉
03 – 1028				陈新国	男	汉
03 – 1029	Ⅳ – 47	西秦戏	广东省海丰县	严木田	男	汉
03 – 1030	Ⅳ – 48	高甲戏	福建省泉州市	吕忠文	男	汉
03 – 1031				苏燕玉	女	汉
03 – 1032			福建省厦门市	林英梨	女	汉
03 – 1033	Ⅳ – 50	四平调	山东省金乡县	刘玉芝	女	汉
03 – 1034			山东省成武县	王凤云	女	汉
03 – 1035	Ⅳ – 51	评　剧	辽宁省沈阳市	周　丹	女	汉
03 – 1036			北京市中国评剧院	刘　萍	女	汉
03 – 1037				谷文月	女	汉
03 – 1038			天津评剧院	陈佩华		
03 – 1039	Ⅳ – 53	越　剧	上海市	金采风	女	汉
03 – 1040				吕瑞英	女	汉
03 – 1041				毕春芳	女	汉
03 – 1042	Ⅳ – 54	沪　剧	上海市	韩玉敏	女	汉
03 – 1043				沈仁伟	男	汉

续表

序号	项目编码	项目名称	申报地区或单位	姓名	性别	民族
03-1044				茅善玉	女	汉
03-1045	Ⅳ-55	苏剧	江苏省苏州市	丁杰	男	汉
03-1046	Ⅳ-56	扬剧	江苏省演艺集团扬剧团	蒋剑锋	男	汉
03-1047				吴蕙明	女	汉
03-1048			江苏省镇江市	筱荣贵	女	汉
03-1049				姚恭林	男	汉
03-1050	Ⅳ-57	庐剧	安徽省合肥市	丁玉兰	女	汉
03-1051				孙邦栋	男	汉
03-1052	Ⅳ-58	楚剧	湖北省	张一平	女	汉
03-1053				张巧珍	女	汉
03-1054	Ⅳ-63	柳琴戏	山东省枣庄市	王传玲	女	汉
03-1055			江苏省徐州市	朱树龙	男	汉
03-1056			山东省临沂市	张金兰	女	汉
03-1057	Ⅳ-65	采茶戏	湖北省阳新县	李家高	男	汉
03-1058	Ⅳ-68	曲剧	河南省	高桂枝	女	汉
03-1059	Ⅳ-69	曲子戏（敦煌曲子戏）	甘肃省敦煌市	肖德金	男	汉
03-1060	Ⅳ-70	秧歌戏（朔州秧歌戏）	山西省朔州市	张福	男	汉
03-1061		秧歌戏（繁峙秧歌戏）	山西省繁峙县	张润来	男	汉
03-1062		秧歌戏（祁太秧歌）	山西省祁县	苗根生	男	汉
03-1063			山西省太谷县	白美云	女	汉
03-1064		秧歌戏（襄武秧歌）	山西省武乡县	任森奎	男	汉
03-1065	Ⅳ-73	二人台	内蒙古自治区呼和浩特市	武利平	男	汉
03-1066			山西省河曲县	杜焕荣	女	汉
03-1067				贾德义	男	汉
03-1068			陕西省府谷县	淡文珍	男	汉
03-1069	Ⅳ-75	花朝戏	广东省紫金县	钟石金	男	汉
03-1070	Ⅳ-77	灯戏	湖北省恩施市	孟永香	女	土家
03-1071	Ⅳ-83	侗戏	湖南省通道侗族自治县	吴尚德	男	侗
03-1072	Ⅳ-86	傣剧	云南省德宏傣族景颇族自治州	金星明	男	傣

序号	项目编码	项目名称	申报地区或单位	姓名	性别	民族
03 - 1073	Ⅳ - 88	锣鼓杂戏	山西省临猗县	李正勤	男	汉
03 - 1074	Ⅳ - 89	傩戏（恩施傩戏）	湖北省恩施市	蒋品三	男	土家
03 - 1075	Ⅳ - 91	皮影戏（唐山皮影戏）	河北省唐山市	刘佳文	男	汉
03 - 1076		皮影戏（冀南皮影戏）	河北省邯郸市	李修山	男	汉
03 - 1077		皮影戏（海宁皮影戏）	浙江省海宁市	王钱松	男	汉
03 - 1078				张坤荣	男	汉
03 - 1079				沈圣标	男	汉
03 - 1080		皮影戏（望奎县皮影戏）	黑龙江省望奎县	谷宝珍	女	满
				范正安	男	汉
03 - 1081		皮影戏（泰山皮影戏）	山东省泰安市	李兴时	男	汉
03 - 1082		皮影戏（济南皮影戏）	山东省济南市	陈光辉	男	汉
03 - 1083		皮影戏（罗山皮影戏）	河南省罗山县			
03 - 1084	Ⅳ - 92	木偶戏（泉州提线木偶戏）	福建省泉州市	林聪鹏	男	汉
03 - 1085				王建生	男	汉
03 - 1086		木偶戏（晋江布袋木偶戏）	福建省晋江市	颜洒容	女	汉
03 - 1087		木偶戏（漳州布袋木偶戏）	福建省漳州市	陈炎森	男	汉
03 - 1088		木偶戏（孝义木偶戏）	山西省孝义市	武兴	男	汉
03 - 1089		木偶戏（杖头木偶戏）	江苏省扬州市	殷大宁	男	汉
03 - 1090				华美霞	女	汉
03 - 1091		木偶戏（平阳木偶戏）	浙江省平阳县	卓乃金	男	汉
03 - 1092		木偶戏（单档布袋戏）	浙江省苍南县	吴明月	男	汉
03 - 1093	Ⅳ - 93	老调（保定老调）	河北省保定市	王贯英	女	汉
03 - 1094				辛秋花	女	汉
03 - 1095	Ⅳ - 95	赛戏	河北省武安市	庞小保	男	汉
03 - 1096	Ⅳ - 96	永年西调	河北省永年县	张海臣	男	汉
03 - 1097	Ⅳ - 97	坠子戏	安徽省宿州市	朱月梅	女	汉
03 - 1098	Ⅳ - 98	上党落子	山西省黎城县	李仙宝	男	汉

续表

序号	项目 编码	项目名称	申报地区或单位	姓名	性别	民族
03－1099	Ⅳ－99	眉户（运城眉户）	山西省运城市	李英杰	男	汉
03－1100	Ⅳ－100	海城喇叭戏	辽宁省鞍山市	赵有年	男	汉
03－1101	Ⅳ－101	黄龙戏	吉林省农安县	赵贵君	男	汉
03－1102	Ⅳ－102	淮　剧	上海淮剧团	筱文艳	女	汉
03－1103				马秀英	女	汉
03－1104			江苏省盐城市	张云良	男	汉
03－1105				裔小萍	女	
03－1106	Ⅳ－103	锡　剧	江苏省演艺集团锡剧团	倪同芳	女	汉
03－1107				王兰英	女	汉
03－1108				沈佩华	女	汉
03－1109				姚　澄	女	汉
03－1110			江苏省常州市	吴雅童	男	汉
03－1111	Ⅳ－104	淮海戏	江苏省淮安市	杨秀英	女	汉
03－1112	Ⅳ－105	童子戏	江苏省通州市	胡夕平	男	汉
03－1113	Ⅳ－106	瓯　剧	浙江省温州市	陈茶花	女	汉
03－1114				李子敏	男	汉
03－1115	Ⅳ－108	姚　剧	浙江省余姚市	沈守良	男	汉
03－1116	Ⅳ－110	婺　剧	浙江省金华市	葛素云	女	汉
03－1117				郑兰香	女	汉
03－1118			浙江省江山市	姜志谦	男	汉
03－1119	Ⅳ－112	花鼓戏	安徽省宿州市	吕金玲	女	汉
03－1120			安徽省淮北市	周钦全	男	汉
03－1121			安徽省宣城市	迟秀云	女	汉
03－1122				杨玉屏	女	汉
03－1123			湖南省常德市	杨建娥	女	汉
03－1124	Ⅳ－113	二夹弦	河南省开封市	田爱云	女	汉
03－1125			山东省定陶县	李京华	女	汉
03－1126				宋瑞桃	女	汉
03－1127	Ⅳ－114	打城戏	福建省泉州市	吴天乙	男	汉
03－1128	Ⅳ－115	屏南平讲戏	福建省屏南县	张贤读	男	汉

续表

序号	项目编码	项目名称	申报地区或单位	姓名	性别	民族
03 - 1129	Ⅳ - 116	吕　剧	山东省吕剧院	郎咸芬	女	汉
03 - 1130				李岱江	男	汉
03 - 1131				李　渔	男	汉
03 - 1132				林建华	女	汉
03 - 1133	Ⅳ - 118	山东梆子	山东省菏泽市	刘桂松	女	汉
03 - 1134			山东省泰安市	郝瑞芝	女	汉
03 - 1135			山东省嘉祥县	开瑞宝	男	汉
03 - 1136	Ⅳ - 120	枣　梆	山东省菏泽市	房灵合	男	汉
03 - 1137				张文英	女	汉
03 - 1138	Ⅳ - 121	徐州梆子	江苏省徐州市	蒋云霞	女	汉
03 - 1139	Ⅳ - 127	湘　剧	湖南省长沙市	曾金贵	男	汉
03 - 1140				曹汝龙	男	汉
03 - 1141			湖南省桂阳县	谢忠义	男	汉
03 - 1142	Ⅳ - 128	祁　剧	湖南省祁剧院	刘登雄	男	汉
03 - 1143	Ⅳ - 129	广东汉剧	广东汉剧院	梁素珍	女	汉
03 - 1144	Ⅳ - 130	琼　剧	海南省琼剧院	王英蓉	女	汉
03 - 1145			海南省海口市	陈育明	男	汉
03 - 1146	Ⅳ - 133	合阳跳戏	陕西省合阳县	党中信	男	汉
03 - 1147	Ⅳ - 134	武都高山戏	甘肃省陇南市	尹维新	男	汉
03 - 1148	Ⅳ - 135	佤族清戏	云南省腾冲县	李家显	男	佤
03 - 1149	Ⅳ - 136	彝　剧	云南省大姚县	李茂荣	男	彝
03 - 1150	Ⅳ - 138	邕　剧	广西壮族自治区南宁市	洪　琪	女	汉

五　曲艺（51人）

序号	项目编码	项目名称	申报地区或单位	姓名	性别	民族
03 - 1151	Ⅴ - 1	苏州评弹（苏州评话、苏州弹词）	江苏省苏州市	王月香	女	汉
03 - 1152				邢晏春	男	汉
03 - 1153				张国良	男	汉

续表

序号	项目编码	项目名称	申报地区或单位	姓名	性别	民族
03－1154				金声伯	男	汉
03－1155				杨乃珍	女	汉
03－1156			上海市书场工作者协会	陈希安	男	汉
03－1157				余红仙	女	汉
03－1158	V－2	扬州评话	江苏省扬州市	惠兆龙	男	汉
03－1159	V－8	乐亭大鼓	河北省乐亭县	王立岩	女	汉
03－1160	V－10	京东大鼓	天津市宝坻区	董湘昆	男	汉
03－1161	V－11	胶东大鼓	山东省青岛市	梁金华	女	汉
03－1162	V－18	摊簧（绍兴摊簧）	浙江省绍兴市	宋小青	女	汉
03－1163	V－20	河南坠子	河南省	宋爱华	女	汉
03－1164	V－24	兰州鼓子	甘肃省兰州市	魏世发	男	汉
03－1165	V－44	傣族章哈	云南省西双版纳傣族自治州	玉　光	女	傣
03－1166				康朗屯	男	傣
03－1167	V－45	哈萨克族阿依特斯	新疆维吾尔自治区伊犁哈萨克自治州	布比玛丽·贾合甫拜	女	哈萨克
03－1168	V－47	相　声	天津市	常宝霆	男	满
03－1169	V－50	扬州弹词	江苏省扬州市	李仁珍	女	汉
03－1170	V－51	长沙弹词	湖南省长沙市	彭延坤	男	汉
03－1171	V－52	杭州评词	浙江省杭州市	胡正华	男	汉
03－1172	V－53	杭州评话	浙江省杭州市	李自新	男	汉
03－1173	V－57	北京评书	北京市宣武区	连丽如	女	满
03－1174			辽宁省鞍山市	单田芳	男	汉
03－1175				刘兰芳	女	满
03－1176			辽宁省本溪市	田连元	男	汉
03－1177	V－58	湖北评书	湖北省武汉市	何祚欢	男	汉
03－1178	V－61	湖北大鼓	湖北省武汉市	张明智	男	汉
03－1179	V－62	襄垣鼓书	山西省襄垣县	王俊川	男	汉
03－1180	V－64	三弦书（沁州三弦书）	山西省沁县	栗四文	男	汉
03－1181		三弦书（南阳三弦书）	河南省南阳市	雷恩久	男	男

序号	项目编码	项目名称	申报地区或单位	姓名	性别	民族
03 - 1182	V - 66	平湖钹子书	浙江省平湖市	徐文珠	女	汉
03 - 1183	V - 68	独脚戏	上海市黄浦区	杨华生	男	汉
03 - 1184				王汝刚	男	汉
03 - 1185			浙江省杭州市	刘树根	男	汉
03 - 1186	V - 73	徐州琴书	江苏省徐州市	魏云彩	男	汉
03 - 1187	V - 75	四川扬琴	四川省曲艺团	徐 述	女	汉
03 - 1188				刘时燕	女	回
03 - 1189	V - 76	四川竹琴	重庆市三峡曲艺团	华国秀	女	汉
03 - 1190	V - 77	四川清音	四川省成都艺术剧院	程永玲	女	汉
03 - 1191				肖顺瑜	女	汉
03 - 1192	V - 78	金华道情	浙江省金华市	朱顺根	男	汉
03 - 1193			浙江省义乌市	叶英盛	男	汉
03 - 1194	V - 83	绍兴宣卷	浙江省绍兴县	何云根	男	汉
03 - 1195	V - 84	温州莲花	浙江省温州市鹿城区	戴春兰	女	汉
03 - 1196	V - 88	车 灯	重庆市曲艺团	谭柏树	男	汉
03 - 1197				黄吉森	男	汉
03 - 1198	V - 91	金钱板	四川省成都市	邹忠新	男	汉
03 - 1199				张 徐	男	汉
03 - 1200	V - 92	青海平弦	青海省西宁市	刘 钧	男	汉
03 - 1201	V - 93	青海越弦	青海省西宁市	李得顺	男	汉

六 传统体育、游艺与杂技（19人）

序号	项目编码	项目名称	申报地区或单位	姓名	性别	民族
03 - 1202	VI - 6	宁德霍童线狮	福建省宁德市	陈新发	男	汉
03 - 1203		线狮（九狮图）	浙江省永康市	胡金超	男	汉
03 - 1204	VI - 7	少林功夫	河南省登封市	释永信	男	汉
03 - 1205	VI - 10	沧州武术（燕青拳）	河北省沧州市	陈敬宇	男	汉
03 - 1206		沧州武术（孟村八极拳）		吴连枝	男	回

续表

序号	项目编码	项目名称	申报地区或单位	姓名	性别	民族
03－1207	Ⅵ－11	太极拳（杨氏太极拳）	河北省永年县	杨振国	男	汉
03－1208	Ⅵ－11	太极拳（陈氏太极拳）	河南省焦作市	陈小旺	男	汉
03－1209				陈正雷	男	汉
03－1210	Ⅵ－25	八卦掌	河北省廊坊市	任文柱	男	汉
03－1211	Ⅵ－27	鹰爪翻子拳	河北省雄县	陈正耀	男	汉
03－1212	Ⅵ－28	八极拳（月山八极拳）	河南省博爱县	马德行	男	汉
03－1213	Ⅵ－29	心意拳	山西省晋中市	梁晓峰	男	汉
03－1214	Ⅵ－30	心意六合拳	河南省周口市	买西山	男	回
03－1215				吕延芝	女	回
03－1216	Ⅵ－34	苌家拳	河南省荥阳市	苌红军	男	汉
03－1217	Ⅵ－37	马球（塔吉克族马球）	新疆维吾尔自治区塔什库尔干塔吉克自治县	热合曼库力·尕夏	男	塔吉克
03－1218	Ⅵ－40	鄂温克抢枢	内蒙古自治区鄂温克族自治旗	哈森其其格	女	鄂温克
03－1219	Ⅵ－41	挠羊赛	山西省忻州市	崔富海	男	汉
03－1220	Ⅵ－54	调吊	浙江省绍兴市	金寿昌	男	汉

七 传统美术（83人）

序号	项目编码	项目名称	申报地区或单位	姓名	性别	民族
03－1221	Ⅶ－3	桃花坞木版年画	江苏省苏州市	房志达	男	汉
03－1222	Ⅶ－15	内画（北京内画鼻烟壶）	北京市西城区	刘守本	男	汉
03－1223	Ⅶ－16	剪纸（广东剪纸）	广东省佛山市	陈永才	男	汉
03－1224		剪纸（方正剪纸）	黑龙江省方正县	倪秀梅	女	汉
03－1225		剪纸（南京剪纸）	江苏省南京市	张方林	男	汉
03－1226		剪纸（徐州剪纸）	江苏省徐州市	王桂英	女	汉
03－1227		剪纸（金坛刻纸）	江苏省金坛市	杨兆群	男	汉
03－1228		剪纸（浦江剪纸）	浙江省浦江县	吴善增	男	汉
03－1229		剪纸（漳浦剪纸）	福建省漳浦县	陈秋日	女	汉

序号	项目编码	项目名称	申报地区或单位	姓名	性别	民族
03-1230		剪纸（柘荣剪纸）	福建省柘荣县	袁秀莹	女	汉
03-1231		剪纸（瑞昌剪纸）	江西省瑞昌市	刘诗英	女	汉
03-1232		剪纸（高密剪纸）	山东省高密市	范祚信	男	汉
03-1233		剪纸（烟台剪纸）	山东省烟台市	栾淑荣	女	汉
03-1234		剪纸（卢氏剪纸）	河南省卢氏县	杨春枝	女	汉
03-1235		剪纸（鄂州雕花剪纸）	湖北省鄂州市	张家忠	男	汉
03-1236		剪纸（仙桃雕花剪纸）	湖北省仙桃市	胡敬先	男	汉
03-1237		剪纸（踏虎凿花）	湖南省泸溪县	邓兴隆	男	汉
03-1238		苏绣	江苏省苏州市	姚建萍	女	汉
03-1239	Ⅶ-18	苏绣（无锡精微绣）	江苏省无锡市	赵红育	女	汉
03-1240		苏绣（南通仿真绣）	江苏省南通市	金蕾蕾	女	汉
03-1241	Ⅶ-21	蜀绣	重庆市渝中区	康宁	女	汉
03-1242	Ⅶ-33	青田石雕	浙江省青田县	倪东方	男	汉
03-1243	Ⅶ-37	徽州三雕	安徽省黄山市	王金生	男	汉
03-1244		徽州三雕（婺源三雕）	江西省婺源县	俞有桂	男	汉
03-1245	Ⅶ-41	宁波朱金漆木雕	浙江省宁波市	陈盖洪	男	汉
03-1246	Ⅶ-42	乐清黄杨木雕	浙江省乐清市	王笃纯	男	汉
03-1247	Ⅶ-44	木偶头雕刻（江加走木偶头雕刻）	福建省泉州市	黄义罗	男	汉
03-1248		竹刻（无锡留青竹刻）	江苏省无锡市	乔锦洪	男	汉
03-1249	Ⅶ-46	竹刻（常州留青竹刻）	江苏省常州市	徐秉方	男	汉
03-1250		竹刻（黄岩翻簧竹雕）	浙江省台州市黄岩区	罗启松	男	汉
03-1251		泥塑（玉田泥塑）	河北省玉田县	吴玉成	男	汉
03-1252	Ⅶ-47	泥塑（大吴泥塑）	广东省潮安县	吴光让	男	汉
03-1253		泥塑（徐氏泥彩塑）	四川省大英县	徐兴国	男	汉
03-1254		泥塑（杨氏家庭泥塑）	宁夏回族自治区隆德县	杨栖鹤	男	汉
03-1255	Ⅶ-48	塔尔寺酥油花	青海省湟中县	尕藏尖措	男	藏
03-1256				西合道	男	藏
03-1257	Ⅶ-49	热贡艺术	青海省同仁县	娘本	男	土
03-1258				夏吾角	男	土

续表

序号	项目编码	项目名称	申报地区或单位	姓名	性别	民族
03－1259				罗藏旦巴	男	藏
03－1260		灯彩（东莞千角灯）	广东省东莞市	张金培	男	汉
03－1261		灯彩（上海灯彩）	上海市卢湾区	何伟福	男	回
03－1262	Ⅶ－50	灯彩（秦淮灯彩）	江苏省句容市	陈柏华	男	汉
03－1263		灯彩（佛山彩灯）	广东省佛山市	邓　辉	男	汉
03－1264		灯彩（潮州花灯）	广东省潮州市湘桥区	林汉彬	男	汉
03－1265		竹编（东阳竹编）	浙江省东阳市	何福礼	男	汉
03－1266	Ⅶ－51	竹编（瑞昌竹编）	江西省瑞昌市	宋增礼	男	汉
03－1267		竹编（梁平竹帘）	重庆市梁平县	牟秉衡	男	汉
03－1268		面人（北京面人郎）	北京市海淀区	郎志丽	女	满
03－1269	Ⅶ－52	面人（上海面人赵）	上海工艺美术研究所	赵艳林	女	满
03－1270		面人（曹州面人）	山东省菏泽市牡丹区	李金城	男	汉
03－1271	Ⅶ－54	草编（湖口草龙）	江西省湖口县	喻芳泽	男	汉
03－1272		石雕（鸡血石雕）	浙江省临安市	钱高潮	男	汉
03－1273	Ⅶ－56	石雕（泽库和日寺石刻）	青海省泽库县	贡保才旦	男	藏
03－1274		玉雕（北京玉雕）	北京市玉器厂	宋世义	男	汉
03－1275	Ⅶ－57	玉雕（镇平玉雕）	河南省镇平县	仵海洲	男	汉
03－1276		玉雕（广州玉雕）	广东省广州市荔湾区	高兆华	男	汉
03－1277	Ⅶ－58	木雕（曲阜楷木雕刻）	山东省曲阜市	颜景新	男	汉
03－1278		木雕（武汉木雕船模）	湖北省武汉市硚口区	龙从发	男	汉
03－1279		核雕（光福核雕）	江苏省苏州市	宋水官	男	汉
03－1280	Ⅶ－59	核雕（潍坊核雕）	山东省潍坊市	王绪德	男	汉
03－1281		核雕（广州榄雕）	广东省增城市	黄学文	男	汉
03－1282	Ⅶ－62	锡　雕	浙江省永康市	应业根	男	汉
03－1283	Ⅶ－64	藏文书法（果洛德昂洒智）	青海省果洛藏族自治州	查·巴智	男	藏
03－1284		彩扎（凤凰纸扎）	湖南省凤凰县	聂方俊	男	汉
03－1285	Ⅶ－66	彩扎（秸秆扎刻）	河北省永清县	徐艳丰	男	汉
03－1286		彩扎（彩布拧台）	河北省邯郸市	周廷义	男	汉

序号	项目编码	项目名称	申报地区或单位	姓名	性别	民族
03－1287		彩扎（邳州纸塑狮子头）	江苏省邳州市	石荣圣	男	汉
03－1288		彩扎（佛山狮头）	广东省佛山市	黎　伟	男	汉
03－1289	Ⅶ－67	龙档（乐清龙档）	浙江省乐清市	黄德清	男	汉
03－1290	Ⅶ－68	常州梳篦	江苏省常州市	金松群	男	汉
03－1291	Ⅶ－70	北京绢花	北京市崇文区	金铁铃	男	满
03－1292	Ⅶ－74	汴　绣	河南省开封市	王素花	女	汉
03－1293	Ⅶ－76	羌族刺绣	四川省汶川县	汪国芳	女	羌
03－1294	Ⅶ－84	料器（北京料器）	北京京城百工坊艺术品有限公司	邢兰香	女	汉
03－1295	Ⅶ－85	瓯　塑	浙江省温州市	周锦云	男	汉
03－1296	Ⅶ－86	砖塑（鄄城砖塑）	山东省鄄城县	谢学运	男	汉
03－1297	Ⅶ－88	糖塑（成都糖画）	四川省成都市	樊德然	男	汉
03－1298	Ⅶ－91	镶嵌（彩石镶嵌）	浙江省温州市鹿城区	缪成金	男	汉
03－1299		镶嵌（骨木镶嵌）	浙江省宁波市	陈明伟	男	汉
03－1300	Ⅶ－92	新会葵艺	广东省江门市新会区	廖惠林	男	汉
03－1301	Ⅶ－94	盆景技艺（扬派盆景技艺）	江苏省扬州市	赵庆泉	男	汉
03－1302	Ⅶ－96	建筑彩绘（白族民居彩绘）	云南省大理市	李云义	男	白
03－1303		建筑彩绘（陕北匠艺丹青）	陕西省	李生斌	男	汉

八　传统技艺（136 人）

序号	项目编码	项目名称	申报地区或单位	姓名	性别	民族
03－1304	Ⅷ－7	景德镇手工制瓷技艺	江西省景德镇市	陈圣发	男	汉
03－1305				王炎生	男	汉
03－1306				曹开永	男	汉
03－1307	Ⅷ－13	南京云锦木机妆花手工织造技艺	江苏省南京市	周双喜	男	汉

序号	项目编码	项目名称	申报地区或单位	姓名	性别	民族
03－1308				金　文	男	回
03－1309	Ⅷ－19	黎族传统纺染织绣技艺	海南省五指山市	刘香兰	女	黎
03－1310	Ⅷ－21	藏族邦典、卡垫织造技艺	西藏自治区日喀则地区	边　多	男	藏
03－1311	Ⅷ－23	花毡、印花布织染技艺	新疆维吾尔自治区且末县	买特肉孜·买买提	男	维吾尔
03－1312	Ⅷ－24	蓝印花布印染技艺	湖南省凤凰县	刘大炮	男	汉
03－1313	Ⅷ－29	景德镇传统瓷窑作坊营造技艺	江西省	余云山	男	汉
03－1314	Ⅷ－36	南京金箔锻制技艺	江苏省南京市	王必生	男	汉
03－1315	Ⅷ－38	剪刀锻制技艺（王麻子剪刀锻制技艺）	北京市	史徐平	男	汉
03－1316	Ⅷ－40	苗族银饰锻制技艺	湖南省凤凰县	龙米谷	男	苗
03－1317				麻茂庭	男	苗
03－1318	Ⅷ－45	明式家具制作技艺	江苏省苏州市	许建平	男	汉
03－1319		家具制作技艺（京作硬木家具制作技艺）	北京市崇文区	种桂友	男	汉
03－1320		家具制作技艺（广式硬木家具制作技艺）	广东省广州市	杨　虾	男	汉
03－1321	Ⅷ－46	蒙古族勒勒车制作技艺	内蒙古自治区阿鲁科尔沁旗	白音查干	男	蒙古
03－1322	Ⅷ－49	万安罗盘制作技艺	安徽省休宁县	吴水森	男	汉
03－1323	Ⅷ－50	雕漆技艺	甘肃省天水市秦州区	张国栋	男	汉
03－1324	Ⅷ－51	平遥推光漆器髹饰技艺	山西省平遥县	薛生金	男	汉
03－1325	Ⅷ－57	茅台酒酿制技艺	贵州省	季克良	男	汉
03－1326				袁仁国	男	汉
03－1327	Ⅷ－59	杏花村汾酒酿制技艺	山西省汾阳市	郭双威	男	汉
03－1328	Ⅷ－61	老陈醋酿制技艺（美和居老陈醋酿制技艺）	山西省太原市	郭俊陆	男	汉

序号	项目编码	项目名称	申报地区或单位	姓名	性别	民族
03 - 1329	Ⅷ - 63	武夷岩茶（大红袍）制作技艺	福建省武夷山市	叶启桐	男	汉
03 - 1330	Ⅷ - 67	皮纸制作技艺	贵州省丹寨县	王兴武	男	苗
03 - 1331	Ⅷ - 68	傣族、纳西族手工造纸技艺	云南省临沧市	玉勐嘎	女	傣
03 - 1332	Ⅷ - 69	藏族造纸技艺	西藏自治区	次仁多杰	男	藏
03 - 1333	Ⅷ - 70	桑皮纸制作技艺	安徽省岳西县	王柏林	男	汉
03 - 1334	Ⅷ - 73	徽墨制作技艺	安徽省绩溪县	汪爱军	男	汉
03 - 1335	Ⅷ - 74	歙砚制作技艺	安徽省歙县	郑寒	男	汉
03 - 1336	Ⅷ - 77	木版水印技艺	北京市荣宝斋	高文英	女	汉
03 - 1337			上海书画出版社	蒋敏	男	汉
03 - 1338	Ⅷ - 80	藏族雕版印刷技艺（波罗古泽刻版制作技艺）	西藏自治区江达县	多吉登次	男	藏
03 - 1339	Ⅷ - 81	制扇技艺（荣昌折扇）	重庆市荣昌县	陈子福	男	汉
03 - 1340	Ⅷ - 82	剧装戏具制作技艺	北京剧装厂	孙颖	女	汉
03 - 1341	Ⅷ - 84	黎族树皮布制作技艺	海南省保亭黎族苗族自治县	黄运英	男	黎
03 - 1342		浏阳花炮制作技艺	湖南省浏阳市	钟自奇	男	汉
03 - 1343	Ⅷ - 86	烟火爆竹制作技艺（南张井老虎火）	河北省井陉县	尹昌太	男	汉
03 - 1344		烟火爆竹制作技艺（万载花炮制作技艺）	江西省万载县	张魏岱	男	汉
03 - 1345	Ⅷ - 88	风筝制作技艺（潍坊风筝）	山东省潍坊市	韩福龄	男	汉
03 - 1346		风筝制作技艺（天津风筝魏制作技艺）	天津市南开区	魏永珍	女	汉
03 - 1347	Ⅷ - 90	琉璃烧制技艺	北京市门头沟区	蒋建国	男	汉
03 - 1348			山西省	葛原生	男	汉
03 - 1349	Ⅷ - 92	定瓷烧制技艺	河北省曲阳县	陈文增	男	汉

序号	项目编码	项目名称	申报地区或单位	姓名	性别	民族
03 - 1350	Ⅷ - 93	钧瓷烧制技艺	河南省禹州市	杨　志	男	汉
03 - 1351	Ⅷ - 94	唐三彩烧制技艺	河南省洛阳市	高水旺	男	汉
03 - 1352	Ⅷ - 95	醴陵釉下五彩瓷烧制技艺	湖南省醴陵市	邓文科	男	汉
03 - 1353	Ⅷ - 96	枫溪瓷烧制技艺	广东省潮州市枫溪区	王龙才	男	汉
03 - 1354	Ⅷ - 97	广彩瓷烧制技艺	广东省广州市	余培锡	男	汉
03 - 1355	Ⅷ - 98	陶器烧制技艺（钦州坭兴陶烧制技艺）	广西壮族自治区钦州市	李人帡	男	汉
03 - 1356		陶器烧制技艺（藏族黑陶烧制技艺）	云南省迪庆藏族自治州	孙诺七林	男	藏
03 - 1357	Ⅷ - 99	蚕丝织造技艺（双林绫绢织造技艺）	浙江省湖州市	周康明	男	汉
03 - 1358	Ⅷ - 100	传统棉纺织技艺	河北省魏县	常张勤	女	汉
03 - 1359			新疆维吾尔自治区伽师县	吐尔逊木沙	男	维吾尔
03 - 1360	Ⅷ - 101	毛纺织及擀制技艺（东乡族擀毡技艺）	甘肃省东乡族自治县	马舍勒	男	东乡
03 - 1361	Ⅷ - 102	夏布织造技艺	江西省万载县	宋树牙	男	汉
03 - 1362			重庆市荣昌县	颜坤吉	男	汉
03 - 1363	Ⅷ - 103	鲁锦织造技艺	山东省嘉祥县	赵芳云	女	汉
03 - 1364	Ⅷ - 104	侗锦织造技艺	湖南省通道侗族自治县	粟田梅	女	侗
03 - 1365	Ⅷ - 106	傣族织锦技艺	云南省西双版纳傣族自治州	叶娟	女	傣
03 - 1366	Ⅷ - 107	香云纱染整技艺	广东省佛山市顺德区	梁珠	男	汉
03 - 1367	Ⅷ - 110	地毯织造技艺（北京宫毯织造技艺）	北京市	康玉生	男	汉
03 - 1368		地毯织造技艺（阿拉善地毯织造技艺）	内蒙古自治区阿拉善左旗	刘赋国	男	汉
03 - 1369		地毯织造技艺（维吾尔族地毯织造技艺）	新疆维吾尔自治区洛浦县	买吐送·吐地	男	维吾尔
03 - 1370	Ⅷ - 112	鄂伦春族狍皮制作技艺	黑龙江省黑河市爱辉区	孟兰杰	女	鄂伦春

序号	项目编码	项目名称	申报地区或单位	姓名	性别	民族
03－1371	Ⅷ－113	盛锡福皮帽制作技艺	北京市东城区	李金善	男	汉
03－1372	Ⅷ－114	维吾尔族卡拉库尔胎羔皮帽制作技艺	新疆维吾尔自治区沙雅县	玉山·买买提	男	维吾尔
03－1373	Ⅷ－115	内联升千层底布鞋制作技艺	北京市	何凯英	男	汉
03－1374	Ⅷ－116	黄金溜槽堆石砌灶冶炼技艺	山东省招远市	王金勇	男	汉
03－1375	Ⅷ－117	金银细工制作技艺	江苏省南京市	王殿祥	男	汉
03－1376	Ⅷ－118	斑铜制作技艺	云南省曲靖市	张克康	男	汉
03－1377	Ⅷ－119	铜雕技艺	浙江省杭州市	朱炳仁	男	汉
03－1378	Ⅷ－120	藏族金属锻造技艺（藏族锻铜技艺）	四川省白玉县	俄色呷玛	男	藏
03－1379		藏族金属锻造技艺（藏刀锻制技艺）	西藏自治区拉孜县	次旦旺加	男	藏
03－1380			青海省玉树藏族自治州	龙多然杰	男	藏
03－1381	Ⅷ－121	成都银花丝制作技艺	四川省成都市青羊区	道安	女	汉
03－1382	Ⅷ－122	维吾尔族传统小刀制作技艺	新疆维吾尔自治区英吉沙县	吾甫尔·热合曼	男	维吾尔
03－1383	Ⅷ－123	蒙古族马具制作技艺	内蒙古自治区科尔沁左翼后旗	陶克图白乙拉	男	蒙古
03－1384	Ⅷ－124	民族乐器制作技艺（长子响铜乐器制作技艺）	山西省长子县	闫改好	男	汉
03－1385		民族乐器制作技艺（朝鲜族民族乐器制作技艺）	吉林省延边朝鲜族自治州	金季凤	男	朝鲜
03－1386		民族乐器制作技艺（维吾尔族乐器制作技艺）	新疆维吾尔自治区疏附县	热合曼·阿布都拉	男	维吾尔
03－1387	Ⅷ－125	花丝镶嵌制作技艺	北京市通州区	白静宜	女	满

续表

序号	项目编码	项目名称	申报地区或单位	姓名	性别	民族
03 - 1388			河北省大厂回族自治县	马福良	男	汉
03 - 1389	Ⅷ - 127	漆器髹饰技艺（徽州漆器髹饰技艺）	安徽省黄山市屯溪区	甘而可	男	汉
03 - 1390		漆器髹饰技艺（重庆漆器髹饰技艺）	重庆市	陈思碧	女	汉
03 - 1391	Ⅷ - 128	彝族漆器髹饰技艺	四川省喜德县	吉伍巫且	男	彝
03 - 1392	Ⅷ - 130	宣笔制作技艺	安徽省宣城市	张　苏	男	汉
03 - 1393	Ⅷ - 131	楮皮纸制作技艺	陕西省西安市长安区	张逢学	男	汉
03 - 1394		砚台制作技艺（易水砚制作技艺）	河北省易县	邹洪利	男	汉
03 - 1395	Ⅷ - 133	砚台制作技艺（澄泥砚制作技艺）	山西省新绛县	蔺永茂	男	汉
03 - 1396		砚台制作技艺（洮砚制作技艺）	甘肃省岷县	李茂棣	男	汉
03 - 1397	Ⅷ - 134	印泥制作技艺（上海鲁庵印泥）	上海市静安区	高式熊	男	汉
03 - 1398				符骥良	男	汉
03 - 1399	Ⅷ - 135	木活字印刷技术	浙江省瑞安市	王超辉	男	汉
03 - 1400				林初寅	男	汉
03 - 1401	Ⅷ - 136	装裱修复技艺（古字画装裱修复技艺）	北京市荣宝斋	王辛敬	男	汉
03 - 1402	Ⅷ - 137	传统木船制造技艺	江苏省兴化市	周永干	男	汉
03 - 1403	Ⅷ - 138	水密隔舱福船制造技艺	福建省晋江市	陈芳财	男	汉
03 - 1404	Ⅷ - 139	龙舟制作技艺	广东省东莞市	冯怀女	男	汉
03 - 1405	Ⅷ - 140	伞制作技艺（油纸伞制作技艺）	四川省泸州市江阳区	毕六福	男	汉
03 - 1406		伞制作技艺（西湖绸伞）	浙江省杭州市	宋志明	男	汉
03 - 1407	Ⅷ - 141	藏香制作技艺	西藏自治区墨竹工卡县	次仁平措	男	藏

序号	项目编码	项目名称	申报地区或单位	姓名	性别	民族
03－1408	Ⅷ－143	土碱烧制技艺	新疆生产建设兵团	田希云	男	汉
03－1409		蒸馏酒传统酿造技艺（北京二锅头酒传统酿造技艺）	北京红星股份有限公司	高景炎	男	汉
03－1410		蒸馏酒传统酿造技艺（山庄老酒传统酿造技艺）	河北省平泉县	商立云	女	满
03－1411		蒸馏酒传统酿造技艺（梨花春白酒传统酿造技艺）	山西省朔州市	秦文科	男	汉
03－1412	Ⅷ－144	蒸馏酒传统酿造技艺（老龙口白酒传统酿造技艺）	辽宁省沈阳市	李玉恒	男	汉
03－1413		蒸馏酒传统酿造技艺（五粮液酒传统酿造技艺）	四川省宜宾市	陈　林	女	汉
03－1414		蒸馏酒传统酿造技艺（水井坊酒传统酿造技艺）	四川省成都市	赖登煜	男	汉
03－1415		蒸馏酒传统酿造技艺（沱牌曲酒传统酿造技艺）	四川省射洪县	李家顺	男	汉
03－1416	Ⅷ－145	酿造酒传统酿造技艺（封缸酒传统酿造技艺）	江苏省丹阳市	许朝中	男	汉
03－1417	Ⅷ－147	花茶制作技艺（张一元茉莉花茶制作技艺）	北京张一元茶叶有限责任公司	王秀兰	女	汉
03－1418		绿茶制作技艺（西湖龙井）	浙江省杭州市	杨继昌	男	汉
03－1419	Ⅷ－148	绿茶制作技艺（黄山毛峰）	安徽省黄山市徽州区	谢四十	男	汉
03－1420	Ⅷ－150	乌龙茶制作技艺（铁观音制作技艺）	福建省安溪县	魏月德	男	汉

续表

序号	项目编码	项目名称	申报地区或单位	姓名	性别	民族
03－1421				王文礼	男	汉
03－1422	Ⅷ－153	晒盐技艺（海盐晒制技艺）	浙江省象山县	史奇刚	男	汉
03－1423		晒盐技艺（井盐晒制技艺）	西藏自治区芒康县	卓玛央宗	女	藏
03－1424	Ⅷ－155	豆瓣酱传统制作技艺（郫县豆瓣酱传统制作技艺）	四川省郫县	雷定成	男	汉
03－1425	Ⅷ－158	酱菜制作技艺（六必居酱菜制作技艺）	北京六必居食品有限公司	杨银喜	男	汉
03－1426	Ⅷ－161	茶点制作技艺（富春茶点制作技艺）	江苏省扬州市	徐永珍	女	汉
03－1427	Ⅷ－164	素食制作技艺（功德林素食制作技艺）	上海功德林素食有限公司	赵友铭	男	汉
03－1428	Ⅷ－166	火腿制作技艺（金华火腿腌制技艺）	浙江省金华市	于良坤	男	汉
03－1429	Ⅷ－167	烤鸭技艺（便宜坊焖炉烤鸭技艺）	北京便宜坊烤鸭集团有限公司	白永明	男	汉
03－1430	Ⅷ－168	牛羊肉烹制技艺（月盛斋酱烧牛羊肉制作技艺）	北京月盛斋清真食品有限公司	满运来	男	回
03－1431		牛羊肉烹制技艺（烤全羊技艺）	内蒙古自治区阿拉善盟	赵铁锁	男	汉
03－1432	Ⅷ－172	聚春园佛跳墙制作技艺	福建省福州市	罗世伟	男	汉
03－1433	Ⅷ－173	真不同洛阳水席制作技艺	河南省洛阳市	姚炎立	男	汉
03－1434	Ⅷ－175	木拱桥传统营造技艺	浙江省泰顺县	董直机	男	汉
03－1435		木拱桥传统营造技艺	福建省寿宁县	郑多金	男	汉
03－1436	Ⅷ－179	闽南传统民居营造技艺	福建省惠安县	王世猛	男	汉

序号	项目编码	项目名称	申报地区或单位	姓名	性别	民族
03－1437	Ⅷ－183	哈萨克族毡房营造技艺	新疆维吾尔自治区塔城地区	达列力汗·哈比地希	男	哈萨克
03－1438	Ⅷ－184	俄罗斯族民居营造技艺	新疆维吾尔自治区塔城地区	张怀升	男	俄罗斯
03－1439	Ⅷ－185	撒拉族篱笆楼营造技艺	青海省循化撒拉族自治县	马进明	男	撒拉

九 传统医药（24人）

序号	项目编码	项目名称	申报地区或单位	姓名	性别	民族
03－1440	Ⅸ－3	中药炮制技术（四大怀药种植与炮制）	河南省焦作市	孙树武	男	汉
03－1441				李成杰	男	汉
03－1442		中医传统制剂方法（龟龄集传统制作技艺）	山西省太谷县	杨巨奎	男	汉
03－1443	Ⅸ－4	中医传统制剂方法（雷允上六神丸制作技艺）	江苏省苏州市	李英杰	男	汉
03－1444		中医传统制剂方法（东阿阿胶制作技艺）	山东省东阿县	秦玉峰	男	汉
03－1445	Ⅸ－5	针灸（刘氏刺熨疗法）	重庆市渝中区	刘光瑞	男	汉
03－1446		中医正骨疗法（宫廷正骨）	北京市护国寺中医医院	刘钢	男	汉
03－1447	Ⅸ－6	中医正骨疗法（罗氏正骨法）	北京市朝阳区	罗金殿	男	汉
03－1448		中医正骨疗法（石氏伤科疗法）	上海市黄浦区	石仰山	男	汉
03－1449		中医正骨疗法（平乐郭氏正骨法）	河南省洛阳市	郭艳锦	女	汉

序号	项目编码	项目名称	申报地区或单位	姓名	性别	民族
03－1450	IX－9	藏医药（藏医外治法）	西藏自治区藏医学院	米　玛	男	藏
03－1451		藏医药（藏医尿诊法）	西藏自治区山南地区藏医院	格桑次仁	男	藏
03－1452		藏医药（藏医药浴疗法）	青海省藏医院	李先加	男	藏
03－1453		藏医药（藏药炮制技艺）	西藏自治区藏医院	丹增彭措	男	藏
03－1454				索朗顿珠	男	藏
03－1455		藏医药（藏药七十味珍珠丸配伍技艺）	西藏自治区藏药厂	洛桑多吉	男	藏
03－1456		藏医药（藏药珊瑚七十味丸配伍技艺）	西藏自治区雄巴拉曲神水藏药厂	白玛加措	男	藏
03－1457		藏医药（藏药阿如拉炮制技艺）	青海省金诃藏药药业股份有限公司	俄　日	男	藏
03－1458				尕玛措尼	男	藏
03－1459		藏医药（七十味珍珠丸赛太炮制技艺）		桑　杰	男	蒙古
03－1460				尼　玛	男	藏
03－1461	IX－11	传统中医药文化（潘高寿传统中药文化）	广东省广州潘高寿药业股份有限公司	区欲想	男	汉
03－1462	IX－12	蒙医药（赞巴拉道尔吉温针、火针疗法）	内蒙古自治区	乌　兰	女	蒙古
03－1463				阿古拉	男	蒙古

十　民俗（25人）

序号	项目编码	项目名称	申报地区或单位	姓名	性别	民族
03－1464	X－7	京族哈节	广西壮族自治区东兴市	罗周文	男	京
03－1465	X－11	景颇族目瑙纵歌	云南省陇川县	岳麻通	男	景颇
03－1466	X－50	秦淮灯会	江苏省南京市	陆有昌	男	汉
03－1467				顾业亮	男	汉

序号	项目编码	项目名称	申报地区或单位	姓名	性别	民族
03－1468	X－51	秀山花灯	重庆市秀山土家族苗族自治县	石化明	男	苗
03－1469				彭兴茂	男	土家
03－1470	X－54	民间社火	山西省潞城市	杜同海	男	汉
03－1471		民间社火（桃林坪花脸社火）	河北省井陉县	赵喜文	男	汉
03－1472	X－70	水书习俗	贵州省黔南苗族布依族自治州	欧海金	男	水
03－1473				潘老平	男	水
03－1474	X－81	灯会（苇子灯阵）	河北省邯郸市	蔺文艺	男	汉
03－1475		灯会（肥东洋蛇灯）	安徽省肥东县	邵传富	男	汉
03－1476	X－82	羌年	四川省茂县	肖永庆	男	羌
03－1477			四川省汶川县	王治升	男	羌
03－1478	X－87	抬阁（芯子、铁枝、飘色）（隆尧县泽畔抬阁）	河北省隆尧县	赵云山	男	汉
03－1479		抬阁（芯子、铁枝、飘色）（浦江迎会）	浙江省浦江县	张根志	男	汉
03－1480		抬阁（芯子、铁枝、飘色）（肘阁抬阁）	安徽省临泉县	刘文昌	男	汉
03－1481		抬阁（芯子、铁枝、飘色）（大坝高装）	四川省兴文县	钟郁文	男	汉
03－1482		抬阁（芯子、铁枝、飘色）（青林口高抬戏）	四川省江油市	符恒余	男	汉
03－1483				邓均朝	男	汉
03－1484		抬阁（芯子、铁枝、飘色）（福鼎沙埕铁枝）	福建省福鼎市	刘端富	男	汉
03－1485		抬阁（芯子、铁枝、飘色）（吴川飘色）	广东省吴川市	黎明	男	汉

续表

序号	项目编码	项目名称	申报地区或单位	姓名	性别	民族
03－1486		抬阁（芯子、铁枝、飘色）（河田高景）	广东省陆河县	彭娘耀	男	汉
03－1487	X－104	三汇彩亭会	四川省渠县	王安大	男	汉
03－1488	X－121	藏族天文历算	西藏自治区	贡嘎仁增	男	藏

文化部关于公布第四批国家级非物质文化
遗产项目代表性传承人的通知

各省、自治区、直辖市文化厅（局），新疆生产建设兵团文化广播电视局，各计划单列市文化局：

根据《中华人民共和国非物质文化遗产法》及《国家级非物质文化遗产项目代表性传承人认定与管理暂行办法》有关规定，为有效保护和传承国家级非物质文化遗产项目，鼓励和支持国家级非物质文化遗产项目代表性传承人开展传承传播活动，按照《文化部办公厅关于推荐第四批国家级非物质文化遗产项目代表性传承人的通知》（办非遗函〔2011〕336号）的要求，经各地申报、专家评审、社会公示、征求非物质文化遗产保护工作部际联席会议成员单位意见、评审委员会审议等程序，文化部确定了第四批国家级非物质文化遗产项目代表性传承人名单（498人），现予以公布。

国家级非物质文化遗产项目代表性传承人是非物质文化遗产的重要承载者和传递者，掌握着非物质文化遗产的丰富知识和精湛技艺，是非物质文化遗产活态传承的代表性人物。各地区、各部门要按照《中华人民共和国非物质文化遗产法》的规定，鼓励和支持国家级非物质文化遗产项目代表性传承人开展传承传播活动，切实做好非物质文化遗产保护工作，为继承和弘扬中华民族优秀传统文化、推动社会主义文化大发展大繁荣，作出更大的贡献。

特此通知。

附件：第四批国家级非物质文化遗产项目代表性传承人名单（498人）

文化部

2012年12月20日

第四批国家级非物质文化遗产项目
代表性传承人名单（共 498 人）

一　民间文学（20 人）

流水号	姓名	性别	民族	出生年月	项目编码	项目名称	申报地区或单位
04 - 1489	富育光	男	满族	1933.5	I - 12	满族说部	吉林省
04 - 1490	张才才	男	汉族	1930.9	I - 14	耿村民间故事	河北省藁城市
04 - 1491	张永联	男	汉族	1938.2	I - 22	吴歌	上海市青浦区
04 - 1492	谢庆良	男	仫佬族	1953.1	I - 23	刘三姐歌谣	广西壮族自治区宜州市
04 - 1493	巴达	男	蒙古族	1962.1	I - 26	江格尔	新疆维吾尔自治区博尔塔拉蒙古自治州
04 - 1494	和明远	男	藏族	1944.7	I - 27	格萨（斯）尔	云南省
04 - 1495	巴嘎	男	藏族	1970.7	I - 27	格萨（斯）尔	西藏自治区
04 - 1496	钟昌尧	男	畲族	1932.12	I - 30	畲族小说歌	福建省霞浦县
04 - 1497	李国新	男	土家族	1933.12	I - 56	都镇湾故事	湖北省长阳土家族自治县
04 - 1498	吴廷贵	男	布依族	1947.8	I - 62	布依族盘歌	贵州省盘县
04 - 1499	方贵生	男	彝族	1950.8	I - 64	查姆	云南省双柏县
04 - 1500	索克	男	蒙古族	1946.10	I - 70	汗青格勒	青海省海西蒙古族藏族自治州
04 - 1501	乌布力艾散·麦麦提	男	维吾尔族	1954.7	I - 71	维吾尔族达斯坦	新疆维吾尔自治区

流水号	姓名	性别	民族	出生年月	项目编码	项目名称	申报地区或单位
04 - 1502	岩桑	男	佤族	1930.2	Ⅰ-74	司岗里	云南省西盟佤族自治县
04 - 1503	彭祖秀	女	土家族	1931.1	Ⅰ-112	土家族哭嫁歌	湖南省古丈县
04 - 1504	农凤妹	女	壮族	1965.4	Ⅰ-113	坡芽情歌	云南省富宁县
04 - 1505	陈兴华	男	苗族	1945.12	Ⅰ-118	亚鲁王	贵州省紫云苗族布依族自治县
04 - 1506	张桂芬	女	哈尼族	1944.11	Ⅰ-120	洛奇洛耶与扎斯扎依	云南省墨江哈尼族自治县
04 - 1507	何玉忠	男	彝族	1942.7	Ⅰ-121	阿细先基	云南省弥勒县
04 - 1508	黑萨木丁·库尔万	男	维吾尔族	1930.8	Ⅰ-123	恰克恰克	新疆维吾尔自治区伊宁市

二　传统音乐（31人）

流水号	姓名	性别	民族	出生年月	项目编码	项目名称	申报地区或单位
04 - 1509	胡格吉勒图	男	蒙古族	1961.7	Ⅱ-4	蒙古族呼麦	内蒙古自治区
04 - 1510	胡官美	女	侗族	1955.9	Ⅱ-28	侗族大歌	贵州省榕江县
04 - 1511	王永昌	男	汉族	1940.6	Ⅱ-34	古琴艺术（梅庵琴派）	江苏省南通市
04 - 1512	郑云飞	男	汉族	1939.3	Ⅱ-34	古琴艺术（浙派）	浙江省杭州市
04 - 1513	徐晓英	女	汉族	1937.10	Ⅱ-34	古琴艺术（浙派）	浙江省杭州市
04 - 1514	余青欣	女	汉族	1956.7	Ⅱ-34	古琴艺术	中国艺术研究院

流水号	姓名	性别	民族	出生年月	项目编码	项目名称	申报地区或单位
04 - 1515	赵家珍	女	汉族	1962.8	Ⅱ - 34	古琴艺术	中国艺术研究院
04 - 1516	丁承运	男	汉族	1944.3	Ⅱ - 34	古琴艺术	中国艺术研究院
04 - 1517	成公亮	男	汉族	1940.8	Ⅱ - 34	古琴艺术	中国艺术研究院
04 - 1518	巴彦保力格	男	蒙古族	1956.3	Ⅱ - 36	蒙古族四胡音乐	内蒙古自治区通辽市
04 - 1519	孟义达吗	男	蒙古族	1948.2	Ⅱ - 36	蒙古族四胡音乐	内蒙古自治区通辽市
04 - 1520	莫柏槐	男	汉族	1964.6	Ⅱ - 37	唢呐艺术（青山唢呐）	湖南省湘潭县
04 - 1521	李岐山	男	汉族	1945.5	Ⅱ - 37	唢呐艺术（绥米唢呐）	陕西省米脂县
04 - 1522	汪世发	男	汉族	1949.8	Ⅱ - 37	唢呐艺术（绥米唢呐）	陕西省绥德县
04 - 1523	马自刚	男	汉族	1962.6	Ⅱ - 37	唢呐艺术	甘肃省庆阳市
04 - 1524	王荣棠	男	汉族	1937.8	Ⅱ - 44	十番音乐（邵伯锣鼓小牌子）	江苏省江都市
04 - 1525	李贞煜	男	汉族	1948.8	Ⅱ - 44	十番音乐（闽西客家十番音乐）	福建省龙岩市
04 - 1526	方元往	男	汉族	1934.10	Ⅱ - 44	十番音乐（黄石惠洋十音）	福建省莆田市
04 - 1527	李广福	男	汉族	1943.2	Ⅱ - 45	鲁西南鼓吹乐	山东省菏泽市牡丹区
04 - 1528	胡国庆	男	汉族	1952.5	Ⅱ - 59	冀中笙管乐（屈家营音乐会）	河北省固安县
04 - 1529	胡庆学	男	汉族	1974.6	Ⅱ - 65	智化寺京音乐	北京市

流水号	姓名	性别	民族	出生年月	项目编码	项目名称	申报地区或单位
04－1530	果祥	男	汉族	1977.4	Ⅱ－66	五台山佛乐	山西省五台县
04－1531	庄龙宗	男	汉族	1926.3	Ⅱ－72	泉州北管	福建省泉州市
04－1532	奇附林	男	蒙古族	1953.11	Ⅱ－92	漫瀚调	内蒙古自治区准格尔旗
04－1533	哈勒珍	女	蒙古族	1950.11	Ⅱ－105	蒙古族民歌（鄂尔多斯短调民歌）	内蒙古自治区鄂尔多斯市
04－1534	秦德祥	男	汉族	1939.5	Ⅱ－137	吟诵调（常州吟诵）	江苏省常州市
04－1535	释永悟	男	汉族	1968.9	Ⅱ－138	佛教音乐（鱼山梵呗）	山东省东阿县
04－1536	嘉阳乐住	男	藏族	1974.6	Ⅱ－138	佛教音乐（觉囊梵音）	四川省壤塘县
04－1537	吴炳志	男	汉族	1959.2	Ⅱ－139	道教音乐（澳门道教科仪音乐）	澳门特别行政区
04－1538	李彩凤	女	彝族	1943.4	Ⅱ－145	弥渡民歌	云南省弥渡县
04－1539	金星三	男	朝鲜族	1955.10	Ⅱ－153	伽倻琴艺术	吉林省延吉市

三　传统舞蹈（49人）

流水号	姓名	性别	民族	出生年月	项目编码	项目名称	申报地区或单位
04－1540	吕翠琴	女	汉族	1950.9	Ⅲ－1	京西太平鼓（怪村太平鼓）	北京市丰台区
04－1541	赵凤岭	男	汉族	1946.10	Ⅲ－2	秧歌（小红门地秧歌）	北京市朝阳区
04－1542	秦梦雨	男	汉族	1938.10	Ⅲ－2	秧歌（昌黎地秧歌）	河北省昌黎县

流水号	姓名	性别	民族	出生年月	项目编码	项目名称	申报地区或单位
04 - 1543	李成家	男	汉族	1957.2	Ⅲ - 4	龙舞（金州龙舞）	辽宁省大连市金州区
04 - 1544	杨木海	男	汉族	1947.10	Ⅲ - 4	龙舞（骆山大龙）	江苏省溧水县
04 - 1545	邓斌	男	苗族	1932.9	Ⅲ - 4	龙舞（地龙灯）	湖北省来凤县
04 - 1546	田宗林	男	汉族	1933.6	Ⅲ - 4	龙舞（芷江蟉龙）	湖南省芷江侗族自治县
04 - 1547	丁志凡	男	苗族	1937.10	Ⅲ - 4	龙舞（城步吊龙）	湖南省城步苗族自治县
04 - 1548	蔡沾权	男	汉族	1934.5	Ⅲ - 4	龙舞（六坊云龙舞）	广东省中山市
04 - 1549	杨敬伟	男	汉族	1958.11	Ⅲ - 5	狮舞（白纸坊太狮）	北京市
04 - 1550	孙炳祥	男	汉族	1931.8	Ⅲ - 5	狮舞（马桥手狮舞）	上海市闵行区
04 - 1551	谢达祥	男	汉族	1936.7	Ⅲ - 5	狮舞（古陂蓆狮、犁狮）	江西省信丰县
04 - 1552	李金土	男	汉族	1958.1	Ⅲ - 5	狮舞（小相狮舞）	河南省巩义市
04 - 1553	李道海	男	回族	1951.10	Ⅲ - 5	狮舞（槐店文狮子）	河南省沈丘县
04 - 1554	文琰森	男	汉族	1941.1	Ⅲ - 5	狮舞（松岗七星狮舞）	广东省深圳市
04 - 1555	唐守益	男	苗族	1942.9	Ⅲ - 5	狮舞（高台狮舞）	重庆市彭水苗族土家族自治县
04 - 1556	石春彩	男	汉族	1951.12	Ⅲ - 6	花鼓灯（蚌埠花鼓灯）	安徽省蚌埠市
04 - 1557	韩富林	男	汉族	1943.12	Ⅲ - 7	傩舞（寿阳爱社）	山西省寿阳县

流水号	姓名	性别	民族	出生年月	项目编码	项目名称	申报地区或单位
04 - 1558	汪宣智	男	汉族	1932.8	Ⅲ - 7	傩舞（祁门傩舞）	安徽省祁门县
04 - 1559	龚茂发	男	汉族	1935.9	Ⅲ - 7	傩舞（邵武傩舞）	福建省邵武市
04 - 1560	程金生	男	汉族	1940.5	Ⅲ - 7	傩舞（婺源傩舞）	江西省婺源县
04 - 1561	段铁成	男	汉族	1944.4	Ⅲ - 9	高跷（高跷走兽）	山西省稷山县
04 - 1562	郭金锁	男	汉族	1940.10	Ⅲ - 12	泉州拍胸舞	福建省泉州市
04 - 1563	汪妙林	男	汉族	1945.9	Ⅲ - 16	余杭滚灯	浙江省杭州市余杭区
04 - 1564	田景民	男	土家族	1943.2	Ⅲ - 17	土家族摆手舞（酉阳摆手舞）	重庆市酉阳土家族苗族自治县
04 - 1565	白玛群久	男	藏族	1941.4	Ⅲ - 22	羌姆（拉康加羌姆）	西藏自治区洛扎县
04 - 1566	土旦群培	男	藏族	1969.6	Ⅲ - 22	羌姆（曲德寺阿羌姆）	西藏自治区贡嘎县
04 - 1567	陈改保	男	佤族	1939.5	Ⅲ - 25	木鼓舞（沧源佤族木鼓舞）	云南省沧源佤族自治县
04 - 1568	班点义	男	瑶族	1948.7	Ⅲ - 26	铜鼓舞（田林瑶族铜鼓舞）	广西壮族自治区田林县
04 - 1569	彭南京	男	土家族	1942.6	Ⅲ - 31	湘西土家族毛古斯舞	湖南省湘西土家族苗族自治州
04 - 1570	高如常	男	汉族	1945.2	Ⅲ - 42	鼓舞（花钹大鼓）	北京市昌平区
04 - 1571	王企仁	男	汉族	1941.4	Ⅲ - 42	鼓舞（万荣花鼓）	山西省万荣县
04 - 1572	陈喜顺	男	汉族	1952.10	Ⅲ - 54	蜈蚣舞	广东省汕头市澄海区

流水号	姓名	性别	民族	出生年月	项目编码	项目名称	申报地区或单位
04 - 1573	道尔吉	男	蒙古族	1937.10	Ⅲ - 57	查玛	内蒙古自治区阿拉善盟
04 - 1574	陈福炎	男	汉族	1933.10	Ⅲ - 58	鹤舞（三灶鹤舞）	广东省珠海市
04 - 1575	盘振松	男	瑶族	1944.9	Ⅲ - 60	瑶族长鼓舞（黄泥鼓舞）	广西壮族自治区金秀瑶族自治县
04 - 1576	格玛次仁	男	藏族	1930.7	Ⅲ - 66	得荣学羌	四川省得荣县
04 - 1577	和振强	男	纳西族	1938.2	Ⅲ - 76	纳西族热美蹉	云南省丽江市古城区
04 - 1578	罗杰	男	藏族	1945.1	Ⅲ - 80	宣舞（普堆巴宣舞）	西藏自治区墨竹工卡县
04 - 1579	洛布曲珍	女	藏族	1935.9	Ⅲ - 81	拉萨囊玛	西藏自治区拉萨市
04 - 1580	扎西次仁	男	藏族	1942.1	Ⅲ - 85	嘎尔	西藏自治区
04 - 1581	扎西	男	藏族	1952.1	Ⅲ - 88	旦嘎甲谐	西藏自治区萨嘎县
04 - 1582	道吉才让	男	藏族	1962.4	Ⅲ - 92	藏族螭鼓舞	青海省循化撒拉族自治县
04 - 1583	那斯尔·奴苏尔	男	维吾尔族	1932.12	Ⅲ - 96	赛乃姆（库车赛乃姆）	新疆维吾尔自治区库车县
04 - 1584	钟会龙	男	白族	1932.5	Ⅲ - 98	仗鼓舞（桑植仗鼓舞）	湖南省桑植县
04 - 1585	钟朝良	男	黎族	1941.10	Ⅲ - 101	老古舞	海南省白沙黎族自治县
04 - 1586	龙正福	男	哈尼族	1943.9	Ⅲ - 103	棕扇舞	云南省元江哈尼族彝族傣族自治县
04 - 1587	桑珠	男	藏族	1959.4	Ⅲ - 105	协荣仲孜	西藏自治区曲水县
04 - 1588	杨景艳	男	汉族	1951.1	Ⅲ - 108	巴当舞	甘肃省岷县

四　传统戏剧（111人）

流水号	姓名	性别	民族	出生年月	项目编码	项目名称	申报地区或单位
04－1589	沈世华	女	汉族	1941.4	Ⅳ－1	昆曲	北京市
04－1590	王大元	男	汉族	1941.8	Ⅳ－1	昆曲	北京市
04－1591	张铭荣	男	汉族	1942.8	Ⅳ－1	昆曲	上海市
04－1592	顾兆琳	男	汉族	1943.1	Ⅳ－1	昆曲	上海市
04－1593	周雪华	女	汉族	1952.12	Ⅳ－1	昆曲	上海市
04－1594	谢宝燊	男	汉族	1934.12	Ⅳ－3	莆仙戏	福建省莆田市
04－1595	叶全民	男	汉族	1956.10	Ⅳ－9	宁海平调	浙江省宁海县
04－1596	魏益新	男	汉族	1937.9	Ⅳ－12	川剧	四川省
04－1597	余开源	男	汉族	1948.3	Ⅳ－12	川剧	四川省
04－1598	冀萍	女	汉族	1935.6	Ⅳ－18	晋剧	山西省
04－1599	高翠英	女	汉族	1943.3	Ⅳ－18	晋剧	山西省太原市
04－1600	李月仙	女	汉族	1940.12	Ⅳ－18	晋剧	山西省太原市
04－1601	阎慧贞	女	汉族	1939.9	Ⅳ－18	晋剧	山西省太原市
04－1602	谢涛	女	汉族	1967.6	Ⅳ－18	晋剧	山西省太原市
04－1603	康希圣	男	汉族	1929.9	Ⅳ－19	蒲州梆子	山西省运城市

流水号	姓名	性别	民族	出生年月	项目编码	项目名称	申报地区或单位
04 - 1604	景雪变	女	汉族	1960.2	Ⅳ - 19	蒲州梆子	山西省运城市
04 - 1605	王艺华	男	汉族	1957.8	Ⅳ - 19	蒲州梆子	山西省运城市
04 - 1606	张彩平	女	汉族	1960.10	Ⅳ - 20	北路梆子	山西省大同市
04 - 1607	郭孝明	男	汉族	1959.2	Ⅳ - 21	上党梆子	山西省晋城市
04 - 1608	刘玉玲	女	汉族	1947.1	Ⅳ - 22	河北梆子	北京市河北梆子剧团
04 - 1609	刘俊英	女	汉族	1939.4	Ⅳ - 22	河北梆子	天津河北梆子剧院
04 - 1610	许荷英	女	汉族	1963.12	Ⅳ - 22	河北梆子	河北省
04 - 1611	范应龙	男	汉族	1943.6	Ⅳ - 24	宛梆	河南省内乡县
04 - 1612	李德平	男	汉族	1937.7	Ⅳ - 26	大平调	河南省浚县
04 - 1613	朱绍玉	男	汉族	1946.12	Ⅳ - 28	京剧	北京市
04 - 1614	钮骠	男	满族	1933.11	Ⅳ - 28	京剧	北京市
04 - 1615	宋丹菊	女	汉族	1942.9	Ⅳ - 28	京剧	北京市
04 - 1616	谢锐青	女	汉族	1932.8	Ⅳ - 28	京剧	北京市
04 - 1617	蔡英莲	女	汉族	1944.4	Ⅳ - 28	京剧	北京市
04 - 1618	王玉璞	男	汉族	1924.8	Ⅳ - 28	京剧	上海市

流水号	姓名	性别	民族	出生年月	项目编码	项目名称	申报地区或单位
04-1619	关松安	男	汉族	1931.12	Ⅳ-28	京剧	上海市
04-1620	张信忠	男	汉族	1933.6	Ⅳ-28	京剧	上海市
04-1621	梁斌	男	汉族	1936.9	Ⅳ-28	京剧	上海市
04-1622	张善元	男	汉族	1946.12	Ⅳ-28	京剧	上海市
04-1623	周云亮	男	汉族	1933.10	Ⅳ-28	京剧	江苏省演艺集团
04-1624	沈小梅	女	汉族	1937.12	Ⅳ-28	京剧	江苏省演艺集团
04-1625	宋长荣	男	汉族	1935.7	Ⅳ-28	京剧	江苏省淮安市
04-1626	杨至芳	女	汉族	1945.4	Ⅳ-28	京剧	湖北省京剧院
04-1627	李祖铭	男	汉族	1948.6	Ⅳ-28	京剧	中国京剧院
04-1628	刘琪	女	汉族	1938.5	Ⅳ-28	京剧	中国京剧院
04-1629	朱秉谦	男	汉族	1933.9	Ⅳ-28	京剧	中国京剧院
04-1630	李景德	男	汉族	1937.10	Ⅳ-28	京剧	中国京剧院
04-1631	沈福存	男	汉族	1935.1	Ⅳ-28	京剧	中国京剧院
04-1632	王丹红	女	汉族	1972.10	Ⅳ-29	徽剧	安徽省
04-1633	程良美	男	汉族	1941.7	Ⅳ-30	汉剧	湖北省武汉市

流水号	姓名	性别	民族	出生年月	项目编码	项目名称	申报地区或单位
04－1634	何其坚	男	汉族	1944.9	IV－34	巴陵戏	湖南省岳阳市
04－1635	罗家宝	男	汉族	1930.6	IV－36	粤剧	广东省文化厅
04－1636	罗桂霞	女	壮族	1943.8	IV－37	桂剧	广西壮族自治区
04－1637	迟皓文	女	汉族	1962.2	IV－43	柳子戏	山东省
04－1638	杨香玉	男	汉族	1939.7	IV－43	柳子戏	河南省清丰县
04－1639	姚继春	男	汉族	1962.1	IV－44	大弦戏	河南省濮阳县
04－1640	张俊玲	女	汉族	1964.8	IV－51	评剧	河北省滦南县
04－1641	袁淑梅	女	汉族	1966.4	IV－51	评剧	河北省石家庄市
04－1642	李红霞	女	蒙古族	1940.5	IV－51	评剧	河北省石家庄市
04－1643	荣明祥	男	汉族	1939.12	IV－58	楚剧	湖北省
04－1644	张光明	女	汉族	1946.3	IV－58	楚剧	湖北省
04－1645	孙世安	女	汉族	1947.2	IV－59	荆州花鼓戏	湖北省潜江市
04－1646	吴亚玲	女	汉族	1961.10	IV－60	黄梅戏	安徽省黄梅戏剧院
04－1647	陈宾茂	男	汉族	1946.10	IV－65	采茶戏（赣南采茶戏）	江西省赣州市
04－1648	万安安	女	汉族	1941.10	IV－65	采茶戏（抚州采茶戏）	江西省抚州市临川区

流水号	姓名	性别	民族	出生年月	项目编码	项目名称	申报地区或单位
04 - 1649	吴燕城	女	汉族	1949.9	Ⅳ - 65	采茶戏（粤北采茶戏）	广东省韶关市
04 - 1650	武玉梅	女	汉族	1947.9	Ⅳ - 70	秧歌戏（繁峙秧歌戏）	山西省繁峙县
04 - 1651	杨升祥	男	汉族	1945.7	Ⅳ - 70	秧歌戏（襄武秧歌）	山西省襄垣县
04 - 1652	黄凤兰	女	汉族	1957.6	Ⅳ - 71	道情戏（神池道情戏）	山西省神池县
04 - 1653	刘浩智	男	汉族	1936.5	Ⅳ - 71	道情戏（商洛道情戏）	陕西省商洛市
04 - 1654	许月英	女	汉族	1947.12	Ⅳ - 73	二人台	山西省河曲县
04 - 1655	霍伴柱	男	汉族	1956.12	Ⅳ - 73	二人台	内蒙古自治区呼和浩特市
04 - 1656	覃明德	男	壮族	1947.4	Ⅳ - 76	彩调	广西壮族自治区
04 - 1657	刘胜杨	男	汉族	1936.1	Ⅳ - 78	花灯戏（思南花灯戏）	贵州省思南县
04 - 1658	欧噜雪吧	男	藏族	1937.8	Ⅳ - 80	藏戏（尼木塔荣藏戏）	西藏自治区尼木县
04 - 1659	李先加	男	藏族	1940.1	Ⅳ - 80	藏戏（黄南藏戏）	青海省黄南藏族自治州
04 - 1660	张军	男	汉族	1937.9	Ⅳ - 88	锣鼓杂戏	山西省临猗县
04 - 1661	桂训锦	男	汉族	1939.3	Ⅳ - 89	傩戏（德安潘公戏）	江西省德安县
04 - 1662	苏立文	男	汉族	1941.5	Ⅳ - 89	傩戏（梅山傩戏）	湖南省冷水江市
04 - 1663	张向东	男	汉族	1947.9	Ⅳ - 91	皮影戏（昌黎皮影戏）	河北省昌黎县

续表

流水号	姓名	性别	民族	出生年月	项目编码	项目名称	申报地区或单位
04－1664	薛兆平	男	汉族	1958.12	Ⅳ－91	皮影戏（龙江皮影戏）	黑龙江省哈尔滨市
04－1665	秦礼刚	男	汉族	1949.3	Ⅳ－91	皮影戏（云梦皮影戏）	湖北省云梦县
04－1666	李桂香	女	汉族	1943.8	Ⅳ－91	皮影戏（湖南皮影戏）	湖南省木偶皮影艺术剧院
04－1667	王彪	男	汉族	1965.2	Ⅳ－91	皮影戏（四川皮影戏）	四川省阆中市
04－1668	刘永周	男	汉族	1944.11	Ⅳ－91	皮影戏（腾冲皮影戏）	云南省腾冲县
04－1669	汪天稳	男	汉族	1950.5	Ⅳ－91	皮影戏（华县皮影戏）	陕西省渭南市
04－1670	靳生昌	男	汉族	1931.4	Ⅳ－91	皮影戏（河湟皮影戏）	青海省
04－1671	郑国芳	男	汉族	1957.8	Ⅳ－92	木偶戏（海派木偶戏）	上海木偶剧团
04－1672	季桂芳	男	汉族	1942.1	Ⅳ－92	木偶戏（泰顺提线木偶戏）	浙江省泰顺县
04－1673	武筱凤	女	汉族	1932.1	Ⅳ－102	淮剧	上海淮剧团
04－1674	程少樑	男	汉族	1941.10	Ⅳ－102	淮剧	上海淮剧团
04－1675	何双林	男	汉族	1945.6	Ⅳ－102	淮剧	上海淮剧团
04－1676	陈德林	男	汉族	1945.3	Ⅳ－102	淮剧	江苏省泰州市
04－1677	王根兴	男	汉族	1940.9	Ⅳ－103	锡剧	江苏省演艺集团锡剧团
04－1678	杨柳汀	男	汉族	1947.11	Ⅳ－107	甬剧	浙江省宁波市

流水号	姓名	性别	民族	出生年月	项目编码	项目名称	申报地区或单位
04-1679	章宗义	男	汉族	1924.3	Ⅳ-109	绍剧	浙江省绍兴市
04-1680	刘建杨	男	汉族	1961.6	Ⅳ-109	绍剧	浙江省绍兴市
04-1681	张建敏	女	汉族	1963.8	Ⅳ-110	婺剧	浙江省金华市
04-1682	陈美兰	女	汉族	1964.9	Ⅳ-110	婺剧	浙江省金华市
04-1683	余杞敏	女	汉族	1962.12	Ⅳ-111	文南词	安徽省宿松县
04-1684	潘爱芳	女	汉族	1945.9	Ⅳ-112	花鼓戏（荆州花鼓戏）	湖北省仙桃市
04-1685	杨小兰	女	汉族	1961.5	Ⅳ-112	花鼓戏（衡州花鼓戏）	湖南省衡阳市
04-1686	欧阳觉文	男	汉族	1942.12	Ⅳ-112	花鼓戏（长沙花鼓戏）	湖南省花鼓戏剧院
04-1687	王永昌	男	汉族	1936.4	Ⅳ-116	吕剧	山东省滨州市
04-1688	丁瑞魁	男	汉族	1935.3	Ⅳ-124	二股弦	河南省武陟县
04-1689	甘伯炼	男	汉族	1929.12	Ⅳ-126	提琴戏	湖北省崇阳县
04-1690	张少君	女	汉族	1964.10	Ⅳ-128	祁剧	湖南省衡阳市
04-1691	梁家梁	男	汉族	1934.10	Ⅳ-130	琼剧	海南省琼剧院
04-1692	孙国际	男	汉族	1956.6	Ⅳ-147	淮调	河南省安阳县
04-1693	袁章考	男	汉族	1941.2	Ⅳ-148	落腔	河南省内黄县

流水号	姓名	性别	民族	出生年月	项目编码	项目名称	申报地区或单位
04 - 1694	金由英	女	汉族	1939.6	Ⅳ - 150	雷剧	广东省雷州市
04 - 1695	张晓东	女	汉族	1959.11	Ⅳ - 155	淮北梆子戏	安徽省宿州市
04 - 1696	翁双杰	男	汉族	1928.2	Ⅳ - 156	滑稽戏	上海滑稽剧团
04 - 1697	严顺开	男	汉族	1937.6	Ⅳ - 156	滑稽戏	上海滑稽剧团
04 - 1698	顾芗	女	汉族	1953.1	Ⅳ - 156	滑稽戏	江苏省苏州市
04 - 1699	张克勤	男	汉族	1947.7	Ⅳ - 156	滑稽戏	江苏省苏州市

五　曲艺（34 人）

流水号	姓名	性别	民族	出生年月	项目编码	项目名称	申报地区或单位
04 - 1700	江文兰	女	汉族	1932.11	Ⅴ - 1	苏州评弹（苏州评话、苏州弹词）	上海市书场工作者协会
04 - 1701	赵开生	男	汉族	1936.1	Ⅴ - 1	苏州评弹（苏州评话、苏州弹词）	上海市书场工作者协会
04 - 1702	陈丽洁	女	汉族	1956.9	Ⅴ - 6	东北大鼓	辽宁省锦州市
04 - 1703	贾幼然	男	汉族	1941.11	Ⅴ - 8	乐亭大鼓	河北省乐亭县
04 - 1704	陈志雄	男	汉族	1937.10	Ⅴ - 13	温州鼓词	浙江省瑞安市
04 - 1705	沈永宁	男	汉族	1948.3	Ⅴ - 19	贤孝（西宁贤孝）	青海省西宁市

续表

流水号	姓名	性别	民族	出生年月	项目编码	项目名称	申报地区或单位
04 – 1706	刘士福	男	汉族	1961.11	V – 21	山东琴书	山东省
04 – 1707	朱丽华	女	汉族	1945.7	V – 21	山东琴书	山东省
04 – 1708	陈增三	男	汉族	1950.2	V – 24	兰州鼓子	甘肃省兰州市
04 – 1709	王素华	女	汉族	1954.12	V – 26	锦歌	福建省漳州市
04 – 1710	董孝芳	男	汉族	1940.8	V – 35	东北二人转	吉林省
04 – 1711	韩子平	男	汉族	1949.4	V – 35	东北二人转	吉林省
04 – 1712	高景佐	男	汉族	1933.10	V – 39	山东快书	山东省
04 – 1713	代沃德	男	蒙古族	1950.3	V – 40	乌力格尔	内蒙古科尔沁右翼中旗
04 – 1714	加玛勒汗·哈拉巴特	女	哈萨克族	1940.5	V – 45	哈萨克族阿依特斯	新疆维吾尔自治区伊犁哈萨克自治州
04 – 1715	姜昆	男	汉族	1950.10	V – 47	相声	中国广播艺术团
04 – 1716	陆倚琴	女	汉族	1934.6	V – 48	京韵大鼓	天津市曲艺团
04 – 1717	刘春爱	女	汉族	1949.3	V – 48	京韵大鼓	天津市曲艺团
04 – 1718	张蕴华	女	满族	1948.1	V – 49	单弦牌子曲（含岔曲）	北京市西城区
04 – 1719	姚祺儿	男	汉族	1949.4	V – 68	独脚戏	上海市黄浦区

流水号	姓名	性别	民族	出生年月	项目编码	项目名称	申报地区或单位
04 - 1720	何忠华	女	汉族	1946.11	V - 70	湖北小曲	湖北省武汉市
04 - 1721	张巧玲	女	汉族	1960.9	V - 73	徐州琴书	江苏省徐州市
04 - 1722	陈再碧	女	汉族	1947.4	V - 75	四川扬琴	重庆市曲艺团
04 - 1723	吴卡亚	女	汉族	1950.3	V - 76	四川竹琴	重庆市三峡曲艺团
04 - 1724	刘国福	男	汉族	1955.6	V - 76	四川竹琴	重庆市三峡曲艺团
04 - 1725	张永贵	男	汉族	1933.4	V - 76	四川竹琴	四川省成都艺术剧院
04 - 1726	李静明	女	汉族	1943.6	V - 77	四川清音	重庆市曲艺团
04 - 1727	何红玉	女	汉族	1941.2	V - 87	广西文场	广西壮族自治区桂林市
04 - 1728	陈秀芬	女	汉族	1945.11	V - 87	广西文场	广西壮族自治区桂林市
04 - 1729	刘延彪	男	汉族	1942.10	V - 94	青海下弦	青海省
04 - 1730	曹有元	男	汉族	1937.12	V - 97	莲花落	山西省太原市
04 - 1731	姜信子	女	朝鲜族	1941.2	V - 102	盘索里	吉林省延边朝鲜族自治州
04 - 1732	徐勍	男	汉族	1936.3	V - 110	四川评书	重庆市曲艺团
04 - 1733	吴咏梅	女	汉族	1927.10	V - 112	南音说唱	澳门特别行政区

六　传统体育、游艺与杂技（13 人）

流水号	姓名	性别	民族	出生年月	项目编码	项目名称	申报地区或单位
04 – 1734	那巴特尔	男	蒙古族	1941.1	VI – 22	沙力搏尔式摔跤	内蒙古自治区阿拉善左旗
04 – 1735	孙志均	男	汉族	1933.8	VI – 25	八卦掌	北京市西城区
04 – 1736	张玉林	男	汉族	1953.2	VI – 26	形意拳	河北省深州市
04 – 1737	陈桂学	男	汉族	1960.6	VI – 27	鹰爪翻子拳	河北省雄县
04 – 1738	李洳波	男	汉族	1949.9	VI – 30	心意六合拳	河南省漯河市
04 – 1739	周昆民	男	汉族	1945.4	VI – 31	五祖拳	福建省泉州市
04 – 1740	肖桂森	男	汉族	1956.2	VI – 47	戏法	天津市和平区
04 – 1741	卜树权	男	汉族	1969.1	VI – 48	建湖杂技	江苏省建湖县
04 – 1742	李正丙	男	汉族	1956.12	VI – 51	马戏（埇桥马戏）	安徽省宿州市埇桥区
04 – 1743	李义军	男	汉族	1955.1	VI – 59	佛汉拳	山东省东明县
04 – 1744	董文焕	男	汉族	1923.10	VI – 63	华佗五禽戏	安徽省亳州市
04 – 1745	沈少三	男	回族	1929.4	VI – 64	撂石锁	河南省开封市
04 – 1746	牛玉亮	男	汉族	1938.7	VI – 70	口技	北京市西城区

七　传统美术（76人）

流水号	姓名	性别	民族	出生年月	项目编码	项目名称	申报地区或单位
04－1747	高腊梅	女	汉族	1933.12	Ⅶ－8	滩头木版年画	湖南省隆回县
04－1748	颜登泽仁	男	藏族	1954.3	Ⅶ－14	藏族唐卡（噶玛嘎孜画派）	四川省甘孜藏族自治州
04－1749	罗布斯达	男	藏族	1967.7	Ⅶ－14	藏族唐卡（勉萨画派）	西藏自治区
04－1750	希热布	男	藏族	1961.8	Ⅶ－14	藏族唐卡（甘南藏族唐卡）	甘肃省夏河县
04－1751	九麦	男	藏族	1936.6	Ⅶ－14	藏族唐卡（甘南藏族唐卡）	甘肃省夏河县
04－1752	周广	男	汉族	1955.11	Ⅶ－16	剪纸（蔚县剪纸）	河北省蔚县
04－1753	周淑英	女	汉族	1964.11	Ⅶ－16	剪纸（蔚县剪纸）	河北省蔚县
04－1754	段建珺	男	汉族	1973.6	Ⅶ－16	剪纸（和林格尔剪纸）	内蒙古自治区和林格尔县
04－1755	刘静兰	女	汉族	1955.4	Ⅶ－16	剪纸（包头剪纸）	内蒙古自治区包头市
04－1756	关淑梅	女	满族	1956.6	Ⅶ－16	剪纸（新宾满族剪纸）	辽宁省新宾满族自治县
04－1757	倪友芝	女	汉族	1939.1	Ⅶ－16	剪纸（长白山满族剪纸）	吉林省通化市
04－1758	奚小琴	女	汉族	1956.3	Ⅶ－16	剪纸（上海剪纸）	上海市徐汇区
04－1759	程兴红	男	汉族	1971.8	Ⅶ－16	剪纸（阜阳剪纸）	安徽省阜阳市
04－1760	王朋草	女	汉族	1942.2	Ⅶ－16	剪纸（灵宝剪纸）	河南省灵宝市

流水号	姓名	性别	民族	出生年月	项目编码	项目名称	申报地区或单位
04 - 1761	管丽芳	女	汉族	1954.3	Ⅶ - 16	剪纸（孝感雕花剪纸）	湖北省孝感市孝南区
04 - 1762	邵梅罕	女	傣族	1963.2	Ⅶ - 16	剪纸（傣族剪纸）	云南省潞西市
04 - 1763	高凤莲	女	汉族	1936.2	Ⅶ - 16	剪纸（延川剪纸）	陕西省延川县
04 - 1764	余福臻	女	汉族	1942.3	Ⅶ - 18	苏绣	江苏省苏州市
04 - 1765	张玉英	女	汉族	1935.8	Ⅶ - 18	苏绣	江苏省苏州市
04 - 1766	蒋雪英	女	汉族	1933.10	Ⅶ - 18	苏绣	江苏省苏州市
04 - 1767	姚惠芬	女	汉族	1967.11	Ⅶ - 18	苏绣	江苏省苏州市
04 - 1768	张美芳	女	汉族	1946.8	Ⅶ - 18	苏绣	江苏省苏州市
04 - 1769	柳建新	女	汉族	1951.9	Ⅶ - 19	湘绣	湖南省长沙市
04 - 1770	江再红	女	汉族	1968.3	Ⅶ - 19	湘绣	湖南省长沙市
04 - 1771	康惠芳	女	汉族	1948.7	Ⅶ - 20	粤绣（潮绣）	广东省潮州市
04 - 1772	孙庆先	男	汉族	1950.6	Ⅶ - 20	粤绣（潮绣）	广东省潮州市
04 - 1773	吴通英	女	苗族	1951.3	Ⅶ - 22	苗绣	贵州省台江县
04 - 1774	宋水仙	女	水族	1966.6.	Ⅶ - 23	水族马尾绣	贵州省三都水族自治县

续表

流水号	姓名	性别	民族	出生年月	项目编码	项目名称	申报地区或单位
04 - 1775	韦桃花	女	水族	1964.5	Ⅶ - 23	水族马尾绣	贵州省三都水族自治县
04 - 1776	柴慈继	男	汉族	1949.2	Ⅶ - 27	象牙雕刻	北京市东城区
04 - 1777	李春珂	男	汉族	1949.3	Ⅶ - 27	象牙雕刻	北京市东城区
04 - 1778	张民辉	男	汉族	1953.1	Ⅶ - 27	象牙雕刻	广东省广州市
04 - 1779	薛春梅	女	汉族	1965.1	Ⅶ - 28	扬州玉雕	江苏省扬州市
04 - 1780	高毅进	男	汉族	1964.11	Ⅶ - 28	扬州玉雕	江苏省扬州市
04 - 1781	张爱廷	男	汉族	1939.2	Ⅶ - 33	青田石雕	浙江省青田县
04 - 1782	安荣杰	男	汉族	1947.5	Ⅶ - 34	曲阳石雕	河北省曲阳县
04 - 1783	王经民	男	汉族	1967.2	Ⅶ - 36	惠安石雕	福建省惠安县
04 - 1784	蒯正华	男	汉族	1962.4	Ⅶ - 37	徽州三雕	安徽省黄山市
04 - 1785	曹永盛	男	汉族	1969.9	Ⅶ - 37	徽州三雕	安徽省黄山市
04 - 1786	辜柳希	男	汉族	1954.2	Ⅶ - 40	潮州木雕	广东省潮州市
04 - 1787	虞金顺	男	汉族	1949.8	Ⅶ - 42	乐清黄杨木雕	浙江省乐清市
04 - 1788	高公博	男	汉族	1949.10	Ⅶ - 42	乐清黄杨木雕	浙江省乐清市

流水号	姓名	性别	民族	出生年月	项目编码	项目名称	申报地区或单位
04-1789	吴初伟	男	汉族	1946.3	Ⅶ-43	东阳木雕	浙江省东阳市
04-1790	张宗凡	男	汉族	1968.9	Ⅶ-46	竹刻（宝庆竹刻）	湖南省邵阳市
04-1791	聂希蔚	男	汉族	1938.9	Ⅶ-47	泥塑（聂家庄泥塑）	山东省高密市
04-1792	罗藏昂秀	男	藏族	1962.10	Ⅶ-48	塔尔寺酥油花	青海省湟中县
04-1793	杨玉榕	女	汉族	1945.1	Ⅶ-50	灯彩（佛山彩灯）	广东省佛山市
04-1794	刘嘉峰	男	汉族	1946.4	Ⅶ-51	竹编（渠县刘氏竹编）	四川省渠县
04-1795	汤凤国	男	汉族	1933.5	Ⅶ-52	面人（面人汤）	北京市通州区
04-1796	王文忠	男	汉族	1962.4	Ⅶ-55	柳编（黄岗柳编）	安徽省阜南县
04-1797	柳朝国	男	汉族	1945.3	Ⅶ-57	玉雕（北京玉雕）	北京市玉器厂
04-1798	李博生	男	汉族	1941.10	Ⅶ-57	玉雕（北京玉雕）	北京市玉器厂
04-1799	袁耀	男	汉族	1949.2	Ⅶ-57	玉雕（海派玉雕）	上海市
04-1800	洪新华	男	汉族	1959.5	Ⅶ-57	玉雕（海派玉雕）	上海市
04-1801	翟念卫	男	汉族	1961.7	Ⅶ-57	玉雕（海派玉雕）	上海市
04-1802	杨曦	男	汉族	1964.11	Ⅶ-57	玉雕（苏州玉雕）	江苏省苏州市

流水号	姓名	性别	民族	出生年月	项目编码	项目名称	申报地区或单位
04-1803	屠杰	男	汉族	1961.5	Ⅶ-58	木雕（紫檀雕刻）	上海市
04-1804	方文桃	男	汉族	1942.2	Ⅶ-58	木雕（莆田木雕）	福建省莆田市
04-1805	佘国平	男	汉族	1949.10	Ⅶ-58	木雕（莆田木雕）	福建省莆田市
04-1806	曾德衡	男	汉族	1943.9	Ⅶ-58	木雕（澳门神像雕刻）	澳门特别行政区
04-1807	桑格达杰	男	藏族	1972.3	Ⅶ-64	藏文书法（果洛德昂洒智）	青海省果洛藏族自治州
04-1808	韩建峰	男	汉族	1968.7	Ⅶ-65	木版年画（滑县木版年画）	河南省滑县
04-1809	陈义文	男	汉族	1929.3	Ⅶ-65	木版年画（老河口木版年画）	湖北省老河口市
04-1810	弓春香	女	汉族	1942.8	Ⅶ-71	堆锦（上党堆锦）	山西省长治市群众艺术馆
04-1811	阿吉尔·赛买提	女	维吾尔族	1952.8	Ⅶ-79	维吾尔族刺绣	新疆维吾尔自治区哈密地区
04-1812	米代	女	蒙古族	1948.4	Ⅶ-81	蒙古族刺绣	新疆维吾尔自治区博湖县
04-1813	邵成村	男	汉族	1965.5	Ⅶ-87	灰塑	广东省广州市
04-1814	吴学宝	男	汉族	1940.3	Ⅶ-90	软木画	福建省福州市
04-1815	卢芝高	男	汉族	1946.10	Ⅶ-91	镶嵌（潮州嵌瓷）	广东省潮州市工艺美术研究院
04-1816	雷显元	男	汉族	1929.7	Ⅶ-101	平遥纱阁戏人	山西省平遥县

续表

流水号	姓名	性别	民族	出生年月	项目编码	项目名称	申报地区或单位
04-1817	唐明敏	女	汉族	1958.2	Ⅶ-103	上海绒绣	上海市浦东新区
04-1818	许谨伦	男	汉族	1948.2	Ⅶ-104	宁波金银彩绣	浙江省宁波市鄞州区
04-1819	杨华珍	女	藏族	1960.6	Ⅶ-106	藏族编织、挑花刺绣工艺	四川省阿坝藏族羌族自治州
04-1820	陈显月	女	侗族	1964.4	Ⅶ-107	侗族刺绣	贵州省锦屏县
04-1821	杨秀玉	女	锡伯族	1963.9	Ⅶ-108	锡伯族刺绣	新疆维吾尔自治区察布查尔锡伯自治县
04-1822	黄才良	男	汉族	1957.7	Ⅶ-109	宁波泥金彩漆	浙江省宁海县

八　传统技艺（112人）

流水号	姓名	性别	民族	出生年月	项目编码	项目名称	申报地区或单位
04-1823	徐秀棠	男	汉族	1937.12	Ⅷ-1	宜兴紫砂陶制作技艺	江苏省宜兴市
04-1824	吕尧臣	男	汉族	1940.12	Ⅷ-1	宜兴紫砂陶制作技艺	江苏省宜兴市
04-1825	黄松坚	男	汉族	1941.10	Ⅷ-3	石湾陶塑技艺	广东省佛山市
04-1826	廖洪标	男	汉族	1937.10	Ⅷ-3	石湾陶塑技艺	广东省佛山市
04-1827	兰国华	男	汉族	1941.8	Ⅷ-7	景德镇手工制瓷技艺	江西省景德镇市
04-1828	黄云鹏	男	汉族	1942.5	Ⅷ-7	景德镇手工制瓷技艺	江西省景德镇市

流水号	姓名	性别	民族	出生年月	项目编码	项目名称	申报地区或单位
04-1829	李文跃	男	汉族	1959.8	Ⅷ-7	景德镇手工制瓷技艺	江西省景德镇市
04-1830	邓希平	女	汉族	1942.11	Ⅷ-7	景德镇手工制瓷技艺	江西省景德镇市
04-1831	朱丹忱	男	汉族	1955.11	Ⅷ-7	景德镇手工制瓷技艺	江西省景德镇市
04-1832	傅长敏	女	汉族	1968.8	Ⅷ-7	景德镇手工制瓷技艺	江西省景德镇市
04-1833	夏侯文	男	汉族	1935.8	Ⅷ-9	龙泉青瓷烧制技艺	浙江省龙泉市
04-1834	毛正聪	男	汉族	1940.10	Ⅷ-9	龙泉青瓷烧制技艺	浙江省龙泉市
04-1835	安际衡	男	汉族	1969.3	Ⅷ-10	磁州窑烧制技艺	河北省峰峰矿区
04-1836	邱双炯	男	汉族	1932.2	Ⅷ-11	德化瓷烧制技艺	福建省德化县
04-1837	符林早	女	黎族	1964.5	Ⅷ-19	黎族传统纺染织绣技艺	海南省东方市
04-1838	木斯勒木江·恰尔甫汗	女	哈萨克族	1952.4	Ⅷ-23	花毡、印花布织染技艺	新疆维吾尔自治区塔城地区
04-1839	王振兴	男	汉族	1939.5	Ⅷ-24	南通蓝印花布印染技艺	江苏省南通市
04-1840	王阿勇	女	苗族	1944.2	Ⅷ-25	苗族蜡染技艺	贵州省丹寨县
04-1841	储金霞	女	汉族	1945.11	Ⅷ-39	芜湖铁画锻制技艺	安徽省芜湖市
04-1842	林仕元	男	汉族	1955.2	Ⅷ-40	银饰锻制技艺（畲族银器制作技艺）	福建省福安市
04-1843	勒古沙日	男	彝族	1956.6	Ⅷ-40	银饰制作技艺（彝族银饰制作技艺）	四川省布拖县

流水号	姓名	性别	民族	出生年月	项目编码	项目名称	申报地区或单位
04 - 1844	吴水根	男	苗族	1966.2	Ⅷ - 40	银饰锻制技艺（苗族银饰锻制技艺）	贵州省台江县
04 - 1845	钟连盛	男	满族	1962.2	Ⅷ - 43	景泰蓝制作技艺	北京市东城区
04 - 1846	曹运建	男	汉族	1972.3	Ⅷ - 45	家具制作技艺（晋作家具制作技艺）	山西省临汾市
04 - 1847	杨金荣	男	汉族	1950.2	Ⅷ - 45	家具制作技艺（精细木作技艺）	江苏工美红木文化艺术研究所
04 - 1848	殷秀云	女	汉族	1947.6	Ⅷ - 50	雕漆技艺	北京市东城区
04 - 1849	梁忠秀	男	汉族	1955.11	Ⅷ - 51	平遥推光漆器髹饰技艺	山西省平遥县
04 - 1850	汤春甫	男	汉族	1952.9	Ⅷ - 53	天台山干漆夹苎技艺	浙江省天台县
04 - 1851	黄时忠	男	汉族	1942.11	Ⅷ - 54	福州脱胎漆器髹饰技艺	福建省福州市
04 - 1852	张良	男	汉族	1965.11	Ⅷ - 58	泸州老窖酒酿制技艺	四川省泸州市
04 - 1853	武润威	男	汉族	1955.3	Ⅷ - 61	清徐老陈醋酿制技艺	山西省清徐县
04 - 1854	陈德华	男	汉族	1941.8	Ⅷ - 63	武夷岩茶（大红袍）制作技艺	福建省武夷山市
04 - 1855	万爱珠	女	汉族	1951.4	Ⅷ - 67	皮纸制作技艺（龙游皮纸制作技艺）	浙江省龙游县
04 - 1856	周小三	女	傣族	1936.2	Ⅷ - 68	傣族、纳西族手工造纸技艺	云南省临沧市
04 - 1857	刘同烟	男	汉族	1964.11	Ⅷ - 70	桑皮纸制作技艺	安徽省潜山县
04 - 1858	李法儿	男	汉族	1950.8	Ⅷ - 71	竹纸制作技艺	浙江省富阳市

流水号	姓名	性别	民族	出生年月	项目编码	项目名称	申报地区或单位
04 - 1859	鲁建庆	男	汉族	1952.3	Ⅷ - 73	徽墨制作技艺（曹素功墨锭制作技艺）	上海市黄浦区
04 - 1860	王祖伟	男	汉族	1964.11	Ⅷ - 74	歙砚制作技艺	安徽省歙县
04 - 1861	江亮根	男	汉族	1972.11	Ⅷ - 74	歙砚制作技艺	江西省婺源县
04 - 1862	肖刚	男	汉族	1959.5	Ⅷ - 77	木版水印技艺	北京市荣宝斋
04 - 1863	马萌青	男	回族	1963.9	Ⅷ - 79	金陵刻经印刷技艺	江苏省南京市
04 - 1864	邢伟中	男	汉族	1954.8	Ⅷ - 81	制扇技艺	江苏省苏州市
04 - 1865	郭宝林	男	鄂伦春族	1945.10	Ⅷ - 83	桦树皮制作技艺（鄂伦春族桦树皮船制作技艺）	黑龙江省大兴安岭地区
04 - 1866	梁忠民	男	汉族	1943.11	Ⅷ - 86	烟火爆竹制作技艺（架花烟火爆竹制作技艺）	陕西省洋县
04 - 1867	哈亦琦	男	回族	1954.3	Ⅷ - 88	风筝制作技艺（北京风筝哈制作技艺）	北京市海淀区
04 - 1868	费保龄	男	汉族	1928.1	Ⅷ - 88	风筝制作技艺（北京风筝制作技艺）	北京市东城区
04 - 1869	魏国秋	男	汉族	1961.1	Ⅷ - 88	风筝制作技艺（天津风筝魏制作技艺）	天津市南开区
04 - 1870	乔月亮	男	汉族	1963.7	Ⅷ - 90	琉璃烧制技艺	山西省
04 - 1871	任星航	男	汉族	1955.1	Ⅷ - 93	钧瓷烧制技艺	河南省禹州市
04 - 1872	孔相卿	男	汉族	1963.2	Ⅷ - 93	钧瓷烧制技艺	河南省禹州市

流水号	姓名	性别	民族	出生年月	项目编码	项目名称	申报地区或单位
04 - 1873	苗长强	男	汉族	1962.8	Ⅷ - 93	钧瓷烧制技艺	河南省禹州市
04 - 1874	陈扬龙	男	汉族	1941.5	Ⅷ - 95	醴陵釉下五彩瓷烧制技艺	湖南省醴陵市
04 - 1875	吴为明	男	汉族	1938.8	Ⅷ - 96	枫溪瓷烧制技艺	广东省潮州市枫溪区
04 - 1876	陈文敏	男	汉族	1961.2	Ⅷ - 97	广彩瓷烧制技艺	广东省广州市
04 - 1877	白玛群加	男	藏族	1978.10	Ⅷ - 98	陶器烧制技艺（藏族黑陶烧制技艺）	青海省囊谦县
04 - 1878	帕热坦木·吐尔迪	女	维吾尔族	1965.7	Ⅷ - 100	传统棉纺织技艺（维吾尔族帕拉孜纺织技艺）	新疆维吾尔自治区拜城县
04 - 1879	阿不力孜·吐尔逊	男	维吾尔族	1966.5	Ⅷ - 101	毛纺织及擀制技艺（维吾尔族花毡制作技艺）	新疆维吾尔自治区柯坪县
04 - 1880	杨光成	男	布依族	1953.5	Ⅷ - 108	枫香印染技艺	贵州省惠水县
04 - 1881	邢俊	男	汉族	1959.11	Ⅷ - 115	手工制鞋技艺（老美华手工制鞋技艺）	天津市和平区
04 - 1882	张心一	男	汉族	1958.2	Ⅷ - 117	金银细工制作技艺	上海市黄浦区
04 - 1883	列旦	男	藏族	1976.12	Ⅷ - 120	藏族金属锻造技艺（藏族锻铜技艺）	西藏自治区南木林县
04 - 1884	拉琼	男	藏族	1964.11	Ⅷ - 120	藏族金属锻制技艺（扎西吉彩金银锻铜技艺）	西藏自治区日喀则地区
04 - 1885	吴景馨	女	满族	1962.6	Ⅷ - 124	民族乐器制作技艺（宏音斋笙管制作技艺）	北京海淀区
04 - 1886	哈达	男	蒙古族	1962.4	Ⅷ - 124	民族乐器制作技艺（蒙古族拉弦乐器制作技艺）	内蒙古自治区科尔沁右翼中旗

流水号	姓名	性别	民族	出生年月	项目编码	项目名称	申报地区或单位
04－1887	徐振高	男	汉族	1933.11	VIII－124	民族乐器制作技艺（上海民族乐器制作技艺）	上海市闵行区
04－1888	封明君	男	汉族	1936.8	VIII－124	民族乐器制作技艺（苏州民族乐器制作技艺）	江苏省苏州市
04－1889	艾依提·依明	男	维吾尔族	1954.5	VIII－124	民族乐器制作技艺（维吾尔族乐器制作技艺）	新疆维吾尔自治区新和县
04－1890	柏德元	男	汉族	1947.2	VIII－126	金漆镶嵌髹饰技艺	北京市
04－1891	何俊明	男	汉族	1964.8	VIII－127	漆器髹饰技艺（绛州剔犀技艺）	山西省新绛县
04－1892	李波生	男	汉族	1956.7	VIII－127	漆器髹饰技艺（鄱阳脱胎漆器髹饰技艺）	江西省鄱阳县
04－1893	邹德香	男	汉族	1948.10	VIII－127	漆器髹饰技艺（楚式漆器髹饰技艺）	湖北省荆州市
04－1894	张文年	男	汉族	1968.2	VIII－130	宣笔制作技艺	安徽省宣城市
04－1895	闫森林	男	汉族	1952.11	VIII－133	砚台制作技艺（贺兰砚制作技艺）	宁夏回族自治区银川市
04－1896	范广畴	男	汉族	1936.9	VIII－136	装裱修复技艺（苏州书画装裱修复技艺）	江苏省苏州市
04－1897	徐建华	男	汉族	1951.1	VIII－136	装裱修复技艺（古字画装裱修复技艺）	故宫博物院
04－1898	杜伟生	男	回族	1952.3	VIII－136	装裱修复技艺（古籍修复技艺）	国家图书馆
04－1899	汪学军	男	汉族	1964.5	VIII－136	装裱修复技艺（古籍修复技艺）	中国书店
04－1900	岑国和	男	汉族	1956.1	VIII－137	传统木船制造技艺	浙江省舟山市普陀区
04－1901	次仁	男	藏族	1956.5	VIII－141	藏香制作技艺	西藏自治区尼木县

续表

流水号	姓名	性别	民族	出生年月	项目编码	项目名称	申报地区或单位
04－1902	波空论	男	傣族	1948.1	Ⅷ－142	贝叶经制作技艺	云南省西双版纳傣族自治州
04－1903	孙丹威	女	汉族	1957.9	Ⅷ－147	花茶制作技艺（吴裕泰茉莉花茶制作技艺）	北京市东城区
04－1904	储昭伟	男	汉族	1966.11	Ⅷ－148	绿茶制作技艺（六安瓜片）	安徽省六安市裕安区
04－1905	方继凡	男	汉族	1965.1	Ⅷ－148	绿茶制作技艺（太平猴魁）	安徽省黄山市黄山区
04－1906	甘玉祥	男	汉族	1963.4	Ⅷ－152	黑茶制作技艺（南路边茶制作技艺）	四川省雅安市
04－1907	王青艾	女	汉族	1961.4	Ⅷ－160	传统面食制作技艺（稷山传统面点制作技艺）	山西省稷山县
04－1908	赵光晋	女	汉族	1952.3	Ⅷ－163	月饼传统制作技艺（郭杜林晋式月饼制作技艺）	山西省太原市
04－1909	梁球胜	男	汉族	1965.4	Ⅷ－163	月饼传统制作技艺（安琪广式月饼制作技艺）	广东省安琪食品有限公司
04－1910	乌平	男	回族	1963.4	Ⅷ－165	同盛祥牛羊肉泡馍制作技艺	陕西省西安市
04－1911	李永革	男	汉族	1955.11	Ⅷ－174	官式古建筑营造技艺（北京故宫）	故宫博物院
04－1912	刘增玉	男	汉族	1955.7	Ⅷ－174	官式古建筑营造技艺（北京故宫）	故宫博物院
04－1913	黄春财	男	汉族	1936.5	Ⅷ－175	木拱桥传统营造技艺	福建省屏南县
04－1914	胡公敏	男	汉族	1957.12	Ⅷ－178	徽派传统民居营造技艺	安徽省黄山市
04－1915	呼森格	男	蒙古族	1942.8	Ⅷ－181	蒙古包营造技艺	内蒙古自治区西乌珠穆沁旗

流水号	姓名	性别	民族	出生年月	项目编码	项目名称	申报地区或单位
04 - 1916	果洛折求	男	藏族	1941.3	Ⅷ - 186	碉楼营造技艺（藏族碉楼营造技艺）	青海省班玛县
04 - 1917	嵇锡贵	女	汉族	1941.12	Ⅷ - 187	越窑青瓷烧制技艺	浙江省杭州市
04 - 1918	孙建兴	男	汉族	1952.10	Ⅷ - 188	建窑建盏烧制技艺	福建省南平市
04 - 1919	朱文立	男	汉族	1950.9	Ⅷ - 189	汝瓷烧制技艺	河南省汝州市
04 - 1920	孟玉松	女	汉族	1942.1	Ⅷ - 189	汝瓷烧制技艺	河南省汝州市
04 - 1921	徐永良	男	汉族	1965.5	Ⅷ - 193	中式服装制作技艺（龙凤旗袍手工制作技艺）	上海市静安区
04 - 1922	林瑞祥	男	汉族	1931.2	Ⅷ - 193	中式服装制作技艺（亨生奉帮裁缝技艺）	上海市静安区
04 - 1923	包文其	男	汉族	1951.9	Ⅷ - 193	中式服装制作技艺（振兴祥中式服装制作技艺）	浙江省杭州市
04 - 1924	敖朝宗	男	汉族	1944.5	Ⅷ - 194	铅锡刻镂技艺	湖北省荆州市
04 - 1925	何满	男	汉族	1965.4	Ⅷ - 196	银铜器制作及鎏金技艺	青海省湟中县
04 - 1926	王有亮	男	汉族	1964.4	Ⅷ - 197	青铜器修复及复制技艺	故宫博物院
04 - 1927	阿旺晋美	男	藏族	1957.4	Ⅷ - 199	藏族矿植物颜料制作技艺	西藏自治区拉萨市
04 - 1928	吴庆春	男	汉族	1961.3	Ⅷ - 200	毛笔制作技艺（周虎臣毛笔制作技艺）	上海市黄浦区
04 - 1929	石庆鹏	男	汉族	1948.8	Ⅷ - 200	毛笔制作技艺（扬州毛笔制作技艺）	江苏省江都市
04 - 1930	祖莪	女	汉族	1956.3	Ⅷ - 202	古书画临摹复制技艺	故宫博物院

续表

流水号	姓名	性别	民族	出生年月	项目编码	项目名称	申报地区或单位
04 – 1931	梅相靖	男	汉族	1945.6	Ⅷ – 203	白茶制作技艺（福鼎白茶制作技艺）	福建省福鼎市
04 – 1932	杨贵庭	男	汉族	1948.1	Ⅷ – 209	雁门民居营造技艺	山西省忻州市
04 – 1933	万桃元	男	汉族	1956.2	Ⅷ – 211	土家族吊脚楼营造技艺	湖北省咸丰县
04 – 1934	彭善尧	男	土家族	1940.3	Ⅷ – 211	土家族吊脚楼营造技艺	湖南省永顺县

九　传统医药（21人）

流水号	姓名	性别	民族	出生年月	项目编码	项目名称	申报地区或单位
04 – 1935	葛凤麟	男	汉族	1955.6	Ⅸ – 2	中医诊法（葛氏捏筋拍打疗法）	北京市海淀区
04 – 1936	王兴治	男	汉族	1953.6	Ⅸ – 2	中医诊法（王氏脊椎疗法）	北京市西城区
04 – 1937	王培章	男	汉族	1932.11	Ⅸ – 2	中医诊法（道虎壁王氏中医妇科）	山西省平遥县
04 – 1938	朱鼎成	男	汉族	1951.2	Ⅸ – 2	中医诊法（朱氏推拿疗法）	上海市
04 – 1939	李济仁	男	汉族	1931.1	Ⅸ – 2	中医诊法（张一帖内科疗法）	安徽省黄山市
04 – 1940	张舜华	女	汉族	1932.1	Ⅸ – 2	中医诊法（张一帖内科疗法）	安徽省黄山市
04 – 1941	柳惠武	男	汉族	1955.1	Ⅸ – 4	中医传统制剂方法（龟龄集传统制作技艺）	山西省太谷县
					Ⅸ – 4	中医传统制剂方法（定坤丹制作技艺）	山西省太谷县
04 – 1942	劳三申	男	汉族	1946.9	Ⅸ – 4	中医传统制剂方法（六神丸制作技艺）	上海市黄浦区

续表

流水号	姓名	性别	民族	出生年月	项目编码	项目名称	申报地区或单位
04-1943	杨福安	男	汉族	1963.9	IX-4	中医传统制剂方法（东阿阿胶制作技艺）	山东省平阴县
04-1944	夏小中	男	汉族	1958.1	IX-4	中医传统制剂方法（夏氏丹药制作技艺）	湖北省京山县
04-1945	武承谋	男	汉族	1936.6	IX-6	中医正骨疗法（武氏正骨疗法）	山西省高平市
04-1946	张玉柱	男	汉族	1947.12	IX-6	中医正骨疗法（张氏骨伤疗法）	浙江省富阳市
04-1947	占堆	男	藏族	1946.5	IX-9	藏医药（藏药炮制技艺）	西藏自治区藏医院
04-1948	雷雨霖	男	汉族	1926.9	IX-11	传统中医药文化（鹤年堂中医药养生文化）	北京鹤年堂医药有限责任公司
04-1949	包金山	男	蒙古族	1939.6	IX-12	蒙医药（蒙医正骨疗法）	内蒙古自治区科尔沁左翼后旗
04-1950	龙玉年	男	苗族	1935.11	IX-15	苗医药（癫痫症疗法）	湖南省凤凰县
04-1951	张宝玉	男	回族	1946.9	IX-17	回族医药（张氏回医正骨疗法）	宁夏回族自治区吴忠市
04-1952	杨华祥	男	回族	1952.8	IX-17	回族医药（回族汤瓶八诊疗法）	宁夏回族自治区银川市
04-1953	余惠祥	男	汉族	1952.10	IX-19	彝医药（彝医水膏药疗法）	云南省楚雄彝族自治州
04-1954	阿布都吾布尔·阿吉	男	维吾尔族	1941.10	IX-21	维吾尔医药（木尼孜其·木斯力汤药制作技艺）	新疆维吾尔自治区和田地区
04-1955	艾比不拉·玉素甫	男	维吾尔族	1942.3	IX-21	维吾尔医药（维药传统炮制技艺）	新疆维吾尔医学高等专科学校

十　民俗（31 人）

流水号	姓名	性别	民族	出生年月	项目编码	项目名称	申报地区或单位
04－1956	陈其才	男	汉族	1942.12	X－4	七夕节（石塘七夕习俗）	浙江省温岭市
04－1957	陳德辉	男	汉族	1946.12	X－5	中秋节（大坑舞火龙）	香港特别行政区
04－1958	普顺发	男	彝族	1937.11	X－10	火把节（彝族火把节）	云南省楚雄彝族自治州
04－1959	赵有福	男	瑶族	1946.8	X－14	瑶族盘王节	广西壮族自治区贺州市
04－1960	谭三岗	男	毛南族	1959.10	X－17	毛南族肥套	广西壮族自治区环江毛南族自治县
04－1961	王卫东	男	蒙古族	1952.8	X－34	成吉思汗祭典	内蒙古自治区鄂尔多斯市
04－1962	林金榜	男	汉族	1949.3	X－36	妈祖祭典	福建省莆田市
04－1963	当曾本	男	藏族	1970.4	X－43	热贡六月会	青海省同仁县
04－1964	夏吾才让	男	藏族	1978.2	X－43	热贡六月会	青海省同仁县
04－1965	梁炳光	男	苗族	1941.4	X－47	苗族系列坡会群	广西壮族自治区融水苗族自治县
04－1966	艾力·依布拉音	男	维吾尔族	1928.4	X－49	新疆维吾尔族麦西热甫（维吾尔族却日库木麦西热甫）	新疆维吾尔自治区阿克苏市
04－1967	李俊芳	男	汉族	1929.3	X－54	民间社火（洋县悬台社火）	陕西省洋县
04－1968	董思明	男	土族	1963.9	X－56	土族婚礼	青海省互助土族自治县
04－1969	韩占祥	男	撒拉族	1942.7	X－57	撒拉族婚礼	青海省循化撒拉族自治县

续表

流水号	姓名	性别	民族	出生年月	项目编码	项目名称	申报地区或单位
04 – 1970	陶美元	女	苗族	1965.4	X – 65	苗族服饰（昌宁苗族服饰）	云南省保山市
04 – 1971	何静华	女	汉族	1934.10	X – 69	女书习俗	湖南省江永县
04 – 1972	白有厚	男	汉族	1946.6	X – 71	元宵节（柳林盘子会）	山西省柳林县
04 – 1973	陈永清	男	汉族	1958.2	X – 71	元宵节（永昌县卍字灯俗）	甘肃省永昌县
04 – 1974	胡文相	男	汉族	1931.6	X – 84	庙会（张山寨七七会）	浙江省缙云县
04 – 1975	关章训	男	汉族	1941.1	X – 84	庙会（当阳关陵庙会）	湖北省当阳市
04 – 1976	陈范兴	男	汉族	1952.8	X – 87	抬阁（长乐抬阁故事会）	湖南省汨罗市
04 – 1977	谭浩彬	男	汉族	1945.12	X – 87	抬阁（南朗崖口飘色）	广东省中山市
04 – 1978	公孙馨	男	汉族	1949.10	X – 87	抬阁（通海高台）	云南省通海县
04 – 1979	李富先	男	汉族	1963.3	X – 87	抬阁（湟中县千户营高台）	青海省湟中县
04 – 1980	艾克木山·马达力汗	男	塔吉克族	1969.9	X – 100	塔吉克族婚俗	新疆维吾尔自治区塔什库尔干塔吉克自治县
04 – 1981	斯庆巴拉木	女	蒙古族	1941.1	X – 108	蒙古族服饰	内蒙古自治区
04 – 1982	米的可	女	蒙古族	1945.9	X – 108	蒙古族服饰	新疆维吾尔自治区博湖县
04 – 1983	旦增多杰	男	藏族	1946.11	X – 113	藏族服饰	青海省玉树藏族自治州

流水号	姓名	性别	民族	出生年月	项目编码	项目名称	申报地区或单位
04－1984	柯璀玲	女	裕固族	1962.1	X－114	裕固族服饰	甘肃省肃南裕固族自治县
04－1985	汪素秋	女	汉族	1979.10	X－119	珠算（程大位珠算法）	安徽省黄山市屯溪区
04－1986	安福成	男	裕固族	1943.12	X－139	婚俗（裕固族传统婚俗）	甘肃省张掖市

后　记

　　《西北少数民族非物质文化遗产概览》一书是以编辑、整理为主要方式，对西北五省区少数民族的国家级非物质文化遗产项目进行简单的梳理与介绍，为大学中民族学、民俗学等专业的相关课程提供一定的资料线索。本书共有三位编纂者，王瑞华主要负责甘肃和宁夏，王雪主要负责青海，郑艳主要负责陕西和新疆，每人大约整理文字资料十万余字。

　　由于时间仓促、资料少见，本书在整理和编辑的过程中难免出现纰漏和失误，敬请读者指正并谅解。

本书编者　王瑞华、王雪、郑艳